권학봉의
포토샵 & 라이트룸 클래식
사진보정 강의

BOOK 1 Lightroom Classic
BOOK 2 Retouching

권학봉의
포토샵&라이트룸 클래식
사진보정 강의 BOOK 1 Lightroom Classic
BOOK 2 Retouching

2016년 11월 2일 초판 1쇄 발행
2019년 2월 13일 초판 8쇄 발행
2019년 8월 14일 개정판 1쇄 발행
2023년 8월 2일 개정판 5쇄 발행
2024년 5월 16일 개정2판 1쇄 인쇄
2024년 11월 27일 개정2판 2쇄 발행

지은이 | 권학봉
펴낸이 | 이종춘
펴낸곳 | (주)첨단

주소 | 서울시 마포구 양화로 127 (서교동) 첨단빌딩 3층
전화 | 02-338-9151
팩스 | 02-338-9155
인터넷 홈페이지 | www.goldenowl.co.kr
출판등록 | 2000년 2월 15일 제2000-000035호

본부장 | 홍종훈
편집 | 주경숙
디자인 | 조수빈
전략마케팅 | 구본철, 차정욱, 오영일, 나진호, 강호묵
제작 | 김유석
경영지원 | 이금선, 최미숙

ISBN 978-89-6030-629-5 13000

• BM 황금부엉이는 (주)첨단의 단행본 출판 브랜드입니다.

황금부엉이에서 출간하고 싶은 원고가 있으신가요? 생각해보신 책의 제목(가제), 내용에 대한
소개, 간단한 자기소개, 연락처를 book@goldenowl.co.kr 메일로 보내주세요. 집필하신 원고가
있다면 원고의 일부 또는 전체를 함께 보내주시면 더욱 좋습니다. 책의 집필이 아닌 기획안을 제
안해주셔도 좋습니다. 보내주신 분이 저 자신이라는 마음으로 정성을 다해 검토하겠습니다.

권학봉의
포토샵&라이트룸 클래식
사진보정 강의

BOOK 1 Lightroom Classic
BOOK 2 Retouching

권학봉 지음

황금부엉이
Using Bible
시리즈 37

BM 황금부엉이

여전히 카메라가 만들어준
사진 파일 그대로가
'사진 원본'이라고 생각하는
사람들이 있을 것이다.

하지만 한 장의 사진이 만들어지는 카메라 내부의 과정을 훑어보면 '그렇게 보이길' 원하는 강력한 의도가 숨어 있다는 걸 알게 된다. 카메라가 만들어준 사진에 만족하는 이들이 대부분인 상황에서, 이 책을 손에 들었다면 조금 더 나만의 개성을 사진에 담고 싶은 사람들일 것이다. 그래서 이책은 자신만의 '개성'을 찾아가는 데 도움이 되는 기술적인 방법에 집중했다. 필자의 스타일이 강하게 반영된 예제 그대로가 아니라 기술적인 부분만 공부하면 된다. 자신만의 표현 방법, 색감, 스타일을 찾아가기 위한 이 정표 정도로 삼아주었으면 좋겠다.

독자 여러분의 많은 사랑으로 또 개정판을 낼 수 있게 되었다. 2016년 첫 출간 이후 9년이 넘는 동안 쌓인 많은 문답을 바탕으로 필요한 부분은 보태고, 그렇지 않은 부분은 과감히 삭제했다. 라이트룸과 포토샵 최신 버전에 따라 전체 수정을 마쳤고, 새로운 예제사진으로 보는 즐거움을 주기 위해 노력했다.

이번 개정판 구성에 기준으로 삼은 몇 가지 포인트를 알고 시작하면 도움이 될 것이다.

첫 번째, 디지털 환경에서 사진을 다루는 데 꼭 필요한 개념을 설명한다. 컴퓨터나 모니터를 선택하는 방법부터 비트, 히스토그램, RGB 색체계, 색역 등이 이런 부분이다. 전문용어를 최대한 자제하고 쉽게 풀어쓰려고 노력했다. 표나 그래프는 물론 필요에 따라 이해를 돕기 위한 삽화까지 따로 제작했다. 처음에는 이해하지 못할 수도 있지만 여러 번 반복하기를 권한다.

두 번째, 라이트룸만의 특별한 사용법을 알게 한다.
당황스럽겠지만 라이트룸에는 불러오기나 저장하기가 없다. 시작부터 다른 프로그램과 달라서 처음에는 정말 성가시고 골치 아플 것이다. 이 부분을 쉽게 넘어가고 싶다면 '카탈로그' 설명에 집중해야 한다. 일단 손에 익으면 사진 작업에 이보다 편한 소프트웨어도 없다.

세 번째, 프로그램이 아니라 '사진작업'에 집중한다.
이 책은 카메라에서 촬영한 사진을 가져오는 것부터 파일로 내보내는 순간까지 실제 사진 작업 순서 그대로 각 파트가 진행된다. 보정 역시 각 소프트웨어를 따로 설명하는 게 아니라 라이트룸과 포토샵을 오가며 작업하는 실제 환경을 최대한 적용했다. 따라서 라이트룸과 포토샵 모두에 익숙하지 않은 사용자라도 이 책 한 권으로 '사진작업'에 필요한 기본 과정을 모두 익힐 수 있을 것이다.

네 번째, 책의 한계를 벗어날 수 있는 소통 창구를 마련한다.
'책'이라는 매체의 한계 때문에 한 번 막히면 금세 지겨워질 수 있다. 그럴 때 필자가 운영하는 '스트로비스트 코리아'의 질문 게시판을 이용하자. '너무 단순해서 질문하기도 애매합니다'라는 말을 들었는데, 정확히 말하지만 그럴 필요 전혀 없다. 라이트룸은 새로운 세계고, 누구나 처음엔 그런 과정을 거친다. 더불어 관련된 다양한 유튜브 동영상이 준비되어 있으니 같이 보자. 더 쉽고 빠르게 사진 보정에 익숙해질 수 있을 것이다.

보이지 않는 곳에서 시간과 노력을 아낌없이 쏟아붓는 이들이 있다. 항상 응원해 주는 황금부엉이 출판사 홍종훈 본부장님 외 모든 관계자들, 사진을 아끼는 스트로비스트 코리아 여러분, 또 이 나이가 되어도 걱정 한 자리는 내 몫으로 챙겨주신 부모님과 세계 어디에 있든 혼자가 아니게 하는 아내에게 감사를 전한다.

배움의 의지와 노력을 게을리하지 않는 모든 프로, 아마추어 사진가들에게 앎의 즐거움이 함께하기를 바라며, 이 책을 바친다.

람빵에서 권학봉 올림

BOOK 1 Lightroom

라이트룸이 사진가의 프로그램일 수밖에 없는 이유, 사진을 가져와 내보낼 때까지
실제 작업순서 그대로!

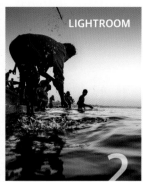

내 컴퓨터 준비!

카메라에서 사진 가져와
정리하기

노출 보정하기

컬러 보정하기

BOOK 2 Retouching

아낌없이 퍼주는 전문가의 분야별 보정 기술!

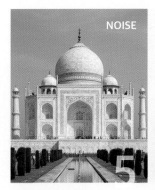

NOISE

EXPORT

노이즈, 왜곡 등
결함 보정하기

웹으로 인쇄용으로
내보내기

상품

스택모드

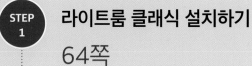

독자들이 강추하는 책 활용 방법

STEP 1
라이트룸 클래식 설치하기
64쪽

STEP 2
예제사진 다운로드하기
스트로비스트코리아, 출판사 홈페이지
10쪽

STEP 3
예제사진 불러오기
68쪽

STEP 4
책을 읽으며
예제 따라하기

STEP 5
관련 영상 찾아보기
스트로비스트코리아, 유튜브
13쪽

STEP 6
모르면 질문하기
질문/답변 게시판
13쪽

라이트룸이 사진가의 프로그램이라고 말하는 이유

**보정 전후 미리 보기로
직관적인 결과 확인**

1단계: 가장 밝은 곳과 가장 어두운 곳을 찾는 클리핑
흰색 계열/검정 계열

**알아야 할 기능 먼저 눈에 담고,
따라하기 시작!**

클리핑? 계속 반복하지만 클리핑은 사진의 가장 밝은 부분과 가장 어두운 부분을 찾아주는 작업을 말한다. 원본사진을 불러온 후 가장 먼저 해야 할 1단계 작업이다. 가장 밝은 부분과 가장 어두운 부분 사이를 최대한 넓려 풍부한 계조를 갖춘 채 보정을 시작해야 결과 역시 좋기 때문이다. 현상 모듈 '기본' 패널의 '흰색 계열'과 '검정 계열'을 사용한다.

1 예제 파일을 불러온 후 '현상' 모듈을 클릭한다.

2 사진 살펴보기

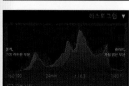

먼저 히스토그램을 살펴보자 사진에서 가장 밝은 부분은 화이트의 히스토그램 오른쪽 끝부분이다. 가장 어두운 부분은 블랙으로 왼쪽 끝자리다.

우리가 보는 색은 진짜 그 색일까?

9년 동안 쌓인 수십 개의 유튜브 동영상

'본다'에서 시작해 보자. 우리가 사과를 본다. 학교에서 배운 대로 말하면, 사과에 반사된 빛이 안구를 통과하고 망막에 초점이 맞아 시각세포를 자극한 결과 우리는 본다고 '생각'한다. 하지만 우리가 보는 게 정말 이렇게 객관적일까?

다음 예제의 왼쪽 그림에서 위아래 회색 중 어느 쪽이 더 어두운가? 대부분 위쪽이라고 답할 것이다. 그러나 오른쪽 그림에서 알 수 있듯이 위아래 다 똑같은 회색이다.

**그래프로, 그림으로, 표로, 설명으로,
따라하기로 알 때까지 개념 반복하기**

(Interview) 우리 모두의 화두, 색

(Q1) 카메라에서 볼 때와 라이트룸에서 볼 때 색감이 달라요.

(Q2) 어느 색감이 좋은가요? 나쁜 색감이 좋은가요?

(Q3) 인화업체에 맡겼더니 사진의 색이 이상해졌어요. 인화업체 잘못 아닌가요?

(Q4) 이런 색감을 내려면 어떤 카메라를 사야 하나요?

(Q5) 내 사진을 스마트폰으로 보면 다르게 보여요.

(Q6) 이미지 뷰어에서 보는 색과 포토샵이나 라이트룸에서 보는 색이 달라요.

**많이 질문하는 내용은
별페이지로 정리**

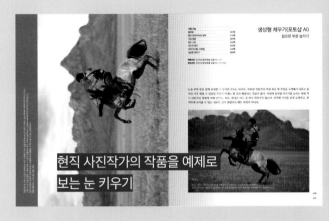

현직 사진작가의 작품을 예제로
보는 눈 키우기

사용 기능을
쉽게 복습할 수 있는
꼼꼼한 페이지 가이드

사진 업계의 이슈 공유

현재 사진의 문제점이 무엇인지
같이 확인하고 보정 시작!

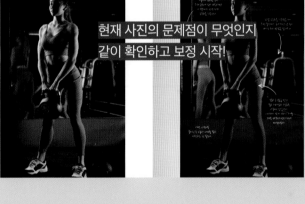

정적인 사진과 동적인 사진은
보정 방향이 다르다.

보정 기본, 인물, 풍경, 상품, 스택모드
- 분야별 보정을 거쳐
전문가 수준의 특수효과까지!

예제파일 다운로드와 비밀번호

[방법 1] 스트로비스트 코리아에서 다운로드하기

1. 스트로비스트 코리아(www.strobistkorea.com)에 접속한다.
2. '포토샵/라이트룸 독자 게시판 – 책 이야기'를 클릭한다.
3. '알림' 중 '예제파일 다운로드 및 설치 상세 설명'을 클릭한다.
4. 다운로드 링크를 클릭해 압축파일을 다운로드한다. 비밀번호를 입력하고 압축을 해제한다. (라이트룸에 불러오는 방법은 68쪽 참고)

[방법 2] 출판사 홈페이지에서 다운로드하기

1. 책을 구입하고 성안당 www.cyber.co.kr 홈페이지에 회원 가입한다.
2. 로그인한 후 화면에 있는 '자료실'을 클릭한다.
3. 화면이 바뀌면 '부록CD' 탭을 클릭한다. '권학봉'으로 검색한 후 책 제목이 나타나면 클릭한다.
4. 'Link'에 있는 압축파일을 클릭하면 예제파일이 다운로드된다.

예제파일 비밀번호

dPwpvkdlf

대소문자를 구분합니다.

예제파일 사용법

먼저 68쪽을 참고해 예제파일을 라이트룸으로 불러온다. '라이브러리' 모듈 왼쪽에 있는 '폴더' 패널을 클릭하면 폴더별로 구성된 예제파일을 몽땅 볼 수 있다. 비슷한 사진이 짝지어 있는데 왼쪽의 노란색이 '실습용 원본 파일', 오른쪽이 '완성 파일'이다. 원본 파일을 클릭한 후 '현상' 모듈을 클릭하고 책을 따라 사진의 세계에 빠지면 된다.

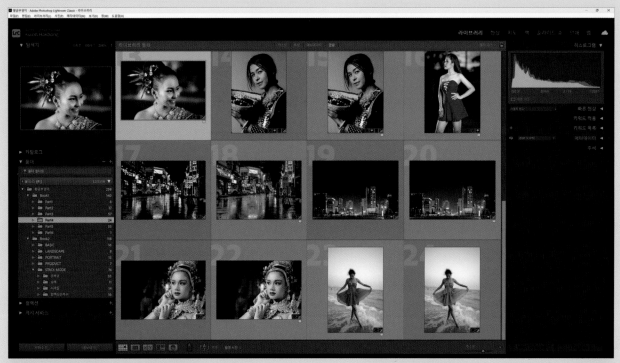

각 파트에 들어있는 예제파일

보정 전 원본 파일 - 노란색   보정 후 완성 파일

이 책을 보다가 궁금한 것이 생기거나 사진에 대해 더 많은 이야기를 듣고, 또 나누고 싶다면 '스트로비스트 코리아'의 문을 두드리면 된다. 필자는 물론 많은 선배들이 독자 게시판을 활짝 열어두고 기다리고 있다. 사진 그 자체에 집중하는 커뮤니티인 만큼 다양한 기초 강좌와 팁, 갤러리 그리고 고급 기술인 사진 조명에 관한 자료들을 볼 수 있다. 관련 동영상도 '포토샵 라이트룸 동영상 강의'에 모두 모아두었으니 놓치지 말자.

스트로비스트 코리아 http://strobistkorea.com/

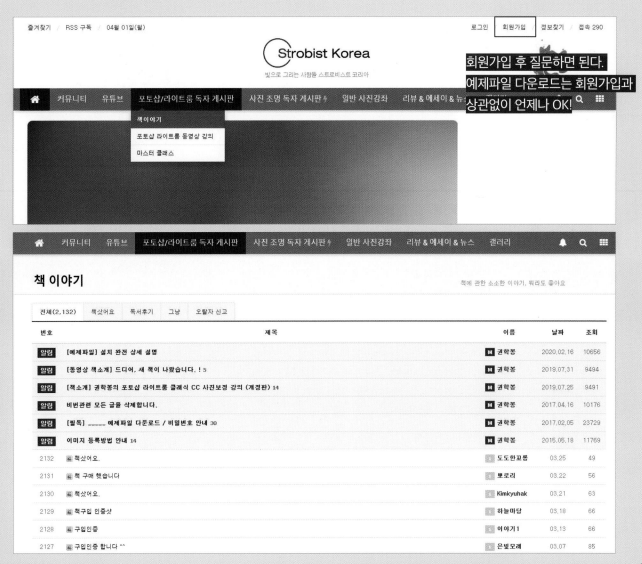

CONTENTS

Part 1 아는 만큼 보이는 사진가의 작업실

BOOK 1

Part 2 낯가리는 라이트룸

CONTENTS

Part 3 노출 이론부터 기초 보정까지

Part 4 컬러 이론부터 색상 보정까지

 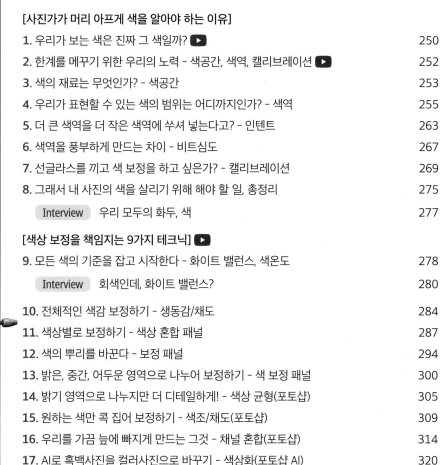

CONTENTS

Special Thanks to.

이번 개정판 독자사진에 응모해 주신 모든 분께 진심으로 감사드립니다.

이 책으로 라이트룸을 시작하는 분들이 다양하고 아름다운 사진들을 만나는 즐거운 경험이 되기를 기대합니다.

BOOK 2

CONTENTS

BOOK
（1）

Lightroom
라이트룸

Part 1

아는 만큼 보이는 사진가의 작업실

"즐겁자고 하는 사진, 죽자고 하지 말자.
인상 쓰고 짜증 내면서 찍어 봐도 사진이 좋아지지는 않는다.
어깨에 힘을 빼고, 일상의 습관처럼 많이 촬영해 보자."

_ 김홍희

보정보다 전체 흐름이 먼저?
사진작업 워크플로

▶ [시즌3] #1 Book 1, Part 1 아는 만큼 보이는 사진가의 작업실

이 책을 보는 목적이 '사진 보정'이라면, 사진 전문가들의 전체적인 작업 흐름을 제대로 아는 것이 우선이다. 그래야 후반작업인 보정의 진짜 목적이 기술이 아니라 '좋은 사진'이라는 것에 공감할 수 있을 것이기 때문이다.

사진은 가장 많이 생산되는 창작물이라고 할 수 있다. 스마트폰과 DSLR이 대중화되면서 생활의 일부분으로 꼬마부터 전문가까지 하루에도 수억 장이 넘는 사진이 촬영되고, SNS나 인터넷을 통해 공유된다. 이 책을 집어 들었다면 그중에서도 조금 더 적극적으로 사진에 관심과 노력을 기울이기로 마음먹은 사람들일 것이다. 사진으로 표현하고자 하는, 이야기하고 싶은 그 '무엇'을 더 잘 전하고 싶다는 공통의 목적이 있으리라 생각한다.

일본, 도쿄, 아키하바라
누구나 사진을 찍지만 '좋은 사진'은 언제나 멀게만 느껴진다.

과거의 사진작업 과정

피사체 발견	촬영	현상	인화	결과물
화이트 밸런스 빛의 방향 피사체의 모양 날씨	필름 브랜드 필름 ISO 셔터 속도 조리개 렌즈 종류	온도 시약 브랜드 현상시간	인화시간 조리개 렌즈 종류 인화지 종류 사진 크기 닷지/번/크롭	인화, 정착 세척, 건조 보관

사진 촬영은 대상을 눈으로 보고, 카메라를 이용해 디지털이나 필름 데이터로 저장하는 것이다. 이 책은 이렇게 촬영된 사진을 카메라에서 가져오는 것부터 최종 결과물로 완성하는 과정까지를 다룬다.

과거에는 어떤 필름으로 촬영했는지에 따라 적절한 시약과 현상 시간을 염두에 두고, 혹은 증감 촬영했는지까지 고민해서 화학적으로 현상하면 '필름'이라는 플라스틱에 이미지가 나타났었다. 포지티브나 컬러 네거티브 필름은 매우 민감하고 복잡한 과정이 필요해 대부분 전문업체에서 대행하지만, 흑백 네거티브는 간단한 시약과 지식 그리고 빨간 불이 켜진 간이암실만 있으면 된다. 그때는 필름을 겹치지 않게 인화통에 잘 말아주는 손재주나 필름을 단단하게 감는 것 등이 중요한 기술로 대접받았다.

이렇게 현상된 필름을 확대기에 넣고 노출시간을 확인한다. 최종 선택한 인화지를 확대기 밑에 두고 몇 초에서 몇십 초 동안 노출을 준다. 노출이 끝나면 준비된 시약에 담가 화학반응이 나타나기를 지다린다. 맑은 물에 잘 씻어 말리는 과정을 거치면 최종 사진이 완성된다. 가끔이긴 하지만 요즘도 이런 옛날 방법에 향수를 느끼는 사진가들은 간이암실을 마련해 흑백사진에 몰두한다.

현재의 사진작업 과정

피사체 발견	촬영	선별작업	후반작업	결과물
화이트밸런스 빛의 방향 피사체의 모양 날씨	카메라 브랜드 센서 종류 ISO 셔터 속도 조리개 렌즈 종류	분류 선택 키워딩	보정 프로그램 관리 프로그램 저장 방법 결과물 처리	대량 인쇄용 전문작품 출력 웹 공유 포트폴리오 등

이 책에서는 이 부분을 중점적으로 다룬다.

노출 과정에서는 솜뭉치를 막대에 감아 노출을 막는 닷징이나 부분 노출하는 버닝 같은 작업이 이루어지는데, 얼마나 정교하게 하느냐가 관건이었다. 어떻게든 최종 결과물인 좋은 사진을 얻기 위해 갖은 노력을 기울였다.

디지털 사진으로 넘어오면서는 필름 스캔 없이 바로 컴퓨터로 암실작업을 할 수 있게 되었다. 사진을 막 시작한 사진가나 젊은 작가들이라면 '예전의 암실작업이야말로 사진의 본질이다'라고 믿고 싶겠지만, 사진의 본질은 완성된 시각적 예술이지 중간 과정이 무엇이냐가 아니다.

다만 암실에서의 현상과 인화 과정을 모두 거친 사람이라면, 포토샵 같은 보정프로그램에서 하는 과정이 본질적으로는 전과 같다는 것에 놀랄 것이다. 필름 선택이나 현상, 인화 과정이 사라진 것이 아니라 보다 빠르고 간편해진 것뿐이다. 결과물의 공유 방법도 매우 빨라졌다. 한마디로 복잡하던 후반작업의 전 과정이 컴퓨터 안으로 들어왔다고 생각하면 정확하다.

요즘 사진은 굉장히 다양한 포맷으로 소비된다. 몇 인치 안 되는 모바일에서 가로세로로 자동 변환되기도 하고, 여러 크기의 모니터나 전통적인 액자 형태로도 요구된다. 즉 다양한 필요에 따른 빠른 작업이 필요한데, 라이트룸은 이런 작업에 최적화되어 있다.

보정은 조작이라 순수하지 못하다?
보정의 목적

흔히들 '사진을 보정한다'라고 하는데 '사진을 완성한다'가 사실에 가깝다. 사진 보정은 과거의 암실에서 현재의 디지털 암실까지 이어지는 사진작업의 일부이기 때문이다. 우리가 왜 사진을 보정하는지 한 번쯤 구체적인 이유를 생각해 보자.

촬영 당시의 느낌을 표현한다 사진 촬영 후 집에 돌아와 확인하면서 당혹감을 느낀 적이 있을까? 촬영 당시에는 살짝 역광으로 치고 들어오는 빛이 앞쪽 들꽃을 눈부시도록 아름답게 비췄다. 강 너머 멀리 보이는 산은 공기의 투과성 때문에 살짝 부옇긴 했지만 상쾌할 만큼 투명했다. 그러나 사진으로 기록된 결과물은 촬영 당시 사진가가 만난 그 느낌을 정확하게 표현하지 못하는 경우가 다반사다. 이대로라면 보는 사람도 촬영자와 공감할 수 없을 것이다.

일본, 시코쿠의 시만토강

카메라에서 지금 막 가져온 원본사진

Before

작가의 감성을 표현한다 사진이라는 장르는 매우 세분되어 있고, 분야마다 요구하는 보정의 한계가 다르다. 보도 사진처럼 사진이 진실의 전달이나 증거로 사용되는 경우라면 그 범위는 엄격하게 제한된다. 보도 사진은 시각예술에 살짝 걸친 저널리즘 분야에 가깝다. 보정 범위와 작가의 도덕성은 보도 사진이나 저널리즘 분야에서도 심도 있게 살피는 부분이다. 이 책에서는 자기 내면을 표현하는 시각예술로서의 사진을 다루려고 한다.

태국, 치앙마이, 타페게이트

아래 사진은 태국 치앙마이에서 촬영한 것이다. 이 도시에서 가장 유명한 출입문이었던 '타페 게이트'는 우리로 치자면 동대문 같은 느낌인데, 현재는 성벽 일부만 남아 있다. 사람들이 분주하게 오간다. 관광객과 현지인이 각자의 목적지를 향해 걸어가는데, 바닥에 설치된 조명이 묘한 느낌의 그림자를 만들고 있었다. 이 사진으로 무슨 정보를 제공한다기보다는 그곳의 느낌 혹은 내가 느낀 뭔가를 전하고 싶었다. 그래서 약 30분간 한 자리에서 꼼짝하지 않고 지나가는 사람들을 촬영한 후 한 장을 선택해 보정한 결과가 이것이다.

원본사진을 불러와 촬영 각도 때문에 소실점 쪽으로 살짝 찌그러진 부분을 바로잡고, 컬러에서 흑백으로 바꾸었다. 어두운 영역과 밝은 영역을 토닝하고, 조금 잘라 필자가 원하는 표현과 주제에 맞도록 강조했다. 그림자의 묘한 느낌을 강조하기 위해 닷지 툴과 번 툴로 보정하고 마무리했다. 결과적으로 그림자는 더 강렬해지고, 지나가는 사람들은 조금 더 강조되었다.

Before

부족한 부분을 메꾼다　그림에서는, 아무리 보잘것없고 불필요해 보이는 것이라도 화가의 의도 없이 그려진 것은 없다. 사진은 정반대다. 화각에 들어오는 모든 것을 사진가가 임의로 빼거나 넣기 어렵다. 앞에 있는 나무가 거슬린다고 뽑아버릴 수도 없고, 주차된 차량을 마음대로 이동시킬 수도 없다.

이런 상황에서의 해결책이 바로 후반작업이다. 막강한 소프트웨어 기술로 다양한 시도가 가능하고, 표현에 방해되는 물체나 현상을 쉽게 제거할 수도 있으며, 완성도를 방해하는 흠을 메울 수도 있다. 사진의 순수성을 해친다는 비판도 있지만, 진실성을 강하게 요구하는 분야가 아니라면 오히려 이런 작업을 하지 않는 사진가의 게으름을 비난해야 할 일이다. 표현에 방해되는 물체를 제거하면 사진은 더 직관적이고 명료해진다.

단, '추가'는 짚고 넘어가야 한다. 뭔가를 추가하면 그 사진은 진실성을 완전히 잃어버릴 수도 있기 때문이다. 빼는 것과는 전혀 다르다. 어떤 것을 뺐을 때 나머지는 여전히 어느 정도의 진실성을 가지고 있지만, 추가는 아무리 작은 것이라도 완전히 정황을 바꿀 수 있다. 따라서 추가할 때는 그 목적이 분명해야 한다. 하지만 굳이 따지자면 추가에 속하는 특정 기술 즉 '합성'은 다르다. 합성은 사진가의 표현에 매우 중요한 도구다. 결과가 정당한 목적과 일치한다면, 가공되었다는 걸 알면서 봐도 나름의 호소력이 있기 때문이다.

Before

시선에 방해되는 풀들을 제거한 결과

표현한다는 것은, 때로 명확하게 보이는 사실보다 가치 있다.
_몽골, 홉스골, 짜간누르 나담 축제의 말 경주

시각예술로서의 사진을 완성한다   한국 사진문화에서는 사진에 어떤 조작을 한다는 것에 거부감을 느끼는 사람이 많다. 어린 시절 학교에서 수채화를 처음 배울 때 흰색이나 검은색을 쓰면 안 된다고 배웠을 것이다. 그러나 수채화를 전문적으로 공부하기 시작하면 흰색, 검은색은 물론이고 마스킹액과 잉크펜, 심지어 소금이나 모래 등 동원할 수 있는 온갖 재료를 이용한다.

경기규칙 같은 선입견은 창조적 사고를 방해할 뿐이다. 세계의 수많은 작가가 자유롭게 표현방법을 탐구하고, 새로운 스타일의 시각예술을 연마하는 동안, 우리는 소모적인 진위논쟁으로 사진을 경찰 증거물 취급하는 건 아닐까. 픽셀 집합체인 사진은 시각예술로서 무한한 가능성이 있다. 자유로운 표현을 위해 그동안 배웠거나 들었던 그 어떤 선입견도 거부하자. 보정과 합성을 포함한 모든 후반작업은 작가의 표현이라는 목적에 꼭 필요하며, 사진가는 그 도구를 잘 다루기 위해 부단히 노력할 의무가 있다고 생각한다.

사진은 픽셀 뭉치다
비트(Bit)

디지털 비트 이해하기 사진이 픽셀 집합체라면 당연히 픽셀이 뭔지 알아야 한다. 사진을 조금만 더 깊이 보거나 포토샵 등을 접한 사람이라면 누구나 '비트'라는 단어를 만난다. 막연하게 '그냥 숫자가 높을수록 더 좋다더라' 정도만 알고 있었다면 지금이 바로 제대로 배울 기회다.

비트(Bit)는 컴퓨터 정보량을 나타내는 단위로, 켜고 끌 수 있는 신호의 개수를 말한다. 예를 들어 8비트 사진이라면 한 픽셀당 8개의 전구를 켰다 껐다 하면서 정보를 전달한다. 간단하게 전구 1개를 보면 꺼졌을 때 0, 켜졌을 때 1이라는 2개의 정보만 전달할 수 있다.

그렇다면 전구가 4개일 때 전달할 수 있는 정보의 수는? 전구 1개가 2개의 정보를 전달할 수 있으므로 $2 \times 2 \times 2 \times 2$, 즉 2의 n승이다. 이때 n은 전구의 개수, 즉 비트 수가 된다. 4비트는 2의 4승이므로 16개. 6비트는 2^6이니 64개, 8비트는 2^8이니 256개다.

총천연색 혹은 풀컬러가 약 1,600만 컬러라는 말을 들어봤을 것이다. 색을 만드는 RGB가 각각 8비트라서 이런 숫자가 나온다. 2^8이 3개니까 정확히 $256 \times 256 \times 256 = 16,777,216$가지 색 표현이 가능한 것이다. 이렇게 기록한 사진을 "8비트로 기록되어 있다"라고 말한다.

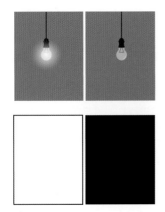

$2^1 = 2 \times 1 = 2$
전구가 1개면 1비트, 정보는 켜짐과 꺼짐 2가지뿐이다.

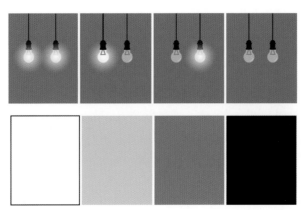

$2^2 = 2 \times 2 = 4$
전구가 2개면 2비트, 정보는 4가지를 표시할 수 있다.

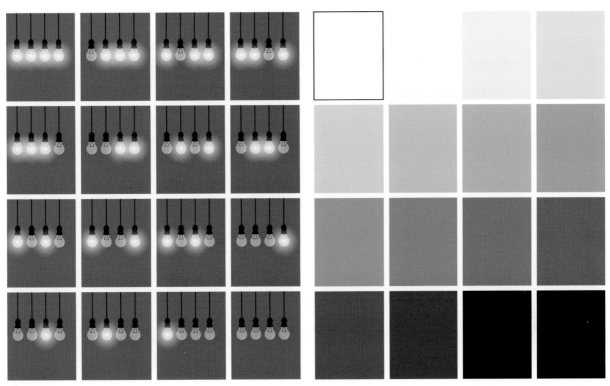

$2^4 = 2 \times 2 \times 2 \times 2 = 16$

전구가 4개면 4비트, 정보는 16가지를 표시할 수 있다.

사진을 무한정 확대하면 정사각형 모양의 픽셀 하나하나를 볼 수 있다. 픽셀 하나는 컬러 하나인 것처럼 보이지만 사실 RGB(레드, 그린, 블루) 3개 채널의 뭉치다. 빛의 삼원색인 RGB를 섞어 하나의 색으로 표현하기 때문이다. 또 채널 하나만 따로 본다면 색은 의미 없고 명암단계로만 구분할 수 있다. 예를 들어 빨강 채널이라면 더 진한 빨강과 연한 빨강이 있을 뿐이다. 결과적으로 RGB 각 채널에서 표현할 수 있는 명암단계가 많을수록 더 많은 색을 표현할 수 있고, 자연에 가까운 완벽한 사진이 된다. 이 색의 가짓수를 정하는 것이 컬러 심도, 즉 '비트'다.

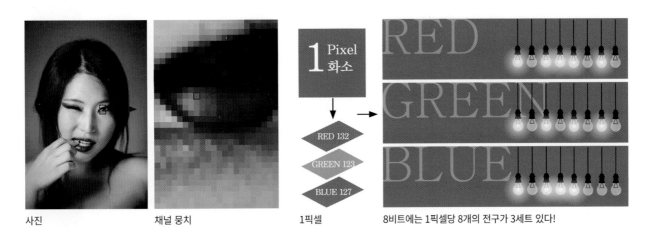

| 사진 | 채널 뭉치 | 1픽셀 | 8비트에는 1픽셀당 8개의 전구가 3세트 있다! |

8비트는 각 채널당 전구 8개를 이용해 정보를 표시한다고 생각하면 정답이다. 작은 픽셀 하나는 8개짜리 전구 3세트를 가지고 '색깔'을 만든다. 이렇게 만들어진 픽셀 뭉치를 우리는 '사진'이라고 부르며, 카메라는 순식간에 이런 어마어마한 정보를 처리해 파일로 저장하는 장치다. 8비트 사진은 약 1,600만 컬러를 표현할 수 있는데, 1비트만 추가돼도 어마어마하게 가짓수가 늘어난다.

8비트 각 채널당 256단계	16,777,216컬러
12비트 각 채널당 4,096단계	68,719,476,736컬러
16비트 각 채널당 65,536단계	281,474,976,710,656컬러

왜 비트 수가 높을수록 좋은가? 채널당 256단계인 8비트로도 충분한 것 같은데, 왜 카메라 제조업체나 어도비 같은 회사에서는 16비트 이상 더 높은 비트를 위해 노력하는 걸까?

오른쪽 그림은 포토샵에서 8비트심도의 흑백 그러데이션 막대를 그린 것이다. 회색 같은 중간색을 표현하려면 채널별 데이터가 같아야 한다는 조건이 있다. 예를 들어 R125, G125, B125가 회색이며, 이 중 한 채널이라도 달라지면 완벽한 회색이 아니다. 흑백 이미지로 본다면 8비트에서는 0부터 255까지 딱 256가지 색만 사용할 수 있을 뿐이라서, 흑백 작업을 주로 하는 사람들에겐 더 높은 비트가 필요하다. 물론 웹용이나 가벼운 스냅사진 출력이 목적이라면 괜찮다. 하지만 사진 크기가 조금만 더 커지거나 웹과 스냅이 아닌 다른 용도라면 카메라에서 할 수 있는 가장 큰 비트심도로 설정하라고 권하고 싶다.

후반작업 즉 보정할 때도 원본사진 심도와 같거나 더 높게 설정해야 원본의 디테일이 깨지지 않는다. 포토샵 등 그래픽 프로그램은 사진만을 위한 건 아니라서 8비트에서만 작동하는 필터와 기능들이 있다. 어쩔 수 없는 상황이 아니라면 다른 방법을 찾는 게 낫다. 원본사진의 디테일을 잃어버리는 8비트 변환은 정말 마지막 수단이어야 하기 때문이다.

높은 비트심도: 각 밝기의 단계가 매우 많다.

낮은 비트심도: 각 밝기의 단계가 상대적으로 적다.

RGB 흰색
255, 255, 255

RGB 검은색
0, 0, 0

그래도 비트심도가 궁금하다

(Q1) **심도 간 변환은 무조건 나쁜가요?**

포토샵 같은 그래픽 프로그램에서 비트심도를 변환하는 건 클릭 한 번이면 되는 매우 간단한 작업이다.
그러나 심도를 변환했을 때 손실이 생긴다는 점에 주의해야 한다. 12비트로 촬영한 RAW 파일 원본을
8비트로 변환한 후 다시 12비트나 16비트로 변환해도 최초의 품질로 돌아오지 않는다.
따라서 무슨 수를 써서라도 반드시 원본은 따로 보관해야 하며, 여러 번 백업할 것을 권한다.
다만, 16비트를 요구하는 모든 기능은 16비트 조건으로 실행되기 때문에 8비트에서 16비트로
변환하면 약간의 득이 있다. 예를 들면 같은 그레이디언트 툴을 사용해도 16비트로 변경한 후의
그러데이션이 조금 더 부드럽게 적용된다.

(Q2) **심도를 높였더니 사진파일 용량이 너무 커요.**

카메라가 허용하는 최대 심도로 촬영하면 같은 크기의 사진이라도 용량이 2~3배 이상 커진다.
그렇다고 저장공간의 압박을 줄이기 위해 낮은 심도를 사용하는 건 안타까운 일이다.
차라리 저렴한 하드디스크를 추가로 구입하는 게 미래를 위해 훨씬 값진 투자다.

(Q3) **심도를 높였더니 컴퓨터가 버벅거려요.**

깊은 심도로 설정된 사진은 데이터가 커서 컴퓨터가 느려지거나 다운될 수 있다.
당장 컴퓨터를 바꾸지는 못하더라도 길게 생각한다면 심도를 낮추기보다는 차라리 버벅거리는
컴퓨터를 끌어안고 느리게 작업하라고 권하고 싶다. 컴퓨터를 제대로 설정한다면 지금보다는
여유 있을 것이다. (사진가를 위한 컴퓨터 설정 46쪽 참고)

(Q4) **라이트룸과 포토샵은 어떤 비트로 작동하나요?**

라이트룸과 포토샵은 다른 개념의 프로그램이다. 라이트룸은 포토샵과 달리 사진만을 위한
프로그램으로, 카메라 RAW 파일이 지원하는 12bit나 14bit 데이터를 사용한다. 보정할 때는
16bit를 바탕으로 작동하는데, 최종적으로 '내보내기'를 할 때 TIFF 포맷을 선택해 16bit로 바꿀 수 있다.
반면 포토샵은 이미 결정된 비트심도로만 작동한다. 물론 클릭 한 번으로 8bit나 16bit로
바꿀 수 있긴 하다. 따라서 카메라로 찍은 사진인 RAW 파일을 불러오면 먼저 카메라 RAW 필터를 거쳐
포토샵으로 가져온다. 바로 포토샵으로 열리는 게 아니다.

(Q5) **포토샵에서 심도를 16bit로 바꾸었더니 실행되지 않는 필터가 많아요.**

포토샵 필터 중 일부는 8bit 심도에서만 작동한다. 그 필터를 사용하려면 꼭 8bit로 변환해야 하는데,
이때 사진 계조에 손실이 생긴다. 8bit에서만 작동하는 필터는 돌출 Extrude, 바람 Wind 등 극단적인
효과를 주는 것이 대부분이다. 사진을 전문적으로 촬영하고 다루는 사진가들이라면
크게 사용할 일이 없을 것이다.

제발 RAW로 찍어라
로우(RAW)

디지털 사진 시대의 완전체, RAW 파일 "JPG가 아니라 RAW로 촬영해야 한다." 사진과 관련된 모든 분야에서 귀가 따갑도록 듣는 말이다. 지겹도록 들은 말을 또 하고 싶지는 않지만, 왜 꼭 그래야 하는지 어설프게 알고 있을지도 모를 이들을 위해 중요한 것만 짚어보자.

RAW 파일은 '생것, 날것'이라는 단어 뜻 그대로다. jpg, bmp처럼 가공을 거친 이미지 파일이 아니라 어떤 가공도 하지 않은 원본 파일이라는 뜻이다. 카메라 센서로 들어온 정보에 최소한의 처리만 한 것으로, 화이트 밸런스, 파라미터나 색역 등이 정의되지 않은 원시 상태 그대로다. 모든 촬영 정보가 들어 있어 파일 크기는 크지만, 사진가 의도에 따라 어떤 형태로든 가공할 수 있다는 장점이 있다. RAW 파일은 디지털카메라가 치열한 경쟁 속에서 최상의 원본을 뽑고자 노력한 결과물이며, 카메라의 모든 능력을 고스란히 담고 있다.

인도, 우타르프라데시, 바라나시 연을 쫓는 소년
찰나의 순간밖에 주어지지 않는 불확실한 사진 세계에서 RAW는 더 좋은 사진을 만들 확실한 기회를 준다.

RAW를 버리고 JPG를 선호하는 사람들의 이야기

일반적으로 RAW를 버리고 손실압축 포맷인 JPG 등을 선호하는 사람들은
다음과 같은 말들을 한다. 왜 안 되는지 설명해 보겠다.

（Q1）

용량? RAW가 좋은 건 알겠는데 파일이 커서 곤란해요.

RAW 파일은 용량이 크지만 용량 이상의 값어치를 충분히 한다. 압축파일인 JPG 등의 포맷에서는
엄두도 내지 못할 훌륭한 계조가 그대로 살아 있기 때문이다. 색온도처럼 민감한 문제라도 계조가
망가질까 봐 전전긍긍하지 않고 느긋하게 둘러보면서 이리저리 실험할 수 있다. 사진 품질에 압도적인
차이가 있다는 뜻이다. 용량이 걱정이라면 렌즈나 카메라, 카본 삼각대 같은 것들보다
외장하드 구입에 돈을 쓰자.
지금 당장은 사진 용량이 너무 커서 컴퓨터에 무리를 줄지 모르지만 몇 년 안에 가볍게 처리할 기술이
나타날 수도 있고, RAW 파일의 특성상 어떤 새로운 알고리즘이나 기술이 등장해 보정의 범위가
비약적으로 발전할 수도 있다.

（Q2）

속도? 매번 JPG로 바꾸는 게 너무 귀찮아요.

신문기자도 아닌데 촬영하자마자 즉시 노트북으로 크로핑, 키워드, 타이틀, 뉴스코딩 작업 등을
해야 하는 건 아닐 것이다. 옆에서 아무리 졸라도 완성된 사진이 아니라면 공개하지 않는 편이 훨씬 낫다.
100장의 사진을 보여주고 "2장은 정말 끝내주는 사진입니다"라고 말하지 말고 처음부터 단 2장의
사진만 보여주자. 멋진 사진 한 장의 감동이 그저 그런 100장의 감동을 모두 합친 것보다 크다.

（Q3）

색감, 취향? 카메라 색감이 너무 좋아요.

카메라를 들고 가서 LCD 창으로 보여줄 게 아니라면 이런 자잘한 것에 신경 쓸 필요 없다.
"C사의 카메라 색감이 좋고, N사는 칙칙하며, P사는 강렬하다" 같은 미신을 믿는다면 할 말이 없다.
비싼 카메라가 좋은 사진을 만든다는 기대는, 더 좋은 사진을 원한다면 절대 해서는 안 될 일이다.
촬영한 사진의 본질은 RAW 파일로만 기록될 수 있다. 잘 조율된 넓고 큰 모니터로
자신만의 사진을 완성하는 색감을 찾아가는 즐거움을 놓치지 말아야 한다.
이렇게까지 말했는데도 JPG에 미련을 버리지 못하겠다면 미래를 생각해 보자. 가까운 미래에 기술이
발전해서 예전에 하지 못했던 훌륭한 작업이 가능해졌다. 그런데 보석 같은 원본사진이
몽땅 JPG 파일이라 웹에 올리는 것밖에 그 어떤 것도 할 수 없다면? 그제야 후회해도 소용없다.
지금도 이렇게 하소연하는 사람들이 한둘이 아님을 알아야 한다. 이 책의 모든 내용은 RAW 파일을
기본으로 한다. JPG로 촬영된 불완전한 사진은 더 이상 언급하지 않겠다. 야속해 보여도 JPG 포맷의
사진을 훌륭하게 보정할 기술은 없는 게 사실이라 어쩔 수 없다.

사진가를 위한 작업환경 만들기

이상적인 작업실 환경? 이상은 이상일 뿐이다   사진 촬영은 찰나의 순간이다. 그러나 아무리 촬영에 신중한 사진가라도 후반작업은 총투자 시간의 60% 이상에 달한다. 촬영보다 후반작업에 훨씬 많은 시간을 써야 한다는 말이다. 작업환경을 효율적으로 잘 만들면 작업속도는 빨라지고 결과물은 더 좋아질 것이다. 특히 포토샵과 라이트룸 특성상 어떤 하드웨어 성능에 좌우되는지를 아는 게 도움이 된다.

조명
암실처럼 완전히 어두운 환경에 희미한 붉은 등까지는 아니더라도 반드시 모니터보다는 어두워야 한다. 지금 당신의 작업실이 밝은 햇살이 넘치는 쾌적한 환경이라면, 영화 <배트맨>의 고담시를 떠올리며 최대한 어둡게 만들자. 정 안 되면 모니터 주변이라도 가리는 게 좋다. 비싼 제품은 설치나 관리가 쉽지만, 커터칼로 잘라 만든 저렴한 폼보드 후드도 기능은 같다. 프로 사진가들도 다 이렇게 한다. 이상적으로는 바닥과 벽, 천장까지 모두 무광 검정인 게 최고다.

테이블과 의자
테이블은 크면 클수록 좋다. 잡지에서 만나는 아름다운 작업실과 달리, 실제로는 온갖 것들이 테이블을 차지한다. 방금 촬영한 카메라와 렌즈들, 메모리카드와 리더기, 충전용 케이블과 스마트폰 등으로 넘치게 될 것이다. 또 안락한 의자는 집중력을 높이니 편안한 것으로 준비하자. 비싸고 좋은 의자야 끝도 없지만 나한테 익숙한 게 최고다.

컴퓨터
꼭 필요한 것이 좋은 성능을 가진 컴퓨터다. 랩톱이든 데스크톱이든 고성능 컴퓨터는 비약적으로 작업속도를 올린다. 전문가라면 최소한 카메라에 투자하는 정도는 투자하자. 하루 수천 장의 RAW 파일을 처리하는 데 가장 가성비 좋은 투자가 컴퓨터다.

노트북 vs 데스크톱
불과 몇 년 전만 해도 노트북은 말 그대로 최악이었다. 아무리 비싼 노트북도 6비트 가짜 풀컬러인 TN 모니터가 전부였다. 하지만 최근에는 근사한 스크린을 장착한 고성능 노트북이 많아졌으니, 이제 선택은 촬영자 스타일에 달렸다. 며칠씩 밖에서 보내고, 촬영 즉시 후반작업을 하고 싶다면 노트북을 권한다. 아니라면 데스크톱이 나을 것이다.

사진가가 신경 써야 할 하드웨어

CPU

컴퓨터에서 가장 비싼 부품이며, 컴퓨터 얼굴마담인 CPU는 정말 종류가 많다. 포토샵과 라이트룸은 코어 개수와 클록에 따라 좌우되며, 현재 라이트룸은 최대 6코어를 활용한다. 클록에 비례해 속도가 빨라지니 6코어 이상 최대한 빠른 클록의 CPU를 선택하자. 같은 가격이라면 인텔과 AMD의 차이는 미미하다. 만약 인위적으로 클록속도를 올리는 오버클로킹에 익숙한 사용자라면 적극적인 활용을 고민하는 게 좋을 것이다.

RAM

메모리 장치인 램은 많으면 많을수록 좋다. 속도와는 직접적인 관련이 없지만, 용량이 크거나 작업이 많을 때 제 역할을 한다. RAM이 부족하면 임시로 하드디스크를 RAM 대신 사용해 속도가 갑자기 느려질 수 있다. 새 컴퓨터를 구입할 거라면 과감하게 투자하자. 외국보다 비싸지 않은 거의 유일한 부품이다. 최소 16GB 이상, 많은 후반작업과 쾌적한 환경을 원한다면 64GB 이상을 권한다. 용량이 최우선이고, 클록속도는 그다음이다. 사진작업만 생각한다면 방열판이 달린 고가의 튜닝된 램은 성능을 체감하기 어렵다.

SSD

요즘은 용량이 큰 SSD(Solid State Drive)도 저렴하다. SSD를 추가 장착하면 라이트룸과 포토샵 속도를 매우 빠르게 할 수 있다. 추가 SSD 용량만큼을 라이트룸 카메라 RAW 캐시로 설정하면 20만 장의 사진을 가져오는 카탈로그라도 매우 빠르게 작동한다. 포토샵 역시 스크래치 디스크를 SSD로 설정하면 사진을 많이 불러와도 버벅대지 않는다.

HDD

하드디스크 역시 사진작업에서 매우 중요하다. 카메라 발전에 따라 사진 한 장의 용량은 계속 커질 수밖에 없어서, 비싼 SSD에 원본 RAW 파일을 계속 저장한다는 건 쉽지 않다. 가성비 좋은 고용량 HDD를 구해서 RAW 파일 저장에 쓰자. 용량이 큰 원본사진은 HDD에 저장하고, 비교적 빠른 속도가 필요한 카메라 RAW 캐시와 스크래치 디스크는 SSD를 사용하면 된다.

VGA

AI가 발전하면서 속도나 편의성 면에서 VGA(Video Graphics Array) 역할이 더 중요해졌다. 그렇다고 무조건 비싼 게 좋은 건 아니다. 비싼 NVIDIA의 RTX A 시리즈나 AMD의 WX 시리즈는 특정 3D 프로그램을 가속하거나 AI 개발 등을 위해 특화된 제품이다. 쾌적한 작업환경만을 생각한다면 돈이 허락하는 한 VRAM이 큰 고사양 VGA를 구입하자. 일반 사용자라면 게임용 VGA도 충분하다. 게임보다 수요가 적은 게 사실이라 어떤 회사도 사진이나 영상에 특화된 제품을 만들진 않으니 별수 없다. 요즘 게임용 VGA는 10bit 출력을 기본으로 지원하니 큰 불만은 없다.

사진가용 모니터를 고를 때 포기해야 할 순서   모니터는 사진작업에서 가장 중요한 부분 중 하나다. 하지만 어지간한 사진가용 모니터를 골라도 적게는 150만 원, 많게는 500만 원 정도라는 게 문제다. 엄청난 성능을 자랑하는 늘씬한 게임용 모니터가 100만 원 이하인 걸 생각하면 수요가 적어서 떠안아야 하는 비용이 아닐까 싶다. 이런 이유로 특정 모니터 추천보다는 사진용 모니터를 살 때 뭘 봐야 할지 알려주는 게 낫다고 판단했다. 다음 기능들을 보면 된다. 아래쪽으로 갈수록 비싸지니 각자 주머니 사정에 맞춰 하나씩 포기하자.

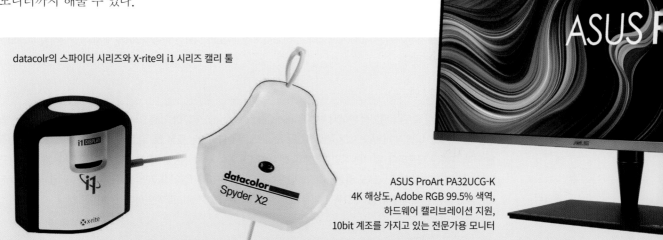

16:9 또는 16:10 비율
∨
27~32인치 크기
∨
4K 이상 해상도
∨
Adobe RGB 100% 색역
∨
10bit 심도
∨
하드웨어 캘리브레이션 지원

다 필요 없고 일단 캘리 툴부터!   모니터가 무엇이든 캘리브레이션을 한 것과 안 한 것은 천지 차이라고 봐야 한다. 아무리 비싼 모니터라도 캘리브레이션을 하지 않는다면 돼지 목에 진주일 뿐이다. 캘리브레이션을 한 게임용 모니터가 하지 않은 수백만 원짜리 전문가용 모니터보다 좋다. 특히 윈도(Windows) 시스템을 사용한다면 더욱 그렇다.

'내 건 애플의 초고가 모니터야. 공장 캘리브레이션이 된 제품이니까 캘리 툴은 필요 없지.' 혹시 이렇게 생각한다면 컬러 매니지먼트의 '매' 자도 모른다는 고백이나 다름없다. 전문가용 초고가 모니터로 갈수록 캘리브레이션을 잘할 수 있는 옵션이 추가될 뿐 공장에서 캘리브레이션을 했다고 평생 완벽하지는 않기 때문이다. 비싼 모니터 가격에 비하면 저렴하니 그냥 툴을 하나 사서 자주 캘리브레이션을 하는 게 훨씬 낫다. 적어도 2주에 한 번씩은 정기적으로 해야 한다.

현재 권할 만한 캘리브레이션 툴은 datacolr의 스파이더 시리즈와 X-rite의 i1 시리즈다. 구형 모델이나 더 저렴한 것도 상관없다. 하나 사면 내 모니터와 컴퓨터뿐만 아니라 들고 다니는 노트북, 사무실 컴퓨터, 옆집 친구 모니터까지 해줄 수 있다.

datacolr의 스파이더 시리즈와 X-rite의 i1 시리즈 캘리 툴

ASUS ProArt PA32UCG-K
4K 해상도, Adobe RGB 99.5% 색역,
하드웨어 캘리브레이션 지원,
10bit 계조를 가지고 있는 전문가용 모니터

비율

16:9 모니터가 일반적이지만 가능하다면 16:10 비율이 낫다. 이보다 가로로 길거나 곡면 형태의 모니터는 사진 보정에 매우 불편하니 신중하길 바란다.

크기

사진작업에는 27인치나 32인치 모니터를 사용한다. 자리에 앉았을 때 눈에서 50cm 이상 떨어져 볼 수 있는 공간이 있다면 32인치 모니터를 추천하고, 그렇지 않다면 27인치가 편할 것이다. 개인적인 취향에 따라 선택하자. 그 외 특별한 작업환경이 아니라면 이보다 작거나 큰 것은 작업을 방해한다.

해상도

4K 이상이 이상적이다. 8K 같은 고해상도도 있지만 비용을 생각하면 4K 정도에서 만족하는 게 좋다. 4K 이하 2560×1440(QHD) 모니터는 현재로선 너무 저해상도다.

밝기

모니터에서 흰색을 얼마나 밝게 표현할 수 있는지를 칸델라(cd) 단위로 표기한다. 사진에서 가장 이상적인 밝기는 120cd이고, 표준 밝기는 160cd이다. 아무리 저렴한 모니터라도 이 이하가 없으니 그냥 모든 모니터가 기준을 통과한다고 봐도 된다. 참고로 칸델라 cd는 니트 nit 단위와 같다. 즉 160cd=160nits이다.

최대 주사율

'프레임 레이트'라고도 부르는데, 1초 동안 몇 장의 그림을 보여줄 수 있는지를 Hz 단위로 표기한다. 사진에서는 1초에 60장을 보여주는 능력 즉 60Hz 이상은 무의미하다. 게임용 모니터에서 강조하는 고주사율 모니터는 별 이득이 없다. 현재 생산하는 거의 모든 모니터는 60Hz 이상이니까 주사율은 그냥 넘어가도 된다.

색역

단적으로 말하면 색상을 얼마나 진하게 표현할 수 있느냐를 뜻한다. sRGB 색역의 70% 정도를 표현하는 모니터가 일반적이라 사진용으로 선택한다면 반드시 확인해야 한다. 이상적인 것은 Adobe RGB 100%지만 찾기도 힘들고 비싸다. 99~100% 사이라면 같은 성능이라고 봐도 된다. 가끔 색역 볼륨값만 표기해서 'Adobe RGB 110%'로 표기하는 모니터도 있는데, 우리가 원하는 것은 커버리지값이라 무의미하다. 요즘은 영상 표준인 DCI-P3로도 표기하는데, Adobe RGB와는 좀 다르니 참고하자.

비트심도

'색 깊이'라고도 부르는데, 밝고 어두움 사이를 얼마나 많은 단계로 표현할 수 있는지를 즉 '계조'를 말한다. 사무용 모니터는 대부분 8bit를 지원한다. 사진작업에서는 그보다 훨씬 높은 10bit가 이상적이다. 가끔 일부 제품에서 소프트웨어적인 보정을 통해 가짜 10bit를 만드는 '10bit(8bit+FRC)'라는 표기가 있는데, 이건 그냥 8bit니까 속지 말자.

하드웨어 캘리브레이션

전문가용 모니터라면 하드웨어 캘리브레이션 기능을 지원해야 한다. 일반 모니터는 캘리브레이션 데이터를 제어판(맥에서는 색상 프로파일)에서 소프트웨어적으로 교정하지만, 하드웨어 캘리브레이션이 적용된 모니터는 데이터가 모니터 자체에 들어 있어서 소프트웨어 캘리브레이션의 단점인 계조 손실 등이 없다.

사진가를 위한 프로그램 선택하기

사진가용 프로그램의 히스토리   라이트룸의 정식 명칭은 '어도비 포토샵 라이트룸 클래식 (Adobe Photoshop Lightroom Classic)'이다. 클래식이라니 뭔가 오래된 느낌이지만 모바일용 라이트룸에 이름을 넘기고 '클래식'을 덧붙인 것뿐이다.

원래는 포토샵만 있었다. 디지털 사진이 본격적으로 태동하면서 전문 프로그램이 필요한 분위기가 만들어지자 2005년에 애플이 먼저 '어퍼처(Aperture)'를 출시했고, 2007년에는 어도비도 이와 비슷한 '라이트룸(Lightroom)'을 발표했다. 디지털 사진을 다룰 때 필요한 2가지 핵심은 사진을 미리 보고 관리하는 기능과 사진을 보정하는 기능이다. 어도비 공식 입장은 아니지만, 어도비는 파일 관리 전용 프로그램으로는 '어도비 브리지(Adobe Bridge)'를, 보정 전용 프로그램으로는 포토샵 기능 일부를 섞은 라이트룸을 출시했다. 이후 버전업을 이어가다가 2017년에 모바일에 최적화된 클라우드 기반의 '라이트룸 CC'가 나오면서 이름을 넘기고, '라이트룸 CC 클래식'이 되었다.

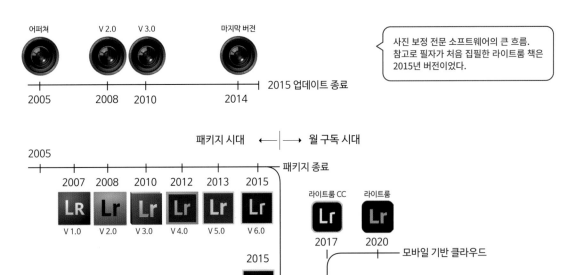

사진 보정 전문 소프트웨어의 큰 흐름. 참고로 필자가 처음 집필한 라이트룸 책은 2015년 버전이었다.

왜 라이트룸이어야만 하는가? 브리지+포토샵=라이트룸!　세 프로그램의 기본은 거의 비슷하고, 어떤 기능에 특화되어 있는지만 다르다. 브리지는 많은 양의 파일 관리 중심이다. 특정한 조건의 사진들을 한 번에 선택하거나 중요도를 표시하고, 선택한 사진만 보정하기 위해 카메라 로우 Camera Raw를 열어주는 기능도 있다. 포토샵 역시 RAW 파일 보정을 위한 카메라 로우를 기본으로 탑재하고 있으며, 인터페이스도 브리지와 비슷하다.

브리지의 파일 관리 기능과 포토샵의 카메라 로우 보정 기능을 하나로 모은 게 바로 라이트룸이다. 사진가에게 필요한 작업을 라이트룸 하나에서 다 할 수 있다. 가끔 브리지로 사진을 선택하고 관리하면서 보정은 라이트룸에서 한다는 사람도 있고, 브리지와 포토샵만 이용한다는 사람도 있다. 굳이 좋은 거 놔두고 애써 힘들게 사용하지 말자. 초창기에 문제가 있었던 건 사실이라 한때 이런 방법이 추천되기도 했지만, 지금은 아니다.

포토샵에서 실행한 카메라 로우 인터페이스　　　　　　　　　　　　　브리지에서 실행한 카메라 로우 인터페이스

라이트룸은 꾸준히 성장하고, 어도비에서도 지속적인 개선을 해왔기 때문에 사진가 10명 중 6명이 사용하는 1위 프로그램이 되었다. 2023년 Shotkit.com 설문조사에 따르면 사용자들이 라이트룸에서 가장 높은 만족도를 보인 부분은 '기능'이었다. 그다음이 '쉬운 사용법'일 정도로 쉬우면서도 사진가가 필요로 하는 모든 것이 들어 있다고 할 수 있다. 라이트룸을 사용하지 않는 이유가 구독료를 매달 내는 것에 대한 거부감일 정도로, 프로그램 자체는 가장 잘 만들어진 사진가용 소프트웨어라고 해도 과언이 아닐 것이다. 디지털 사진 시대, 대량으로 촬영하고 선택하고 보정하는 일련의 과정을 잘 수행한다는 증거라고 생각한다.

라이트룸은 사진 관리와 보정, 결과물 출력을 위한 도구다. 포토샵 역시 라이트룸의 보정 한계를 극복하기 위해 가끔이라도 꼭 필요하다. 이 2가지면 그동안 각종 뷰어 프로그램이나 어도비 브리지 같은 번거로운 프로그램에서 해방돼 더 가볍게 수천수만 장의 사진을 다룰 수 있을 것이다.

최초의 선택 장애, 라이트룸 vs 라이트룸 클래식 "둘 중 뭘 배워야 하나요?" 정말 많이 하는 질문 중 하나다. 결론부터 말하면 라이트룸 클래식은 라이트룸 기능 100%를 포함하고 있으나 반대는 아니다. 라이트룸 클래식을 배우면 라이트룸의 모든 기능을 자동으로 알게 되니 굳이 돌아서 갈 필요 없다.

라이트룸은 모바일용, 즉 스마트폰이나 태블릿 같은 모바일 기기에 최적화되도록 라이트룸 클래식의 주요 기능을 뽑아 만든 프로그램이다. 인터페이스를 좀 더 아마추어 친화적으로 바꾸었고, 어도비 클라우드에 사진을 저장할 수 있어 인터넷만 연결된다면 어디서든 사진을 보정하고 관리할 수 있다.

라이트룸과 라이트룸 클래식의 가장 큰 차이점은 원본 파일의 저장위치다. 저장위치가 내 컴퓨터인지, 아니면 어도비에서 제공하는 클라우드 서버인지에 따라 다르다. 이 차이 때문에 용량의 한계가 분명한 모바일용 라이트룸에서는 파일 크기가 큰 RAW 파일을 적극적으로 사용하기 힘들다. 상대적으로 가볍고, 빠르게 편집하고 공유할 수 있는 jpg 파일 중심으로 갈 수밖에 없다. 보다 본격적으로 원본 RAW 파일을 관리하고 모든 보정 기능을 사용할 수 있는 것은 '라이트룸 클래식'이다.

Lr 라이트룸

PROS

- 언제 어디서든 꺼내 볼 수 있는 모바일에 최적화
- 스마트폰, 태블릿, PC 모두 다 같은 작업 내용
- 보정 중단한 것을 다른 기기에서 이어서 작업 가능
- 전문 보정도 어느 정도 가능하다.
- 빠르고 가볍게 열린다.

CONS

- 클라우드 저장용량이 매우 제한적이다.
- 구독료를 내지 않으면 모든 사진이 사라질 수 있다.
- 클래식만큼 다양한 기능을 사용할 수 없다.
- 최신 AI 보정 기능이 매우 제한적이다.
- 포토샵 등 다른 프로그램 연계가 어렵다.
- 캘리브레이션을 하지 못한다.
- 사진이 많아질수록 관리가 불편하다.

LrC 라이트룸 클래식

PROS

- 대용량 RAW 파일을 관리하는 데 최적화
- 용량 증설이 비교적 저렴하고 쉽다.
- 모든 기능을 제한 없이 사용할 수 있다.
- 포토샵뿐만 아니라 다양한 서드파티 앱 연동 가능
- 전문 캘리브레이션 장비로 색 관리가 편하다.
- 대량의 사진 중 하나를 찾기 쉽다.
- 비교적 빠른 사진 보정 속도
- 다양한 인터페이스 툴 사용 가능

CONS

- 컴퓨터 2대 이상을 연동하는 데 전문지식이 필요하다.
- 스마트폰, 태블릿과 연동하려면 '내보내기'가 필수다.
- 사진이 많을수록 프로그램이 무거워진다.
- 컴퓨터 성능이 곧 속도라서 고성능 컴퓨터가 필요하다.
- 처음 배우기에 비교적 복잡한 인터페이스

클라우드 저장공간을 추가할 수는 있다. 하지만 유료라서 상당히 제한적이다. 라이트룸 시리즈와 포토샵을 사용하는 '어도비 포토그래피' 플랜은 월 11,000원을 내고 20GB의 저장공간을 받는다. 꽤 많은 것 같지만, 보통 RAW 파일 하나가 100MB에 육박하는 카메라가 많아서 200장이면 꽉 찬다. 현재 연 단위로 277,200원을 결제하면 1TB를, 모든 어도비 프로그램 사용 조건으로 매월 61,600원을 결제하면 100GB의 용량을 추가할 수 있다.

어쨌든 클라우드 저장용량 한계로 사진 보정에 필수적인 RAW 파일이 아니라 손실 압축 포맷인 JPG 파일을 다룰 수밖에 없고, 최신 AI 인공지능 기능도 지원되지 않는다. 주로 스마트폰을 사용하고, 많아야 사진 몇십 장 정도만 촬영한다면 라이트룸도 나쁘지 않다. 하지만 모바일용 라이트룸이 제공하는 편리함이 사진가에게 꼭 필요한 RAW 파일이나 사진이 쌓이면서 느끼는 용량 압박보다 더 좋을 수는 없다는 걸 기억하자. 이런 이유로 사진가 대부분은 컴퓨터에서 돌아가는 라이트룸 클래식을 주로 사용한다.

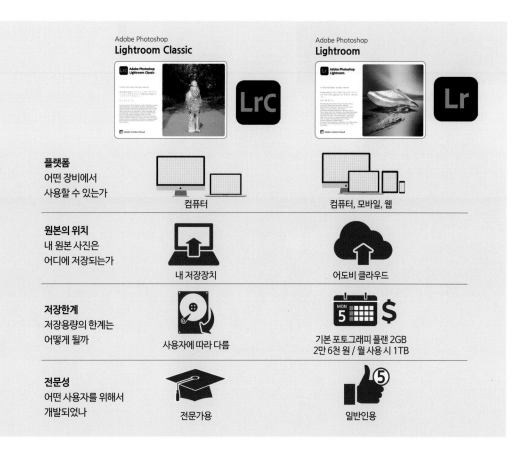

포토샵과 라이트룸 환경 설정하기

포토샵 기본 세팅   이 책을 따라 하는 데 무리가 없도록 필자와 세팅을 맞추기 위해 이 기본 세팅을 권한다. 좀 더 익숙해지면 각자 편한 대로 바꿔 사용하면 된다. 또 라이트룸이 갑자기 느려지거나 VGA 문제가 발생했을 때 등 누구나 한 번씩 겪는 문제들의 해결 방법도 알아보자. 참고로 이 책에서는 라이트룸 클래식 버전 13.x와 포토샵 25.x.x 버전을 사용한다.

1   작업 영역 설정하기

포토샵을 실행한 후 '창 메뉴 - 작업 영역 - 필수(기본값)'를 클릭한다. 기능과 상관없으니 각자 편한 팔레트나 툴을 놓고 쓰면 된다.

2   사용 언어 설정하기

'편집 메뉴 - 환경 설정 - 일반'을 클릭한다. 대화상자가 나타나면 '인터페이스'를 클릭한 후 한국어, UI 글꼴 크기 '큼', UI 크기 조절 '200%'로 설정한다. UHD 같은 고해상도 모니터를 사용한다면 이렇게 사용하는 게 편하다.

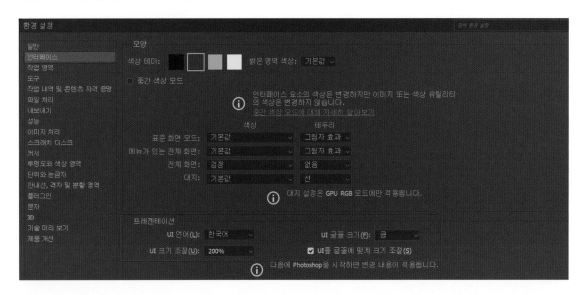

3 성능 설정하기

'성능'을 클릭한다. 사진 전용으로 사용하는 컴퓨터라면 'Photoshop에서 사용' 메모리를 80% 정도로 설정한다. '그래픽 프로세서 사용'에 체크한 후 '캐시 레벨'이 2 이상인지 확인한다. 만약 2보다 낮다면 4 정도로 설정할 것을 권한다.

4 스크래치 디스크 설정하기

'스크래치 디스크'를 클릭한다. 가능한 한 용량이 크고 빠른 SSD 드라이브를 선택하자. 하드 디스크가 여럿이라면 모두 체크해도 상관없다. 다 되었으면 '확인'을 클릭한다.

5 색상 설정하기

'편집 메뉴 - 색상 설정'을 클릭한다. '작업 영역'에서 옵션을 선택하면 '설정'은 자동으로 '사용자 정의'로 바뀐다. 책대로 설정한 후 나머지는 그대로 두고 '확인'을 클릭한다.

❶ **Adobe RGB(1988):** 사진작업 표준으로 가장 많이 쓰는 색공간이다. 이 책에서도 이 색역을 사용한다.

❷ **CMYK:** 인쇄 전문 편집 디자이너가 아니라면 사용빈도는 극히 낮다. 보통 'U.S. Web Coated'를 선택하면 된다.

❸ **회색:** 일부 고가의 특수 모니터가 아니라면 대부분 2.2 감마값이 표준이다.

❹ **별색:** 인쇄 전문 영역이므로 기본값 그대로 두면 된다.

라이트룸 기본 세팅 '편집 메뉴 – 환경 설정'을 클릭한다. '환경 설정' 대화상자가 나타나면 다음과 같이 설정한 후 '확인' 버튼을 클릭한다. 책에서 손대지 않은 탭들은 기본값 그대로 사용하면 된다.

일반 탭: 한국어

외부 편집 탭

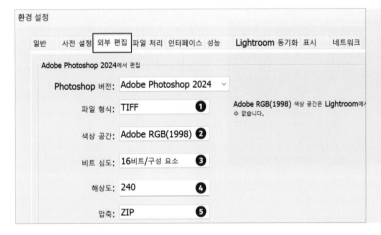

포토샵으로 내보낼 파일 처리 방법을 정한다.

1. **파일 형식:** 파일 포맷을 선택한다.
2. **색상 공간:** 파일의 색역을 선택한다.
3. **비트심도:** 파일의 비트심도를 선택한다.
4. **해상도:** 해상도를 입력한다. 일반 디지털 사진은 PPI 개념이므로 별 의미가 없다.
5. **압축:** TIFF 파일은 무손실 압축규격을 따르며 일반적인 ZIP 포맷을 사용하면 파일 크기가 줄어든다. 가장 빠른 속도를 이용하고 싶다면 '없음'을 선택하면 된다.

성능 탭

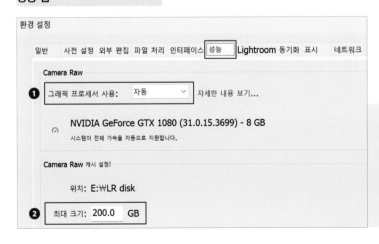

1. **그래픽 프로세서 사용:** '자동'으로 설정하면 컴퓨터가 알아서 그래픽카드를 최적으로 사용한다.
2. **Camera RAW 캐시 설정:** 최대 200GB까지 가능하다. 추가 SSD 등 내 저장장치에 여유가 있는 한 최대 크기로 잡는다. 오른쪽에 있는 '선택' 버튼을 클릭하면 원하는 위치를 설정할 수 있다.

라이트룸이 느려진 것 같다? 최적화   라이트룸을 사용하다 보면 전보다 현저하게 느려졌다고 느낄 때가 있다. 해결책은 카탈로그 최적화다. 어도비가 수십만 장의 사진을 거뜬히 감당할 수 있도록 설계된 게 라이트룸이라고 자랑하는 만큼 믿고 사용해도 된다. 그러나 에러가 생기거나 컴퓨터가 심각하게 느려지는 걸 방지하고 싶다면 일주일에 한 번 정도는 카탈로그를 백업하면서 최적화하는 것이 좋다.

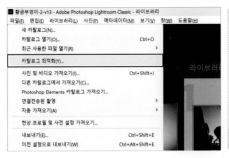 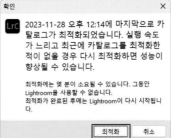

1   '파일 메뉴 - 카탈로그 최적화'를 클릭한다. 대화상자가 나타나면 '최적화'를 클릭한다.

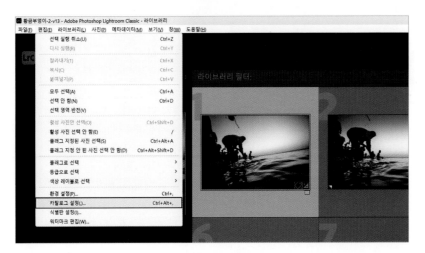

2   **카탈로그 자동 백업 설정하기**
'편집 메뉴 - 카탈로그 설정'을 클릭한다.

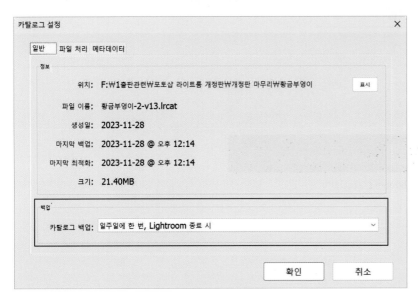

3   '카탈로그 설정' 대화상자가 나타난다. '백업'을 '일주일에 한 번, Lightroom 종료 시'로 선택한 후 '확인'을 클릭한다.

로고 대신 내 이름, 식별판

1 라이트룸을 실행했을 때 나만의 로고나 이름이 반겨준다면 기분 좋을 것이다. 편집한 식별판을 그대로 워터마크로 사용하거나 슬라이드쇼, 책 등에 적용할 수도 있다. '편집 메뉴 – 식별판 설정'을 클릭한다.

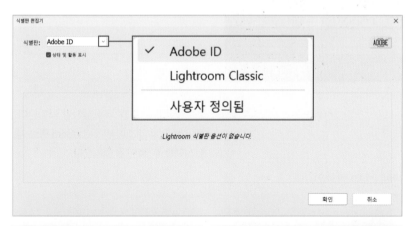

2 '식별판 편집기' 대화상자가 나타나면 '식별판'의 드롭다운 버튼을 클릭해서 선택하면 된다. 'Adobe ID'가 기본값인데, 어도비 회원으로 가입할 때 입력한 내 이름이 나타난다.

Adobe ID 선택

Lightroom Classic 선택

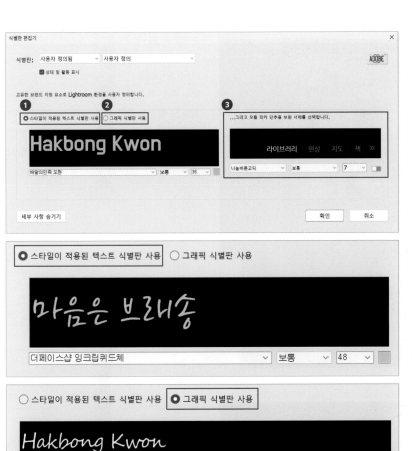

3 '사용자 정의됨'을 클릭하면 좀 더 자유 롭게 편집할 수 있다. 모든 작업이 끝난 후 '확인'을 클릭한다.

❶ **스타일이 적용된 텍스트 식별판 사용:** 입 력상자에 내용을 입력한 후 글꼴, 스타일, 크기, 색상을 편집한다.

❷ **그래픽 식별판 사용:** '파일 찾기' 버튼을 클릭해 따로 만들어둔 그래픽 파일을 불 러올 수 있다. 높이 125픽셀 이하, 투명한 배경의 PNG 형식으로 제작하면 보기 좋 다.

❸ **모듈 피커 편집:** 작업화면 오른쪽 위에 있 는 라이브러리, 현상, 지도 등의 모듈 디자 인을 바꿀 수도 있다. 글꼴, 스타일, 크기, 색상을 원하는 대로 편집한다.

4   식별판의 숨은 기능

식별판이 바뀐다. 이 식별판 위로 마우스 포 인터를 가져가면 드롭다운 버튼이 나타나 '주소 검색'과 '얼굴 감지' 기능을 실행하거나 멈출 수 있다.

5 주소 검색

지오테깅된 GPS 데이터를 바탕으로 메타데이터 패널에 나오는 사진의 EXIF 데이터에 자동으로 주소를 입력해 주는 기능이다. 이 기능을 활용하려면 GPS 장치가 내장되었거나 추가 액세서리가 달린 카메라로 촬영해야 한다. 요즘은 스마트폰과 연동해 사진에 지오테깅 해주는 카메라도 많다.

6 얼굴 감지 <O>

인공지능으로 새 얼굴을 찾아 바로 등록할 수 있도록 해준다. 라이브러리 모듈 아래쪽 툴바에서 얼굴 아이콘을 클릭해도 된다. 실행하면 얼굴을 검색한 후 다음과 같은 화면이 나타난다.

❶ **이름이 지정된 사람**: 왼쪽 위에 있는 숫자는 해당 인물이 포함된 사진이 얼마나 많은지를 알려준다.

❷ **이름이 지정되지 않은 사람**: 등록된 사람 중 비슷한 얼굴을 찾아 같은 사람인지를 묻는다. 같은 사람이면 ✔를, 아니면 ⊘를 클릭한다. 새로운 인물이라면 물음표를 클릭한 후 이름을 입력하면 등록된다.

Part 2

낯가리는 라이트룸

"네거티브는 악보요, 프린트는 연주다.
훌륭한 프린트는 사진가의 감성과 심미안이 묻어 있어야 한다.
사진은 현실의 모습을 전달하는 매체로 머무르지 않는
창조적인 예술이다."

_ 앤설 애덤스

사진 관리는 라이트룸에 몽땅 맡겨라

▶ [시즌3] #2 Book 1, Part 2 라이트룸에 대한 오해와 이해

사진을 자주 촬영하다 보면 필연적으로 사진의 양이 많아진다. 몇 년 치 사진이 쌓여있는데 거기서 특정한 사진 한 장을 찾아야 한다면 진땀부터 날 것이다. 평소 하나의 대원칙 아래 잘 정리되어 있어야 나중에 찾기도 쉽고, 필요할 때 바로 사용할 수도 있다. 여기서는 일 년만 지나도 수천 장의 사진이 쌓이는 필자가 시행착오 끝에 정착한 사진 정리 방법을 전할까 한다. 파일 관리에 익숙해지면 나중에 자기만의 방법을 찾겠지만, 처음엔 이 방법을 권한다.

라이트룸을 쓰는 가장 큰 이유는 대용량 파일을 쉽게 관리할 수 있기 때문이다. 아무리 사진이 많아도 날짜 정보를 EXIF 데이터에서 가져와 같은 날 촬영한 사진을 자동으로 하나의 폴더로 묶어준다. 날짜순 정리가 기본값인데, 그냥 기본값 그대로 정리하는 게 가장 편하고 기억하기도 쉽다. 라이트룸에 완전히 맡겨버리면 자동으로 다음 그림처럼 깨끗하게 정리된다. 비교해 보면 윈도 탐색기 폴더와 똑같다는 걸 알 수 있다. 특별한 이벤트가 있다면 날짜 뒤에 간단히 메모하는 것만으로 충분하다. 이렇게만 정리해도 사진 찾는 시간이 10배는 줄어든다.

라이트룸 폴더 패널에 날짜별로 자동 정리된 사진들

윈도 탐색기에서 열어본 실제 폴더

이때 중요한 것은 라이트룸에서 모든 작업을 한다는 대원칙을 지키는 것이다. 촬영 후 사진을 컴퓨터로 옮기는 시작부터 라이트룸을 이용한다. 특정한 이유로 날짜 이름 뒤에 뭔가를 메모해야 한다면, 이때도 윈도 탐색기가 아니라 라이트룸에서 수정한다. 간단하다. 폴더 패널에서 이름을 바꿀 폴더를 마우스 오른쪽 버튼으로 클릭한 후 '이름 바꾸기'를 선택하면 된다. 탐색기에서 폴더 이름을 바꾸면 라이트룸은 잃어버린 폴더로 표시하기 때문에 일일이 다시 찾아줘야 한다. 여간 귀찮은 일이 아니다. 그냥 사진에 관한 건 몽땅 라이트룸을 믿고 맡기자.

첫 번째 원칙, 라이트룸을 통해 카메라에서 컴퓨터로 파일을 옮긴다.
두 번째 원칙, 이름을 변경하거나 수정할 때도 라이트룸에서 한다.
대원칙! 사진에 관한 건 그냥 몽땅 다 라이트룸에서 작업한다.

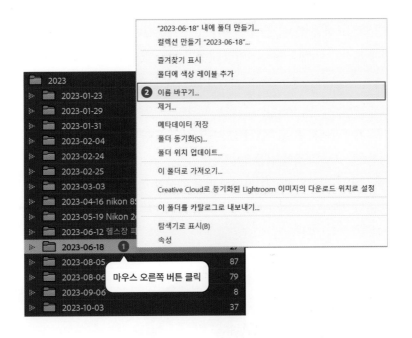

이해하지 못하면 라이트룸 백날 써도 도루묵이다
카탈로그의 개념

▶ [시즌3] #0 특강, 핵심 개념 카탈로그

올 것이 왔다. 아직 라이트룸 설치도 하지 않았는데, 이 설명부터 하는 이유가 있다. '라이트룸 카탈로그'를 이해하지 못하면 라이트룸을 쓰는 게 별 의미가 없기 때문이다. 안타깝게도 카탈로그는 여러분이 한 번도 경험해 보지 못한 생소한 개념이라 낯설기 짝이 없다.

포토샵이나 워드, 엑셀 등 다른 프로그램과는 파일을 다루는 방식이 전혀 다르다. 다른 프로그램에서는 파일을 하나 열어서 작업하고 저장한다. 다음에 그 파일이 필요하면 다시 이 과정을 반복한다. 하지만 라이트룸은 카메라에서 원본 파일을 가져오는 그 순간부터 보정하고 내보내는 모든 과정을 자동으로 저장한다. '모든 것을 자동으로 저장'이라는 말 그대로다. 작업 중간중간 현재까지의 작업을 저장하거나 내가 파일형식을 지정해 따로 저장할 필요가 없다.

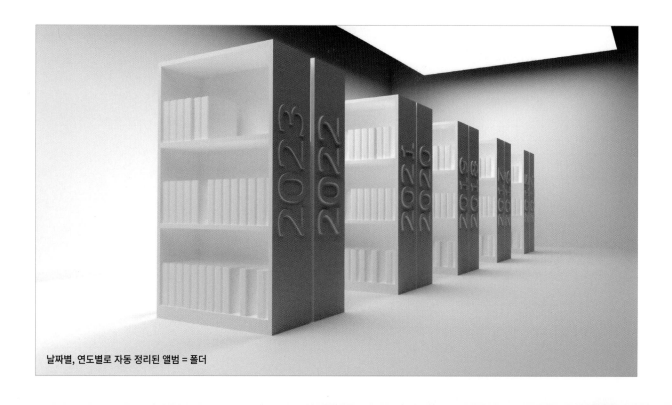

날짜별, 연도별로 자동 정리된 앨범 = 폴더

만약 특정 파일 포맷이 필요하다면 '내보내기'라는 기능을 사용하면 된다. 우리가 할 일은 카메라에 있는 원본을 라이트룸으로 가져오는 것뿐이다. 라이트룸은 사진을 관리하는 거대한 서버 같은 것이라서, 다른 프로그램을 쓸 때처럼 사용하면 반쪽짜리 불편한 단순 보정 프로그램 이상도 이하도 아닌 것이 돼버린다. 오늘 나가서 촬영해 온 사진들은 하나 이상의 메모리카드에 들어있다. 이 사진들은 두 번 다시 똑같이 촬영할 수 없는 유일무이한 존재들이다. 따라서 단 한 장도 버리지 않고 한 권의 앨범(날짜별 폴더)에 모두 넣어두고 표지에 날짜를 적어둔다. 이 앨범을 무한정 수납할 수 있는 책장이 연도별 폴더라고 할 때, 이 모든 것을 한꺼번에 모아 관리하는 하나의 도서관이 카탈로그다.

"그럼, 저장용량이 어마어마해지겠는데?" 당연히 이런 의문이 들것이다. 그러나 이 가상 도서관은 용량이 거의 무제한이다. 연도별 책장은 무한정 늘어나서 얼마든지 많은 앨범을 꽂을 수 있다. '최종 파일, 최최종 파일, 최최최종 파일' 식으로 중간중간 따로 저장하는 게 아니라 원본은 고이 모셔두고 건들지 않은 채 보정 정보만을 따로 저장한다. 그래서 용량이 심하게 커질 이유가 없다. 하나의 카탈로그 안에서는 모든 것이 질서를 갖추고 있으며, 모든 사진 파일은 EXIF 데이터 및 기타 모든 정보를 활용해 하나하나 정리되어 있다고 생각하면 된다.

이 도서관, 즉 카탈로그를 여러 개 만드는 건 매우 비효율적이다. 다른 도서관, 즉 다른 카탈로그와는 정보 공유가 되지 않는다. 따라서 특별한 이유가 없는 한 카탈로그 하나를 꾸준하게 유지하면서 계속해서 사진을 쌓아 나가는 게 이상적이다.

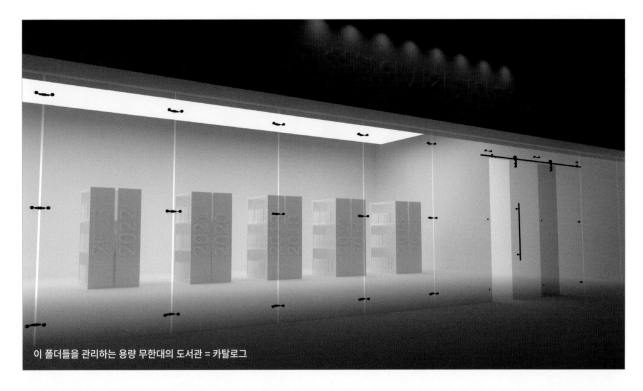

이 폴더들을 관리하는 용량 무한대의 도서관 = 카탈로그

파일을 가져온 후 카탈로그가 하는 일　메모리카드를 컴퓨터에 꽂고 라이트룸을 실행한다. 자동으로 가져오기 화면이 나타나면 컴퓨터 어디에 사진 원본 파일을 복사할 것인지를 정해 준다. 이걸로 우리가 할 일은 끝이다. 이제부터 카탈로그는 지정 위치에 파일들을 복사함과 동시에 각 파일에 대한 모든 정보와 사진가가 라이트룸에서 하는 모든 작업 내용을 자동으로 저장하기 시작한다.

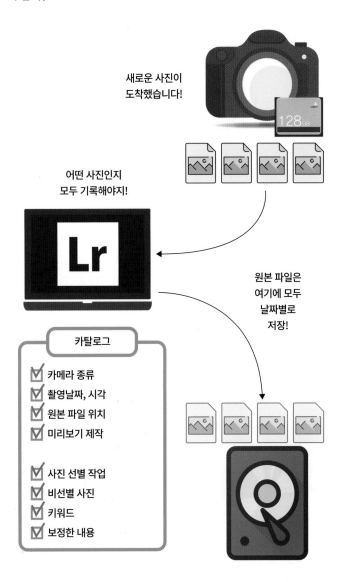

라이트룸이 사진가의 프로그램일 수밖에 없는 이유
카탈로그의 장점

카메라에서 가져온 원본사진부터 작업하는 모든 내용을 데이터베이스화해서 저장하는 게 '카탈로그'라는 건 이제 이해했을 것이다. RAW 파일 원본을 무사히 지킬 수 있다는 게 가장 큰 장점인 것처럼 보이지만, 실제로 사진가를 편하게 만드는 것은 대량 파일 관리와 보정 기능이다. 포토샵 등 다른 프로그램과 비교할 수 없는 라이트룸만의 장점에 대해 자세히 알아보자.

장점 1. RAW 파일 원본 보존   사진의 특성상 원본이 훼손되면 두 번 다시 완벽하게 똑같은 사진을 촬영할 수 없다. 따라서 라이트룸에서는 원본을 신줏단지 모시듯 한다. 우리가 어떤 보정을 하든 원본은 절대 건드리지 않고, 편집과정만 따로 저장했다가 다음에 파일을 불러오면 전체 편집과정을 순간적으로 다시 한번 반복해 결과물을 보여준다. 단, 원본을 삭제하면 모든 것이 삭제되니 주의해야 한다.

예를 들어 노출을 2스텝 밝게 보정했다. 이때 라이트룸은 원본은 그대로 놔두고 옆에 있는 메모지에 '2스텝 밝게 했음'이라고 기록한다. 라이트룸을 종료했다가 다시 이 사진을 불러오면 원본을 불러온 후 메모지를 참고해 2스텝 밝게 만들어 그 결과물을 우리에게 보여주는 식이다.

카탈로그 파일(.lrcat)

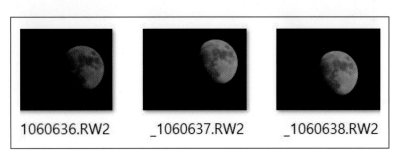

카탈로그에 저장된 원본 RAW 파일들

라이트룸은 원본 RAW 파일은 털끝 하나 건드리지 않고 고스란히 보존한다.

Photoshop
샌드위치 만들기

식빵을 가져왔다.

 Lightroom
샌드위치 만들기

채소 4개를 넣는다.
실제로 채소를 넣었다.

'채소 4개를 넣음'
이라고 메모지에 기록

토마토 2개를 넣는다.
실제로 토마토를 넣었다.

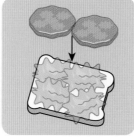

'토마토 2개를 넣음'
이라고 메모지에 기록

치즈 1개를 넣는다.
실제로 치즈를 넣었다.

'치즈 1개를 넣음'
이라고 메모지에 기록

식빵으로 덮는다.
실제로 식빵을 덮었다.

'식빵으로 덮음'
이라고 메모지에 기록

완성된 모습을
보여준다.

보여줄 때는
완성된 모습을 보여준다.

포토샵과 라이트룸의 작업 방식 차이

장점 2. 무한 되돌리기와 자동 저장 라이트룸 메모지에는 모든 보정 과정이 실시간으로 자동 저장된다. 따라서 언제 파일을 다시 불러오더라도 보정한 순서대로 하나씩 뒤로 되돌릴 수 있으며, 계속 되돌아가면 당연히 원본이 나타난다. 라이트룸에 저장 기능이 없는 이유는 따로 저장할 필요가 없기 때문이다. 이미 다 저장되어 있다.

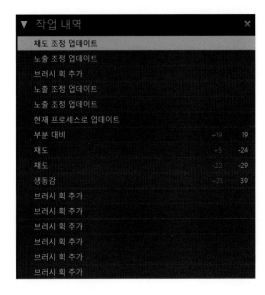

원본 파일을 불러온 후 작업한 모든 내용을 '작업 내역' 패널에 그대로 다 저장하고 있다. 언제든 어떤 단계로든 돌아가 수정할 수 있다.

장점 3. 비파괴 방식 직접적으로 원본을 건드리지 않기 때문에 생기는 장점이다. 예를 들어 2스텝 밝게 한 후 다시 2스텝 어둡게 하면 이론적으로는 처음 사진으로 돌아와야 한다. 그러나 포토샵처럼 직접 데이터를 건드리는 프로그램에서는 과정마다 손실이 생기기 때문에 이런 작업을 반복하면 엄청난 열화가 일어나 원본 상태로 돌아갈 수 없다.

라이트룸에서 노출 +1, -1을 3번 반복한 결과   포토샵에서 노출 +1, -1을 3번 반복한 결과

장점 4. 대량 사진 관리 24장이나 36장이던 필름 시절과 달리 디지털 시대로 넘어오면서 촬영하는 사진의 양 자체가 엄청나게 늘었다. 한 장의 사진이 필요한 경우에도 사진가는 셔터를 수없이 많이 눌러 보다 좋은 품질의 사진을 얻으려 노력한다. 따라서 라이트룸은 수백 수천 장의 파일을 빠르고 효과적으로 관리하는 데 초점이 맞춰져 있다.

PHOTO 19-22 (D:)	0.2/7.3TB
D:	91701
2019	54213
2020	16417
2021	11349
2022	9623

많은 사진을 한 번에 보면서 작업할 수 있다.

2022	9623
2022-01-04 기타 롤링셔터	32
2022-01-05 롤링셔터 예제	37
2022-03-14	5
2022-03-15 치앙마이 예제사진	395
2022-03-17	4
2022-03-21 135mm 예제사진	1945

폴더에 메모를 추가해 좀 더 쉽게 찾을 수도 있다.

2023	17103
2023-01-23	37
2023-01-29	1452
2023-01-31	887
2023-02-04	53
2023-02-24	26
2023-02-25	55
2023-03-03	7
2023-04-16 nikon 85mm	3019
2023-05-19 Nikon 26mm	4998
2023-06-12 헬스장 파나소닉	1010
2023-06-18	27
2023-08-05	87
2023-08-06	79
2023-09-06	8
2023-10-03	37

기본 모드를 사용하면 촬영 날짜별 폴더가 자동으로 만들어져 저장된다.

장점 5. 대량 사진 보정 수백 장의 사진을 촬영했다. 그중 맘에 드는 십여 장의 사진을 보정하고 싶다면 하나만 보정한 후 '설정 동기화' 기능을 이용해 나머지 모든 사진에 같은 보정값을 적용할 수 있다. 심지어 몇 년 전에 보정한 값들을 그대로 가져와 오늘 촬영한 수백 장에 적용하는 것도 가능하다.

Before/After 사진 하나만 보정한 후 '설정 동기화'를 적용하면 나머지 모두에 같은 보정값이 적용된다.

라이트룸 카탈로그, 제발 친해지자

(Q1)

카탈로그에 '모든' 것이 저장된다는데, 구체적으로 뭐가 저장되나요?

카탈로그는 일종의 데이터베이스 시스템 파일로, 원본을 제외한 사진에 관한 '모든 것'이 저장된다.
대충 다음과 같은 것들인데, 사실 하나하나 기억할 필요는 없다.
실제로는 그냥 사용만 하면 되기 때문이다.

> • 카탈로그에 저장되는 것들
> 폴더 구조: 폴더 패널에 가져온 모든 내용이 포함된다.
> 개인 설정: 식별판이나 미리 등록시킨 프리셋 등 모든 개인 설정이 포함된다.
> 사진 보정 내용: 사진을 보정한 모든 과정과 결과가 포함된다.
> 사진의 미리보기 파일: 사진을 빠르게 보여주는 미리보기 파일이 포함된다.
> 키워드 및 제목, 캡션: 모든 키워드, 제목, 캡션 역시 카탈로그에 포함된다. 물론 파일로 따로
> 내보낼 수 있는 기능이 있지만 기본 설정은 카탈로그에 저장한다.

(Q2)

카탈로그 없이 라이트룸을 실행시킬 수 있나요?

없다. 처음 라이트룸을 설치하고 바로 실행할 수 있는 것은 라이트룸에서 임시로 '디폴트' 카탈로그를
만들어 두었기 때문이다. 그대로 쓰지 말고 내 원본 파일을 모아 놓는 위치에 카탈로그를 새로 만들어
시작하는 것이 정석이다.

(Q3)

새 카탈로그를 만들면 기존의 카탈로그는 어떻게 되나요?

새 카탈로그를 만들거나 다른 카탈로그를 라이트룸에서 열면 라이트룸이 종료되었다가 재시작된다.
이전 카탈로그는 없어지는 것이 아니라 바로 직전까지의 모든 상황을 자동으로 기록해 두었으며,
지정된 저장 장소에 그대로 남아 있다. 물론 다시 불러올 수도 있다. 새 카탈로그를 만들었다는 것은
하드디스크를 포맷하고 새로 OS를 설치했다고 생각하면 된다. 설정이 초기화되어 처음 라이트룸을
설치했던 상태로 돌아간다.

(Q4)

카탈로그 파일을 삭제하면 어떻게 되나요?

원본사진만 남고, 지금까지 라이트룸에서 작업한 모든 것이 삭제된다. 보정 내용은 물론이고,
관리를 위해 만들었던 별점과 깃발 같은 정보나 키워드, 제목까지 전부다.
따라서 카탈로그 백업은 필수 중 필수다.

(Q5)

그럼, 카탈로그를 많이 만들수록 좋은가요?

이론적으로는 단 하나의 카탈로그에 내가 가진 모든 사진을 불러와 관리하는 게 좋다.
하지만 하드디스크 1개에 수년 동안 찍은 사진을 모두 저장할 수는 없다. 거대한 카탈로그 파일을
불러올 때 걸리는 시간 등에 불편을 느낄 즈음이 되면 현재의 카탈로그와 원본사진들을 백업한 후
새 카탈로그를 만들어야 한다. 특별한 이유 없이 카탈로그를 새로 만드는 것은 카탈로그를 이용하는
라이트룸의 장점을 충분히 이해하지 못한 것이다.

라이트룸 클래식 설치하기
구독, 구독 취소

라이트룸이 사진가에게 얼마나 중요한 프로그램인지를 알았으니 이제 설치해 보자. 어도비는 더 이상 프로그램 패키지를 판매하지 않는다. 어도비의 모든 프로그램을 클라우드 서비스를 통해 월정액으로 대여하는 방식으로 바꾸었다. 라이트룸도 마찬가지다.

라이트룸 클래식은 매달 사용권을 갱신하는 월정액 프로그램이며, 한 번 구매하면 본인이 사용하는 2대의 컴퓨터에 설치할 수 있다. 사진가들을 위해 포토샵과 라이트룸을 묶어 '포토그래피 플랜'을 판매 중인데, 1년 약정 기준 매월 11,000원이다. 개별 소프트웨어를 사는 것보다 싸다. 포토샵과 라이트룸, 라이트룸 클래식이 포함되어 있고, 저장용량은 20GB다. 클라우드 용량이 중요하다면 '포토그래피(1TB) 플랜'이나 'Lightroom(1TB)' 플랜을 선택하면 된다.

팁을 주자면 꼭 한국 어도비 사이트가 아니더라도 미국이나 일본 사이트 등에서 구매할 수도 있다. 한글 및 모든 기능이 똑같고 가격만 외화로 결제된다. 1년마다 재계약해야 하니 환율추세를 잘 살피면 약간이나마 절약할 수 있을 것이다.

1 한국 어도비 홈페이지(https://www.adobe.com/kr)에 접속한 후 '크리에이티비티 및 디자인' 메뉴를 클릭하고, '사진작가'를 클릭한다.

2 사진에 관련된 어도비 제품소개가 나타나는데, 아래로 쭉 내려가면 구매 버튼이 있다. 일반적으로 월 11,000원인 '포토그래피 플랜(20GB)'을 많이 이용한다. '구매하기'를 클릭한다.

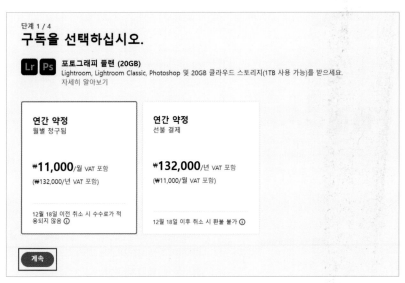

3 연간 약정이지만 매월 내도 되고, 일시불도 된다. 원하는 것을 선택하고 '계속'을 클릭한다.

4 어도비에서 스톡 사진이나 이미지를 살수 있다는 추가 혜택 광고가 나타난다. 사진가는 파는 쪽이지 사는 건 흔치 않으니 '아니요'를 클릭하자. 물론 구매하고 싶다면 '추가'를 클릭하면 된다.

5 이메일 주소를 입력한다. 필수 동의 항목을 다 체크한 후 '계속'을 클릭한다.

6 로그인 대화상자가 나타나면 어도비 계정으로 로그인한다. 만약 계정이 없다면 화면 안내에 따라 새로 계정을 만들면 된다.

7 결제정보를 입력한다. 신용카드 번호와 요청하는 정보를 제공한 후 '동의 및 구독'을 클릭한다. 화면 안내에 따라 '크리에이티브 클라우드' 앱을 내려받는다.

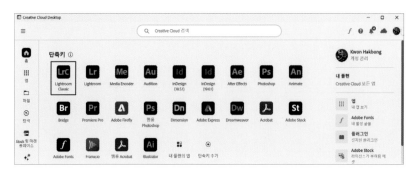

8 '크리에이티브 클라우드' 앱이 실행되면서 라이트룸 클래식과 포토샵, 라이트룸 등이 자동으로 설치된다. 만약 자동으로 설치되지 않는다면 직접 설치 버튼을 클릭하면 된다.

9 바탕화면에서 라이트룸 클래식 아이콘
을 더블클릭하면 바로 실행된다.

10 구독 취소하기
구독을 취소하려면 어도비 웹사이트에 접속
해 로그인한다. 내 계정 아이콘을 클릭한 후
'계정 보기'를 클릭한다.

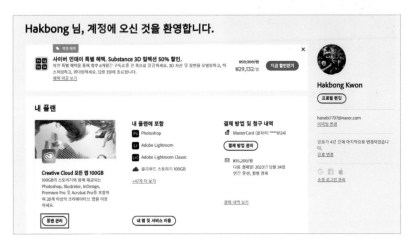

11 계정 관리 화면이 나타나면 '플랜 관리'
를 클릭한다.

12 '플랜 관리' 화면이 나타난다. '서비스 종
료하기'에 있는 '플랜 취소'를 클릭한다. 이후
화면 안내에 따라 진행하면 구독이 취소된다.

다른 카탈로그 불러오기
카탈로그 열기, 예제 파일 열기

라이트룸을 설치한 후 가장 먼저 해야 할 일은 새 카탈로그를 만드는 것이다. 그다음 새 카탈로
그에 카메라나 내 하드디스크에 저장된 파일을 가져와야 한다. 원래는 그렇다. 하지만 아직 카
탈로그에 익숙하지 않은 지금은 각자의 원본사진에 손대지 말고 이 책의 예제 파일로 먼저 충분
히 연습하길 권한다. 예제 파일은 카탈로그로 백업되어 있어서, 카탈로그 파일을 열면 전체 예
제를 한 번에 가져와 사용할 수 있다. 백업된 카탈로그를 불러올 때도 이렇게 하면 된다.

1 '파일 메뉴 - 카탈로그 열기'를 클릭한다.

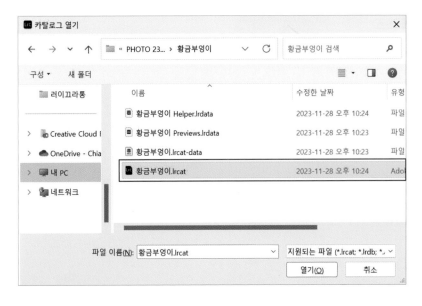

2 '카탈로그 열기' 대화상자가 나타난다. 가져올 카탈로그가 있는 폴더로 이동한 후 '.lrcat' 확장자를 가진 카탈로그 파일을 선택하고 '열기'를 클릭한다. 이 책의 예제 파일을 가져올 때는 '황금부엉이.lrcat'를 선택하면 된다.

3 라이트룸이 종료되었다가 다시 시작된 후 사진들이 나타난다.

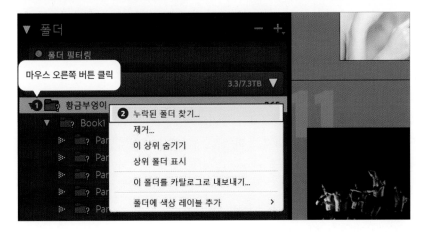

4 누락된 폴더 찾기

'폴더' 패널의 폴더에 ?가 나타날 수 있다. 가장 상위에 있는 폴더를 마우스 오른쪽 버튼으로 클릭한 후 '누락된 폴더 찾기'를 클릭한다.

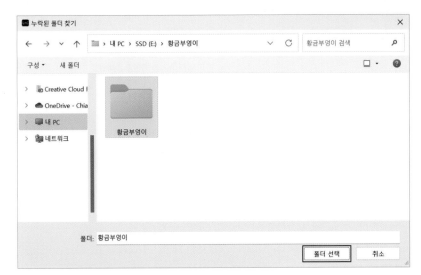

5 '누락된 폴더 찾기' 대화상자가 나타나면 원본 파일이 들어 있는 폴더를 선택한 후 '폴더 선택'을 클릭한다. 여기서는 각자 다운로드한 위치의 '황금부엉이' 폴더를 선택하면 된다.

6 ?가 없어지면서 모든 파일이 다시 연결된다. 이제 90쪽으로 넘어가자. 나중에 필요한 카탈로그 작업이 있을 때 목차를 보고 필요한 내용을 참고하면 된다.

설치 후 가장 먼저 해야 할 일
새 카탈로그 만들기

▶ [동영상답변] [포토샵 라이트룸 Q&A] 라이트룸, 처음 사용자를 위한 핵심 사용법 특강

임시 카탈로그 파일의 위치와 확장자(.lrcat) 라이트룸 설치 후 가장 먼저 할 일은 앞으로 사용할 새 카탈로그 파일을 만드는 것이다. 카탈로그가 없으면 라이트룸은 실행되지 않는다. 라이트룸을 처음 설치해도 바로 작업할 수 있는 것은 임시 디폴트 카탈로그가 라이트룸에 미리 만들어져 있기 때문이다. 제대로 된 파일 관리를 위해 새로 만들 카탈로그 파일을 어디에 저장할지를 정하자. 가장 적당한 위치는 원본사진을 보관하는 폴더 안이다. 백업이나 이동 시 원본사진들과 카탈로그를 폴더 채로 한 번에 내보내면 돼서 꽤 편하다.

> • 임시 카탈로그 파일의 이름
> - default.lrcat
>
> • 임시 카탈로그 파일의 위치
> 영문 윈도\Users\'user name'\Pictures\Lightroom
> 한글 윈도\사용자\'사용자 이름'\사진\Lightroom
>
> • 새 카탈로그 파일을 만들기에 가장 좋은 위치
> - 원본사진을 보관하는 폴더 안

> 누구나 초반에는 카탈로그를 지우고 새로 만드는 시행착오를 거친다. 그래도 좋다. 그러나 익숙해진 후에는 반드시 제대로 된 카탈로그 파일을 만들어야 한다는 걸 잊지 말자.

새 카탈로그를 만드는 이유 임시 카탈로그로도 잘만 쓸 수 있는데, 왜 새 카탈로그를 만들어야 할까? 임시 카탈로그는 라이트룸이 설치된 위치 즉 기본적으로 C: 드라이브에 있다. 요즘은 대부분 SSD를 C: 드라이브로 사용하기 때문에 점점 용량이 부족해지고, 또 원본 파일과 따로 떨어져 있다가 사진 폴더가 복잡해지면 얽힐 수도 있다. 게다가 임시 카탈로그 파일명이 '디폴트(default)'라서 그대로 사용하면 나중에 다른 사람들의 디폴트 카탈로그와 헷갈리기도 한다.

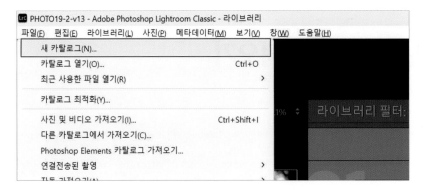

1 새 카탈로그 만들기

'파일 메뉴 - 새 카탈로그'를 클릭한다.

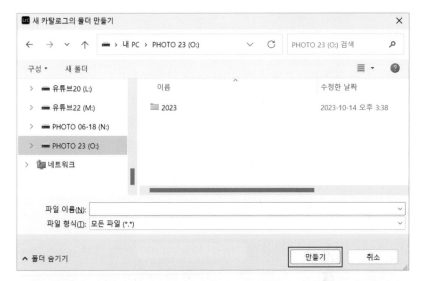

2 대화상자가 나타나면 새 카탈로그의 파일명과 위치를 정한 후 '만들기'를 클릭한다. 가장 좋은 위치는 원본사진을 보관하는 폴더 안이다.

3 라이트룸이 종료되었다가 다시 시작된다. 라이트룸 설치 후 처음 실행될 때처럼 사진이 하나도 없는 빈 카탈로그가 나타나면, 이제 본격적으로 라이트룸을 사용할 준비가 된 것이다.

카메라에서 라이트룸으로 사진 가져오기
DNG로 복사, 복사

카메라에 촬영되어 있는 사진들을 라이트룸으로 가져오는 방법이다. 내 카탈로그를 제대로 만든 상태여야 한다는 걸 잊지 말자. 라이트룸이 처음 실행된 상태에서 메모리카드를 컴퓨터에 꽂거나 '가져오기' 버튼을 클릭하면 자동으로 '가져오기' 대화상자가 나타난다. 간혹 라이트룸을 처음 다루는 사람들은 사진이 어디로 간 건지 찾을 수 없다고 하는데, 중간중간 뜨는 창을 귀찮아하면서 습관적으로 대충 클릭한 결과다. '가져오기' 대화상자만 잘 봐도 정확하게 선택한 사진이 어디서 어떤 방법을 통해 어디로 가는지 쉽게 알 수 있다. 왼쪽부터 오른쪽 순으로 필요한 것을 선택하면 된다.

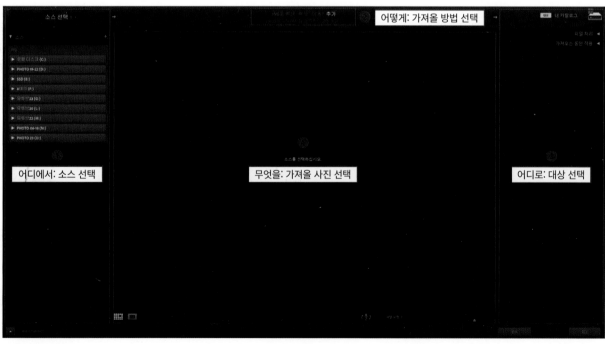

가져오기 대화상자

1단계: 어디에서 - 가져올 소스 선택하기

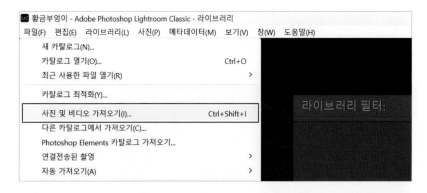

1 촬영한 데이터가 들어 있는 카메라 메모리카드, USB, 외장하드 등 사진이 들어있는 외부 기기를 컴퓨터에 연결한다. 만약 자동 실행을 꺼 두었다면 '파일 메뉴 - 사진 및 비디오 가져오기'를 클릭한다.

2 가져오기 대화상자가 나타난다. 왼쪽 패널의 '소스'를 클릭해 원본 파일이 있는 폴더를 선택한다. 메모리카드나 외장하드가 연결되어 있다면 안에 들어있는 사진들이 자동으로 나타난다.

3 가져오기 자동실행 해제하기
자동으로 실행되는 가져오기 기능을 해제할 수도 있다.

1) '편집 메뉴 - 환경설정'을 클릭한다.
2) '일반' 탭의 '메모리 카드가 탐지되면 가져오기 대화 상자 표시'를 클릭해 체크표시를 지운다.
3) '확인'을 클릭한다.

2단계: 어떻게 - 가져올 방법 선택하기

화면 아래쪽 미리보기 툴바를 이용해 사진들을 살펴본 후 가져올 파일과 방법을 선택한다. 보통은 '모든 사진'에 체크한 후 원본 파일을 그대로 가져오려면 '복사'를 선택하고, DNG로 컨버팅해서 가져오려면 'DNG로 복사'를 선택하자. 일반적으로는 '복사'를 선택한다.

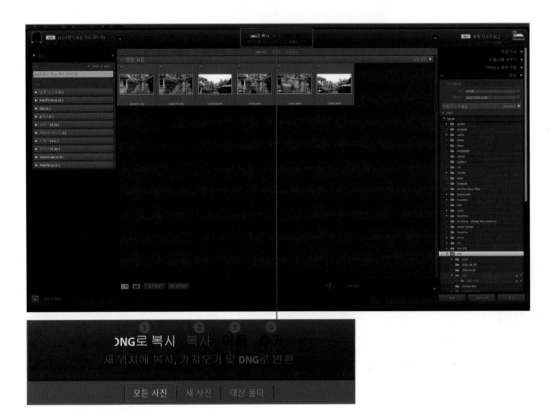

❶ **DNG로 복사:** 원본 파일 복사 후 무손실 DNG 파일로 변환해서 가져온다. 파일 용량이 약간 줄어든다는 장점이 있다. (72쪽 참고)

❷ **복사:** 원본 파일을 복사해서 가져온다. 확장자는 카메라 제조사가 제공하는 그대로 복사된다. (72쪽 참고)

❸ **이동:** 원본 파일을 선택한 위치로 아예 이동시킨다. 메모리카드는 임시 저장장치라서 '이동'과 '추가'를 선택할 수 없다. (82쪽 참고)

❹ **추가:** 원본 파일은 그대로 두고, 파일 위치만 카탈로그에 추가한다. (78쪽 참고)

Tip

DNG 파일이란?

DNG(Digital Negative)는 어도비에서 만든 무손실 RAW 파일 포맷이다. 예전에는 RAW 파일 포맷 기준이 없어 카메라 브랜드마다 달리 사용했는데, 쓸 때마다 수많은 코덱을 설치해야 하는 등 문제가 많았다. 그러다가 2004년에 어도비가 Apple, Google 등 수백 업체의 기술지원을 받아 이 포맷을 만들었다.

장점

❶ 무손실 또는 손실 포맷으로 선택할 수 있다. 어도비 프로그램에서 호환성이 최대화된다.

❷ 사진의 픽셀 정보뿐만 아니라 보정 정보와 메타데이터 등 폭넓은 사용이 가능하다.

❸ 점차 DNG를 사용하는 카메라 브랜드가 늘고 있으며, 업계 표준이 될 가능성이 높다. 독자적인 RAW 포맷을 개발하고 관리하는 데 자원을 낭비하기보다는 DNG 포맷을 채택하는 추세다.

❹ 카메라 브랜드가 자사의 RAW 포맷 지원을 중단할 경우 생길 불이익을 최소화할 수 있다.

3단계: 어디로 - 저장할 위치 선택하기 복사한 파일들을 어디에 저장할 것인지 선택한다. 파일을 가져오면서 바로 파일 이름을 바꾸거나 백업하고, 키워드를 입력하는 등 다양한 작업이 가능하다. 각 패널을 클릭한 후 원하는 대로 선택하면 된다.

파일 처리 ◄	── 카메라 미리보기 파일 가져오기
파일 이름 바꾸기 ◄	── 이름 바꿔 가져오기
가져오는 동안 적용 ◄	── 메타데이터와 프리셋 적용해 가져오기
대상 ◄	── 저장할 위치 선택

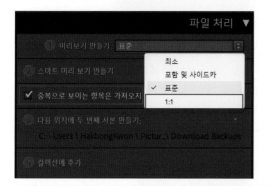

1 파일 처리 패널 - 미리보기 파일을 가져오는 방법과 백업 여부 선택하기
카메라에 있는 RAW 파일에는 카메라에서 만든 미리보기 파일이 저장되어 있는데, 이것을 라이트룸으로 가져오는 방법을 선택한다. 파일들을 빨리 불러오려면 미리보기를 '최소'로 선택하면 되지만, 라이트룸 작업속도가 빨라지기를 원한다면 '1:1'이 좋다. 처음엔 미리보기 파일을 만드느라 좀 느려도, 실제 작업부터는 훨씬 빨라진다. '중복으로 보이는 항목은 가져오지 않기'는 항상 체크하자.

❶ **미리보기 만들기:** 카메라 미리보기 파일을 가져오는 방법을 선택한다.
  - 최소: 카메라에 있는 가장 작은 크기의 미리보기를 가져온다. 가장 빠르다.
  - 포함 및 사이드카: 카메라에 있는 가장 큰 크기의 미리보기를 가져온다. '최소'보다는 더 걸리고, '표준'보다는 빠르다.
  - 표준: 라이트룸이 직접 RAW 데이터를 렌더링해서 만든다. 카메라 미리보기와 달리 Adobe RGB 색역이 적용된다.
  - 1:1: 라이트룸이 직접 미리보기 파일을 실제 사진과 같은 크기로 만든다

❷ **스마트 미리 보기 만들기:** 원본 파일 없이도 라이트룸 기능 대부분을 쓸 수 있는 미리보기 파일을 만든다.
  나중에 원본과 연결되는 즉시 모든 보정 내용이 적용되며, 원본 파일 3% 정도의 용량만 차지하는 DNG 포맷 파일이다.

❸ **다음 위치에 두 번째 사본 만들기:** 사본을 따로 저장한 후 가져온다. 원본 파일 백업용이며, 디렉터리를 클릭하면
  저장위치를 선택할 수 있다.

❹ **컬렉션에 추가:** 원하는 컬렉션으로 바로 가져온다. (컬렉션 115쪽 참고)

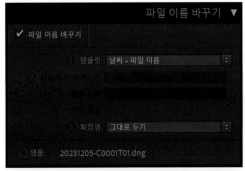

2 파일 이름 바꾸기 패널 - 이름 바꿔 가져오기

원본 파일의 이름을 버리고 새로운 이름을 붙여 가져올 수 있다. '파일 이름 바꾸기'를 체크한 후 일괄적인 이름을 주는 게 관리하기 편하다.

❶ **템플릿**: 바꿀 파일 이름 형식을 선택한다.
❷ **사용자 정의 텍스트**: '템플릿'에 '사용자 정의 이름'이 있으면 여기에 원하는 텍스트를 입력한다.
❸ **확장명**: 확장명을 대문자, 소문자, 그대로 두기 중 선택한다.
❹ **샘플**: 위 설정을 적용했을 때 어떤 파일명이 되는지 미리 볼 수 있다.

3 가져오는 동안 적용 패널 - 프리셋 적용해 가져오기

새로 불러온 사진이 원하지 않았는데도 뭔가 보정한 것처럼 보인다면 이곳을 확인하자. '현상 설정'에 '없음'이 아니라 뭔가가 있을 것이다. 기본값은 둘 다 '없음'인데. 특별한 이유가 없는 한 계속 '없음'을 선택하면 된다.

4 대상 패널 - 저장할 위치와 폴더 형식 선택하기

복사한 파일을 어디에 저장할 것인지 위치와 폴더 형식을 선택한다. 여기서는 가장 효율적인 '날짜별'로 폴더를 구성하고, 날짜형식은 촬영 연도 하위 폴더에 연월일로 만들도록 선택했다.

❶ **하위 폴더로**: 체크한 후 폴더를 선택하면 선택 폴더의 하위 폴더에 저장된다.
❷ **구성**: 폴더 구성을 어떻게 할 것인지 선택한다. 날짜별, 원래 폴더 기준, 한 개의 폴더' 중 선택할 수 있다. '날짜별'을 권한다.
❸ **날짜 형식**: 구성을 '날짜별'로 선택했을 때 날짜 표시 형식을 선택한다.
❹ **탐색기**: 본인의 하드디스크 구조가 나타난다. 클릭한 후 저장할 폴더를 선택한다.

5 이제 모든 설정이 끝났으니 '가져오기'를 클릭한다. 지금까지의 설정 내용은 라이트룸에 자동으로 기억되며 따로 바꾸지 않는 한 다음 가져오기에서도 동일하게 적용된다.

6 설정한 대로 가져오기가 진행된 후 라이트룸에 파일들이 나타난다.

내 하드에 있는 사진 폴더 그대로 가져오기
추가

새로 촬영한 사진들은, 앞에서 설명한 것처럼 카탈로그를 새로 만든 후 카메라에서 직접 라이트룸으로 가져오는 방법을 따라 하면 된다. 그러나 라이트룸이 처음이라면 대부분은 지금까지 정리해 놓은 원본사진 폴더가 따로 있을 것이다. 이동이나 복제 없이 현재 정리된 폴더 구조 그대로 가져오고 싶다면 다음과 같이 하면 된다. 방법은 간단하다. 하지만 먼저 책을 훑어보고 라이트룸 카탈로그라는 개념을 이해한 후에 작업하길 권한다. 그래야 같은 작업을 반복하는 수고를 피할 수 있을 것이다.

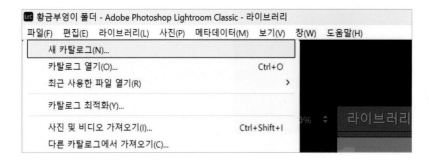

1 새 카탈로그 만들기
라이트룸을 실행한 후 '파일 메뉴 - 새 카탈로그'를 클릭한다.

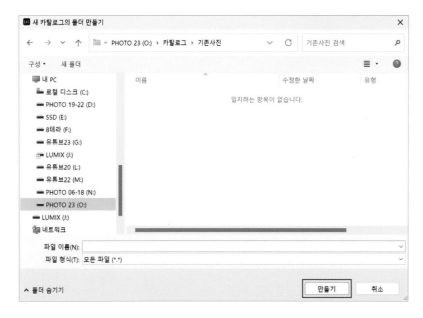

2 '새 카탈로그의 폴더 만들기' 대화상자가 나타난다. 새 카탈로그를 만들 위치로 이동한 후 카탈로그 이름을 입력하고 '만들기'를 클릭한다. 가장 좋은 위치는 원본사진이 저장된 곳의 최상위 폴더다.

3 라이트룸이 다시 시작되면서 완전히 비어 있는 화면이 열린다. 내가 선택한 위치에 새 카탈로그 파일이 생성되었지만, 아직 가져온 사진이 없으니 빈 화면만 보이는 것이 정상이다.

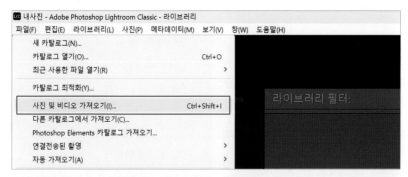

4 '파일 메뉴 - 사진 및 비디오 가져오기'를 클릭한다.

5 어디에서 - 가져올 파일 선택하기
사진 가져오기 대화상자가 크게 열린다. 먼저 왼쪽의 소스 패널에서 내가 정리해 놓은 원본 파일의 위치를 찾아준다. 원본 파일이 있는 최상위 폴더를 선택해도 전체 사진이 보이지 않는다면, 소스 패널 위쪽에 있는 '하위 폴더 포함'에 체크한다.

6 어떻게 - 파일을 가져올 방법 선택하기, 추가

선택한 폴더 및 하위 폴더의 모든 사진이 나타난다. 내가 만들어 놓은 폴더 구조 그대로 가져오려면 '추가'를 선택한다. 이렇게 하면 현재 원본 파일을 복사하거나 옮기지 않고 있는 그대로 파일을 가져올 수 있다.

7 어디로 - 파일을 저장할 위치 선택하기

'추가'는 원본 폴더 구조 그대로 카탈로그에 등록만 하는 것이다. 그래서 파일을 가져올 때 선택할 수 있는 저장 옵션이 모두 사라지고 '파일 처리' 패널과 '가져오는 동안 적용' 패널만 남는다. 이때 '중복으로 보이는 항목은 가져오지 않음'에 체크하자. 원본 RAW 파일만 있으면 충분하다. jpg 파일이나 기타 파일을 중복으로 가져와 카탈로그를 지저분하게 만들 필요가 전혀 없다. 다 되었으면 '가져오기'를 클릭한다.

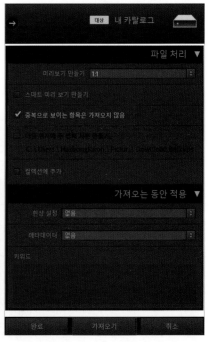

8 주소 검색 사용을 묻는 대화상자가 나타나면 원하는 대로 선택하면 된다. GPS 데이터가 있는 사진이라면 자동으로 주소를 검색해 EXIF 데이터에 포함하는 기능이다.

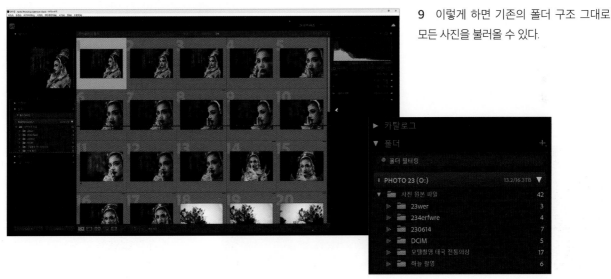

9 이렇게 하면 기존의 폴더 구조 그대로 모든 사진을 불러올 수 있다.

책처럼 날짜별로 원본사진을 다시 정리해서 가져오기
이동

책에서 권한 대로 날짜별 관리가 좋은 것 같은데, 기존 원본사진 폴더는 날짜별로 정리된 게 아니라서 애매하다 싶을 수 있다. 그럴 때는 바로 앞 꼭지의 5번까지는 똑같이 따라 하고 6번부터 다음과 같이 하면 된다. 사진을 새 위치로 옮겨 다시 정리하는 방법이다. 모든 원본 파일을 저장할 폴더를 새로 하나 만들고 시작하자. 거듭 말하지만 라이트룸에 익숙해진 후 나중에 해도 된다. 처음 배울 때는 이 책의 예제 파일로 충분히 연습부터 하자.

6 어떻게 - 파일을 가져올 방법 선택하기, 이동
가져올 방법에서 '이동'을 클릭한다.

7 어디로 - 파일을 저장할 위치 선택하기

화면 오른쪽에 '대상' 패널이 추가된다. 여기서 현재의 원본 파일을 새로 이동시킬 폴더를 선택하고, '구성'을 '원래 폴더 기준'이 아니라 '날짜별'로 선택한다. 이렇게 하면 라이트룸이 자동으로 사진 메타데이터를 분석해 날짜별 폴더로 다시 정리한다. 깔끔하게 앞으로 만들어질 폴더와 일관성을 유지할 수 있을 것이다. 다 되었으면 '가져오기'를 클릭한다.

8 라이트룸이 알아서 날짜별 폴더를 만들고 해당 사진을 새 위치에 넣어준다. 앞으로 촬영한 사진은 카메라에서 바로 이 폴더로 가져오면 된다.

대대적인 백업이 필요한 순간
카탈로그로 내보내기

카탈로그 폴더의 구성 - 백업 시 진짜 주의! 몇 년 동안 열심히 촬영한 결과 카탈로그에 사진이 너무 많아 느려지거나, 하드디스크를 여러 개 준비해 각각의 하드디스크에 카탈로그를 나누어 저장해야 할 때 등 작업하다 보면 백업해야 할 일이 생긴다. 카탈로그 파일의 확장자는 .lrcat이다. 그러나 딸랑 이 파일 하나만 옮기면 절대 안 된다. 잘못하면 바로잡는 데 많은 시간을 허비해야 하고 종종 치명적인 오류가 생기기도 하니 주의하자. 반드시 원본사진 폴더와 카탈로그 파일을 같이 복사하거나 이동해야 한다. 이 책의 예제파일 카탈로그를 보며 백업 폴더가 어떻게 구성되어 있는지 알아보자.

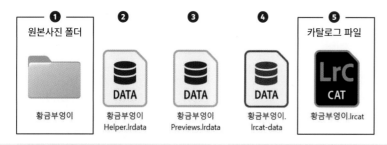

① 원본사진이 들어 있는 폴더

② 카탈로그를 보조하는 파일들이 들어 있는데, 크게 중요하지 않다.

③ 원본사진을 빨리 보기 위한 미리보기용 파일이 라이트룸 전용 포맷으로 만들어져 보관된다. 중요한 건 아니지만 삭제했다가 다시 만들려면 시간이 드니 그대로 두자.

④ 카탈로그를 보조하는 기타 파일이 보관되어 있다.

⑤ 이것이 가장 중요한 카탈로그 파일이다. 확장자인 .lrcat가 붙어 있다.

적당한 백업 장소　　한 번 잃어버리고 나서야 중요성을 깨닫고, 그때부터 신경 쓰기 시작하는 게 백업이다. 디지털의 장점은 복사와 이동이 편하다는 거지만, 한 번 오류가 생기면 큰 비용을 들여 복구하거나 때로는 그마저도 불가능해 심각한 상황이 생긴다. 따라서 사진을 얼마나 자주 그리고 어디에 백업할 것인지 계획을 세워야 한다. 추천하는 장소는 다음과 같다.

1차 백업 - 백업 전용 하드디스크　　하드디스크는 여전히 개발을 거듭하고 있는 매우 신뢰도 있는 저장장치다. 하지만 수명이 다할 때까지 사용하다가 데이터를 날리거나 비싼 비용을 들여 복구하는 사례가 적지 않아 믿지 못하겠다는 분위기다. 방법을 살짝 바꿔보자. 하드디스크를 백업용으로만 사용한다면 자주 쓰지 않으니 고장도 적어 데이터가 쉽게 날아가지 않는다. 혹시 고장 나도 백업용으로만 쓴 상태라면 적당한 비용으로 복구할 수 있다. 빠른 속도가 장점이라 최근 많이들 사용하는 SSD는 백업용으로는 부적합하다. 용량 대비 가격이 비싸고, 한 번 데이터가 손실되면 복구할 방법이 별로 없기 때문이다.

다행히 매년 용량이 더 큰 하드디스크가 계속 발매되면서 가격도 조금씩 내려간다. 하드디스크와 외장케이스, 하드렉 등 필요한 장치를 같이 사서 백업하자. 가성비를 따진다면 상대적으로 저렴한 3.5인치 외장형 하드디스크도 좋다. 단, 구입 전에 USB 3.1 GEN2, 10Gbps 이상의 속도인지를 확인하는 게 좋다.

PC용 하드디스크　　　　　외장형 하드디스크　　　　　하드디스크 도킹스테이션

2차 백업 - 클라우드 서비스　　몇 년 전까지만 해도 무료이거나 매우 저렴한 비용으로 이용할 수 있는 클라우드 저장소가 많았다. 하지만 최근에는 대부분 유료로 전환하거나 더 이상 서비스를 제공하지 않는다. 언제 사라질지는 모르지만, 그때까지라도 용량이 작은 JPG 파일 보관에 이용하면 좋을 듯하다.

1 원본사진 폴더와 카탈로그 백업하기
여기서는 일부 원본사진과 카탈로그를 백업하는데, 전체 파일을 한 번에 내보낼 때도 방법은 같다. 라이브러리 모듈의 '폴더' 패널에서 내보낼 폴더를 모두 선택한다.

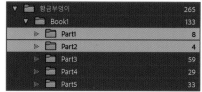

2 '파일 메뉴 - 카탈로그로 내보내기'를 클릭한다.

3 '카탈로그로 내보내기' 대화상자가 나타난다. 백업할 위치와 백업할 카탈로그 이름을 정한 후 '저장'을 클릭한다. 여기서는 '백업용'이라는 이름을 입력했다.

❶ 선택된 사진만 내보내기: 체크하지 않으면 폴더 내의 모든 파일이 내보내진다.

❷ 네거티브 파일 내보내기: 원본사진 파일까지 같이 내보낼 때 선택한다.

❸ 스마트 미리보기 만들기/포함: 스마트 미리보기를 포함시킨다. 스마트 미리보기 파일은 원본 파일 없이 보정이나 각종 기능을 사용할 수 있으며, 나중에 원본 파일을 찾아주면 자동으로 모든 보정 내용이 연결되는 미리보기 파일이다.

❹ 사용 가능한 미리 보기 포함: 현재의 미리보기 파일을 포함시킨다. 새로 만드는 시간을 절약할 수 있다.

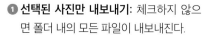

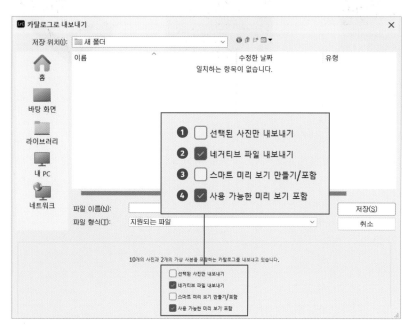

4 탐색기를 실행한 후 저장한 위치로 가보면 백업 폴더를 확인할 수 있다. 복사하거나 이동시킬 때 이 폴더를 통째로 압축하거나 복사해서 이동하면 된다. 폴더를 클릭하면 원본사진 폴더와 모든 보정 내용이 담긴 카탈로그 파일이 들어 있다. 만약 다른 파일이나 폴더가 있더라도 신경 쓰지 말자. 라이트룸에서 필요에 따라 만들거나 지우는 임시파일들이다.

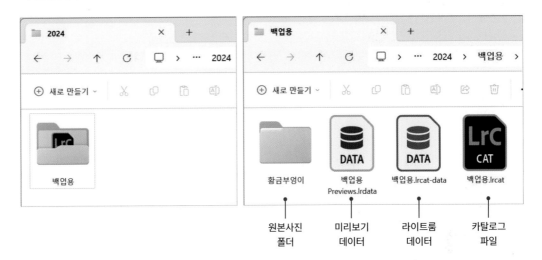

5 자동으로 백업하기

전체 카탈로그를 주기적으로 자동 백업하고 싶다면 '편집 메뉴 – 카탈로그 설정'을 클릭한다. 대화상자가 나타나면 '백업'에서 원하는 옵션을 선택한 후 '확인' 버튼을 클릭한다. 이렇게 자동 백업하면 압축파일 하나로 저장된다.

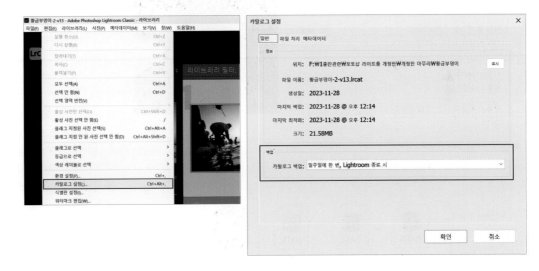

다른 카탈로그를 불러와 하나로 합치기
다른 카탈로그에서 가져오기

여러 개로 흩어진 카탈로그를 하나의 카탈로그로 합칠 수도 있다. 지금은 모르겠지만 라이트룸
을 사용하면 할수록 여러 개로 나누어진 카탈로그를 오가는 것이 얼마나 비효율적인지 알 수 있
을 것이다. 백업과는 별개다. 작업할 때는 가능한 한 하나로 사용하자.

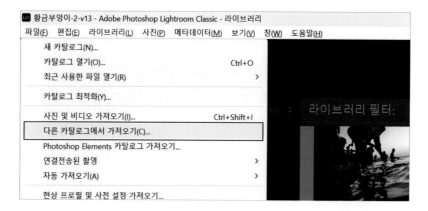

1 '파일 메뉴 – 다른 카탈로그에서 가져오
기'를 클릭한다.

2 대화상자가 나타나면 가져올 카탈로그
파일이 있는 위치로 이동한다. 합칠 카탈로
그 파일을 선택한 후 '선택'을 클릭한다. 참고
로 카탈로그 파일의 확장자는 '.lrcat'다.

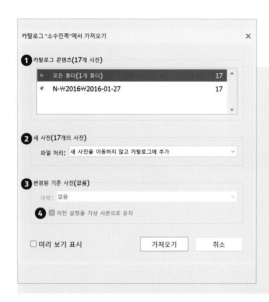

3 '카탈로그 가져오기' 대화상자가 나타나면 필요한 옵션을 선택한 후 '가져오기'를 클릭한다.

❶ **카탈로그 콘텐츠:** 어떤 폴더에 몇 장의 사진이 있는지 알 수 있다.

❷ **새 사진:** 불러올 사진의 개수를 알려준다. '파일 처리'에서 원본 파일을 어떻게 가져올 것인가를 선택한다.

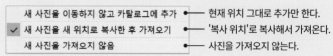

새 사진을 이동하지 않고 카탈로그에 추가	● ── 현재 위치 그대로 추가만 한다.
새 사진을 새 위치로 복사한 후 가져오기	● ── '복사 위치'로 복사해서 가져온다.
새 사진을 가져오지 않음	● ── 사진을 가져오지 않는다.

❸ **변경된 기존 사진:** 기존 카탈로그에 같은 사진이 있으면 '변경된 사진'으로 표시된다. 불러올 카탈로그 설정으로 대체할 것인지, 아니면 현재 카탈로그 설정으로 유지할 것인지를 선택할 수 있다.

❹ **이전 설정을 가상 사본으로 유지:** 체크하면 이전의 설정을 가상 사본 형태로 유지한다.

4 가져오기 과정이 진행된 후 파일들이 나타난다. 기존 카탈로그와 다른 폴더가 있으면 '폴더' 패널에 새로운 폴더가 나타난다. 합치는 방법은 매우 간단하며 일단 카탈로그 안으로 불러온 사진들은 '폴더' 패널을 이용해 새로운 위치로 다시 정리할 수도 있다.

> 새로운 카탈로그를 가져왔더니 17개의 사진이 들어있는 새 폴더가 생겼다.

5 폴더 이동하기

필요에 따라 폴더를 깔끔하게 정리한다. 폴더를 클릭한 후 이동시킬 폴더로 드래그하면 모든 사진이 한 번에 이동된다.

첫 화면 대충 훑어보기
라이브러리 모듈

이제 라이트룸에 '카탈로그'라고 하는 파일 관리 개념이 있다는 것을 알 것이다. 설치 후 나타나
는 첫 화면은 임시 디폴트 카탈로그 상태로 열린다. 라이트룸에서 하는 모든 작업은 이 카탈로
그를 통해 자동으로 관리되는데, 처음에는 이대로 써도 좋다. 그러나 어느 정도 익숙해지면 내
원본사진이 있는 폴더에 새 카탈로그를 만들어 제대로 사용해야 한다.

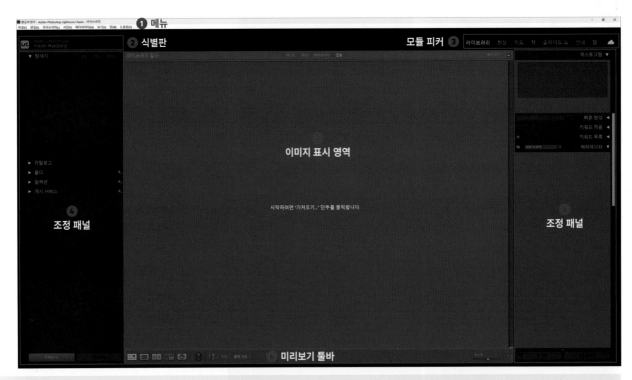

❶ **메뉴 표시줄:** 주요 기능을 메뉴 형태로 모아두었다. 대부분은 좌우 조정 패널이 다 하니 크게 쓸 일은 없다.

❷ **식별판:** 사용자의 이름 및 로고 표시가 나타난다. 주소나 인물을 찾는 숨은 기능이 들어있다.

❸ **모듈 피커:** 라이트룸 기능을 구분해 작업화면을 따로 정리해 두었다. 클릭하면 바로 해당 모듈로 바뀐다.

❹ **조정 패널:** 모듈에 따라 좌우 조정 패널의 기능이 바뀐다. 화면 상하좌우에 있는 ▶을 클릭하면 패널을 감추거나 보이게 할 수 있다.

❺ **이미지 표시 영역:** 이미지를 보여주는 영역으로, 모듈이나 보기방식에 따라 다양한 모양으로 보여준다.

❻ **툴바:** 모듈에 따라 혹은 선택한 패널에 따라 자주 사용하는 툴들이 나타난다.

라이브러리 모듈 - 파일 관리 _ 복사, 이동, 삭제. 컬렉션, 제목, 키워드 등 관리에 필요한 모든 옵션이 들어 있다.

현상 모듈 - 사진 보정 _ 노출, 색, 렌즈 효과, 그러데이션, 닷징과 버닝 등 사진 보정에 필요한 모든 옵션이 들어 있다.

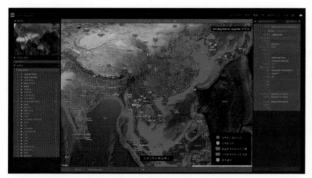

지도 _ 촬영 장소를 저장한 GPS 지오테깅 사진일 경우 지도로 확인할 수 있다.

책 _ 라이트룸에서 바로 사진 책을 만들 수 있다.

슬라이드 쇼 _ 슬라이드 쇼를 만들어 라이트룸에서 직접 프레젠테이션하거나 동영상 또는 PDF 파일 등으로 내보낼 수 있다.

인쇄 _ 프린터로 인쇄할 수 있는 다양한 옵션을 제공한다.

웹 _ 웹 갤러리를 제작할 수 있다. HTML이나 플래시를 이용해 만든 파일을 웹 서버에 업로드하면 사진 갤러리로 작동한다. 다만 본인이 운영하는 별도의 웹 서버가 있어야 하며, 업로드와 링크 연결 등 관련 지식이 필요하다.
웹사이트 제작기술을 가지고 있는 사람이라면 사용법 자체는 매우 쉽고 추후 전문 웹 편집 프로그램으로 조정도 가능하다. 하지만 전문 웹디자이너가 라이트룸 기능을 사용해 편집하는 경우는 거의 없으므로 자주 쓰이지 않는 기능이다.

사진을 보는 4가지 방법
단축키, 미리보기 툴바, 필름 스트립, 탐색기 패널

라이트룸은 사진을 볼 수 있는 다양한 보기 모드를 제공하는데, 각자 편한 대로 보면 된다. 단축키부터 미리보기 툴바, 필름 스트립, 탐색기 패널까지 4가지 방법이 있다. 가끔은 복잡한 패널들을 모두 치우고 사진을 모니터 가득 크게 봐야 할 때가 있다. 이럴 때 단축키를 익혀두면 편하다. 가장 자주 쓰는 단축키부터 알아보자.

[방법 1] 단축키로 보기

패널 숨기기 Ctrl + Shift + F   어떤 작업 중이든 단축키를 누를 때마다 패널 숨기기와 일반 보기 모드가 전환된다. 또는 F5, F6, F7, F8을 눌러 각 키에 해당하는 패널을 숨기거나 나타나게 할 수 있다. 마우스를 사용해도 되는데, 숨겨진 패널들을 다시 보려면 화면 사방 가장자리 중간에 있는 작은 삼각형을 클릭하자.

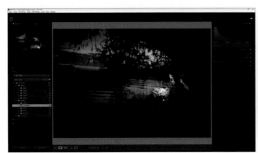 

전체화면 보기 F   단축키를 누를 때마다 전체화면 보기와 일반 보기 모드가 전환된다. 사진 한 장만을 크게 볼 때 사용한다.

[방법 2] 미리보기 툴바로 보기 - 선택, 비교

라이브러리 모듈에서 미리보기 화면 아래쪽을 보면 여러 가지 보기 옵션이 있다. 카메라에서 가져온 사진 중 버리거나 따로 저장할 것을 선택하거나 보정 전후를 비교해서 볼 때 주로 사용한다. 자주 쓰는 미리보기 툴바 사용법을 따라 해보자.

❶ **격자 보기** Ⓖ: 많은 사진을 격자 상태로 보기. 그림 크기는 '축소판' 슬라이드로 조정
❷ **확대경 보기** Ⓔ: 1장의 사진을 크게 보기
❸ **비교 보기** Ⓒ: 2장의 사진을 나란히 비교해서 보기
❹ **통람 보기** Ⓝ: 2장 이상의 사진을 비교해서 보기
❺ **사람** Ⓞ: 사람 얼굴이 들어간 사진만 검색해서 보기
❻ **페인터**: 일종의 매크로 기능. 페인터에 등록한 기능을 클릭 한 번으로 다른 사진에 적용
❼ **정렬 순서**: 사진 정렬 방법 선택하기

1 격자 보기 Ⓖ

기본값이다. 선택한 폴더에 들어 있는 사진들이 격자 모양으로 쭉 나타난다. 툴바 오른쪽의 '축소판'에서 미리보기 크기를 조정할 수 있다.

2   **확대경 보기** E

격자 보기에서 원하는 사진을 더블클릭하면 사진이 크게 확대된다. 다시 격자 보기로 돌아가려면 격자 보기 아이콘을 클릭하거나 격자 보기 단축키 G를 누른다.

3   **비교 보기** C

격자 보기에서 2장의 사진을 선택한 후 비교 보기 아이콘을 클릭하거나 C를 누른다.

4   2장의 사진만 크게 확대되어 나타난다. 다시 비교 보기 아이콘을 클릭하면 원래 상태로 돌아간다. 이 상태에서 기준이 되는 것은 왼쪽 사진이다.

5   **좌우 사진 바꾸기**

비교 보기 상태에서 '바꾸기' 아이콘을 클릭하면 왼쪽과 오른쪽 즉 '선택'과 '후보' 사진을 서로 바꿀 수 있다.

6 확대/축소하기

'확대/축소' 슬라이드를 조정하면 두 사진 모두 같은 부분이 확대된다. 크게 보고 싶은 부분을 바로 클릭해도 된다. 사진 위로 마우스 포인터를 가져가면 손 모양으로 바뀌는데, 이때 클릭한 채 드래그하면 다른 부분을 볼 수 있다. 둘 중 하나의 사진만 조정하고 싶다면 Shift 를 누른 상태에서 드래그한다.

7 선택 사진 바꾸기

'선택' 아이콘을 클릭하면 오른쪽에 있던 후보 사진이 왼쪽으로 이동된다. 오른쪽에는 다음 사진이 자동으로 나타난다. '선택' 아이콘 옆에 있는 좌우 화살표를 클릭하면 오른쪽 사진만 사진 목록에 있는 순서대로 계속 바뀐다.

8 통람 보기 N - 여러 장 비교 보기

  2장 이상의 사진을 비교한다.

[방법 3] 필름 스트립으로 보기 화면 맨 아래 가운데 있는 화살표를 클릭하면 필름처럼 사진들이 가로로 쭉 펼쳐지거나 숨길 수 있다. 그중 사진 하나를 클릭하면 크게 나타난다. 모든 모듈에서 활성화되기 때문에 가끔 편하다 싶을 때도 있지만, 필자는 꼭 필요한 경우가 아니라면 숨겨 놓고 사용한다. 필름 스트립 없이도 다양한 보기 기능이 있고, 화면을 보다 넓게 활용할 수 있기 때문이다.

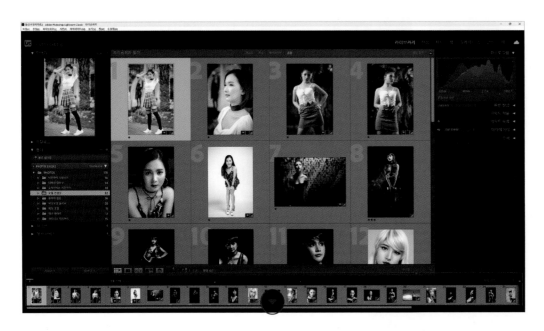

[방법 4] 탐색기 패널로 보기 - 1:1 보기 / 전체 보기 탐색기 패널은 포토샵 내비게이션 패널과 같은 기능을 한다. 기본적으로 탐색기를 한 번 클릭하면 1:1 보기로, 다시 한번 클릭하면 그림 전체를 보여주는 '맞춤'으로 바뀐다.

맞춤 미리보기 화면 영역 크기에 맞춰 전체 이미지를 본다. 기본값이다.

채움 미리보기 화면 영역을 꽉 채워서 본다.

100% 언제든 클릭하면 원본 이미지 크기 그대로 볼 수 있다.

지정된 수준으로 화면 확대/축소(6~1600%) 즐겨 사용하는 확대 비율이 따로 있다면 여기서 퍼센트 단위로 설정할 수 있다. 한 번 설정하면 선택한 비율로 고정된다. 100% 보기가 사진의 한 픽셀과 모니터의 한 픽셀을 맞춘 크기로 보여준다면, 다른 비율은 모니터의 한 픽셀보다 더 많거나 적은 크기로 보여주는 것이다. 예를 들어 200%를 선택했다면 가로세로로 200%, 즉 사진의 1픽셀을 모니터 4픽셀로 보여준다.

200% 설정으로 보기

탐색기 패널이 아니라 작업화면의 사진을 클릭해서 원하는 비율로 보고 싶다면! 라이트룸은 '맞춤'을 기본으로 탐색기에서 마지막에 클릭한 확대 비율을 번갈아 보여준다. 이걸 이용하면 선호하는 보기 비율을 정해 놓고 편하게 쓸 수 있다. 예를 들어 그림처럼 '맞춤, 100%, 400%'로 설정했다고 하자.

탐색기에서 '400%'을 클릭한다. 화면에 사진이 400%로 나타난다. 화면에 있는 사진을 한 번 클릭하면 맨 앞의 맞춤 상태로 돌아간다. 다시 클릭하면 400%로 나타난다. 탐색기가 아니라 사진을 클릭할 때마다 맞춤과 400%를 오가는 것이다. 탐색기에서 '100%'를 클릭하면 맞춤과 100%를 오간다. 다시 400%를 오가고 싶다면 탐색기에서 '400%'를 클릭하면 된다.

맞춤 상태일 때 마우스 포인터는 돋보기 모양으로 바뀐다. 확대해서 보고 싶은 부분을 클릭하자.

만들기부터 삭제까지 폴더 관리의 모든 것
폴더 패널

사진 관리는 '라이브러리' 모듈 담당이다. 그중 '폴더' 패널에서 파일들을 관리할 수 있다. 여기서 작업하는 그대로 실제 폴더에도 반영되니 주의해야 한다. 예를 들어 라이트룸 패널에서 폴더를 만들면 실제로 폴더가 만들어진다. 윈도 탐색기에서와 똑같다.

1 새 폴더 만들기

라이브러리 모듈 화면 왼쪽에서 '폴더' 패널 을 클릭한다.

2 폴더 패널이 열린다. 새 폴더를 만들 위 치에서 마우스 오른쪽 버튼을 클릭한 후 '~내 에 폴더 만들기'를 클릭한다.

3 '폴더 만들기' 대화상자가 나타난다. '폴더'에 폴더 이름을 입력한 후 옵션을 선택하고 '만들기'를 클릭한다.

❶ 이미 기존의 폴더 안에 폴더를 만들고 있어서 비활성화되어 있다.

❷ 현재 선택된 사진들을 새로 만들 폴더에 바로 넣을 때 체크한다.

4 새 폴더가 만들어진다.

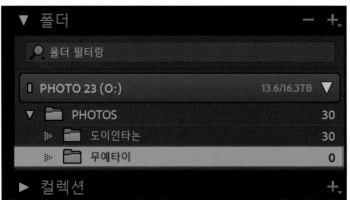

5 **사진을 폴더로 이동시키기**

다른 폴더에 있는 사진들을 선택한 후 이동시킬 폴더로 드래그한다.

6 경고가 나타나면 '이동'을 클릭한다.

7 파일이 원하는 폴더로 이동된다.

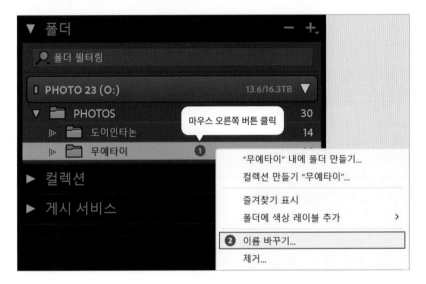

8 **폴더 이름 바꾸기**

이름을 바꿀 폴더를 마우스 오른쪽 버튼으로 클릭한 후 '이름 바꾸기'를 클릭한다.

9 '폴더 이름'에 바꿀 이름을 입력한 후 '저장'을 클릭한다.

10 폴더 삭제하기

삭제할 폴더를 마우스 오른쪽 버튼으로 클릭한 후 '제거'를 클릭한다.

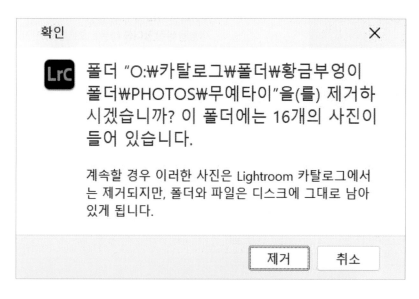

11 폴더를 만들 때와 달리 실제 원본 파일은 제거되지 않는다는 메시지가 나타난다. 사진이 없는 빈 폴더를 제거하면 경고가 뜨지 않고 실제로 삭제된다. '제거'를 클릭하면 카탈로그 폴더가 삭제되는데, 여기서는 '취소'를 클릭하자. 원본 파일까지 삭제하려면 탐색기에서 하면 되는데, 만에 하나를 위해 원본 파일은 삭제하지 않는 것이 좋다.

12 사진을 원래 있던 '도이인타논'으로 옮긴다.

13 이제 빈 폴더가 된 '무예타이'를 제거한다. 경고 메시지 없이 바로 폴더가 삭제된다.

 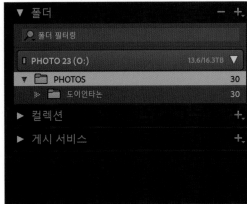

13 상위 폴더 표시/숨기기

라이트룸은 복잡한 모든 폴더를 표시하지 않고, 현재 작업 중인 폴더만을 보여준다. 상위 폴더를 숨기려면 상위 폴더에서 '이 상위 숨기기'를 클릭한다. 다시 보이게 하려면 하위 폴더를 마우스 오른쪽 버튼으로 클릭한 후 '상위 폴더표시'를 클릭한다. 상위 폴더가 아니거나 해당 기능이 필요 없는 경우라면 메뉴에 나타나지 않는다.

 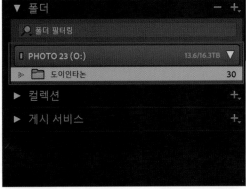

이 상위 숨기기: '도이안타논'의 상위 폴더인 'PHOTOS' 폴더를 숨긴다.

 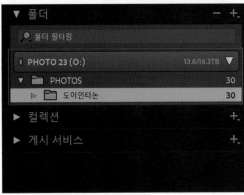

상위 폴더 표시: 하위 폴더에서 선택하면 상위 폴더가 다시 나타난다.

폴더에 관련된 나머지 옵션

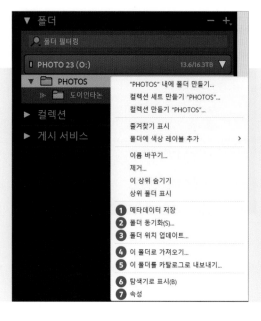

❶ **메타데이터 저장**: 폴더에 있는 사진의 메타데이터를 XMP 파일 형식으로 생성한다.

❷ **폴더 동기화**: 포토샵 등 외부 프로그램을 이용해 수정한 RAW 파일이 있다면, 라이트룸으로 불러와 동기화한다.

❸ **폴더 위치 업데이트**: 윈도 탐색기에서 폴더 위치를 바꾸면 '?' 마크가 뜨면서 원본 파일이 없다고 나타난다. 이때 '폴더 위치 업데이트'를 클릭한 후 위치를 바로잡아주면 다시 정상 작동한다.

❹ **이 폴더로 가져오기**: 새로운 사진을 선택한 폴더로 바로 가져온다.

❺ **이 폴더를 카탈로그로 내보내기**: 이 폴더를 하나의 독립된 카탈로그 파일로 만들어 내보낸다.

❻ **탐색기로 표시**: 윈도 탐색기가 바로 나타난다.

❼ **속성**: 윈도의 폴더 속성이 바로 나타난다.

잃어버린 폴더, 사진 찾기 - 누락된 폴더 찾기 하드디스크 드라이브 문자명이나 폴더 이름 등이 바뀌면 ?와 함께 원본사진을 찾지 못했다는 경고가 나타난다. 이때 잃어버린 폴더를 일일이 찾지 말고 가장 상위 폴더만 찾아주면 된다. 하위 폴더는 라이트룸이 자동으로 찾아 정리한다. 외장하드를 사용할 때 하드디스크의 문자 경로명이 바뀌는 경우가 많은데 이때도 가장 상위 폴더 위치만 찾아주면 된다.

A컷 사진을 골라내는 3가지 방법
별점, 깃발, 색

촬영한 사진을 카메라에서 컴퓨터로 모두 복사하고 적절한 폴더에 분류하는 것까지 마쳤다. 지금부터는 촬영한 사진 중 쓸 만한 사진을 고르고, 그중 최고의 사진을 선택해야 한다.

'사진 선택이 뭐 어렵나?' 싶겠지만 사진가라면 공감할 것이다. 촬영할 때부터 '이 사진이다!'라고 느낄 정도로 뭔가 대단한 게 없다면, 비슷비슷한 수백 장의 사진 속에서 단 한 장을 골라내는 건 참 쉽지 않다. 그래서 보통은 좋은 사진을 고르는 게 아니라 못 쓸 사진을 먼저 빼는 방법을 쓴다. 옛날 매그넘에서 활동하던 사진가들의 전설적인 이야기를 들어보면 촬영 후 필름을 몽땅 사무실에 던져 놓는 것으로 끝이었다고 한다. 하지만 지금은 디지털 시대로 넘어왔고, 촬영 분량만 해도 필름 시절의 최소 10배에서 100배 이상까지 늘었다. 이제 사진가는 자기 사진에 등급을 매기고, 직접 최고의 사진을 선택해야 한다.

여러 가지 방법을 겹쳐 사용하기 라이트룸에서 사진 선별에 사용하는 방법은 크게 3가지다. 별점, 깃발, 컬러 레이블인데, 익숙해지면 이 3개를 한 번에 사용할 수도 있다. 깃발로 선택한 사진 중 최고로 멋진 사진에 별 5개를 주거나, 내가 선택한 베스트샷은 빨강으로, 고객이 선택한 사진은 파랑으로 구분할 수도 있다. 다양하게 시도해 보면서 자기에게 맞는 선별법을 찾는 것도 사진 실력을 키우는 좋은 방법일 것이다. 처음이라면 깃발을 먼저 사용하고, 이후 별점이나 컬러 레이블을 이용해 추가 분류하고 선별하는 방법을 권한다.

[방법 1] 별점 - 등급을 나눌 때 라이트룸의 강점 중 하나인 별점 시스템은 최고의 기능 중 하나다. 각 사진에 0~5개까지 6단계로 구별해 별을 달아준다. 여러 장의 사진에 한 번에 할 수도 있다. 여기서는 단순한 기능 설명이 아니라 별점을 이용하는 방법을 소개한다. 이런 식으로 선별하면 나중에 원하는 수준의 사진을 찾는 게 쉽다.

포트폴리오에 넣거나 공개적으로 보여주고 싶은 사진이 필요하다면 별점이 많은 사진을 선택하면 된다. 또 스톡 사진처럼 다양한 앵글과 화각이 필요한 경우라면 별점 2개 이상인 사진만 골라 바로 판매용으로 사용할 수도 있다. 가끔 별점 5개인 사진을 보냈는데 클라이언트가 비슷한 사진을 더 요청한다면 별점 4개, 3개인 사진도 쉽게 찾아 보여줄 수 있다.

키보드에서 숫자 2를 누르면 별점 2개가 부여된다.

★★

별점 단축키

[Shift] : 연속해 있는 여러 사진 선택하기 - 첫 번째 사진을 클릭한 후 [Shift]를 누른 채 마지막 사진을 클릭한다.
[Ctrl] : 떨어져 있는 여러 사진 선택하기 - 첫 번째 사진을 클릭한 후 [Ctrl]을 누른 채 다른 사진들을 하나씩 클릭한다.

숫자 [1] ~ [5]　　별점 주기
숫자 [0]　　　　별점 지우기
[[ ] , [ ]]　　　　별점 올리고 내리기

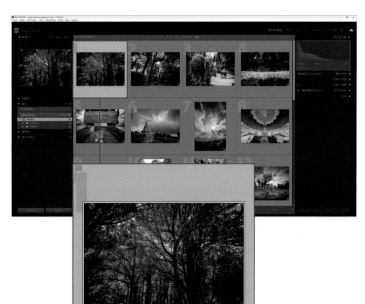

1　1차 선별하기 - 별점 1개

먼저 라이브러리 모듈의 격자 보기 상태에서 사진을 둘러보며 버릴 사진을 골라낸다. 버릴 사진이나 조금이라도 문제가 보이는 사진에는 별점을 주지 않는다. 일단 문제가 없는 사진에 별점 1개씩을 부여한다. 사진 한 장 혹은 여러 개를 선택한 후 별점만큼의 숫자키를 누른다. 별점 1개면 키보드에서 숫자 1을 누르면 된다.

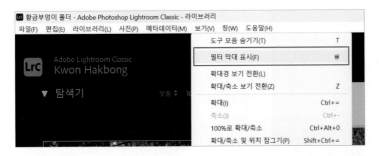

2 별점 등급별로 모아 보기 `Ctrl` + `F` 또는 `W`

필요 없는 사진은 감추고 1차 선별에서 별 1개를 준 것들만 화면에 나타나게 해보자. '보기 메뉴 - 필터 막대 표시'를 클릭한다.

3 미리보기 창 위쪽에 라이브러리 필터가 나타난다. '특성'을 클릭한 후 '등급'에서 별점 1개를 클릭한다. '특성'에서는 별의 개수나 색상, 깃발 등 특성별로 사진을 정렬할 수 있다.

❶ 기준이 될 별점 등급을 선택한다.
❷ 선택한 별 등급을 기준으로 어떤 사진들을 볼지를 선택한다.

✓ 다음 이상의 등급	≥ 선택한 별점 이상의 사진만 모아 보기. 기본값
다음 이하의 등급	≤ 선택한 별점 이하의 사진만 모아 보기
다음과 일치하는 등급	= 선택한 별점의 사진만 모아 보기

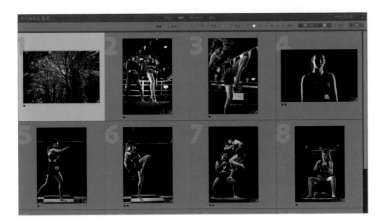

4 별점이 1개 이상인 모든 사진이 나타난다.

5   2차 선별하기 - 별점 2개

이제 1차로 선별한 사진들을 더블클릭한 후 크게 보면서 확인할 차례다. 확대해서 보니 흔들리거나 초점이 나간 사진은 0 을 눌러 별점을 지운다. 확대해서도 좋은 사진은 2 를 눌러 별점 2개를 준다.

6   3차 선별하기 - 별점 3개

다시 별점 2개의 사진들만 모아서 보정을 진행한다. 보정 작업을 하면서 특별히 좋은 사진에는 별점 3개를 준다.

7   4차 선별하기 - 별점 4, 5개

마지막으로 전체 폴더의 별점을 둘러보고 특히 우수한 사진에 별점 4개를 주고, 매우 뛰어난 사진에는 별점 5개를 준다.

[방법 2] 깃발 - 못 쓰는 사진과 좋은 사진으로만 구분할 때 깃발은 좀 더 빠르게 많은 사진을 보고 싶어 하는 개인 클라이언트와 일할 때 편한 방법이다. 사진을 훑어보면서 딱 2가지만 선별하면 된다. 못 쓰는 사진과 좋은 사진! 깃발로 표시하는 방법은 총 3가지다. 깃발이 있는 사진, 없는 사진, 그리고 X표로 제외한 사진. 필자는 좋은 사진에 깃발 표시를 하며, 버려야 하는 사진에 X표, 막상 버리자니 아까운 사진에는 아무런 표시를 하지 않는다.

깃발 표시는 사진 마운트 왼쪽 위에 있으며, 이 부분을 클릭하거나 단축키를 누르면 깃발이 나타난다. 대충 보면서 일단 깃발 표시를 한 다음 확대해서 자세히 보고 제외하거나 깃발을 없애는 게 조금 더 빠르다. 결혼식이나 행사 사진처럼 많은 양의 사진을 한 번에 처리해야 할 때 별점보다 빨리 선별할 수 있고, 제외된 사진만 모아 라이트룸에서 바로 삭제할 수도 있다.

사진에 플래그 지정됨

플래그 제거

제외됨으로 설정

플래그를 마우스 오른쪽 버튼으로 클릭해서
선택할 수도 있다.

깃발 달기 단축키

[\ ] 깃발 달기/제거 전환

[P] 깃발 달기

[U] 깃발 제거

[X] 제외하기

108
—
109

1 못 쓰는 사진에는 X를 눌러 제외 표시를 한다. 좋은 사진에는 ˋ, 또는 P를 눌러 깃발을 표시한다. 애매한 사진은 어차피 누가 봐도 애매하니 그냥 지나치자.

2 **깃발 모아 보기**

라이브러리 필터의 '특성'을 클릭한 후 '플래그'에서 모아서 보고 싶은 깃발의 종류를 선택한다. 흰 깃발과 검은 깃발을 동시에 선택하면 둘 중 하나라도 표시된 사진은 모두 보여준다.

3 선택한 깃발에 따라 모든 사진이 나타난다.

[방법 3] 컬러 레이블 - 나만 알아볼 수 있게 할 때 사진 마운트에 색을 정해 선별한다. 자기만의 기준을 사용할 수 있어 비밀스럽다는 게 장점이다. 사무실이나 공용으로 사용하는 환경에서 민감한 주제로 선별해야 할 때 쓰면 효과적이다. 하지만 명확한 기준이 없으면 나중에 더 헷갈릴 수 있는데, 이럴 때를 위해 컬러 레이블에 이름을 입력할 수 있다.

1 사진 마운트 오른쪽 아래에 있는 색상 버튼을 클릭한 후 원하는 색을 선택하면 마운트 색상이 바뀐다. 색상 버튼도 지정된 컬러로 바뀐다.

컬러 레이블 단축키
각 숫자키를 한 번 더 누르면 취소된다.

6 빨강
7 노랑
8 초록
9 파랑

2 컬러 레이블에 이름 달기
'메타데이터 메뉴 - 색상 레이블 세트 - 편집'을 클릭한다.

3 '색상 레이블 세트 편집' 대화상자가 나타난다. 처음에는 'Lightroom 기본값'으로 되어 있는데, '사전 설정' 오른쪽의 드롭다운 버튼을 클릭하면 편집하고 싶은 항목을 선택할 수 있다.

Bridge 기본값: 어도비 브리지에서 설정한 값을 불러온다.　　검토 상태: 미리 만들어진 레이블을 사용한다.

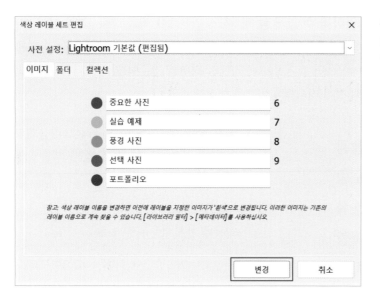

4 여기서는 'Lightroom 기본값'을 이용해 보자. 색에 따라 원하는 내용을 직접 입력한 후 '변경'을 클릭한다. 'Lightroom 기본값(편집됨)'이라는 이름으로 저장된다.

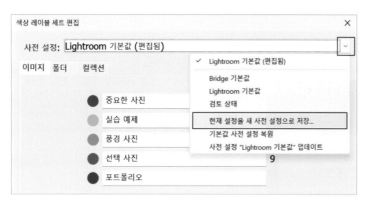

5 새 이름으로 만들기

아예 새로 만들려면 '사전 설정'의 드롭다운 버튼을 클릭한 후 '현재 설정을 새 사전 설정으로 저장'을 클릭한다.

6 '새 사전 설정' 대화상자가 나타나면 새로운 이름을 입력한 후 '만들기'를 클릭한다.

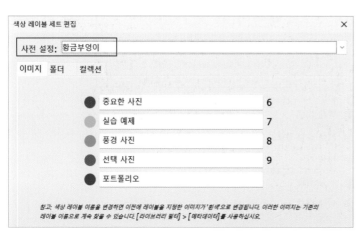

7 삭제/복원/이름 바꾸기

사전 설정이 새로 만들어진다. 삭제하거나 이름을 바꿀 때도 이렇게 하면 된다.

필요에 따라 모아두는 사진앨범 만들기
컬렉션 패널

촬영한 날짜도, 장소도, 주제도 다르지만 일 년 동안 촬영한 사진 중 거리풍경 사진만 따로 모아 정리하고 싶다면? 내가 가진 사진 중 우리 아이 사진만 따로 모아 아이의 성장 모습을 쭉 보고 싶다면? 이럴 때 이용하는 것이 '컬렉션'이다. 간단히 '사진앨범'이라고 생각하자.

말하자면 '컬렉션'은 '가상 폴더'다. 어떤 주제의 사진을 하나의 폴더로 모아 관리하고 싶을 때 사용한다. 그냥 탐색기에 폴더를 만들면 되는데 왜 컬렉션을 써야 할까? 일일이 주제별로 따로 폴더를 만들어 파일들을 복사하고 붙여 넣는 것도 일이지만, 그렇게 해서 늘어나는 용량도 문제가 되기 때문이다. 결론부터 말하면 적극적으로 사용할 것을 권한다.

> **컬렉션의 장점**
> 하나, 사진 원본 파일은 이동하지 않는다.
> 둘, 매우 작은 용량만 차지하기 때문에, 컬렉션을 많이 만든다고 파일 용량이 늘어날 걱정이 없다.
> 셋, 내가 정한 기준에 따라 빠르고 쉽게 주제별 사진앨범을 만들고, 찾아볼 수 있다.
> 넷, 원본 폴더에 있는 사진을 보정하든, 컬렉션에 있는 사진을 보정하든 똑같이 적용된다.

1 컬렉션 만들기
라이브러리 모듈의 '컬렉션' 패널에서 + 버튼을 클릭한 후 '컬렉션 만들기'를 클릭한다.

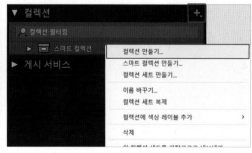

2 '컬렉션 만들기' 대화상자가 나타나면 옵션을 지정한 후 '만들기'를 클릭한다.

❶ **이름:** 컬렉션 폴더의 이름을 입력한다.

❷ **위치:** 새로 만들 폴더를 특정한 컬렉션 폴더 안에 넣고 싶을 때 체크하고 선택한다.

❸ **옵션: -** 선택된 사진 포함: 체크하면 현재 선택된 사진이 자동으로 포함된다.

　　　- 새 가상 사본 만들기: 체크하면 가상 사본을 만들어서 불러온다.

　　　- 대상 컬렉션으로 설정: 체크하면 새로 만들 폴더를 대상 컬렉션으로 지정한다. 다른 폴더에서 퀵 셀렉션을

　　　　했을 때 사진들이 자동으로 모아지는 폴더가 대상 컬렉션이다. (단축키 B)

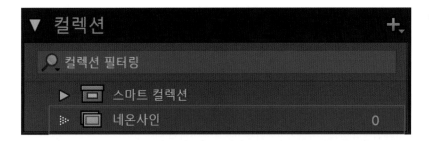

3 새 컬렉션이 만들어진다.

4 **컬렉션에 사진 넣기**

사진을 모두 선택한 후 새로 만든 '네온사인' 컬렉션으로 드래그한다. 별점이나 깃발, 색상 등으로 미리 정리되어 있으면 정렬 기능을 이용해 원하는 사진만 모으기가 더 쉽다. 지우거나 파일을 이동시키는 방법 등은 폴더 기본 사용법과 같다.

컬렉션을 클릭하면 드래그한 사진들만 따로 정리된 것을 확인할 수 있다.

자동으로 모아주는 똑똑한 사진앨범 만들기
스마트 컬렉션

컬렉션 패널에서는 일일이 사진들을 선택해서 사진을 모았다. 여러 가지 장점에도 불구하고 몹시 귀찮은 작업인데, 만약 내가 원하는 조건을 정하기만 하면 저절로 사진들을 찾아 모아준다면? 편하겠지! '스마트 컬렉션'이 바로 그런 기능이다.

기본적으로는 일반 컬렉션과 같은 기능을 한다. 조건을 걸면 자동으로 사진을 모아주는 '스마트한(똑똑한)' 컬렉션이라는 것만 다르다. 한 번만 잘 만들어 놓으면 알아서 최고의 사진만 모을 수도 있고, 특수한 목적으로 설계한다면 그 목적에 맞는 사진만 자동으로 모아주니 매우 편하다. 일반 컬렉션과 달리 폴더에 노란색 톱니바퀴가 달려 있으며, 대화상자에서 다양한 조건을 설정해 원하는 파일을 선택할 수 있다. 몇 가지 기본 스마트 컬렉션이 미리 만들어져 있으니 한 번씩 둘러보자.

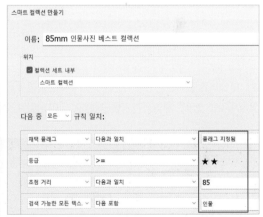

깃발이 붙은 사진 중 별점 2개 이상이고, 85mm 렌즈로 촬영했으며, 키워드에 '인물'이라는 텍스트가 포함된 사진만 자동으로 모으기

1 스마트 컬렉션 만들기

HDR 사진만 모아주는 스마트 컬렉션을 만들어보자. '컬렉션' 패널의 + 버튼을 클릭한 후 '스마트 컬렉션 만들기'를
선택한다. 라이트룸에서 HDR 사진을 만들면 자동으로 파일명에 'HDR'이라는 키워드가 들어가기 때문에 쉽게 스마
트 컬렉션 기준으로 사용할 수 있다.

2 대화상자가 나타나면 이름을 입력하고 옵션을 지정한 후 '만들기'를 클릭한다. 여기서는 파일 이름에 'HDR'이라
는 글자가 들어간 사진을 검색하도록 입력했다.

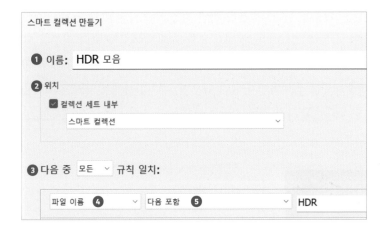

❶ 이름: 스마트 컬렉션 폴더의 이름을 입력한다.

❷ 위치: 새로 만들 폴더를 특정한 컬렉션 폴더 안에
넣고 싶을 때 체크한다.

❸ 다음 중 '모든' 규칙 일치:
- 모든: 아래 선택한 규칙에 모두 맞아야 포함된다.
- 임의: 아래 규칙 중 어느 하나만 맞아도 포함된다.
- 없음: 아래 규칙에 맞지 않는 사진만 포함된다.

❹ 파일 이름: 사진을 모을 기준을 선택한다. 등급, 파
일 이름, 날짜 등 다양한 옵션이 있다.

❺ 다음 포함: 기준이 '파일 이름'일 경우 파일명에 오
른쪽에 입력한 키워드가 들어간 사진만 모은다.

3 새 스마트 컬렉션이 만들어진다. 이후 라이트룸에서 HDR로 병합한 사진은 따로 지정하지 않아도 모두 이 'HDR
모음'이라는 스마트 컬렉션에 자동으로 정리되어 나타날 것이다.

이것이 진짜 실무 키워딩!
키워드 적용 패널

필자는 완벽한 키워드야말로 "언제 어디서든 필요한 사진을 찾을 수 있는 관리의 핵심이다"라고 말하고 싶다. 편한 것은 말할 것 없고, 사진을 촬영한 본인뿐만 아니라 타인들 역시 손쉽게 사진을 체계화할 수 있는 매우 강력한 도구다. 따라서 키워드는 본인이 아니라 다른 누군가가 필요한 사진을 쉽게 검색할 수 있도록 달아주는 것으로 생각하고 작업해야 한다. 크게 '위치, 사진의 내용, 사진 카테고리'라는 3가지 기준을 잡고 하면 좋다.

태국, 람빵, | 제사, 샤먼, 마을 주민, 사람, 카메라맨, 사진가, | 문화, 일상

❶ 위치　　　❷ 사진의 내용　　　❸ 카테고리

키워드 입력하기
1) 위치: 국가나 도시를 넣되, 유명한 곳일 경우 세부 지역명으로 입력하는 것이 좋다.
2) 사진의 내용: 사진 속에서 벌어지는 중요한 사건이나 사물 등을 구체적으로 입력한다.
3) 카테고리: 인물, 풍경, 문화, 스포츠, 행사 등 사진의 분류를 입력한다.

라이트룸 한글 키워딩 시 문제점 - 자동완성 끄기

라이트룸의 한글화는 거의 완벽하지만 키워드를 입력할 때 약간 문제가 있다. 영문에서는 괜찮은데 한글로 입력할 때는 문자 순서가 바뀌는 등 엉망으로 변해 도무지 사용할 수 없다. 이 현상을 없애려면 자동완성 기능을 꺼두면 된다.

1 '편집 메뉴 - 환경 설정'을 클릭한다. 대화상자가 나타나면 '인터페이스 탭 - 키워드 입력 - 키워드 태그 필드에서 텍스트 자동완성'의 체크를 해제한다.

[추천!] 먼저 공통 키워드를 넣고, 그룹별로 키워드 추가하기

여기서도 마찬가지다. 키워드 기능 설명이 아니라 오늘 촬영한 수백 장의 모든 사진에 한 번에 키워드를 입력할 수 있는 실제 사용법을 알아보자. 이 방법대로 하면 사진이 많아도 한 번에 작업할 수 있다.

1 키워드를 넣을 사진을 모두 선택한 후 오늘 촬영의 공통 키워드를 입력한다.

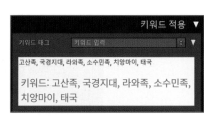

2 여성과 아기가 포함된 사진만 다시 한번 선택해 키워드를 추가한다.

3 이번에는 한 명만 사진에 있으면서 인물 중심인 사진만 선택해서 키워드를 추가한다.

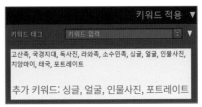

키워드 적용 ▼

키워드 태그 | 키워드 입력

고산족, 국경지대, 독사진, 라와족, 소수민족, 싱글, 얼굴, 인물사진, 치앙마이, 태국, 포트레이트

추가 키워드: 싱글, 얼굴, 인물사진, 포트레이트

4 이번에는 요리하는 장면만 다 선택해서 키워드를 추가한다.

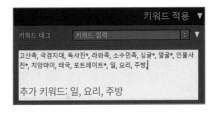

키워드 적용 ▼

키워드 태그 | 키워드 입력

고산족, 국경지대, 독사진*, 라와족, 소수민족, 싱글*, 얼굴*, 인물사진*, 치앙마이, 태국, 포트레이트*, 일, 요리, 주방,

추가 키워드: 일, 요리, 주방

5 각 사진의 특징을 한두 단어씩만 더 입력하면 모든 사진의 키워딩이 끝난다. 예를 들어 베틀 작업 중이라면 '베틀, 직조, 수공업'을 추가하는 식이다.

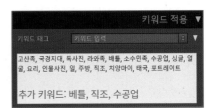

키워드 적용 ▼

키워드 태그 | 키워드 입력

고산족, 국경지대, 독사진, 라와족, 베틀, 소수민족, 수공업, 싱글, 얼굴, 요리, 인물사진, 일, 주방, 직조, 치앙마이, 태국, 포트레이트

추가 키워드: 베틀, 직조, 수공업

딱 필요한 사진 검색하기
라이브러리 필터 막대

라이트룸에서 사진을 검색하는 일은 매우 쉽다. 키워드, 별점이나 깃발, 컬러 레이블을 이용한 검색은 기본이고, 카메라 기종이나 렌즈 종류를 기준으로 검색할 수도 있다. 자주 사용하는 기능이니 좀 더 자세히 알아보자.

1 검색할 폴더 선택하기

라이브러리 모듈의 '폴더' 패널에서 검색할 폴더를 클릭한다. 상위 폴더를 선택하면 하위 폴더의 모든 사진이 검색 대상에 포함되며, 하위 폴더는 그 폴더 안에서만 검색된다.

2 보기 메뉴 - 필터 막대 표시'를 클릭한다. Ctrl + F 또는 W

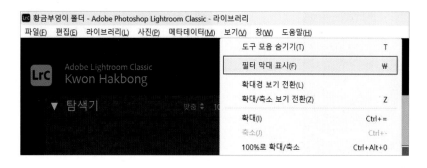

3 텍스트 검색

라이브러리 필터 막대가 나타나면 '텍스트'를 클릭한 후 검색하고 싶은 키워드를 입력한다. EXIF나 파일명, 키워드, 캡션 등 사진 정보에 들어 있는 모든 텍스트가 검색 대상이다.

4 검색한 키워드가 들어 있는 사진들이 바로 나타난다. 여기서는 '요리'라는 키워드로 검색했다.

5 메타데이터 검색

라이브러리 필터에서 '메타데이터'를 클릭하면 카메라에서 만든 정보인 EXIF 데이터와 레이블을 선택할 수 있다. 사진에 포함되지 않는 항목은 자동으로 숨겨져 보이지 않으며, 각 항목의 숫자는 해당하는 사진의 총개수다. 검색하고 싶은 항목을 차례로 클릭한다.

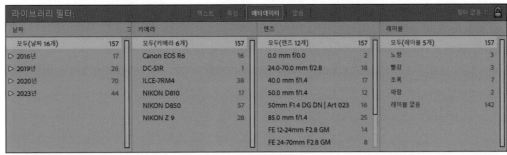

예: 2023년에 촬영한 사진 중 니콘 Z9 카메라로 촬영하고, 85mm f1.2 렌즈를 사용한 사진 검색하기

6 복합 검색

라이브러리 필터 막대의 텍스트, 특성, 메타데이터를 차례로 활성화해서 각 항목을 설정하면 이 모든 옵션이 복합적으로 적용된 사진을 검색할 수 있다. 설정한 모든 항목이 일치해야만 검색되며, 하나라도 맞지 않으면 검색에서 제외된다.

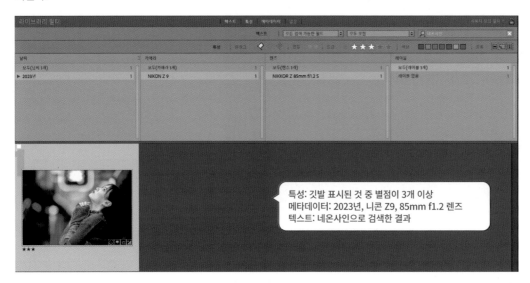

특성: 깃발 표시된 것 중 별점이 3개 이상
메타데이터: 2023년, 니콘 Z9, 85mm f1.2 렌즈
텍스트: 네온사인으로 검색한 결과

7 검색 제외

텍스트, 특성, 메타데이터로 복합 검색을 하다가 어느 한 항목이 필요 없는 경우 다시 한번 클릭하면 해당 항목이 검색 조건에서 제외된다.

특성: 깃발 표시된 것 중 별점이 3개 이상
메타데이터: 2023년, 니콘 Z9, 85mm f1.2 렌즈

위와 동일한 검색 조건 중 텍스트 항목을 제외하고 검색한 결과

8 없음

'없음'을 클릭하면 현재 설정된 모든 검색 조건이 삭제되며, 해당 폴더의 모든 사진이 나타난다.

9 내보낸 파일의 원본 쉽게 찾기

JPG나 TIFF 등의 파일로 내보낸 상태에서 원본 파일을 빨리 찾는 방법이다. 라이브러리 필터에서 '텍스트'를 선택한 후 원본 파일 번호를 찾으면 바로 해당 번호의 원본사진이 나타난다. (파일 내보내기 390쪽 참고)

내 저작권을 표시하는 IPTC 프리셋 만들기
메타데이터 패널

IPTC? 메타데이터? 키워드가 사진을 보는 사람을 위한 거라면, IPTC는 사진가가 자신을 홍보할 수 있는 매우 중요한 메타데이터다. 이를 통해 사진 구매자와 연결되기도 하며, 법적인 문제가 생겼을 때 저작권을 얼마나 적극적으로 주장했는지의 증거가 되기도 한다.

IPTC(International Press Telecommunications Council)란 사진가가 자기 사진에 제목이나 캡션, 사진 내용 등을 입력한 것을 말한다. 사진기자나 프리랜서가 되고 싶다면 반드시 숙지해야 하지만, 일반 사진가라면 자기소개 정도만 작성해도 크게 문제가 되지 않는다. 다만 보는 사람은 잘 정리된 제목과 캡션, 키워드, 사진가 정보까지 알 수 있을 때 더 전문적인 느낌을 받게 된다는 걸 기억하자. 또 기업이나 단체에서 사진을 상업적으로 이용하려면 저작권자에게 연락해야 하는데, 이때 이 정보를 참고한다. 요즘은 대부분 이메일 형식으로 저작권 임대 요청을 하니 이메일 주소는 꼭 입력하자.

참고로 메타데이터(Metadata)는, 카메라 자체에서 만들어지는 EXIF(EXchangable Image File format)와 사진가가 기록한 IPTC 데이터를 모두 포함한 것을 말한다. IPTC 코드의 종류나 각 코드의 의미를 자세히 알고 싶다면 iptc.org에 접속해 보자. 사진 메타데이터를 체계적으로 정리하는 방법에 대해 매우 자세히 설명되어 있다.

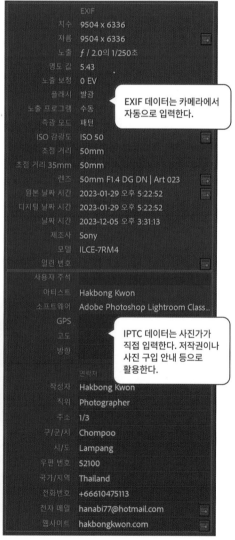

	EXIF	
치수	9504 x 6336	
자름	9504 x 6336	
노출	ƒ / 2.0의 1/250초	
명도 값	5.43	
노출 보정	0 EV	
플래시	발광	
노출 프로그램	수동	
측광 모드	패턴	
ISO 감광도	ISO 50	
초점 거리	50mm	
초점 거리 35mm	50mm	
렌즈	50mm F1.4 DG DN | Art 023	
원본 날짜 시간	2023-01-29 오후 5:22:52	
디지털 날짜 시간	2023-01-29 오후 5:22:52	
날짜 시간	2023-12-05 오후 3:31:13	
제조사	Sony	
모델	ILCE-7RM4	
일련 번호		
사용자 주석		
아티스트	Hakbong Kwon	
소프트웨어	Adobe Photoshop Lightroom Class...	
GPS		
고도		
방향		
	연락처	
작성자	Hakbong Kwon	
직위	Photographer	
주소	1/3	
구/군/시	Chompoo	
시/도	Lampang	
우편 번호	52100	
국가/지역	Thailand	
전화번호	+66610475113	
전자 메일	hanabi77@hotmail.com	
웹사이트	hakbongkwon.com	

> EXIF 데이터는 카메라에서 자동으로 입력한다.

> IPTC 데이터는 사진가가 직접 입력한다. 저작권이나 사진 구입 안내 등으로 활용한다.

IPTC 사진가 정보 프리셋 만들기 사진가 정보를 입력한 후 모든 사진에 쉽게 적용할 수 있는 프리셋을 만들어보자. 내 사진에 저작권을 설정하고 연락처를 남겨 다양한 비즈니스와 연결되도록 할 수 있다.

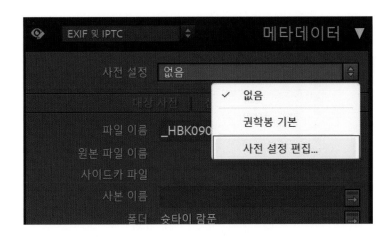

1 라이브러리 모듈의 '메타데이터' 패널에서 'EXIF 및 IPTC'를 선택한 후 '사전 설정'에서 '사전 설정 편집'을 클릭한다.

2 편집 대화상자가 나타난다. 다양한 IPTC 정보를 기록할 수 있지만 모든 사진에 공통으로 입력해야 하는 것은 사진가 정보일 것이다. 'IPTC 저작권'과 'IPTC 작성자'에만 체크한다.

3 저작권과 작성자에 관련된 항목을 모두 입력한 후 '완료'를 클릭한다. 한글로 입력해도 되지만 이왕이면 영어로 입력하자. 한글은 당연히 자랑스럽지만, 아쉽게도 전 세계에서 한글을 이해할 수 있는 사람은 9천만 명 미만이다.

❶ **주소:** '동' 정도까지만 입력하는 편이 개인정보 보호 차원에서 좋다. 필드를 비워두면 자동으로 무시된다.
❷ **전화번호:** 공개된 전화번호라면 입력해도 되지만 개인전화라면 그냥 비워두자.

4 '확인' 대화상자가 나타나면 '다른 이름으로 저장'을 클릭한다. 사전 설정 이름을 입력한 후 '만들기'를 클릭하면 프리셋이 만들어진다.

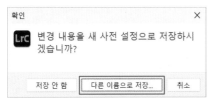

5   IPTC 프리셋 적용하기
작업할 사진을 모두 선택한 후 '메타데이터' 패널의 '사전 설정'에서 적용할 프리셋을 선택한다.

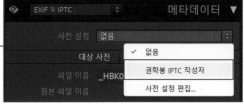

6 적용 범위를 묻는 대화상자가 나타나면 '선택된 모든 항목'을 클릭한다.

7 IPTC 프리셋 확인하기

이제 각 사진을 클릭하면 저작권 정보를 볼 수 있다.

8 사진을 처음 가져올 때 적용하기

이렇게 프리셋으로 만들면 사진을 라이트룸으로 가져올 때 바로 적용할 수도 있다. 가져오기 대화상자 오른쪽에 있는 '가져오는 동안 적용' 패널의 '메타데이터'에서 선택하면 된다.

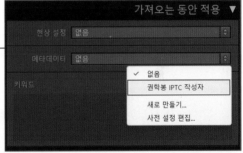

라이트룸에만 가져오면 사진 색이 이상해지는 이유?
프리셋

똑같은 사진인데, 카메라에서 볼 때와 라이트룸에서 볼 때가 다르다? 라이트룸에서 보이는 사진과 카메라 LCD 창에서 보이는 사진의 색감이 크게 다르면 불만스러워하는 사람이 꽤 많다. 어떤 사람은 카메라에서 만들어 보여준 보정 결과물을 마치 원본인 것처럼 생각하며, 이것이야말로 내 실력이라고 믿기도 한다. 진실을 말하자면 촬영 즉시 보이는 이 사진은 우리 눈에 보기 좋도록 꾸며놓은 것에 불과하다.

실제 촬영 결과물인 RAW 파일은 말 그대로 '날것'이다. RAW 데이터는 카메라 센서 신호강도를 채널별로 기록한 숫자로 이미지를 기록한다. 숫자가 사진으로 보이진 않으니 어떡하든 RAW 데이터를 가공해서 우리 눈에 사진으로 보여주는 '컨버팅' 과정이 꼭 필요하다. 우리가 보는 카메라 LCD 창은 촬영 즉시 제조사가 설정한 방식으로 '보정된' 미리보기용 JPG 파일을 보여준다. 사진 원본인 RAW 데이터가 아니라는 말이다. 라이트룸에서는 이후 보정을 위해 RAW 파일을 최대한 단순하게 컨버팅해서 보여주는데, 이것이 호불호가 갈리는 부분이다.

소니 a7R4의 RAW 파일에서 추출한 JPG 파일

RAW 파일을 가져와 라이트룸에서 컨버팅한 JPG 파일

냉정하게 말하면 디지털 시대인 요즘 사진의 진실이란, RAW 데이터 안에 들어 있는 센서 신호 강도를 채널별로 기록한 숫자인지도 모른다. 우리 눈에 사진으로 보여주기 위한 컨버팅 과정에서 각 카메라 회사가 정해 놓은 보정값을 적용하느냐 마느냐는 조금만 생각해 봐도 그리 큰 문제가 아니라는 걸 알아야 한다. 똑같이든 다르게든 얼마든지 보정할 수 있다.

따라서 라이트룸이 컨버팅해서 보여주는 첫 사진이 마음에 들지 않는다고 낙담할 필요가 전혀 없다. 라이트룸은 여러분이 사진으로 말하고자 하는 것을 잘 전달하는 '사진 보정'을 기다리고 있는 것일 뿐이다. 그래도 '나는 꼭 카메라 브랜드에서 만들어 놓은 결과물과 비슷하게 시작하고 싶다'라고 생각한다면 인터넷에서 프리셋을 구하면 된다. 각 카메라 제조사는 물론이고 '라이트룸 프리셋'이라고 검색하면 공짜 프리셋이 널려 있다.

그럼, RAW 파일엔 뭐가 들어있지? RAW 파일 구조는 회사마다 달라서 훨씬 더 복잡한데, 대부분은 사진 원본인 RAW 사진 데이터, 촬영 데이터를 기록하는 EXIF, 미리보기용 JPG 파일이 들어 있다. 이 JPG 파일의 목적은 카메라 LCD 창에서 미리 보는 것과 컴퓨터에서 섬네일로 보여주는 정도가 전부다.

라이트룸은 카메라에서 사진을 가져올 때 카메라 RAW 파일에 들어 있는 미리보기 파일을 그대로 가져올 것인지, 아니면 새로 만들 것인지를 묻는다. 또 이 선택과 상관없이 사진을 보정하는 '현상' 모듈로 들어가면 RAW 데이터를 이용해 새로운 미리보기 파일을 자동으로 만든다. 라이트룸에서는 이것을 '1:1 미리보기 파일'이라고 부른다.

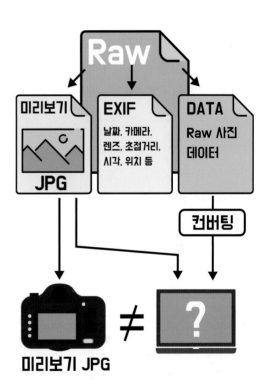

소니뿐만 아니라 모든 회사는 각 사의 고유한 컬러 사이언스를 바탕으로 RAW 데이터를 해석한 사진을 보여준다. 어떤 것이 맞고 틀리냐의 문제가 아니라 단지 다를 뿐이다. 어떤 카메라 회사나 어도비 같은 이미지 프로세싱 회사에서도 터무니없는 변환은 시도하지 않는다. 사진의 기본은 현실을 충실하게 반영하는 것이 목적이기 때문이다. 빨간색을 녹색으로 보여주는 극단적인 값은 시도하지 않는다는 뜻이다.

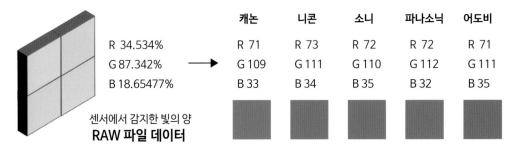

	캐논	니콘	소니	파나소닉	어도비
R 34.534%	R 71	R 73	R 72	R 72	R 71
G 87.342%	G 109	G 111	G 110	G 112	G 111
B 18.65477%	B 33	B 34	B 35	B 32	B 35

센서에서 감지한 빛의 양
RAW 파일 데이터

각 회사, 카메라, 컨버팅 프로그램은 RAW 데이터를 각자의 방식으로 우리가 볼 수 있는 RGB값으로 변환한다.
위 데이터는 이해를 돕기 위한 임의의 값이다.

A 카메라 색감이 좋아! 무슨 소리? B 카메라 색감이 더 낫지 일반 사용자들은 실제보다 진하고 강렬한 색감이나 생동감 있는 피부톤 등을 선호한다. 사진가들처럼, LCD 창에 보이는 게 진짜 색이 아니라는 걸 알지 못하니 'A 카메라의 색감이 좋다'라거나 'B 카메라의 색감이 더 좋다'라고 말한다. 이런 선호는 카메라 판매에 많은 영향을 주기 때문에, 제조사들은 소비자가 좋아할 만한 색을 보여주려고 노력한다. 앞서 말한 충실한 색 재현만을 위해 카메라나 소프트웨어를 만들 수 없는 것이다. 또 센서 종류마다 혹은 렌즈 코팅이나 재질 등에 따라서도 색상이 미묘하게 다를 수 있다.

결과적으로 카메라나 소프트웨어 제작사는 색 재현과 소비자 취향 사이에 있는 그 무엇을 추구해 RAW 데이터를 우리가 볼 수 있는 RGB 데이터로 변환한다. 그 결과로 나온 색을 보고 누구는 좋아할 수도, 누구는 싫어할 수도 있다. '취향'의 영역이라는 말이다. 그러니 온라인에서 흔히 보이는 짜장이냐 짬뽕이냐 같은 카메라 색감 싸움은 이젠 그냥 가볍게 넘어가자.

이제 카메라 LCD 창에서 보이는 혹은 라이트룸에서 보여주는 기본 컨버팅 화면이 '원본'이라는 착각은 버리자. RAW 파일이란 각 센서에서 감지한 빛의 세기를 기록한 데이터 덩어리다. 이 데이터 덩어리를 어떻게 잘 조정해서 나 자신만의 무엇으로 보여줄 것인가는 우리의 선택과 표현 방법에 달렸다. 미리보기용 이미지가 원본이라는 착각만 버린다면 디지털 세계에서 더 자유롭고 다채롭게 사진의 색감을 표현할 수 있을 것이다.

촬영 원본의 색　　　　　어떤 회사든 기본적으로　　　　　촬영 결과물의 색
　　　　　　　　　　동일한 색 재현을 목표로 한다.

보정 화면 대충 훑어보기
현상 모듈, 패널 사용법

라이트룸에서 사진을 보정할 수 있는 기능은 '현상' 모듈에 모아져 있다. 간단히 '라이브러리 모듈은 사진 관리, 현상 모듈은 사진 보정'이라고 기억해 두자. 각 모듈을 클릭하면 좌우에 있는 패널의 종류가 다 바뀐다.

현상 모듈로 이동해야 완벽한 보정을 할 수 있지만, 라이브러리 모듈에서도 현상의 일부 기능을 사용할 수 있게 해놓은 것이 '빠른 현상' 패널이다. 그러나 각 항목을 조정하는 게 버튼식인 데다가 단순히 화면만 보면서 조정해야 하고, 빠르지도 않으면서 클릭은 훨씬 더 많이 해야 하는 등 불편해서 대부분 사용하지 않는다. 각 항목의 이름과 기능은 현상 모듈과 같다.

1   현상 모듈로 이동하기
라이브러리 모듈에서 보정할 사진을 하나 선택한 후 '현상' 모듈을 클릭한다.

2 현상 모듈 작업화면이 나타난다. 탐색기와 컬렉션 패널은 라이브러리 모듈과 같다. 크게 왼쪽 패널에는 파일 관리 기능이, 오른쪽 패널에는 사진 보정 기능이 몰려 있다고 생각하면 쉽다.

❶ **탐색기 패널:** 작업화면에서 보이는 사진의 위치와 축소/확대 보기 배율을 조정한다.
❷ **사진 설정 슬라이드:** 프리셋을 적용했을 때 효과를 얼마나 적용할지 조절하는 슬라이드가 있다.
❸ **좌우 패널:** 보정과 관련된 각 기능을 패널 형태로 모아두었다.
❹ **작업화면:** 실제로 보정 작업이 이루어지는 곳이다. 각종 안내선이 표시된다.
❺ **보정 툴바:** 보정 툴을 선택하면 그에 맞는 옵션으로 바뀐다. (툴바 보기/감추기 단축키 T)
❻ **히스토그램:** 히스토그램과 사진 촬영 기본 데이터, 원본사진 유무를 보여준다.
❼ **보정 툴 모음:** 편집, 오버레이 자르기, 복구, 적목 현상 수정, 마스킹 툴 등 보정 도구를 모아두었다.
❽ **실행 버튼:** 직전으로 돌아가는 '이전 설정'과 아예 보정 전으로 돌리는 '초기화' 버튼이 있다.

앗, 실수! 초기화가 필요할 때 - 보정 패널 사용법

1 효과 하나를 초기화시키기

효과 슬라이드를 왼쪽이나 오른쪽으로 드래그해 보정 값을 설정한다. 만약 적용한 효과가 마음에 들지 않아 초기값으로 돌아가야겠다 싶으면 세모 모양의 슬라이드를 더블클릭하면 된다.

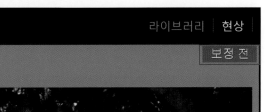

2 기능을 초기화시키기 Alt

현상 모듈의 패널은 각 기능에 따라 나뉘어져 있다. 효과 하나가 아니라 그 기능 전체를 초기화하고 싶다면 Alt를 누른다. 패널 위에 '초기화'나 '다시 설정'이라는 글자가 나타나는데, 이 부분을 클릭하면 해당 기능이 초기화된다.

3 보정 전후 비교하기 \ 나 W

보정하다가 보정 전 상태를 보고 싶으면 \ 나 W를 누른다. 보정 전으로 돌아간 사진을 볼 수 있다. 한 번 더 누르면 보정 후 사진으로 돌아온다.

4 조정값 적용 여부 파악하기

각 패널 왼쪽 눈 모양 아이콘을 보면 그 패널에 조정값이 있는지 없는지를 쉽게 알 수 있다.

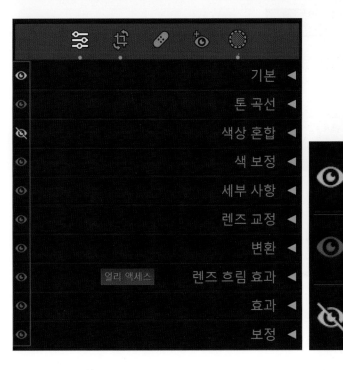

패널에서 뭐 하나라도 만진 것이 있다면 조정값이 있다는 의미로 눈 아이콘이 흰색이다.

패널을 건드리지 않은 상태, 즉 아무것도 수정한 것이 없다.

패널에 조정값은 있지만 적용되지 않았다.

자르기부터 각도 조절까지
오버레이 자르기 툴

예제사진 Part2\가트사람들 **완성사진** Part2\가트사람들 완성

사진의 기본은 수직과 수평, 그리고 화면에서 보여줄 것과 보여주지 않을 것을 결정하는 '프레이밍(Framing)'일 것이다. 프레이밍은 구도와 앵글, 관점이라는 매우 중요한 요소를 고려해야 해서 한두 마디로 정의할 수 없다. 하지만 특별한 의도가 없는 한 수직과 수평을 바로잡는 건 사진가의 기본이다.

오버레이 자르기 툴의 옵션 살펴보기

 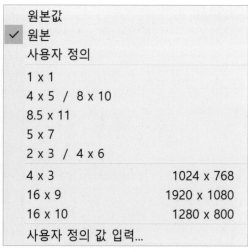

① **프레임 자르기(크롭/크로핑) 툴:** 클릭한 후 이미지를 드래그해 원하는 크기로 자른다. '원본' 종횡비율이 기본값이며, 클릭하면 종횡비 즉 가로와 세로의 비율을 선택할 수 있다. 자물쇠가 잠겨 있으면 종횡비가 고정되고, 열려 있으면 자유롭게 자를 수 있다.

② **똑바르게 하기(각도) 툴:** 사진에 나타난 수평선이나 수직선을 이용해 직선을 그리면 해당 직선을 기준으로 수직 또는 수평을 잡는다. '자동'을 클릭하면 컴퓨터가 자동으로 수직과 수평을 잡는다.

③ **이미지 제한:** '변환' 패널의 '자르기 제한'과 연동된다. 체크하면 왜곡 보정을 할 때 최대한 원본 이미지를 유지하며 자를 수 있는 안내선을 보여준다. (340쪽 참고)

1 현상 모듈에서 오버레이 자르기 툴을 클릭한다. 오버레이 자르기 툴의 옵션 패널이 나타나면서, 이미지 사방의 조정핸들이 활성화된다. 단축키 R

2 프레임 자르기 툴 사용하기

 툴을 클릭한 후 이미지 위에서 드래그해 자를 부분을 선택한다. 사방의 조정핸들을 드래그해도 된다. 핸들이나 선에서 살짝 멀어지면 마우스 포인터가 회전 모양으로 바뀌어 회전시킬 수도 있다.

3 종횡비 가로세로로 바꾸기 X

종횡비를 설정했다면 X 를 눌러 설정한 종횡비를 가로세로로 바꿀 수 있다.

4 똑바르게 하기 툴 사용하기

툴을 클릭한 후 사진 안에서 수평이라고 생각하는 부분에 직선을 그려준다. 시작점을 클릭한 채 마우스 버튼에서 손을 떼지 말고 그대로 드래그해 끝점까지를 그리면 된다. 마우스 버튼에서 손을 떼자마자 그린 직선을 기준으로 사진을 자동으로 회전시켜 수평을 잡아준다.

5 다 되었으면 작업화면 아래의 툴바에서 '닫기'를 클릭하거나 이미지 안쪽을 더블클릭한다. 단축키 R 을 눌러도 된다. 새로 자르거나 수직, 수평을 취소하려면 패널 아래의 '초기화' 버튼을 클릭한다.

6 보정 전후 비교 보기

작업하다가 잠시 보정 전 원본을 보고 싶다면 단축키 W 혹은 \ 를 누른다. 다시 한번 키를 누르면 돌아온다. 많이 사용하니 단축키를 외워두자.

보정 전후를 한 화면에서 보며 작업하기
비교 보기

현상 모듈에서는 이미지 보정 전후를 비교해 볼 수 있는 툴을 제공한다. 다양한 보기 모드로 사진 두 장의 이전과 이후를 전문적으로 비교하면서 볼 수 있다. 기본적으로 나란히 보기와 겹쳐 보기의 순서로 진행되며 보정 과정 중 자주 사용하니 주의 깊게 보자.

❶ **확대경 보기:** 원래대로 한 장의 사진으로 본다.
❷ **참조 보기:** 어떤 사진을 옆에 두고 참조해서 보정하고 싶을 때 선택한다.
❸ **비교 보기:** 보정 전후를 비교해서 본다. 클릭할 때마다 4개의 보기 모드가 전환한다.
❹ **화면으로 교정쇄 확인:** 소프트 프루핑(soft-proofing) 즉 인쇄 후 컬러가 어떻게 바뀔지 미리 확인할 수 있다. 선택하면 바탕이 하얗게 변하고, 설정된 색역 인텐트 과정을 보여준다. (263쪽 참고)

1 참조 보기

툴바의 참조 보기 아이콘을 클릭하면 왼쪽에는 빈 화면이, 오른쪽에는 현재 보정 중인 사진이 나타난다.

2 드롭다운 단추를 클릭하거나 F6 를 눌러 필름 스트립을 불러온다. 원하는 사진을 왼쪽 화면에 드래그한다.

3 왼쪽 화면에 사진이 나타난다. 이렇게 하면 왼쪽의 참조 사진을 보면서 오른쪽 사진을 보정할 수 있다. 여러 장의 사진을 비슷한 분위기로 만들어야 하거나 일정한 톤을 유지하고 싶을 때 주로 사용한다.

4 비교 보기

보정 전후를 비교해서 볼 수 있다. 툴바의 비교 보기 아이콘을 클릭한다. 이미지 위로 마우스 포인터를 가져가면 돋보기 모양으로 바뀌는데, 이때 클릭하면 확대된다. 이 상태에서 보정 전후를 덧씌우거나 바꿀 수 있다.

❶ 보정 전 이미지를 보정 후로 덧씌운다.
❷ 보정 후 이미지를 보정 전으로 덧씌운다.
❸ 보정 전후의 위치를 바꾼다.

✓ 보정 전/후 좌/우 표시(F)
　　보정 전/후 좌/우 분할 표시(W)
　　보정 전/후 상/하 표시(E)
　　보정 전/후 상/하 분할 표시(R)

5 비교 보기의 4가지 모드

비교 보기 아이콘을 클릭할 때마다 4가지 보기 모드가
차례로 전환된다. 확대 상태에서도 작동하니 필요에
따라 활용하자.

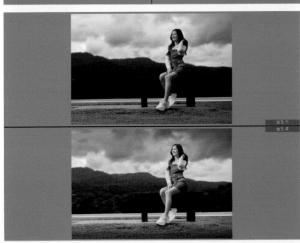

6 원래대로 돌아가기

툴바에서 확대경 보기를 클릭하거나 단축키 D 를 누
르면 원래 보기 모드로 돌아간다.

작업과정 자동 저장하기
작업 내역 패널, 스냅숏 패널

언제든 원하는 단계로 되돌아갈 수 있는 '작업 내역' 패널　히스토리는 포토샵을 사용해 본 사람이라면 익숙할 것이다. 사용자가 따로 저장하지 않더라도 작업한 순서 그대로 자동 저장되는 기능이다. 라이트룸은 포토샵 히스토리 기능과 매우 비슷하지만, 포토샵처럼 지정된 개수만큼이 아니라 무한정이다. 현상 모듈 왼쪽에 있는 작업 내역 패널은 사진을 가져온 순간부터 지금까지 작업한 모든 과정을 시간순으로 저장한다. 돌아가고 싶은 단계를 클릭하면 순식간에 그 지점으로 모든 설정을 되돌린다. 맨 아래에 있는 '가져오기' 단계를 클릭하면 맨 처음으로 바로 돌아갈 수도 있다.

단 주의할 것이 있다. 예를 들어 A-3까지 작업하다가 이전 단계인 A-2로 돌아간 후 새로 B 작업을 했다. 그러면 그 단계 이후에 작업했던 A-3 과정은 무시되고 B 작업이 덧씌워져 기록된다. 아니다 싶어서 다시 A-3 상태로 돌아가고 싶다면? 돌아갈 수 없다! 그래서 '스냅숏' 기능으로 작업 중간중간 필요한 부분을 저장해 놓는 것이다.

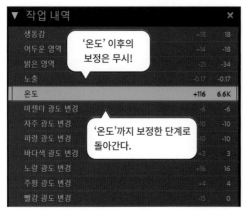

필요한 단계까지를 따로 저장할 수 있는 '스냅숏' 패널 작업 내역이 무엇을 하든 다 기록하는 반면, 스냅숏은 내가 원한 지점까지를 따로 저장한다는 점이 다르다. 이후에 어떤 작업을 했든 클릭만 하면 언제든 그 지점을 다시 불러올 수 있다는 장점이 있다. 모든 보정을 끝내고 '작업 내역' 패널의 특정 부분으로 돌아가 따로 만들 수도 있다. 예를 들어 기본 보정 후 비네팅을 했는데, 기본 보정을 마친 상태까지만 스냅숏으로 따로 저장한다고 하자. 그 후 색을 바꾸든 이미지를 자르든 언제든 기본 보정까지의 스냅숏을 가져올 수 있는 것이다.

포토샵의 스냅숏은 레이어 형태라 용량 등의 문제가 생길 수 있지만, 라이트룸은 이런 단점이 없다. 개수에 상관없이 많이 만들 수 있으며, 용량에서도 자유롭다. 라이트룸을 배우는 과정에서 여러 가지 시도를 할 텐데, 스냅숏은 다양한 효과를 손쉽게 비교할 수 있는 쓸모 많은 기능이다.

1 작업하다가 현상 모듈의 '작업 내역' 패널에서 돌아가고 싶은 단계를 클릭한다. 여기서는 온도 조절 이전인 '마젠타 광도 변경'까지로 돌아갔다.

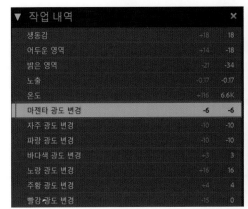

2 스냅숏 만들기
'스냅숏' 패널의 +를 클릭한다. 대화상자가 나타나면 스냅숏 이름을 입력한 후 '만들기'를 클릭한다. 날짜와 시간으로 된 이름이 기본값으로 제공되는데, 지운 후 맘대로 입력할 수 있다.

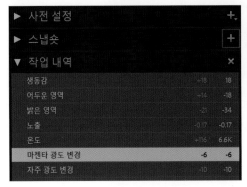

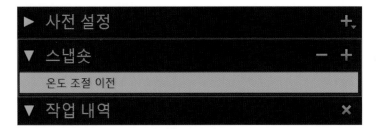

3 스냅숏이 만들어진다.

4 스냅숏 비교하기

같은 방법으로 기본 보정만 한 곳에서 '색온도 조정'이라는 스냅숏을 만들었다. 각 스냅숏을 클릭하면 해당 부분으로 즉시 돌아갈 수 있다.

온도 조절 이전

색온도를 조정했을 때

사진 여러 장을 한 번에 보정하기
설정 동기화

비슷한 사진이 여러 장일 때 같은 작업을 일일이 반복하는 건 정말 귀찮다. 라이트룸은 이럴 때 쓸 수 있는 '설정 동기화' 기능을 제공한다. 비슷한 사진 수십 장을 한 번에 보정해야 할 때 최소한의 시간으로 처리할 수 있다.

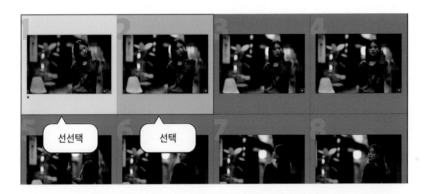

1 선택/선선택이란?

라이트룸에는 선택뿐만 아니라 선택한 것들의 기준이 되는 '선선택'이라는 개념이 있다. 예를 들어 라이브러리 모듈에서 사진 2장을 선택하면 마운트가 밝아지면서 선택된 사진이라는 것을 표시한다. 이때 조금 더 밝게 마운트된 것이 '선선택'된 사진이고, 조금 어둡게 선택된 사진이 '선택'된 사진이다.

2 선선택한 사진 보정하기

비슷한 사진이 여러 장 있으면 먼저 한 장의 사진을 보정한다.

3 보정 효과를 그대로 적용하고 싶은 모든 사진을 선택한다. 이때 미리 보정한 사진이 '선선택'되어 있어야 한다. 설정 동기화 버튼을 클릭한다.

설정 동기화

☑ 처리 작업 및 프로필	☑ 색상 혼합	☑ 효과	☑ 마스크
☑ 기본	☑ 혼합	☑ 자른 후 비네팅	
☑ 흰색 균형	☑ 포인트 색상	☑ 그레인	
☑ 노출	☑ 색 보정	☑ 복구	
☑ 대비	☑ 세부 사항	☑ 자르기	
☑ 밝은 영역	☑ 선명하게 하기	☑ 똑바르게 하기 각도	
☑ 어두운 영역	☑ 광도 노이즈 감소	☑ 종횡비	
☑ 흰색 계열	☑ 색상 노이즈 감소		
☑ 검정 계열	☑ 렌즈 교정	☑ 프로세스 버전	
☑ 텍스처	☑ 색수차 제거	☑ 보정	
☑ 부분 대비	☑ 프로필 교정 사용		
☑ 디헤이즈	☑ 수동 왜곡	☑ High Dynamic Range	
☑ 생동감	☑ 수동 비네팅	☑ HDR 모드: 끄기	
☑ 채도		☑ SDR 설정	
☑ 곡선	☑ 변환		
☑ 매개 변수 곡선	☑ Upright 모드		
☑ 점 곡선	☑ Upright 변형		
	☑ 수동 변환		

[모두 선택] [선택 안 함] [동기화] [취소]

4 '설정 동기화' 대화상자가 나타난다. 여러 기능이 나타나는데, 다른 사진에 똑같이 적용하고 싶은 것만 선택하면 된다. 이 예제처럼 매우 비슷한 경우라면 '모두 선택'을 선택한 후 '동기화'를 클릭한다.

5 동기화되어 처음에 보정해 둔 사진의 보정 내용이 다른 모든 사진에 한 번에 적용된다.

클릭 한 번으로 라이트룸과 포토샵 오가기

라이트룸에서 기본 보정을 했는데, 포토샵의 특정 기능을 쓰기 위해 포토샵을 실행해야 한다. 이럴 때 라이트룸을 종료한 후 포토샵으로 가는 게 아니라 작업하고 있는 지금 상태 그대로 바로 넘어갈 수 있다. 포토샵에서 작업한 후 저장하는 순간 아무것도 하지 않아도 프로그램이 알아서 자동으로 라이트룸으로 보낸다.

1 라이트룸에서 포토샵으로 내보내기
Ctrl + E

라이트룸에서 포토샵으로 보낼 이미지를 마우스 오른쪽 버튼으로 클릭한 후 '응용프로그램에서 편집'을 클릭하고 원하는 옵션을 선택한다.

❸ 현재 작업 중인 파일 하나를 포토샵으로 내보내 편집할 수 있다.
❹ 다른 외부 응용프로그램을 설치하면 여기에 나타나 내보내 편집할 수 있다.
❺ 여러 사진을 스마트 오브젝트 상태의 여러 파일로 연다.
❻ 여러 사진을 하나의 파일 안에 각각의 스마트 오브젝트 레이어로 연다.
❼ 여러 사진을 파노라마로 합칠 수 있도록 포토머지 자동화 필터로 연다.
❽ 여러 사진을 HDR로 합칠 수 있도록 HDR Pro 자동화 필터로 연다.
❾ 여러 사진을 하나의 파일 안에 각각의 레이어로 연다.

2 'Adobe Photoshop 2024에서 편집'을 선택하면, 포토샵이 실행되면서 선택한 파일이 나타난다. 라이트룸이 종료된 게 아니라 포토샵이 추가로 실행된 것이다. 라이트룸을 종료할 필요 없다. 실행된 상태로 그냥 놔두고 지금부터 필요한 포토샵 작업을 하면 된다.

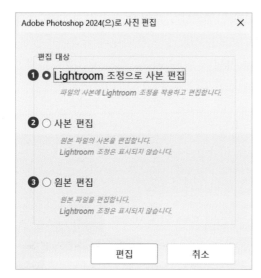

3 만약 'Adobe Photoshop 2024에서 편집'을 선택했는데 포토샵으로 어떻게 가져갈지를 묻는 대화상자가 나타났다면, 원본이 RAW 파일이 아니라 JPG, TIFF 등인 경우다.

❶ 라이트룸에서 보정한 결과까지를 사본으로 만들어 포토샵으로 가져간다.
❷ 원본 파일의 사본을 만들어 포토샵으로 가져가고, 라이트룸에서 한 보정은 무시한다.
❸ 원본 파일 자체를 포토샵으로 가져가고, 라이트룸에서 한 보정은 무시한다.

레이어가 살아있는 상태에서 저장해도 상관없다.

4 포토샵에서 다시 라이트룸으로 가져오기
필요한 작업을 다 했으면 '파일 메뉴 - 저장'을 클릭한다.(단축키 Ctrl + S)

5 '라이트룸 화면을 클릭해 돌아가면 원본 왼쪽에 포토샵에서 저장한 파일이 이미 나타나 있다. 따로 불러오지 않아도 된다.

6 스택 뷰(Stack View)

간혹 여러 장의 사진이 한 덩어리로 뭉쳐 있는데, 이것을 '스택 뷰(Stack View)'라고 한다. 몇 개의 사진이 뭉쳐 있는지는 왼쪽 위 숫자로 표시되며, 마운트에 가는 세로줄이 나타난다. 이 부분을 클릭해 보자.

클릭

7 뭉쳐 있던 사진들이 펼쳐진다. 다시 세로줄을 클릭하면 처음처럼 하나로 뭉친다.

포토샵에서 저장한 파일의 실제 위치는? 포토샵에서 저장할 때 나중에 다시 수정할 것을 고려해 레이어를 살려 놓을 수도 있다. 단, 레이어가 많으면 사진 용량이 커진다. 파일 용량이 2GB가 넘어가면 자동 저장되지 않고, 포토샵 대용량 저장 파일인 .PSB 포맷으로만 저장할 수 있으니 참고하자. 이렇게 따로 저장하면 라이트룸에서 자동으로 불러오기가 되지 않는다. 수정할 가능성이 적다면 레이어를 병합해 저장할 것을 권한다.

포토샵에서 저장한 파일은 어디로 갔을까? 탐색기를 이용해 원본사진이 있는 위치를 확인해 보면 원본 파일 옆에 '-편집.tif'라는 파일이 생겼을 것이다. 자동으로 만들어지며, 레이어를 병합하지 않은 채 저장했다면 레이어도 그대로 살아 있다.

DSC_2168-편집.tif

라이트룸에서 자동으로 가져오기가 안 된다? - 라이트룸 종료 후 포토샵에서 저장한 경우

라이트룸과 포토샵은 기본적으로 잘 연동되기 때문에, 포토샵에서 저장만 해주면 자동으로 라이트룸에서 바로 가져오기가 된다. 하지만 라이트룸이 종료된 상태라면, 포토샵에서 작업 후 저장해도 라이트룸에서 자동 가져오기가 되지 않는다.

포토샵에서 작업 후 저장하기

라이트룸이 종료된 상태라면 자동 가져오기가 되지 않는다.

이런 경우라도 포토샵에서 저장한 파일은 원본 파일 옆에 잘 저장되어 있으니 걱정할 필요 없다. 라이트룸을 실행한 후 '파일 메뉴 – 사진 및 비디오 가져오기'를 클릭한다. 가져오기 화면이 나타나면 '폴더' 패널에서 원본 파일이 있는 폴더를 찾아 가져올 사진을 선택한 후 '가져오기' 버튼을 클릭하면 된다.

Part 3

노출 이론부터 기초 보정까지

"사진 속에는 현실이 있고,
때때로 진짜 현실보다 더욱 현실적인
불가사의한 힘을 지니고 있다."

_ 알프레드 스티글리츠

당최 종잡을 수 없던 히스토그램의 모든 것

▶ [시즌3] #4 Book 1, Part 3 노출 이론부터 기초 보정까지

노출을 아주 간단히 말하면 '밝기'다. 문제는 이 밝기에 대한 느낌이 사람마다 몹시 주관적이라는 데 있다. 라이트룸 등 사진을 다루는 대다수 툴은 밝기를 보정하기 위한 여러 기능을 가지고 있는데, 그 객관적 기준이 되는 것이 바로 '히스토그램'이다. 히스토그램에 대한 이해 없이 노출을 다룰 수는 없다. 이 기회에 반드시 제대로 이해하고 활용해 보자.

히스토그램? 밝기에 따라 어디에 픽셀이 몰려 있는지를 보여주는 단순한 그래프! 히스토그램(Histogram)에 딱 들어맞는 우리말은 없지만, 그래도 가장 비슷한 것이 '막대그래프'일 것이다. 일반적인 막대그래프와 다른 것이 있다면 막대 사이의 간격이 없다는 점인데, 그걸 제외하고는 가로축과 세로축을 가진 단순한 그래프다. 대략적인 분포나 집중된 구간, 혹은 얼마나 안정되거나 불안정해졌는지를 빠르게 판단할 수 있다는 장점이 있다. 사진에서 히스토그램은 촬영하는 순간부터 후보정이 끝나는 마지막 순간까지 노출에 대한 객관적인 정보를 알려주기 때문에 사진의 품질을 높일 수 있는 매우 중요한 기준이다.

가장 어두운 영역　　　　가장 밝은 영역

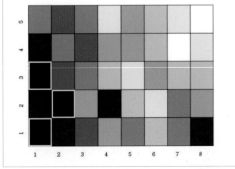

뭐든지 직접 해봐야 쉽다. 히스토그램을 이해하기 위해 왼쪽과 같은 8개의 밝기, 즉 명도 단계를 가진 사진이 있다고 가정하고, 히스토그램을 만들어보자. 네모 한 칸이 한 픽셀이다. 따라서 이 사진의 해상도는 8×5, 총 40픽셀인 사진이다. 이 사진은 어두운가? 밝은가? 사람마다 기분마다 다를 것이다. 이런 애매한 상황에서는 정확히 보정할 수 없다. 그래서 각 픽셀의 밝기를 명도 단계별로 나눠 어느 단계에 몇 개의 픽셀이 있는지를 표시한 것이 히스토그램이다. 보통 가로축의 왼쪽이 가장 어두운 영역이고, 오른쪽이 가장 밝은 영역이다.

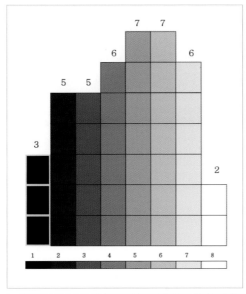

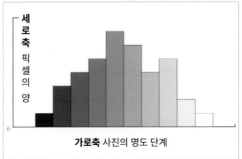

세로축 픽셀의 양

가로축 사진의 명도 단계

이제 우리가 아는 히스토그램으로 만들어보자. 위의 사진의 경우 가장 어두운 픽셀이 3개이므로, 3개라고 막대그래프에 표시한다. 그리고 두 번째 어두운 픽셀은 5개이므로 5개의 값을 그래프에 표시한다. 이런 식으로 위 사진의 명도 단계별 픽셀 개수를 모두 히스토그램으로 표시하면 왼쪽과 같다. 다른 기준은 없다. 그래서 가장 객관적이라고 말하는 것이다.

사진에서 히스토그램을 사용할 때는 세로축 즉, 픽셀 개수는 절댓값이 아닌 상댓값으로 표시한다. 따라서 어두운 영역부터 밝은 영역까지 전체적으로 고른 그래프의 모양을 가지고 있다면 무리가 없겠지만, 특정 명도 단계의 픽셀 수만 엄청나게 많다면 상대적으로 다른 픽셀의 데이터가 매우 적은 것처럼 보인다. 라이트룸뿐만 아니라 포토샵이나 카메라 히스토그램도 비슷하다.

히스토그램의 세로축은 왜 상대적일까? 앞에서 히스토그램의 가로축은 사진의 명도 단계를, 세로축은 픽셀의 양, 즉 얼마나 많은 픽셀이 있는지를 나타낸 것이라고 설명했다. 그러나 세로축 값은 별로 중요하게 생각하지 않는데, 히스토그램을 이용하는 목적이, 세로축을 보면서 픽셀의 정확한 양을 계산하는 것이 아니라 대충 전체적인 픽셀 분포를 파악하기 위한 것이기 때문이다.

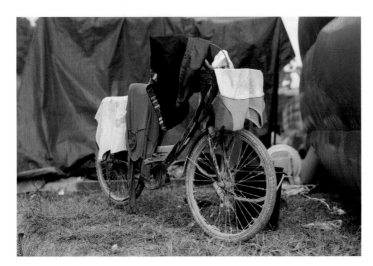

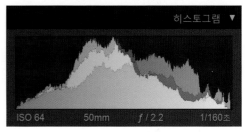

ISO 64   50mm   f / 2.2   1/160초

왼쪽 사진을 보자. 극단적으로 밝거나 어두운 부분 없이 전체적으로 중간톤이다. 따라서 히스토그램도 무난하게 중간톤 부분이 풍부한 산 모양이다.

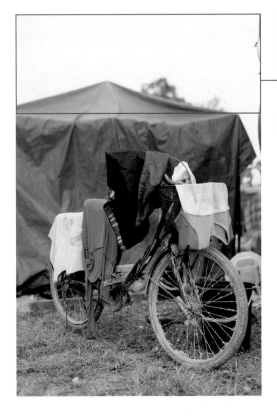

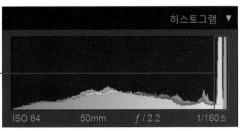

같은 장소에서 세로로 프레이밍해 촬영한 사진이다. 비슷한 사진인데 히스토그램은 굉장히 다르다. 첫 번째 사진과는 다르게 하늘이 사진의 1/3을 차지하기 때문에 하늘 부분 데이터가 히스토그램에 아주 큰 영향을 미쳤다. 하늘 부분의 균일한 명도와 색조 때문에 밝은 부분의 히스토그램이 매우 높게 나타났다. 따라서 나머지 명도 단계의 막대그래프는 상대적으로 매우 낮은 것처럼 보인다.

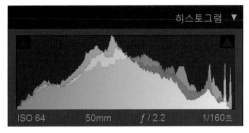

두 번째 사진의 하늘 부분을 잘라낸 것이다. 이렇게 하니까 하늘의 픽셀값이 히스토그램에서도 제거되어 첫 번째 사진과 매우 유사한 히스토그램이 되었다. 히스토그램의 세로축은 매우 상대적이라는 말을 이해할 수 있을 것이다.

데이터가 없는 영역이 있을 때의 히스토그램 모양 대부분의 히스토그램은 8비트 색상범위를 가지고 있다는 가정하에 256단계의 명도값을 가로축으로 사용한다. 이 범위를 벗어나면 '경고'를 보여주는데, 이를 각각 '화이트홀, 블랙홀' 등으로 부른다. 유효한 데이터가 없는, 즉 뚫려 있다는 의미다. 데이터가 전혀 존재하지 않는 영역은 촬영 과정에서도 생길 수 있으며 후보정을 잘못했을 때도 생긴다. 상업사진에서는 의도적으로 만들기도 한다. 하지만 일부러 만든 게 아닌데, 이런 부분이 있다면 사진의 품질을 매우 떨어뜨리며, 사진가의 역량을 의심받는다.

촬영장에서 생기는 실수 이 히스토그램이 보여주는 의미는, 촬영 당시 해당 부분의 밝기가 너무 밝아 유효한 디테일을 얻을 수 있는 센서의 관용도를 초과했다는 말이다. 사진에 표시한 부분이 여전히 같은 색으로 보이는 이유이기도 하다. 이런 경우 후보정으로도 메꿀 수 없다. 관용도가 높은 센서를 가진 카메라에서는 이런 문제가 덜 발생하지만, 품질이 낮은 센서에서는 빈번히 발생할 것이다.

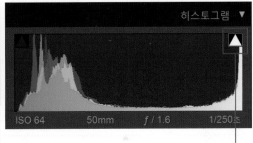

화이트홀 경고

위 사진을 보자. 히스토그램은 256단계를 벗어난 데이터들은 표시하지 않고, 왼쪽이나 오른쪽 벽에 몰아버린다. 사진에 붉은색으로 표시된 부분이 나타나고, 히스토그램을 봐도 가장 밝은 영역인 오른쪽 부분의 세로축이 극단적으로 높으면서 '화이트홀' 경고 표시가 떴다. 가장 밝은 단계의 데이터가 엄청나게 많다는 말이다. 사진에 붉은색으로 표시한 부분은 모두 동일하게 R255 G255 B255, 즉 완벽하게 흰색이라는 뜻이다. 현실에서는 모두 같은 밝기를 가진 사물은 없는데, 이 사진의 붉은색 부분에는 어떤 디테일도 없다는 게 문제다.

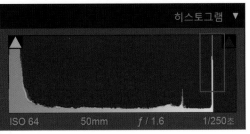

같은 사진의 밝기를 극단적으로 낮추어 실제로 이 부분의 데이터가 어떻게 생겼는지를 확인해 보자. 표시한 부분에서 동일한 밝기의 데이터가 세로축 끝부분에 닿아 있다. 이 부분이 바로 화이트홀, 즉 완전한 흰색이 차지하는 픽셀의 개수다.

후보정에서 생기는 실수 이런 화이트홀이나 블랙홀은 부주의한 후보정 과정에서도 많이 발생한다. 촬영 당시에는 이런 부분이 없었지만 후보정에서 이런 현상이 생긴다면 매우 곤란하다. 완성된 사진의 포맷은 RAW가 아니라 JPG나 TIFF 같은 것인데, 이 포맷들은 색공간과 색역, 그리고 계조가 이미 지정되어 있어 어떤 식으로도 이 문제를 해결할 수 없기 때문이다.

물론 매우 아마추어적인 실수이기도 하다. 따라서 주어진 계조를 모두 사용하되 이렇게 아무 데이터 없이 뻥 뚫린 홀이 생기지 않도록 히스토그램을 적극적으로 활용해 주의를 기울여야 한다. 화이트홀만 설명했지만 블랙홀도 마찬가지다.

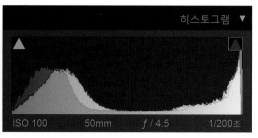

매우 작은 부분에 화이트홀이 발생했다. 이 정도는 사진에서 허용할 만한 수준이다.

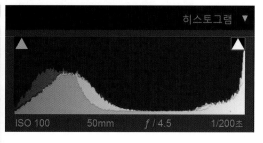

상당히 많은 영역의 데이터가 사라져 안개의 많은 디테일이 사라졌다. 잘못된 경우다.

라이트룸, 포토샵, 카메라 히스토그램의
차이와 특징

히스토그램의 개념을 알려주기 위해 최대한 간단히 설명했지만, 사실 사진에서는 더 효과적인
그래프를 보여주기 위해 다양하고 복잡한 알고리즘을 사용한다. 또 소프트웨어나 카메라마다
조금씩 다른데, 여기서는 가장 자주 사용하는 라이트룸과 포토샵, 그리고 카메라 히스토그램에
대해 알아보자.

라이트룸의 히스토그램   먼저 라이트룸의 히스토그램을 보자. 라이트룸은 기본적으로 사진만
을 위한 소프트웨어라서 사진작업에 최적화된 히스토그램을 보여준다. RGB 데이터를 각각 보
여주는데, 의외로 회색 영역이 대부분이라는 것을 눈치챘을 것이다. 이 회색 영역은 RGB 채널
모두에서 동일한 양이 있는 부분을 말한다. 또 RGB 외에도 노란색이나 시안, 마젠타 같은 색상
도 보이는데, 이는 빛의 색 혼합을 표현한 것이다. R(레드)과 G(그린)가 같은 양으로 존재하는
부분은 노란색으로 표시된다. 나머지 색들도 마찬가지다.

회색 영역은 RGB 모두가
동일한 양으로 있는 부분이다.

히스토그램 ▼

ISO 320   50mm   *f* / 1.4   1/125초

포토샵의 히스토그램 다음은 앞과 같은 사진을 포토샵에서 봤을 때의 히스토그램이다. 포토샵은 사진만을 위한 프로그램이 아니라서 다양한 용도의 히스토그램이 있고, 라이트룸과 다른 알고리즘을 사용해 같은 사진이라도 다른 모양의 히스토그램을 보여준다. 다만 전체적인 히스토그램의 모양, 즉 우리가 히스토그램에서 얻고자 하는 정보인 명도 분포도는 비슷하게 나타난다.

포토샵 히스토그램 - 색상모드   포토샵 히스토그램 - 광도모드

카메라의 히스토그램 카메라에서도 기본적으로 히스토그램을 보여준다. 전적으로 '노출 문제를 확인하기 위해서만'이라고 해도 과언이 아니다. 히스토그램의 이런 용도를 정확히 알고 있으면, 촬영 즉시 노출값을 조정해 최대한의 데이터를 확보할 수 있는 중요한 정보가 된다. LCD 창의 프리뷰 사진만으로 노출을 확인하는 잘못된 습관을 들이면, 촬영 당시의 주변 광량에 따라 매우 주관적인 노출 사진이 되기 쉽다. 따라서 촬영하는 틈틈이 히스토그램을 확인하는 습관이 무엇보다 중요하다. 카메라의 히스토그램도 대부분 RGB나 광도를 기준으로 한다.

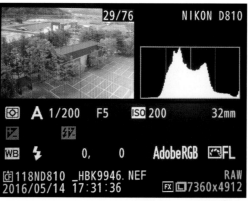

소프트웨어나 카메라마다 히스토그램을 표시하는 방법이 다르고, 보기 편하게 혹은 효율적으로 보여주기 위해 다양한 내부 알고리즘을 사용한다. 하지만 이 모든 히스토그램 역시 픽셀의 양과 밝기라는 단순한 정보의 나열일 뿐이다. 이렇게 생각한다면 더 이상 히스토그램이 어렵지만은 않을 것이다.

히스토그램으로 노출 정보 보는 법 배우기
노출 부족, 노출 과다

▶ [일반 사진강좌 메뉴 - 유저 사진강좌&팁]
육두막으로 알아보는 DR(다이나믹 레인지), 사진에서 어떤 의미인가?

사진 찍을 때도 그렇지만 후반보정 과정에서도, 모니터 밝기나 주변 조명에 따라 노출을 제대로 판단하기가 어렵다. 그러나 히스토그램의 특성과 의미를 정확하게 파악하면 사진 노출에 대한 객관적인 정보를 얻을 수 있으며, 이 정보를 바탕으로 올바른 노출을 가진 사진을 만들 수 있다. 히스토그램은 촬영 장비와 상관없이 수학적으로 기록되는 디지털 데이터를 가장 직관적으로 알 수 있게 해준다.

수시로 히스토그램을 확인하자. 그래야 촬영 시에는 최대한의 계조를 확보한 원본사진을 촬영할 수 있고, 후보정 시에는 표현하고 싶은 사진의 밝기를 조절할 수 있을 것이다. 각 사진의 히스토그램 모양을 보며 노출이 적정한지, 어떻게 보정해야 할지를 살펴보자.

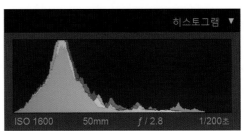

노출 부족_ 사진을 보자. 히스토그램을 보면 극단적으로 어둡거나 밝은 영역은 없지만 어두운 영역인 왼쪽으로 치우쳐 있고, 밝은 영역은 매우 적다는 것을 알 수 있다. 기계적으로 봤을 때 '노출 부족'이라는 말이다.

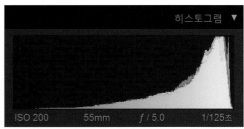

노출 과다_ 히스토그램이 오른쪽으로 치우쳐 있다. 어두운 영역이 없고, 중간명도 역시 희박하며 밝은 영역이 대부분을 차지한다. 기계적으로 봤을 때 분명히 '노출 과다'인 사진이라는 말이다.

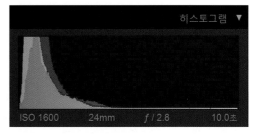

원래 어두워야 하는 사진_ 그러나 모든 사진의 히스토그램이 절대적으로 산 모양으로 고르게 나와야만 좋은 건 아니다. 야경 사진처럼 원래 어두운 영역이 대부분을 차지하는 사진의 경우, 위와 같이 히스토그램이 왼쪽으로 치우친 것이 올바른 사진이며, 너무 밝게 촬영하면 오히려 야경이 가지고 있는 맛을 잃어버릴 수 있다.

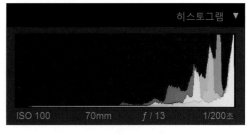

밝아야 하는 사진_ 마찬가지로 제품 사진처럼 밝은 배경에서 비교적 밝은 색깔의 물체를 촬영하면 히스토그램이 오른쪽으로 치우친다. 이렇게 촬영 의도에 따라 히스토그램은 달라진다.

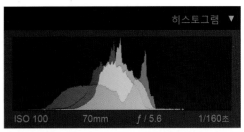

콘트라스트가 낮은 사진_ 원래부터 콘트라스트가 낮은 사진이 있을 수 있다. 디테일을 강조하려고 일부러 미니멀하게 프레이밍한 사진이라면, 억지로 히스토그램을 벌려 넓은 계조로 표현하면 오히려 어색해진다. 따라서 중간톤 정도에 가장 많은 데이터가 집중해 있는 것이 올바른 사진이 될 수도 있다.

촬영 즉시 LCD로 사진을 확인할 수 있는데, 왜 히스토그램을 봐야 하는가? 카메라에 붙어 있는 LCD 창은 외부 환경의 영향을 많이 받는다. 즉 밝은 대낮인 환경에서는 사진이 잘 안 보이기 때문에 노출 과다로 촬영하기 쉽고, 반대로 밤같이 어두운 환경에서는 사진이 매우 밝게 보이기 때문에 실제로는 노출 부족이 되기 쉽다. 깜깜한 밤에는 LCD 창이 너무 밝게 보여 자신도 모르게 자꾸 노출을 줄이게 되는데, 나중에 컴퓨터로 확인해 보면 노출이 부족한 어두운 사진을 얻게 된다는 말이다.

또 이 책에서 다루는 후반작업도 마찬가지다. 모니터만 믿고 사진을 보정하면 이 사진이 객관적으로 얼마나 밝고 어두운지에 대해 카메라의 LCD 창과 같은 일이 벌어진다. 자신의 모니터를 매우 밝게 설정하고 주변환경이 어두울 경우, 사진이 너무 밝아 보이니까 자꾸 어둡게 보정하려는 경향이 생긴다. 반대라면 사진이 점점 밝게 가는 것이다. 따라서 히스토그램을 보면서 최소한의 객관적 지표를 마련하는 것이 후반작업의 가장 기초적인 단계다.

히스토그램으로 최대한의 계조를
끌어내는 클리핑!

디지털 사진에서는 가장 밝은 부분과 가장 어두운 부분을 모두 사용하는 것이 아주 중요하다. 표현할 수 있는 명도 단계가 풍부해지면 인상적인 사진을 만들 수 있기 때문이다. 앞으로 귀가 닳도록 듣게 될 '클리핑'이 뭔지 짚고 넘어가자.

한계값   가장 밝은 값과 가장 어두운 값을 '한계값'이라고 부른다. 한계값은 말 그대로 더 이상 밝아지거나 어두워질 수 없는 값이다. 인쇄를 예로 든다면, 가장 밝은 부분은 아무런 잉크도 묻지 않은 종이 밝기 그대로가 밝음의 한계값이 될 것이다. 모니터라면 스크린의 가장 밝은 능력치가 한계값이 된다. 어둠 역시 마찬가지다. 인쇄에서는 블랙 잉크가 칠해진 부분이고, 모니터에서는 모든 빛이 차단된 부분이다. 디지털 데이터에서는 8bit일 경우 0(가장 어두움)과 255(가장 밝음)로 기록한다. 더 어둡거나 밝은 부분은 기록할 수 있는 데이터 범위를 초과하기 때문에 기록할 수 없다.

계조   '계조'는 이러한 두 양극단 사이에 얼마나 많은 그러데이션 단계를 가지고 있느냐를 말하는데, 이는 심도(bit)에 따라 결정된다. 라이트룸에서는 일반적으로 실제 사진의 심도와 상관없이 8bit, 256단계로 명도값을 표시하니 이를 기준으로 설명하겠다. RAW로 촬영한다면 보통 12bit에서 14bit 심도로 기록할 수 있다. 이 책에서 설명한 대로 설정했다면 RAW 파일에서 컨버팅된 사진은 자동으로 16bit 심도의 파일로 기록될 것이다. 컴퓨터에서는 8bit 다음이 16bit라서 중간인 12, 14bit는 사용하지 않는다.

클리핑은 계조 확보, 크로핑은 자르기!   따라서 보정은 사진에서 가장 어두운 부분에서 출발해 가장 밝은 부분까지 가는 256단계를 모두 사용하는 것이 목표다. 또 한계값을 넘어가는, 즉 너무 밝거나 어두워 데이터가 사라지는 부분을 최소화하는 것을 조건으로 한다. 이것을 '클리핑(clipping)'이라고 부른다. 가끔 의도적으로 사진 일부만을 잘라 사용하는 프레이밍 작업, 즉 크롭, 크로핑(crop, cropping)과 헷갈리는 사람이 있는데, 이 기회에 확실히 하자. 크로핑은 자르기, 클리핑은 계조 작업이다.

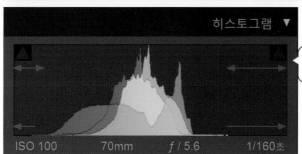

사용하지 않는 명도 단계

히스토그램을 고무줄처럼 늘여 모든
명도 단계를 사용하는 것이 목표!

모든 명도 단계를 사용해
계조가 풍부한 사진이 되었다.

그래서 계조를 최대화하는 것이 항상 옳은가?

여기까지 설명하면 "모든 사진에서 풍부한 계조를 요구하는가? 혹은 모든 사진이 풍부한 계조를 가져야만 하는가?"라는 질문이 따라올 것이다. 결론부터 말하자면 'No'다.

물론 대부분 풍부한 명도 단계를 가진 깔끔한 콘트라스트일 때 보기 좋은 건 사실이다. 하지만 표현 방법에 따라 의도적으로 명도 단계 사용을 줄일 수 있으며, 사진의 스타일을 만들거나 더 사실적인 표현을 위해 일부러 의도하기도 한다. 다음 사진들을 보자.

사진은 수학이나 과학에 한 발 걸쳐 있지만, 결국 시각예술이라는 점을 벗어날 수는 없다. 따라서 후반작업에서 히스토그램을 이용한 클리핑이란 사진가의 선택과정 중 하나일 뿐 절대적인 가치나 필수 요소라고 착각해서는 안 된다.

당연히 계조를 잘 살린 사진은 일반적으로 보기 좋다. 또 사진이 제2, 제3의 가공을 염두에 두고 판매되거나 기고되는 경우, 즉 잡지나 신문, 책 등에 사용될 목적이 있다면 클리핑하지 않아 풍부한 계조를 가지지 못한 사진은 거부될 수 있다. 내가 찍은 사진을 다른 디자이너나 전문 편집자가 다시 한번 목적에 맞게 보정하는 일은 매우 흔하다.

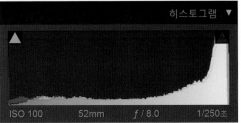

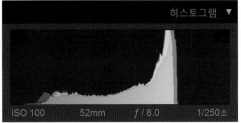

클리핑 후_ 아침 안개가 사방을 가득 채웠을 때 나무를 촬영한 사진이다. 히스토그램을 이용해 클리핑했는데, 처음에는 단순히 선명한 나무와 단색 배경으로 보일 것이다. 그러나 조금만 더 사진을 자세히 들여다보면 단색 배경이 안개 때문에 생긴 것이라는 걸 알 수 있다.

클리핑 무시_ 이 사진은 '의도적으로' 클리핑을 무시한 결과다. 선명하게 보이지 않는 이유는 히스토그램을 보면 금방 알수 있다. 주어진 명도 단계를 모두 사용하지 않았기 때문이다. 지금까지 배운 히스토그램과 클리핑을 생각하면 분명히 잘못되었다.

그러나 필자는 클리핑하지 않아서 잃어버리는 콘트라스트와 계조보다 안개가 가득 낀 탁하고 불투명한 현장의 느낌을 보여주고 싶었다. 이렇게 촬영자의 의도에 따라 클리핑 적용 여부는 달라진다.

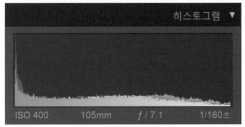

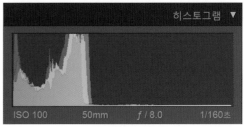

좀 더 다양한 사진을 보자. 사진의 사용 목적에 따라 히스토그램을 무시하고 편집할 수도 있다. 광고, 화보 등에서 많이 사용되는 '디자인틱'한 사진의 경우 왼쪽처럼 극단적인 히스토그램을 보인다. 이를 임의로 보정하면 당연히 어색한 사진을 얻을 것이다. 또 오른쪽처럼 상황에 따른 자연스러운 해석을 위해 히스토그램을 무시해야 하는 경우도 종종 발생한다. 원본 그 자체로 콘트라스트가 매우 낮은 사진을 임의로 클리핑하면 표현하고자 하는 바를 제대로 전달하지 못할 수도 있다.

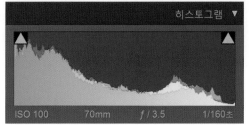

히스토그램을 이용해 풍부한
계조와 콘트라스트를 확보한 사진

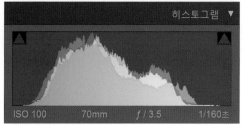

히스토그램을 의도적으로 무시하고,
디테일과 질감을 강조한 사진

왼쪽 사진은 클리핑했고, 오른쪽 사진은 의도적으로 계조를 낭비했다. 많은 사람이 왼쪽이 '올
바르다'라고 할지 모르지만 오른쪽 사진 역시 나쁜 것은 아니다. 오른쪽 사진에서도 충분히 모든
상황을 재현하고 있으며, 빈약한 계조 대신 감성적인 느낌을 얻었다. 사진가가 사진을 보는 사
람에게 전하고 싶은 감정과 느낌이 무엇인가에 따라 선택할 문제다.

해가 지는 바양작의 언덕, 몽골, 옴노고비, 바양작

Before

실제 눈으로 보는 것보다 낮은 콘트라스트로 촬영되어 석양의 붉은 느낌이 덜 표현되었다.
풍부한 색감을 살려야 하니 흑백 계조를 넓게 잡기 위해 클리핑한 후 그러데이션으로 하늘 색감을 보정한다.

1단계: 가장 밝은 곳과 가장 어두운 곳을 찾는 클리핑
흰색 계열/검정 계열

클리핑? 계속 반복하지만 클리핑은 사진의 가장 밝은 부분과 가장 어두운 부분을 찾아주는 작업을 말한다. 원본사진을 불러온 후 가장 먼저 해야 할 1단계 작업이다. 가장 밝은 부분과 가장 어두운 부분 사이를 최대한 벌려 풍부한 계조를 갖춘 채 보정을 시작해야 결과 역시 좋기 때문이다. 현상 모듈 '기본' 패널의 '흰색 계열'과 '검정 계열'을 사용한다.

1   예제 파일을 불러온 후 '현상' 모듈을 클릭한다.

예제사진 PART3\바양작 언덕
완성사진 PART3\바양작 언덕 완성

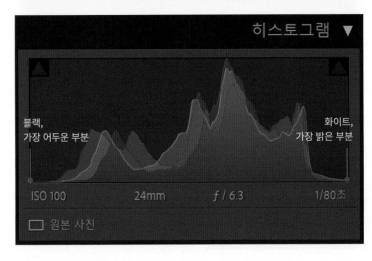

2   사진 살펴보기
먼저 히스토그램을 살펴보자. 사진에서 가장 밝은 부분은 화이트로 히스토그램 오른쪽 끝부분이다. 가장 어두운 부분은 블랙으로 왼쪽 끝부분이다. 특별한 의도가 없는 한 히스토그램은 오른쪽 끝부터 왼쪽 끝까지, 즉 흰색부터 검은색까지 산 모양을 그리며 넓게 퍼져 있어야 하는데, 이렇게 가운데 몰려 있다는 것은 계조를 제대로 쓰고 있지 않다는 뜻이다. 이럴 때는 일단 사진의 가장 밝은 부분과 가장 어두운 부분을 찾아 전체 계조를 확보한 후 보정을 시작해야 한다. 이 작업을 '클리핑'이라고 부른다.

3 가장 밝은 부분 찾기 [Alt]

'기본' 패널을 클릭한다. [Alt]를 누르면 화면이 검은색으로 바뀌는데, 키를 누른 채 그대로 흰 점이 나타나는 순간까지
'흰색 계열' 슬라이드를 오른쪽(밝은 쪽)으로 천천히 조정한다. (흰색 계열 +27)

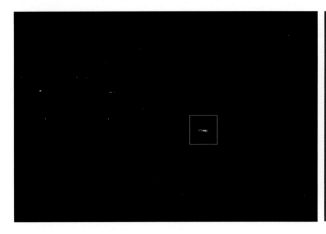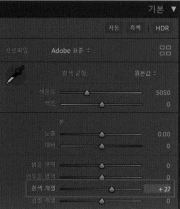

4 가장 어두운 부분 찾기 [Alt]

[Alt]를 누르면 화면이 흰색으로 바뀌는데, 키를 누른 채 그대로 검은 점이 나타나는 순간까지 '검정 계열' 슬라이드를
왼쪽(어두운 쪽)으로 천천히 조정한다. (검정 계열 -54)

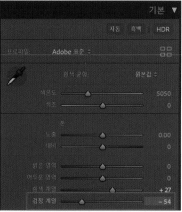

5 보정의 시작과 끝은 클리핑!

히스토그램을 비교하면 양쪽으로 고르게 퍼진 것을 알 수 있다. 이렇게 계조의 양극을 찾아 모든 명도 단계를 표현
하는 클리핑이 보정의 시작이다. 모든 보정이 끝난 후에도 다시 한번 클리핑해야 하는데, 보정 과정에서 조금씩 계
조가 바뀌기 때문이다. 마무리 클리핑을 해줘야 계조를 최대한 사용하면서도 데이터를 잃지 않을 수 있다.

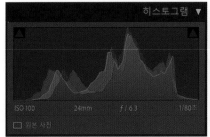

클리핑 전   클리핑 후

라오스 북부 산길을 따라가다가 날이 저물어 숙소를 정하고 밖으로 나오니 멋진 풍경이 펼쳐지고 있었다. 대자연
이 만들어 내는 하늘은 같은 것 하나 없이 변화무쌍해서 언제나 사람 마음을 끌어당긴다.
- 라오스 언덕에서의 일몰. 라오스, 루앙남타

하늘 부분을 좀 더 밝고 강한 콘트라스트로 표현해서 실제로 보았던 풍경을 표현한다.
또 완전히 검게 보일 정도로 디테일이 사라진 산맥은 좀 더 밝게 보정해 현장감을 높이는 게 낫겠다.

2단계: 클리핑 후 대비로 사진가의 개성 표현하기
밝은 영역/어두운 영역

사진의 분위기를 살리는 기둥, 콘트라스트 현상 모듈 '기본' 패널의 '밝은 영역'과 '어두운 영역' 슬라이드를 이용해 밝고 어두운 양을 조정할 수 있다. 이것은 대비 즉 '콘트라스트(contrast)'라고 하는 사진의 분위기를 결정하는 가장 큰 기둥을 세우는 작업이다. 콘트라스트는 작가의 취향 혹은 감성이 강하게 개입되는 부분이라 어느 쪽이 맞거나 틀린 건 아니다. 이런 감성적인 부분은 경험이나 유행, 혹은 사적인 변화로도 쉽게 바뀌니 정답을 찾아 헤매지 말자. 자신만의 느낌을 찾을 수 있도록 항상 마음을 열어 놓고 다양한 시도를 하는 게 더 중요하다. 다만 보정이 다 끝난 후 보정 과정 중 흐트러진 계조를 정리하기 위해 마지막에 한 번 더 클리핑해야 한다는 건 기억하자.

[1단계] 클리핑 원본을 불러온 후에는 항상 클리핑이 시작이다. (흰색 계열 −21, 검정 계열 +1) 클리핑했는데도 히스토그램을 보면 밝은 영역과 어두운 영역이 원본값 그대로다. 이 어두운 영역과 밝은 영역을 이용하는 2가지 방법을 더 알아보자.

예제사진 PART3\라오스의일몰 **완성사진** PART3\라오스의일몰 완성

[방법 1] 고계조의 사진 만들기　HDR 느낌의 고계조 사진으로 바꿔보자. '밝은 영역'은 어둡게 하고, '어두운 영역'은 밝아지도록 슬라이드를 조정한다. (밝은 영역 −74, 어두운 영역 +88, 보정 후 다시 클리핑 흰색 계열 +25, 검정 계열 −12)

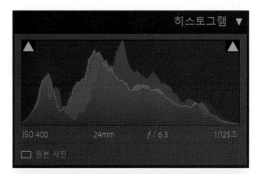

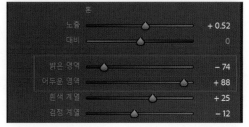

히스토그램에서 보듯이 계조의 중간톤 부분이 상당히 많아졌다.

[방법 2] 극단적인 콘트라스트 만들기　반대로 극단적인 사진을 만들려면 '밝은 영역'은 더욱 밝게, '어두운 영역'은 더욱 어둡게 조정한다. (밝은 영역 +82, 어두운 영역 −71)

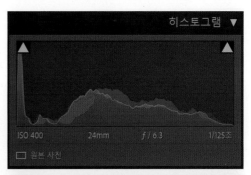

히스토그램을 보면 매우 어두운 영역이 극단적으로 많아졌다는 걸 알 수 있다.

3단계: 중간톤으로 전체 밝기 보정하기
노출

예제사진 PART3\숫타이를입은모델   **완성사진** PART3\숫타이를입은모델 완성

태국 전통 왕족 의상을 입은 모델이다. 매우 특이한 장식과 디자인이지만, 태국인 눈에는 왕비 같은 느낌일 것이다. 야외에서 조명을 조정해 완전히 어두운 배경을 만들어 촬영했다.
- 숫타이를 입은 태국 모델, 태국, 람푼

살짝 노출이 부족하게 촬영되었다. 보정으로 충분히 살릴 수 있는 정도라 큰 문제는 아니다. 노출을 잡고, 약간 지루한 전체 톤을 살리기 위해 금색 장신구가 돋보이도록 마젠타 색감을 추가한다.

노출 슬라이드의 특성 이해하기 라이트룸에는 밝기를 보정하는 3가지 방법이 있다. 1단계는 '흰색 계열/검정 계열'로 가장 밝은 부분과 어두운 부분을 찾아주는 클리핑, 2단계는 히스토그램을 보면서 '어두운 영역/밝은 영역'으로 어둡거나 밝은 부분의 양을 조정하는 대비, 3단계는 전체적인 밝기를 조정하는 '노출' 슬라이드다.

노출 슬라이드는 전체적인 밝기를 조정하는 매우 유용한 툴이다. 하지만 이것만으로 노출을 조정하면 사진이 전체적으로 얼마나 밝은지 혹은 어두운지 둔감해지기 쉽다. 따라서 먼저 클리핑한 후 밝은 영역/어두운 영역을 조정해 보고, 마지막으로 노출 슬라이드를 사용하길 권한다. 절대적인 것은 아니지만 이 순서로 해야 계조를 망치지 않으면서 가장 자연스럽게 보정할 수 있다. 보정 끝에는 항상 보정 과정 중 흐트러진 계조를 정리하기 위해 다시 한번 클리핑하는 게 좋다.

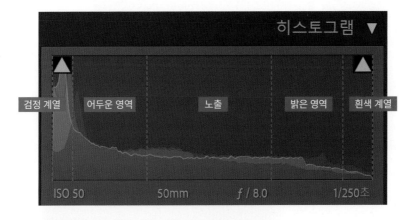

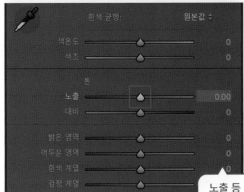

문제는 이 순서로 하면 클리핑이 살짝 과해질 수 있다는 것인데, 양 끝단은 최대한 고정한 채 중간톤 값을 크게 움직이는 것이 노출 슬라이드의 특성이라 그렇다. 노출 슬라이드 위에 마우스 포인터를 올리고 히스토그램을 보면 어떤 명도값이 가장 크게 영향을 받는지 조금 밝은 회색으로 표시해 준다. 이 기능은 밝기에 관련된 다른 슬라이드도 마찬가지다. 노출 슬라이드를 조정한다고 해서 딱 중간 부분의 계조만 조정한다고 생각하지 말고 연속된 계조를 위해 히스토그램이 고무줄처럼 다른 영역과 영향을 주고받는다는 걸 잊지 말자.

노출 등 밝기 관련 슬라이드 위에 마우스 포인터를 올리면 영향을 받는 부분을 히스토그램에 회색으로 표시해 준다.

1 인물의 경우 피부톤 밝기를 보정 기준으로 잡기

예제 사진을 보면 기본 작업은 모두 끝났으나 여전히 매우 어둡다. 이렇게 전체적으로 노출이 부족할 때는 노출 슬라이드를 이용해 적당한 노출값을 찾아주면 된다. 이때 가장 중요한 기준은 피부톤의 밝기인데, 일반적으로 18% 어둡기의 그레이 정도로 맞추면 된다. 쉽게 밝은 회색이라고 생각하자.

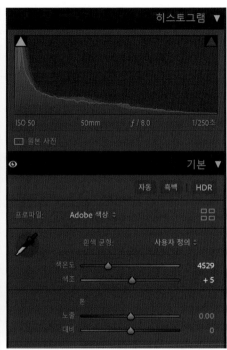

2 노출 슬라이드 조정하기

기본 패널의 '노출' 슬라이드를 오른쪽으로 움직이면 사진이 전체적으로 밝아진다. 히스토그램 분포가 상당히 안정돼 피부톤이 밝은 회색 정도의 밝기로 회복되었다. (노출 +1.53)

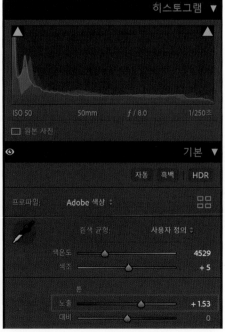

3 클리핑하기

클리핑을 다시 한번 적용한다. Alt 를 누른 채 '흰색 계열'과 '검정 계열'의 슬라이드를 조정해 사진에서 가장 밝은 부분과 가장 어두운 부분을 찾아준다. (흰색 계열+24, 검정 계열 -23) 배경을 완전히 검은색으로 만들려면 '검정 계열'을 배경이 완전히 선택되는 지점으로 선택하면 된다.

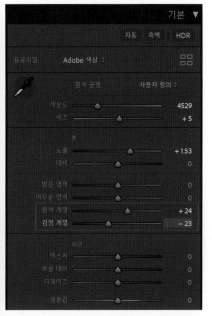

강력하지만 민감한 톤 곡선
커브

방콕에서 치앙마이행 비행기를 탔다. 국내선치고는 과하다 싶을 정도로 큰 보잉 747인 데다가
손가락으로 꼽을 수 있을 만큼 승객이 적어서, 마음대로 깨끗한 창문을 골라 멋진 항공사진을 촬영할 수 있었다.
이런 행운은 자주 오지 않는다. - 방콕 인근의 적란운, 방콕, 태국

톤 곡선? Tone Curve, Curve?
톤(Tone)이란 미술에서 대체로 농담이나 명암을 몽땅 뭉뚱그리는 데 쓰는 용어다. 물론 색깔도 톤에 포함될 수 있으나 일반적으로 색깔보다는 명도 즉 밝기를 의미한다. 어도비에서 한글판을 만들 때 Tone Curve 기능 중 Curve를 '곡선'으로 번역하면서, Tone은 애매했는지 그대로 두는 바람에 '톤 곡선'이라는 이상한 말이 되었다. 어쨌든 톤 곡선은 밝기 즉 노출을 조정하는 곡선이라고 생각하면 크게 틀리지 않을 것이다. 포토샵의 곡선(Curve) 기능과 같다. 흑백 히스토그램을 기준으로 이미지의 톤을 보정한다.

예제사진 PART3\방콕의적란운 **완성사진** PART3\방콕의적란운 완성

광학설계가 전혀 되어 있지 않은 비행기 창문을 통해 촬영했고, 피사체인 구름과의 거리 때문에 전체적인 콘트라스트가 매우 죽어 있다. 이를 잘 살려내고 저물어 가는 저녁노을의 색감과 그림자 부분의 푸른 기운을 강조해 보색대비로 시선을 끌어당겨야 한다.

톤 곡선 패널 알아보기

❶ **점 곡선 조정 핸들:** 핸들을 클릭하면 마우스 포인트가 바뀐다. 사진에서 원하는 부분을 클릭한 후 드래그하면 해당 부분의 곡선이 변경되면서 톤을 조정한다.

❷ **매개 변수 곡선:** 커브의 급격한 변화는 사진의 계조를 망가뜨려 보기 싫은 부분을 만든다. 이를 예방하기 위해 적절한 가이드를 이용해 커브를 보정할 수 있는 모드다. 선택하면 창 하부 옵션이 바뀐다.

❸ **점 곡선:** 밝기값을 사용자가 마음대로 편집할 수 있다.

❹ **R, G, B:** 빨강, 녹색, 파랑 채널별로 조정할 수 있다.

❺ **채도 미세 조정:** 커브를 높은 대비로 조정하면 RGB 데이터도 많이 바뀌면서 채도 역시 많이 올라간다. 이때, 이 슬라이드를 이용해서 채도를 낮출 수 있다. 100은 기본값이고, 0은 최대로 채도를 낮춘 값이다.

❻ **점 곡선:** 기본값인 '선형'은 입력과 출력이 동일, 즉 아무것도 보정하지 않은 상태라는 뜻이며, '중간 대비, 강한 대비'는 라이트룸이 미리 준비해 놓은 추천 값들이다.

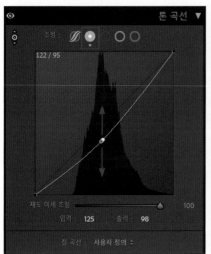
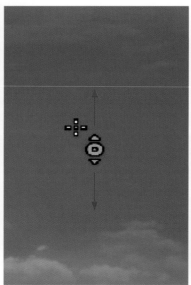
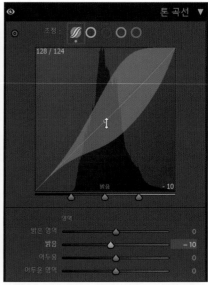

점 곡선 조정 핸들　사진 위에서 클릭한 후 아래위로 드래그한다. 클릭한 부분에 자동으로 조정 핸들이 나타나고, 드래그하는 대로 그래프도 같이 움직이면서 커브로 밝기를 조정할 수 있다.

매개 변수 곡선　곡선을 움직이는 범위에 제한을 걸어 사진 품질이 저하되는 것을 방지하고, 쉽게 사용할 수 있도록 만든 기능이다. 커브를 선택하면 자동으로 움직일 수 있는 최대 범위가 밝게 표시된다. 하단에는 밝기에 따라 4단계로 나눈 슬라이드 바가 나타나 여기서 조정할 수도 있다.

톤 곡선(커브), 꼭 이해해야 쓸모 있어진다 이 그래프가 뭔지 제대로 이해해야 한다. 이걸 이해하지 못하면 '작대기 하나를 이렇게 움직이니까 사진이 더 진해지고, 이렇게 하니까 더 연해지네' 정도밖에 사용할 수 없다. 기본적으로 커브는 밝기를 이용해 톤을 조정하는 도구다. 축의 왼쪽이나 아래쪽으로 가면 가장 어두운 0% 밝기를, 오른쪽이나 위쪽으로 가면서 가장 밝은 100%를 표현한다고 생각하자. 다음 그림에서 '입력'이라고 표시한 x축은 현재 사진의 밝기를, '출력'이라고 표시한 y축은 커브를 통해서 변형된 밝기를 나타낸다. 예를 들어 사진에서 75% 밝기의 픽셀들이 있다고 하자. 현재 커브를 통해 보면 그냥 75% 밝기다. 왜냐하면 커브의 기본값이 선형, 즉 아무것도 조정하지 않은 상태라서 그렇다.

조정하면 어떻게 될까? 가운데 그림처럼 살짝 아래로 휘어진 커브를 그렸다. 이렇게 하면 사진에서 75% 밝기였던 모든 것들이 더 어두운 59% 밝기로 표현된다. 현재 이 그래프는 완만하게 부드러운 곡선이라 가장 밝거나 어두운 부분을 제외한 모든 부분이 전체적으로 어둡게 표현되는 것이다. 반대로 그리면 가장 밝고 어두운 부분을 제외한 모든 부분이 전체적으로 밝게 표현된다. 이제 어떤 원리로 커브 그래프가 작동하는지 이해했을 것이다.

흔히 커브를 S자로 만들라는 조언이 많은데, 이렇게 하면 밝은 부분을 더욱 밝게, 어두운 부분을 더욱 어둡게 해서 높은 콘트라스트 사진을 만드는 것이다. 높은 콘트라스트를 일반적으로 사람들이 좋아하긴 하지만 맹목적으로 따라 할 필요는 없다. 자신이 표현하고자 하는 것에 집중해서 커브를 활용하면 된다.

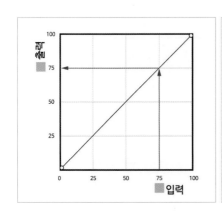
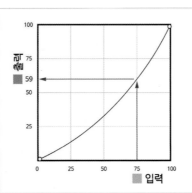
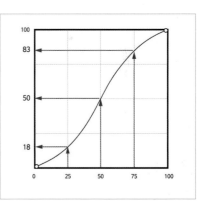

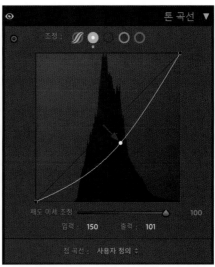

커브를 살짝 오른쪽 아래로 드래그했을 때
– 가장 밝은 곳과 어두운 곳을 뺀 나머지 영역이 전체적으로 어두워짐

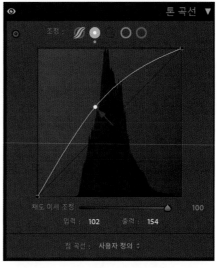

커브를 살짝 왼쪽 위로 드래그했을 때
- 가장 밝은 곳과 어두운 곳을 뺀 나머지 영역이 전체적으로 밝아짐

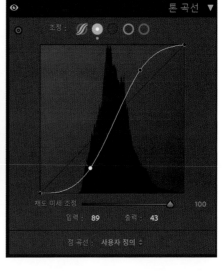

커브를 S자로 만들었을 때
– 밝은 영역은 더 밝게, 어두운 영역은 더 어둡게 되어 대비가 높아짐

1 예제 파일을 불러온 후 현상 모듈에서 '톤 곡선' 패널을 클릭한다.

 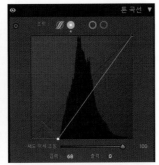

2 클리핑, 가장 어두운 부분 찾기

직선상 한 부분을 클릭하면 조절 핸들이 나타난다. 클릭한 채 드래그하여 현재 그래프의 왼쪽 아랫부분, 즉 히스토그램에서 가장 어두운 곳으로 이동시킨다. 현재 사진에서 어두운 데이터가 시작하는 부분을 가장 어둡게 만든다는 뜻이다.

3 클리핑, 가장 밝은 부분 찾기

마찬가지다. 조절 핸들을 하나 더 만든 후 클릭한 채 드래그하여 이번에는 오른쪽 위, 즉 히스토그램이 시작되는 곳으로 이동시킨다. 현재 사진에서 밝은 데이터가 시작하는 부분을 가장 밝은 곳으로 만든다는 뜻이다. 현재 중간톤 부분은 거의 직선이다.

4 커브로 중간톤 보정하기

자연스럽게 톤이 이어지도록 하려면 중간 부분에 조절 핸들을 하나 더 만들어 톤 곡선이 부드러운 S자로 보이도록 만들면 된다. 사진의 변화를 보면서 전체적인 밝기를 조절한다. 이때 어두운 영역을 고정하고 싶다면 어두운 영역에 조절 핸들을 하나 더 추가한다. 이렇게 하면 중간톤을 조절해도 어두운 영역이 따라서 밝아지지 않는다. 전체적으로 콘트라스트가 증가했다.

빠른 보정을 위한 라이트룸 필터 2가지
프로파일과 사전 설정의 차이

사전 설정과 프로파일의 차이 둘 다 사진 보정용 필터라고 생각하면 쉽다. 라이트룸에서는 빠른 보정을 위해 '사전 설정(프리셋)'과 '프로파일(프로필)'이라는 2개의 기능을 제공한다. 초보자도 클릭 한 번으로 원하는 색감이나 톤의 느낌을 쉽게 표현할 수 있다는 공통점이 있지만 두 기능에 약간의 차이가 있다.

가장 큰 차이부터 보자. 사전 설정은 이 효과가 어떻게 만들어졌는지 '기본' 패널에 보정된 값이 모두 나타나 확인하면서 수정할 수 있다. 그러나 프로파일은 효과는 적용되지만 조정값을 알 수 없다. 또 사전 설정은 보정된 곳의 슬라이드가 이미 사용되었기 때문에 추가 보정 시 제약이 있다. 예를 들어 사전 설정에서 생동감이 이미 +100으로 되어 있다면 더 이상 생동감을 추가할 수 없다는 말이다. 하지만 프로파일은 모든 값을 자유롭게 조정할 수 있다.

사전 설정이 다른 사진의 보정값을 복사해서 붙여 넣는다면, 프로파일은 사진의 시작값을 바꿔 놓고 이제 새로 보정을 시작한다는 느낌이 다른 것이다. 뭐가 좋고 나쁘다기보다는 각각 장단점이 있으니 취향이나 보정 스타일에 따라 사용하면 된다.

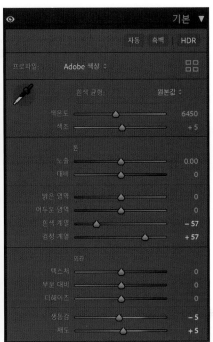

사전 설정 – 인물 사진: 세련됨 – PE02 적용
사전 설정(프리셋)을 적용하면 '기본' 패널에 모든 보정값이 나타난다. 원본사진에 어떤 보정을 해서 이런 결과가
나왔는지 보정값을 보면서 추가 보정을 할 수 있다.

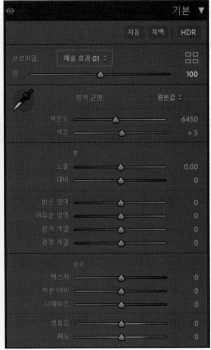

프로파일 – 예술 효과 – 예술 효과 01 적용
프로파일(프로필)은 효과는 적용되지만 '기본' 패널에 보정값이 나타나지 않는다. 어떻게 보정해서 이런 효과가
만들어졌는지 알 수는 없지만, 이 상태에서 추가 보정은 할 수 있다.

사진의 시작값을 바꾼다
프로파일(프로필)

아래 맨 왼쪽 사진이 원본이다. 을지로 골목에서 촬영한 스냅 중 하나로, 얕은 심도의 렌즈와 조명을 사용해 복고풍으로 표현했다. 사진을 불러오면 'Adobe 색상' 프로파일이 자동으로 적용되며, 사전 설정에는 적용되지 않는다.

예제사진 PART3\프로필1 **완성사진** PART3\프로필2~3

라이트룸의 기본 프로파일은 'Adobe 색상'이다. 2부 '라이트룸에만 가져오면 사진 색이 이상해지는 이유?'에서 설명한 것처럼 RAW 파일을 JPG로 컨버팅할 때 어도비가 생각한 표준적인 색감으로 해석한 것이다. 카메라에서 생성한 미리보기와 다를 수 있다. 잘 알려진 브랜드 카메라일 경우 '카메라 일치' 항목에서 제조사가 제공한 프로파일을 선택할 수도 있다. 다만 카메라 제조사든 어도비든 그들이 주장하는 가장 표준적인 색감일 뿐 이 색감이 반드시 옳다고는 볼 수 없는 문제라서 특별한 의미는 없다고 봐야 한다. 이 책에서는 기본적으로 Adobe 색상 프로파일을 사용해서 우리가 원하는 느낌을 찾아가는 방법을 배울 것이다.

프로파일은 '프로필'이라고도 부르는데 같은 용어니 헷갈리지 말자. 라이트룸에서도 기본 패널에는 '프로파일'이라고 나오지만, 클릭하면 '프로필 브라우저'로 바뀐다. 이 책에서는 '프로파일'을 사용한다.

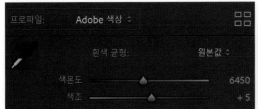

1 라이트룸의 기본 프로파일은 'Adobe 색상'이다. 기본 패널에서 '프로파일: Adobe 색상'이라는 글씨를 클릭하면 단축메뉴가 나타나 쉽게 다른 프로파일을 선택할 수 있다. 다른 효과를 적용하고 싶다면 프로파일 브라우저 아이콘을 클릭한다.

2 기본 패널이 '프로필 브라우저'로 바뀌고, 아래쪽에 프로파일 목록이 나타난다. 여러 효과가 그룹으로 묶여 있는데 왼쪽의 삼각형을 클릭한 후 마음에 드는 효과를 선택하면 바로 적용된다.

❶ 현재 선택된 프로파일을 보여준다.
❷ **양:** 적용된 프로파일의 양을 조절할 수 있는 슬라이드로, 기본값은 100이다.
❸ **모두, 색상, 흑백:** 색상이나 흑백 효과 프로파일 목록만 본다.
❹ **격자:** 미리보기 방법을 정한다.
❺ **즐겨찾기:** 주로 사용하는 프로파일을 등록해 바로 사용할 수 있다.
❻ **프로파일 목록:** 왼쪽의 삼각형을 클릭하면 효과가 적용된 미리보기를 보거나 감출 수 있다.

3 즐겨찾기에 추가하고 삭제하기
자주 사용하는 프로파일은 즐겨찾기에 등록할 수도 있다. 효과 위로 마우스 포인터를 가져가면 별 아이콘이 나오는데 클릭하면 즐겨찾기에 등록된다. 다시 별 아이콘을 클릭하면 별 아이콘이 사라지면서 즐겨찾기에서 빠지게 된다.

4 외부 프로파일 가져오기

'프로필 브라우저' 패널 왼쪽에 있는 +를 클릭한 후 '프로필 가져오기'를 클릭한다. '프로파일 가져오기' 대화상자가 나타나면 가져올 파일을 선택한 후 '가져오기'를 클릭한다. 프로필 브라우저에 가져온 효과가 나타난다.

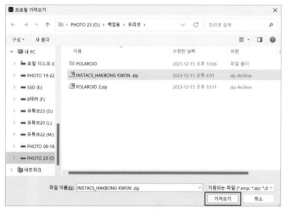

5 프로파일 관리 - 감추기

관리 방법은 바로 뒤에 나오는 사전 설정에서 자세히 설명하는데, 임의로 삭제하면 안 된다. 감추는 것으로 충분하다. '프로필 브라우저' 패널 왼쪽에 있는 +를 클릭한 후 '프로필 관리'를 클릭한다.

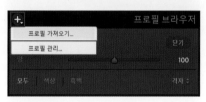

6 '프로파일 관리' 대화상자가 나타나면 감추고 싶은 효과의 체크를 해제한 후 '저장'을 클릭한다.

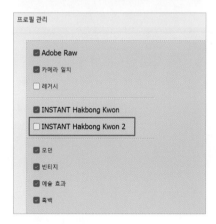

강력한 인공지능이 필터랑 만나면?
사전 설정(프리셋)

예제사진 PART3\사전설정   **완성사진** PART3\사전설정 완성

원본사진

AI가 하늘을 찾아서 자동 보정한 사진

인공지능 AI 기술이 적용된 사전 설정 패널(프리셋) 살펴보기 사전 설정은 '프리셋'이라고도 부른다. 라이트룸에는 인공지능을 활용한 기능이 많이 있고, 사전 설정에도 AI를 바탕으로 한 다양한 옵션을 제공한다. 사용법이나 가져오기, 내보내기, 관리 방법은 프로파일과 비슷하며 간단하다. 그래픽카드 등의 성능에 따라 다소 시간이 걸릴 수는 있지만 클릭만 하면 즉시 적용된다.

'사전 설정' 패널에서 '적응형: 하늘'의 '열대 네온'을 클릭하면, AI가 자동으로 사진에서 하늘 부분만 찾아 열대 느낌으로 보정해 준다. 기존 사전 설정에서는 위치나 모양이 항상 바뀌기 때문에 구현하기 힘든 기능이었지만, 인공지능의 발전으로 이제는 알아서 찾아 간단히 해결해 준다. 어도비는 인공지능을 사진 보정에 적극적으로 도입하는 회사이므로 앞으로도 이런 인공지능 기능은 대폭 늘어날 것이다.

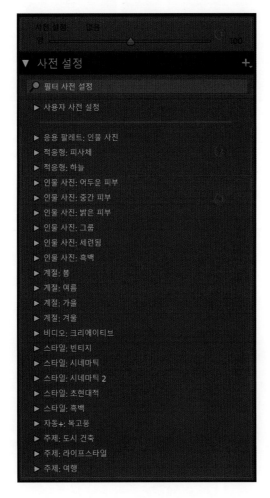

❶ 사전 설정 효과 강도를 슬라이드로 조정한다.
　(기본값은 100)
❷ 인공지능 AI 사전 설정
❸ 일반 사전 설정

사전 설정은 중복 적용이 가능하다? 사전 설정의 특성 맞다. 기본적으로 중복 사용이 가능하다. 다만 나중에 적용한 사전 설정에, 앞에서 적용한 항목 조정값이 없으면 앞에서의 조정값이 그대로 남아 있다. 예를 들어 '계절:봄 – SP03'을 적용한 후 '계절:여름 – SM03'을 또 적용했다고 하자. '봄'이 적용된 항목에 '여름'의 조정값이 없다면 그 부분은 '봄'의 조정값이 그대로 유지된다. 만약 가운데 그림의 생동감, 채도처럼 겹치는 항목이 있으면 나중에 적용된 값으로 바뀐다.

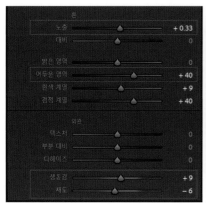 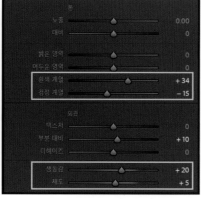 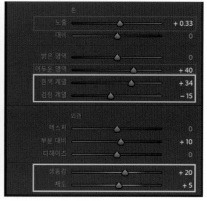

이게 어떤 의미일까? 인공지능 사전 설정은 겹치는 항목이 없다. 이 말은 값이 겹치지 않는 여러 개의 사전 설정을 중복으로 적용할 수 있다는 뜻이다. 게다가 인공지능 사전 설정과 일반 사전 설정은 별개다. 다음 그림처럼 총 3개의 AI와 1개의 일반 사전 설정이 모두 적용된 사진을 만들 수 있는 것이다. 이런 특성을 이용하면 독특한 효과를 얻을 수 있다.

1 사전 설정 만들기

내가 보정한 효과를 사전 설정으로 만들어 저장할 수도 있다. 사진을 보정한 다음 '사전 설정' 패널 오른쪽에 있는 +를 클릭한 후 '사진 설정 만들기'를 클릭한다.

2

'새 현상 사전 설정' 대화상자가 나타난다. 처음엔 현재 사진에 보정한 효과가 모두 체크되어 있는데, 이 중 어떤 것을 사전 설정으로 저장할 것인지를 선택한다. 사진마다 피사체 위치 등 다른 부분이 있으니 현재 사진에만 적용할 수 있는 브러시 기능 같은 것은 적용하지 않는 게 좋다. '사전 설정 이름'은 내가 알아보기쉽게 입력한다.

3 그룹 만들기

만약 다른 효과와 함께 시리즈로 만들어 하나의 그룹으로 묶고 싶다면 '그룹:'에서 '새 그룹'을 선택하고 그룹 이름을 입력한다. 나중에 같은 그룹으로 묶고 싶은 사전 설정이 있으면 그룹에서 해당 이름을 선택하기만 하면 된다.

4

이렇게 만들어진 것은 즉시 '사전 설정' 패널에 나타난다. 그룹 이름으로 정한 '야경 인물' 왼쪽의 삼각형 아이콘을 클릭하면 방금 만든 '인물사진 오래된 골목의 저녁'이라는 사전 설정이 보인다. 다른 사진을 불러와 클릭하면 바로 적용할 수 있다.

사전 설정 가져오기/내보내기 사전 설정 그룹의 확장자는 .xmp다. 원래는 라이트룸 고유 확
장자인 .lrtemplate를 사용했는데, 표준 시스템으로 바뀌었다고 생각하면 된다. 압축된 .zip 파일
이라도 압축을 풀지 않고 그대로 가져올 수 있다.

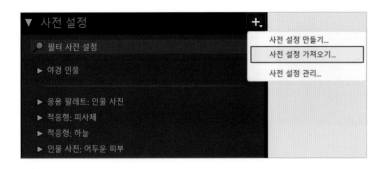

1 가져오기

'사전 설정' 패널에서 오른쪽에 있는 +를 클릭한 후 '사
전 설정 가져오기'를 클릭한다.

2 사전 설정 가져오기' 대화상자가 나타나면 파일을
선택한 후 '가져오기' 버튼을 클릭한다.

3 '사전 설정' 패널에 가져온 효과가 나타난다.

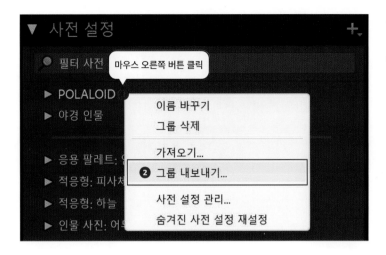

4 내보내기

내보낼 사전 설정이나 사전 설정 그룹을 마우스 오른쪽 버튼으로 클릭한 후 '그룹 내보내기'를 선택한다.

5 '사전 설정 내보내기' 대화상자가 나타나면 내보낼 위치를 선택한 후 '저장'을 클릭한다. 그룹의 경우 자동으로 zip 파일로 만들어져 편하다.

사전 설정 관리하기 - 주의! 절대 삭제하지 말 것 관리 기능은 사전 설정이나 프로파일에서 자주 쓰지 않는 기능을 꺼두거나 너무 많아 정리가 필요할 때 등에 사용한다. 단, 필요 없다면 감추면 된다. 군이 사전 설정이 저장된 폴더를 찾아서 파일 자체를 삭제하지 말자. 만약 한 번이라도 라이트룸으로 불러왔던 사진 설정 파일을 삭제했다가 마음이 바뀌어 다시 설치하려고 하면 다음과 같은 에러 메시지가 나타나면서 더 이상 불러올 수 없게 된다. 지금까지 알려진 유일한 해결책은 컴퓨터를 포맷하고 처음부터 다시 시작하는 것이다. 혹시 방법을 아는 분이 있다면 저자 소개를 보고 연락 부탁드린다.

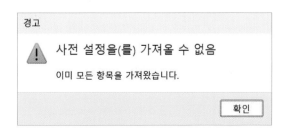

1 '사전 설정' 패널에서 오른쪽에 있는 +를 클릭한 후 '사전 설정 관리'를 클릭한다.

2 '사전 설정 관리' 대화상자가 나타난다. 필요 없는 사전 설정의 체크를 해지한 후 '저장'을 클릭한다. 이것만으로 사전 설정 패널에서 더 이상 보이지 않게 된다.

3 사전 설정 파일의 위치

지우면 안 된다고 했다. 제대로 아는 것이 중요하니 파일 위치를 알아두자. '편집 메뉴 - 환경 설정'을 클릭한다. '사전 설정' 탭을 클릭한 후 'Lightroom 현상 사전 설정 표시'를 클릭한다.

4 바로 탐색기가 나타나면서 'Settings' 폴더가 보인다. 이곳을 클릭하면 사전 설정 파일들이 나타나는데, 여기서 건드리지 말자는 뜻이다.

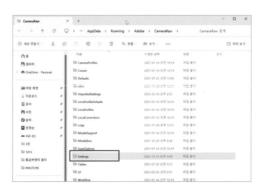

마스킹만 배워도 라이트룸 절반은 끝
AI로 제목, 하늘, 배경, 개체 선택하기

마스킹? 마스킹이란 한마디로 선택영역을 잡는 걸 말한다. 라이트룸에 AI 기능이 강화되면서 전에는 일일이 해야 했던 작업을 이제는 간단하고 쉽게 해결할 수 있게 되었다. 사진을 보정하는 모든 작업에서 마스킹을 사용한다. 옛날에는 암실에서 닷징이나 버닝 등 다양한 손기술을 사용했다면, 디지털 시대인 지금은 마스킹을 사용한다고 해도 과언이 아니다. 물론 이전 버전에서처럼 수동으로 원하는 부분을 선택할 수도 있다. 먼저 자동 기능부터 만나보자.

 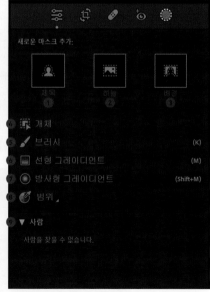

❶ **제목**: 번역이 이상한데 그냥 '주제나 피사체'라고 이해하자. AI가 사진에서 주제가 되는 부분을 자동으로 찾아준다.
❷ **하늘**: 인공지능이 하늘을 자동으로 찾아 선택해 준다.
❸ **배경**: 주제를 제외한 나머지 부분을 자동으로 찾아 선택해 준다.
❹ **개체**: 특정 개체를 선택할 수 있는 브러시 도구가 나타난다. 대충 선택하면 인공지능이 깔끔하게 선택해 준다.
❺ **브러시**: 작은 부분을 수정할 수 있는 브러시 도구다.
❻ **선형 그레이디언트**: 넓은 영역을 선택하는 그레이디언트 도구를 사용할 수 있다.
❼ **방사형 그레이디언트**: 원형 모양으로 선택하고 싶을 때 사용한다.
❽ **범위**: 색상이나 명도별로 선택한다. 깊이 데이터가 있는 사진에서는 '깊이'로도 선택할 수 있다.
❾ **사람**: 인공지능 얼굴 감지로 학습한 사람을 한 명씩 선택할 수 있다.

제목 - 주 피사체 선택으로 배우는 마스크 기본기 '제목'은 주 피사체라고 생각하면 된다. 주 피사체가 있을 때 '제목'을 선택하면 AI가 알아서 사진을 분석해 그 사진의 주제가 되는 부분을 자동으로 선택해 준다. 인공지능이 사진을 분석해서 주제가 있을 때 자동으로 찾아주는데 성능이 생각보다 괜찮다. 특별한 주제가 있는 사진이라면 일단 한번 시도해 보자.

1 마스킹 툴을 클릭한 후 '제목'을 클릭한다.

2 **마스크 패널과 조정 패널**
주 피사체가 바로 선택되면서 붉은 오버레이로 표시된다. '마스크' 패널이 나타나고, 동시에 오른쪽 패널도 현재 마스크를 조정할 수 있는 상태로 바뀐다. 마스크 패널은 현재 선택된 마스크가 무엇인지를 보여주고, 모든 마스크 작업이 시간 순서대로 모두 여기에 기록된다.

❶ **눈 아이콘:** 클릭하면 마스크 효과를 적용하거나 미적용한 이미지를 보여준다.
❷ **새 마스크 만들기:** 선택할 수 있는 마스크 종류를 보여준다.
❸ **마스크 1:** 마스크를 하나씩 만들 때마다 새로 생긴다.
❹ **피사체 1:** 마스크1의 상세 내용을 보여준다. 지금은 '제목'을 선택했기 때문에 '피사체'로 나타난다.
❺ **추가/빼기:** 현재 선택영역에 추가하거나 빼고 싶은 영역이 있을 때 클릭한다.

3 마스크 반전, 복제, 삭제, 보이기/감추기

마스크 이름 위에 마우스 포인터를 가져가면 점 3개와 눈 모양 아이콘이 나타난다. 이때 점 3개를 클릭하면 마스크 단축메뉴가 나타나 선택할 수 있다. 눈 모양 아이콘을 클릭하면 해당 마스크를 화면에서 보이게 하거나 감출 수 있다.

❶ **이름 바꾸기:** 마스크 이름을 수정한다.
❷ **"마스크 1" 반전:** 선택한 부분과 선택하지 않은 마스크 영역을 바꾼다.
❸ **마스크 복제 및 반전:** 선택한 마스크를 복제한 후 반전한다.
❹ **다음과 마스크 교차:** 마스크를 하나 더 선택해 두 마스크가 겹치는 부분, 즉 교집합 영역만 선택한다.
❺ **"마스크 1" 복제:** 현재 마스크 영역을 복제해 새 마스크를 만든다.
❻ **AI 마스크 업데이트:** 사진 크롭이나 회전 등으로 변경 사항이 생겼을 때 AI가 새로 선택영역을 찾는다.
❼ **빈 마스크 삭제:** 사전 설정이나 일괄 작업 등으로 필요 없는 빈 마스크가 생겼을 때 삭제한다.
❽ **빈 마스크 모두 삭제:** 빈 마스크를 모두 삭제한다.
❾ **모든 마스크 삭제:** 모든 마스크를 한 번에 삭제한다.

원본사진

AI가 주 피사체를 찾아서 붉은색
오버레이로 보여준다.

선택된 영역을 자동으로 새 마스크로 만든다.

하늘 '하늘'은 AI 기능이라 사용자가 따로 손을 댈 필요 없다. '하늘' 버튼만 클릭하면 컴퓨터가
알아서 하늘을 찾고 그 부분을 선택해서 새 마스크로 만들어 준다.

원본사진

AI가 하늘을 찾아서 붉은색 오버레이로 보여준다.

선택된 영역을 자동으로
새 마스크로 만든다.

배경 배경 역시 AI가 자동으로 주 피사체를 제외한 나머지 부분을 찾아서 선택해 주는 기능이
다. 특별한 기술 없이 원클릭으로 실행되고, 품질 역시 나쁘지 않으니 자주 사용하게 될 것이다.

개체 주 피사체, 하늘 혹은 배경 등의 옵션으로 선택할 수 없는 특정 물체일 경우 사람이 대충 선택하면 AI가 좀 더 잘 다듬어서 마스크로 만들어 준다.

1 '개체'를 선택하면 마스크 패널이 열리면서 마우스 포인터가 브러시 모양으로 바뀐다.

 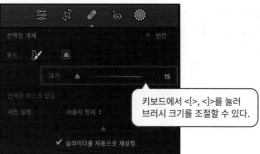

2 원하는 개체를 찾아서 대충 칠한다. 단, 칠하다가 마우스에서 손을 떼면 바로 실행되니 한 붓 그리기처럼 한 번에 그리자.

3 이렇게 대충 칠해도 AI가 찰떡같이 알아듣고 모자만 예쁘게 선택해 준다. 이 선택된 마스크를 이용해 다양하게 보정할 수 있다. 여기서는 모자 색상을 바꿔봤다.

선택된 영역을 붉은색 오버레이로 보여준다.   선택된 마스크를 이용해서 간단히 모자의 색을 바꿔 보았다.

사람 AI가 사진을 분석해 사람을 선택해 주는 기능이다. 식별판을 클릭한 후 '얼굴 감지' 기능을 켜놓아야 사용할 수 있다. 인물별로 선택된 마스크를 쉽게 만들 수 있지만, AI가 완벽한 게 아니라서 어깨동무를 한 사진 등에서는 수정이 필요하다.

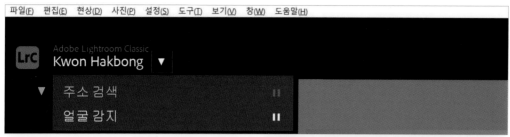

선택된 인물2가 붉은색으로 오버레이된다.
인물별로 참조용 얼굴 섬네일이 나타나 선택하기 쉽다.

마스크 패널 위치 바꾸기　마스크 패널은 기본적으로 미리보기 화면 안쪽에 자리 잡고 있다. 화면 오른쪽 모서리라 그렇게 불편하지는 않지만, 마스크 레이어가 많아지면 사진을 많이 가리게 된다. 이럴 때 손쉽게 옮겨 보자. 패널 이름인 '마스크' 부분을 클릭해서 오른쪽 조정 패널로 드래그하면, 패널을 넣을 수 있는 위치가 파란색으로 표시된다. 이때 마우스에서 손을 떼면 패널이 이동된다. 원래대로 바꾸고 싶으면 다시 패널 이름 부분을 드래그해서 원래 위치에 가져다 놓으면 된다.

직선으로 사선으로 넓게 선택한다
선형 그레이디언트 마스크

인도와 파키스탄의 처절한 역사만큼 눈물 나는 사연을 가진 시크교 성지, 일명 '골든 템플'의 풍경을 사진으로 담았다. 힌두교와 이슬람교 모두에게 박해받은 아픈 역사를 이겨내고, 지금은 평화와 공존의 상징으로 평화로운 모습을 되찾았다. 사원의 금색 장식은 실제 금을 녹여 만들었다고 한다. - 골든템플, 뻔잡주, 인도

직선적인 영역을 선택할 때는 '선형 그레이디언트' 마스크
AI 기능의 약진은 감탄이 나올 정도지만, 여전히 사진가의 의도를 직접 반영한 보정을 할 때 가장 많이 사용하는 것이 바로 선형 그레이디언트 마스크다. 여기서부터는 사람이 직접 선택할 영역을 지정하고 다듬어야 한다.

라이트룸의 선형 그레이디언트 툴, 방사형 그레이디언트 툴, 브러시 툴은 모양만 다를 뿐 기능은 같다. 효과를 적용할 영역에 따라 선택하면 되는데, 하늘처럼 넓은 영역이나 직선적으로 효과를 줘야 할 때는 선형, 동그랗게 효과를 줄 때는 방사형, 얼굴처럼 세밀한 영역에는 브러시 툴을 주로 사용한다. 세 툴의 옵션은 거의 비슷하다. 팁을 주자면 한 번에 큰 조정값을 적용하기보다는 조금씩 여러 번 하는 쪽이 더 자연스럽고 조정하기 쉽다.

예제사진 PART3\골든템플 **완성사진** PART3\골든템플 완성

하늘과 주 피사체의 노출 차이가 커서 하늘은 너무 밝고 피사체는 좀 어둡게 촬영되었다.
하늘의 노출을 줄여 디테일을 살리고, 주 피사체인 금색 사원을 강조하자. 앞쪽의 물결 역시 풍부한 색감으로 만든다.

1 새 마스크 만들기 - 하늘

마스킹 툴을 클릭한 후 '선형 그레이디언트'를 선택한다. 선택영역에 보정 효과가 자연스럽게 그러데이션으로 적용되게 할 때 사용한다.

2 마우스 포인터 모양이 바뀐다. '마스크' 패널이 나타나면서 오른쪽 패널도 선택영역을 보정할 수 있는 상태로 바뀐다.

3 마스크를 시작할 지점을 클릭한 채 그대로 드래그한다. 종료 지점까지 간 후 마우스 버튼에서 손을 떼면 현재 선택된 영역이 붉은색 오버레이로 표시된다. Shift 를 누른 채 드래그하면 수직과 수평이 자동으로 맞춰져 편하다.

마스크 시작점

마스크 중심

마스크 종료 지점

4 　마스크 영역과 포인터 모양

3개의 가로줄과 붉은 점, 검은 네모, 흰점이 생긴다. 붉은 점은 시작점, 검은 네모는 마스크의 중심, 흰점은 마스크 종료 지점이다. 시작점에서는 마스크가 100% 적용되며, 중심에서는 50%, 종료 지점에는 0%로 아무런 영향을 미치지 않는다. 3개의 가로줄은 시작, 중심, 종료 지점을 길게 연장한 영역을 말한다.

3개의 선과 점에 마우스 포인터를 가져가면 포인터 모양이 바뀌면서 마스크 크기를 수정하거나 그레이디언트를 회전, 이동할 수 있다.

❶ **마스크 크기 바꾸기**: 위아래 줄에 마우스 포인터를 가져가면 손모양 커서로 변하는데 클릭한 후 드래그하면 마스크 크기를 수정할 수 있다.

❷ **이동**: 중앙점을 클릭한 후 드래그하면 그레이디언트 전체를 이동할 수 있다.

❸ **회전**: 가운데 선이나 맨 아래 추가 포인트를 클릭한 후 드래그하면 그레이디언트를 상하 혹은 좌우로 회전시킬 수 있다.

5 　각 핀을 적당히 조정해 하늘의 모든 부분이 선택되도록 한다. 현재 선택영역이 섬네일에 흰색으로 나타난다.

6 하늘이 너무 밝아서 디테일이 잘 보이지 않으니 약간 어둡게 수정하고 사라진 디테일을 찾아보자. '톤'에서 하늘의 노출값을 줄인 후 '밝은 영역'도 같이 줄인다. 하늘에 흰 구름이 조금 있으니 '흰색 계열'은 올려주자. (노출 -0.95, 밝은 영역 -18, 흰색 계열 33)

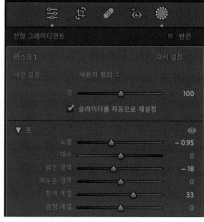

7 마스크 빼기

이렇게 하니 하늘은 훨씬 보기 좋지만 금색 탑까지 어두워졌다. 현재 선택된 마스크에서 골든 템플 부분만 빼면 좋은데, 이 사진은 복잡한 디테일이 없어서 AI가 피사체를 쉽게 인식할 수 있다. 이럴 때 '피사체' 옵션을 쓰면 된다. 마스크 패널에서 '빼기'를 클릭한 후 '피사체 선택'을 선택한다. 즉시 피사체가 선택영역에서 빠진다.

8 피사체 핀이 추가되면서 골든 템플이 원래 색으로 나타난다. 하늘 전체를 선택했다가 AI가 골든 템플, 즉 피사체 부분을 선택영역에서 뺀 결과다.

하늘 전체 선택 상태   피사체 빼기   결과

9 새 마스크 만들기 - 물

물 부분 역시 조금 더 무게감 있게 표현하는 게 좋을 것 같다. 먼저 물 부분만 선택해야 한다. 마스크 패널에서 '새 마스크 만들기'를 클릭한 후 '선형 그레이디언트'를 선택한다.

10 마스크 2가 나타나면 하늘을 선택할 때와 같은 방법으로 물 부분만 선택한다.

11 이미지를 보면서 보정한다. 물의 청량한 느낌을 강조하고, 골든 템플의 노란색과 보색대비를 이룰 수 있도록 좀 더 파랗게 '색온도'를 조정한다. '노출' 값도 조금 줄여 하늘과 밸런스를 맞춘다. 어두워진 만큼 너무 무겁지 않도록 '흰색 계열'을 좀 올려주었다. (노출 -0.45, 색온도 -7, 흰색 계열 57)

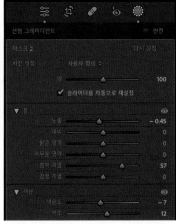

12 새 마스크 만들기 - 시선 유도
사진 속으로 시선을 이끌기 위해 외곽은 살짝 어둡게 만드는 게 좋다. 새 마스크를 하나 더 만든 후 물 아래쪽을 부드러운 그레이디언트로 마스킹하고 노출값을 낮춘다. (노출 -1.01)

13 새 마스크 만들기 - 주제 강조

골든 템플이 약간 밋밋하니 화사하게 빛나면 좋겠다. 새 마스크를 만든 후 '피사체 선택'으로 골든 템플만 선택한다. 노출값을 살짝 올리고, 대비를 올려 보다 선명하게 만든다. '밝은 영역'과 '어두운 영역'을 올려서 디테일을 살리고, 마지막으로 '검정 계열'을 좀 낮추면 대비가 더 선명해진다. (노출 0.15, 대비 33, 밝은 영역 31, 어두운 영역 19, 검정 계열 -10)

 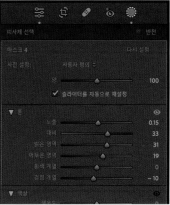

14 현장감 있는 골든 템플 풍경 사진이 완성된다. 선형 그레이디언트 사용법과 선택영역 빼기, 그리고 AI를 이용한 피사체 선택까지 배웠다. 처음에는 약간 헷갈려도 몇 번만 연습하면 금방 익숙해질 것이다.

몸과 마음을 단련하는 요가는 다들 알다시피 인도에서 왔지만, 인도에서는 미용이나 건강보다는
종교적인 의미가 더 강하다. 출가 승려인 '사두'가 하는 수련법 중 하나다.
- 치앙마이의 요가 선생님, 치앙마이, 태국

잘 촬영된 상태로 이대로도 큰 문제는 없다. 하지만 보는 재미를 위해 방사형 필터로 조명 효과를 넣고,
바닥의 깊이감을 위해 선형 그레이디언트를 추가해 보자. 너무 어두워진 얼굴을 살짝 손보고, 주제에 집중시키기 위해
사진 전체에 비네팅 효과를 넣는 게 좋겠다.

둥글게 선택한다
방사형 그레이디언트 마스크

예제사진 PART3\요가 **완성사진** PART3\요가 완성

둥글게 선택할 수 있는 '방사형 그레이디언트' 마스크 방사형 그레이디언트는 '방사형'이라는 말 그대로 둥근 모양으로 선택할 수 있는 마스크다. 둥근 모양으로 선택한다는 것만 다를 뿐, 모든 기능이 선형 그레이디언트와 같으니 기본 사용법은 앞을 참고하자. 각 핀에 마우스 포인터를 가져가면 마스크 크기를 조정하거나 회전, 이동시킬 수 있다는 것도 같다.

1 새 마스크 만들기 - 조명
마스킹 툴을 클릭한 후 '방사형 그레이디언트'를 선택한다. 사진 배경에 조명 효과를 넣고 싶은 부분을 드래그해서 선택한다.

2   노출값을 올려서 선택영역에 조명 효과를 준다. (노출 1.68)

 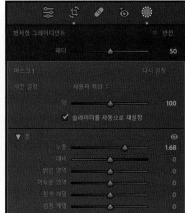

3   마스크 복제하기

하나만 있으니 뭔가 불안한 느낌이다. 양옆으로 하나씩 추가해 보자. 현재의 방사형 그레이디언트를 클릭한 후 Ctrl + C , Ctrl + V 를 눌러 복제한다. '마스크' 패널에서 '방사형 그레이디언트 1'을 마우스 오른쪽 단추로 클릭한 후 복사하고 붙여 넣어도 된다.

4   마스크 이동하기

같은 곳에 붙여넣기가 돼서 겹쳐 보인다. 중심에 있는 검정 핀을 클릭한 후 드래그해 적당히 위치로 옮긴다.

5   같은 방법으로 왼쪽에도 방사형 그레이디언트를 하나 더 복제한다.

6   마스크에서 선택영역 빼기

배경에 조명을 켠 효과는 좋은데, 앞에 있는 피사체까지 너무 밝아져 자연스럽지 않다. 현재의 조명 효과가 피사체에
적용되지 않도록 '마스크' 패널에서 '빼기'를 클릭한 후 '피사체 선택'을 선택한다.

7   AI가 주 피사체를 찾아 선택영역에서 빼준다. 마스크 패널을 보면 복제한 3개의 방사형 그레이디언트 마스크가
'마스크1' 하부에 그룹으로 묶여 있다. 여기서 빼기를 하면 3개의 마스크에 동시에 적용된다. 폴더 개념으로 묶어 관
리하는 것이다.

8 새 마스크 만들기 - 바닥, 선형 그레이디언트

드라마틱한 효과를 위해 너무 밝은 바닥 부분을 어둡게 만들자. '새 마스크 만들기'를 클릭한 후 '선형 그레이디언트'를 선택한다. 바닥 부분을 마스킹한 후 노출을 낮추고, 너무 그레이톤으로 어두워졌으니 '색온도'를 올려 전체 분위기를 맞춘다. (노출 -2.14, 색온도 40)

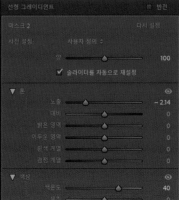

9 새 마스크 만들기 - 인물

얼굴이 너무 어둡다. 새 마스크를 하나 더 만들고 '방사형 그레이디언트'를 선택한다. 얼굴 부분을 마스킹한 후 노출 슬라이드를 살짝 올려준다. (노출 0.55)

10 새 마스크 만들기 - 시선 유도

전체적으로 주변부가 좀 더 어두워야 중앙으로 시선을 집중시킬 수 있다. 방사형 그레이디언트 마스크를 하나 더 만든 후 중앙부를 선택한다.

11 마스크 선택영역 반전시키기

이 상태에서 노출값을 낮추면 중앙부가 오히려 어두워질 것이다. 따라서 선택영역을 반전시켜야 한다. 마스크 패널에서 '마스크4'의 '방사형 그레이디언트1'에 마우스 포인터를 가져가면 점 3개가 나타난다. 클릭하면 나타나는 단축메뉴에서 '반전'을 클릭한다.

12 마스킹이 반전된다. 이제 원하는 만큼 노출값을 낮춰 어둡게 만들자. (노출 -0.68)

13 배경에 흥미로운 조명이 있는 멋진 요가 사진이 완성된다.

특정 색상으로 선택한다
색상 범위 마스크

예제사진 PART3\기차   **완성사진** PART3\기차 완성

색상, 광도, 깊이 등 일부 사진의 특징이 확실할 때
범위 마스크를 사용할 수 있다. 단어 그대로 색상은
색상을 이용하고, 광도는 밝기를 이용한다.
색상부터 보자.

1 새 마스크 만들기 - 색상 범위

기차의 노란색 부분을 모델 의상과 어울리게
바꿔 보자. 마스킹 툴을 클릭한 후 '범위 - 색
상 범위'를 선택한다.

2

마우스 포인터가 스포이트 모양으로 바
뀐다. 사진에서 기차의 노란색 부분을 클릭
한다.

3 색상 범위 슬라이드

자연스러운 결과를 원한다면 한 곳만 클릭
하지 말고 비슷한 색을 전체적으로 모두 찾
아서 클릭한다. 오른쪽 패널에 색상 범위를
조정할 수 있는 슬라이드가 나타난다. 기본
값은 50이고, 0에 가까워질수록 클릭한 색
상과 정확하게 일치하는 색상만 선택된다.
100에 가까워질수록 비슷한 색상의 범위가
넓어진다.

스포이트로 원하는 색을 클릭하면 선택된 부분이
붉은색으로 마스킹된다. 이 사진은 원래 노랑에 붉은색
마스킹이 더해져 오렌지색처럼 보이는 상태다.

4 바꿀 색상 추가하기

`Shift`를 누르면 마우스 포인터에 +가 나타
난다. 이 상태에서 클릭하면 새로 클릭한 색
을 추가해 선택할 수 있다. 이렇게 추가할 수
있는 스포이트 개수는 최대 5개다.

5   색을 바꿀 때 '색조' 슬라이드를 이용할 수 있다. 슬라이드를 왼쪽으로 드래그해 의상과 가장 비슷한 핑크색을
찾아준다. 바꾼 색상의 채도가 비현실적으로 높으니 '채도' 슬라이드를 좀 낮춘다. (색조 -60, 채도 -56)

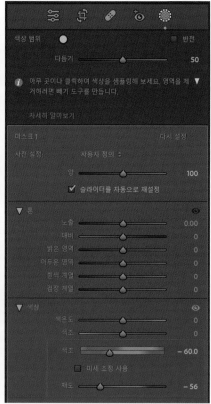

6 마스크 빼기

자세히 보면 모델 얼굴 부분도 어느 정도 선택되어 영향을 받은 것을 알 수 있다. 마스크 빼기를 이용해 이 부분을 처리해 보자. 마스크 패널에서 '마스크1'의 '빼기'를 클릭한 후 '브러시'를 선택한다.

7 마우스 포인터가 브러시 모양으로 바뀐다. 브러시 크기를 적당하게 바꾼 후 모델 부분을 칠해주면 색상 마스크에서 브러시로 칠한 부분이 제외된다.

브러시로 제거하기 전
색상 마스크 영향을 받아 피부에
연하게 붉은 오버레이가 나타난다.

브러시로 제거한 후
칠한 부분이 선택영역에서 빠지자
원래 색이 보인다.

태국은 농업 비중이 높은 만큼 저수지와 댐이 많다. 순전히 농업용수로 사용하기 위해서 만들어진 거대한 저수지는
어업의 터전이자 주민들의 삶 속에 완전히 자리 잡았다. 트럭에 물통을 싣고 와서 물을 길어가면서 차도 한 번 닦고 가는 건
저수지 주변 마을 사람들의 일상이다. - 태국, 람빵, 메모 저수지

Before

밝기를 이용해 마스킹해서 노출과 색감을 보정해 보자.
자연스럽게 연결되면서도 다른 기능과는 또 다른 맛의 멋진 색상을 만들 수 있다.

특정 밝기로 선택한다
광도 범위, 깊이 범위 마스크

사진의 원근으로 선택한다 - 깊이 범위 마스크 광도 범위 마스크와 사용법은 거의 비슷하다. '광도 범위'가 빛으로 선택한다면, '깊이 범위'는 깊이 데이터를 기준으로 마스킹할 수 있다. 깊이 데이터는 멀고 가까운 원근이라고 생각하면 된다. 다만, 사진에 깊이 데이터를 제공하는 건 현재 아이폰 정도고, 일반 카메라에서는 지원하지 않아 이 기능을 활용하기가 쉽진 않다. 만약 아이폰을 사용한다면 RAW 파일인 DNG로 촬영해서 라이트룸으로 가져오면 된다.

1 마스킹 툴을 클릭한 후 '범위 - 깊이 범위'를 클릭한다.
2 '마스크' 패널에 '깊이 범위1'이 나타난다. 이미지에서 아무 곳이나 클릭하면 현재 클릭한 지점의 깊이 데이터가 나타나는데, 이것을 기준으로 범위를 조정해 선택할 수 있다. 다른 사용법은 광도 범위 마스크와 같으니 참고하자.

아리송한 광도 범위 슬라이드 살펴보기 　 광도 즉 밝기를 기준으로 선택한다. 빛의 밝기를 선택한다는 것이 광도 마스크라는 것을 기억하고 있으면 다양한 아이디어가 떠오를 것이다. '광도 범위' 마스크를 선택하면 오른쪽 패널에 '광도 범위' 막대가 나타난다. 마우스 포인터를 바 위에 올리면 조정핸들이 나타나는데, 클릭한 후 드래그해서 원하는 만큼 선택할 수 있다. 처음 보면 살짝 헷갈릴 수 있으니 여기서 먼저 알아보자.

슬라이더와 가운데 네모를 드래그하면 선택 범위를 정할 수 있다. 네모 부분은 100%로 완전히 선택되는 부분이고, 양쪽 슬라이더가 있는 곳은 0%, 즉 선택되지 않는 지점이다.

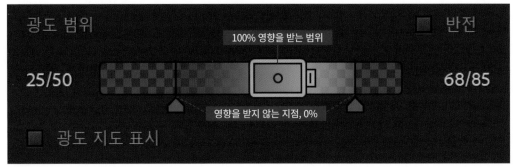

❶ **반전**: 선택영역을 반전시킨다.
❷ **광도 지도 표시**: 사진을 흑백으로 전환해 더 쉽게 밝기만 볼 수 있다.

좌우의 숫자는 0~100까지 영향을 받는 밝기 범위를 말한다. 왼쪽 가장 어두운 부분이 0이고, 오른쪽 가장 밝은 부분이 100이다. 예를 들어 25/50, 60/85로 표기되었다면 50~60까지 밝기를 가진 모든 픽셀은 100%로 선택되어 영향을 받는다. 25~50, 50~60까지는 부드럽게 그러데이션 되면서 점차 영향을 받는다. 25보다 어두운 곳과 85보다 밝은 곳은 아무 영향을 받지 않는다.

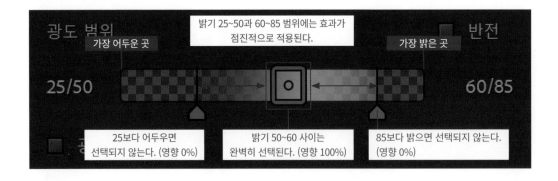

1 새 마스크 만들기 - 가장 밝은 부분

마스킹 툴을 클릭한 후 '범위 - 광도 범위'를 선택한다.

예제사진 PART3\저수지 마을사람들 **완성사진** PART3\저수지 마을사람들 완성

2   마우스 포인터가 스포이트 모양으로 바뀐다. 이 사진에서는 극적인 변화를 만들 거라 가장 밝게 빛나고 있는 태양을 선택한다.

3 광도 범위 슬라이드 조정하기

오른쪽 패널에 '광도 범위' 슬라이드가 나타난다. 마우스 포인터를 바 위에 올리면 조정핸들이 나타나는데, 원하는 부분을 클릭한 후 드래그해서 원하는 만큼 선택하면 된다.

현재 사진에서 가장 밝은 부분을 클릭했기 때문에, 슬라이드 역시 100~91까지가 100%로 선택되었다. 91~66 밝기까지는 점진적으로, 66부터는 아무 영향을 받지 않게 선택된 상태다. 현재 선택범위가 오버레이로 붉게 표시되니 보면서 선택하자. 여기서는 선택범위가 적당하니 바꿀 필요 없다.

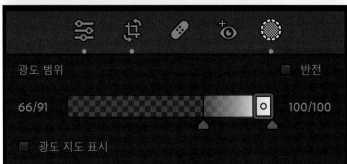

4 가장 밝은 범위가 적당히 선택되었으니 색온도를 조정해서 극적으로 바꿔 보자. (색온도 30, 색조 60)

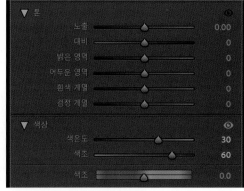

5 새 마스크 만들기 - 중간 밝기 부분

약간 부족한 느낌이니 중간 밝기를 가진 구름의 색감도 바꿔주자. '광도 범위' 마스크를 하나 더 만든다. 스포이트가
나타나면 중간 밝기를 가진 구름을 클릭한다.

6 중간 밝기를 클릭했지만, 앞에서 선택했던 범위까지 모두 들어있으니 빼줘야 한다. 광도 범위 슬라이드를 조정해
서 원하는 중간 정도 밝기 부분만 선택되도록 조정하자.

7 가장 밝은 부분과 연결되는 듯한 느낌으로 색온도를 보정한다. (색온도 24, 색조 83)

8 새 마스크 만들기 - 어두운 부분

하늘의 어두운 부분이 밋밋하니 좀 더 보정하자. 광도 범위 마스크를 하나 더 만든 후 이번에는 하늘의 어두운 부분을 선택한다.

9 광도 범위 슬라이드를 조정해 하늘의 어두운 부분이 거의 다 들어가도록 선택한 후 색온도를 좀 더 드라마틱한 색감으로 바꾸면 완성이다. (노출, -1.14, 색온도 -22, 색조 29)

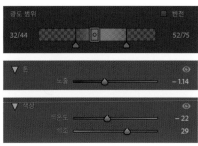

AI 시대 수작업의 재발견
브러시 마스크

인물사진의 기본은 밝고, 긍정적인 이미지를 주는 것이다. 피부 질감이 차
지하는 느낌이 아주 크니 적극적으로 피부를 보정하고, 치아 색상은 깨끗하
게, 그다음 전체적인 입체감을 표현한다. 밋밋한 배경을 활기 있게 바꾸는
방법도 놓치지 말자.

예제사진 PART3\인물사진 **완성사진** PART3\인물사진 완성

브러시 슬라이드 살펴보기 현상 모듈 마스킹 툴에서 '브러시'를 선택하면, 마우스 포인터 모양이 변하면서 오른쪽 패널에 '브러시' 슬라이드가 나타난다. 여기서 여러 옵션을 조절할 수 있다.

마우스 포인터에 2개의 원이 나타난다. 바깥쪽 원은 브러시 영향이 0%가 되는 지점을, 안쪽 원은 50%가 되는 지점을 표시한 것이다. 예를 들어 페더값이 100이라면 클릭한 곳을 기준으로 한가운데만 100%로 영향을 받고, 바깥쪽 원으로 갈수록 점차 효과가 줄어들어 외곽이 부드러운 브러시가 된다.

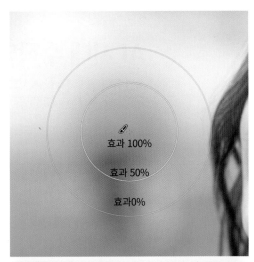

❶ **반전:** 브러시 선택영역을 반전시킨다.
❷ **A/B:** 자주 사용하는 브러시 크기나 특성을 2개의 브러시로 저장해 놓고 번갈아 사용할 수 있다.
❸ **크기:** 브러시 크기를 조절한다. 마우스 휠을 사용해도 된다.
❹ **페더:** 브러시 외곽이 얼마나 딱딱한지 부드러운지를 정한다.
❺ **플로우/밀도:** 조정값을 얼마나 적용할지 결정한다. 100일 경우 조정값이 그대로 영향을 주며 0으로 갈수록 줄어든다. 플로우 효과는 중첩되지만, 밀도는 중첩되지 않는다는 게 다르다. 효과가 50일 때 플로우는 2번 겹치면 100이 되지만, 밀도는 2번 겹쳐도 그대로 50이다.

▶ 플로우와 밀도의 차이: 닷지(노출 +4)와 컬러 브러시로 가로세로로 한 번씩 그었다. 가로세로가 겹치는 가운데 부분은 브러시가 2번 칠해진 상태다.

플로우 100, 밀도 100
브러시 효과가 한 번에 모두 적용되어 2번 칠해진 가운데 부분도 다른 곳과 같다.

플로우 70, 밀도 100
플로우 값이 낮으면 브러시가 여러 번 칠해질 때마다 효과가 추가된다. 겹친 플로우 값이 100이 되면 더 이상 적용되지 않는다.

플로우 100, 밀도 50
밀도 값이 낮으면 효과는 지정한 값만큼 줄어들지만, 브러시가 2번 지나가도 결과는 같다. 아무리 여러 번 칠해도 중첩 효과는 없다.

인공지능 AI가 많은 부분에서 수작업을 대신하고, 보통은 비숙련자보다는 좋은 결과물을 만든다. 클릭 한 번으로 끝나는 AI 시대지만, 때로는 손으로 하나씩 만진 결과가 더 나을 수도 있다. 그만큼 촬영자의 의도를 섬세하게 잘 표현할 수 있기 때문이다. 손으로 만드는 사진이 주는 특별함을 만나보자.

1 새 마스크 만들기 - 브러시

마스킹 패널에서 '브러시'를 이용해 인물 사진을 디테일하게 보정해보자. 마스킹 툴을 클릭한 후 '브러시'를 선택한다.

2 브러시 크기 정하기

마우스 포인터가 브러시 모양으로 바뀌면서, 오른쪽 패널에 '브러시' 슬라이드가 나타난다. 피부톤을 부드럽게 표현하기 위해 전체 피부를 선택한다. 브러시 크기를 대충 6~10 정도로 설정하고, 눈, 입, 눈썹 등 중요 디테일을 제외한 모든 피부에 칠한다. 칠하다가 브러시가 너무 크면 마우스 휠을 조절해서 조금 작게 만들면 된다.

3   선택영역 지우기 [Alt]

칠이 삐져나간 부분이 있을 때 [Alt]를 누르면 마우스 포인터 모양이 -로 바뀐다. 이 상태에서 삐져나간 부분을 지우면 된다. 키를 누른 상태에서도 마우스휠로 브러시 크기를 조정할 수 있다. 너무 정밀하게 칠하려고 할 필요는 없다. 크게 삐져나온 부분만 살짝 정리해 주면 충분하다.

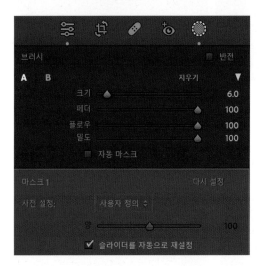

4   기본 피부색 찾아주기 - 브러시 사전 설정

브러시 조정값을 입력해서 피부를 부드럽게 처리할 수도 있지만, 여기에서는 브러시 사전 설정을 이용해 보자. '마스크 1' 조정 패널에서 '사전 설정: 사용자 정의'를 클릭한 후 '피부색 부드럽게'를 선택한다.

5   사전 설정 적용 전후를 비교해서 보면 피부 질감을 확실하게 보정해 주는 것을 알 수 있다. 같이 있는 '피부색 부드럽게(Lite)'는 더 자연스럽지만 보정 효과는 덜하다.

6 새 마스크 만들기 - 어두운 부분

이렇게 피부 보정을 하니 얼굴의 콘트라스트가 감소해 매력이 떨어져 보인다. 마스크 패널에서 '새 마스크 만들기'를 클릭한 후 다시 '브러시'를 선택한다. 브러시 크기를 적당하게 정한 후 얼굴에서 어두워야 하는 부분을 칠해서 선택한다.

7

마스크 패널에 '마스크2'가 선택된 상태에서 '사전 설정: 번(어둡게)'를 선택한다. 이렇게 어두워야 하는 부분이 어둡게 되어야 훨씬 입체적인 인물 사진이 될 수 있다. 때에 따라 의도적으로 얼굴의 콘트라스트를 제거해 평면적으로 보여줄 수도 있지만, 어디까지나 특별한 목적이 있는 경우다. 일반적으로는 풍부한 입체감을 표현하는 것이 기본이다.

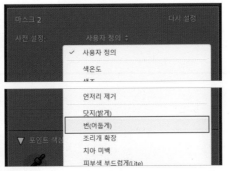

8 새 마스크 만들기 - 밝은 부분

이제 밝은 부분도 찾아주자. 어두운 부분과 대비되어야 더욱 입체감이 살기 때문에 밝은 부분을 찾아주는 것도 매우 중요하다. 새 마스크를 하나 더 만든 후 '브러시'를 선택한다. 얼굴에서 밝아져야 하는 부분을 찾아 적당한 브러시 크기로 칠해 준다. (브러시 크기 5)

9 마스크 패널에 '마스크3'이 선택된 상태에서 '사전 설정: 닷지(밝게)'를 선택한다. 선택했던 부분이 자연스럽게
밝은 톤으로 표현된다. 사진이 좀 더 활기차 보인다.

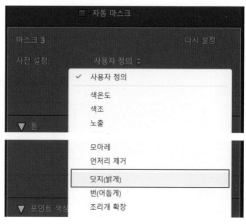

10 새 마스크 만들기 - 사진에 깊이감 주기

사진에 깊이감을 만들기 위해서 조금만 더 다듬어 주
자. 마스크 기본 사용법은 위에서 다 해봤으니 작업 위
주로 좀 더 빠르게 진행해 보자. 새 마스크를 만든 후
'브러시'를 선택한다. 큰 브러시로 좀 더 어두워져야 하
는 부분을 칠한다. 이번에는 사전 설정에 있는 '번(어둡
게)'보다 더 어두웠으면 해서 노출값을 어둡게 조정했
다. 이렇게 하면 좀 더 다양한 깊이감을 얻을 수 있다.
(브러시 크기 30, 노출 -0.51)

11 새 마스크 만들기 - 배경

마지막으로 배경이 너무 밋밋하니 완전히 흐려진 보케를 좀 더 다채로운 색상으로 표현해 보자. 새 마스크를 만든 후 '브러시'를 클릭한다. 큰 브러시를 이용해서 보케 몇 곳을 클릭한 후 색온도를 조절해 더 진한 녹색이 되도록 만든다. (색온도 -49)

12 새 마스크 만들기 - 배경에 풍부한 색감 넣기

배경이 좀 더 풍부해졌지만 여전히 밋밋하게 느껴지는 건 너무 녹색 계열이기 때문이다. 새 마스크를 만든 후 '브러시'를 클릭한다. 큰 브러시를 이용해서 보케 몇 곳을 클릭한 후 색온도와 색조를 조정해 좀 더 따뜻한 톤의 보케가 있는 것처럼 보정한다. 생동감이 살아나면서 인물을 화사하게 보조해 주는 배경이 될 것이다. (색온도 49, 색조 82)

13 새 마스크 만들기 - 치아 미백

치아를 좀 더 하얗게 만들어 주면 더욱 좋을 것 같다. 브러시 새 마스크를 만든 후 브러시 크기를 적당히 줄여서 치아 부분을 선택한다. '사전 설정: 치아 미백'을 선택하면 치아가 하얗게 보정된 것을 볼 수 있다.

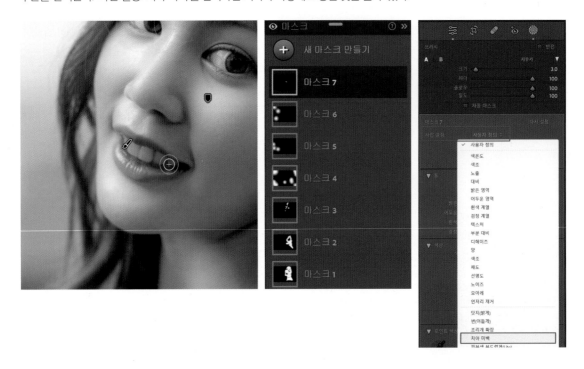

14 브러시 마스크는 수동이다. 말 그대로 손 가는 대로 사용할 수 있는데, 사진을 잘 다룰수록 더 많이 사용하게 될 것이다. 라이트룸 브러시 사전 설정이 생각보다 효과가 좋으니 하나씩 테스트해서 확인한 후 사용하자.

라오스를 여행하던 도중 이름 모를 산에 올랐다가 멋진 일몰을 감상할 수 있었다. 해가 구름 뒤로 넘어가면서 열대 정글 특유의 화려한 구름을 돋보이게 했다. - 라오스 열대의 일몰, 라오스, 루앙프라방 주

아무리 멋진 풍경이어도 밝은 부분과 어두운 부분의 차이가 너무 크면 사진 한 장에 모든 걸 담는 건 불가능에 가깝다.
이럴 때는 다양한 노출로 촬영한 여러 사진을 HDR로 병합하면 부족한 부분을 메꿔 실제 우리 눈으로 보는 것과
비슷한 느낌으로 연출할 수 있다.

Before

노출의 한계를 극복한다
HDR 사진

예제사진 PART3\라오스의 일몰 1-3   **완성사진** PART3\라오스의 일몰 1-3 완성

HDR 사진을 만드는 진짜 이유   HDR은 고계조 사진으로 High Dynamic Range Imaging의 약자다. 노출이 다른 여러 장의 사진을 톤 매핑해서 높은 계조를 가진 사진 한 장을 만드는 방법이다. 밝고 어두움의 대비가 강하면 양 끝의 계조가 극단적으로 저하되고, 어두운 부분과 밝은 부분의 데이터양이 적어 결과적으로 노이즈가 심해지거나 아예 데이터가 없는 부분도 생긴다. 이런 상황을 보완하기 위한 것이 HDR 사진이다.

라이트룸 HDR 병합의 장점은 RAW 파일을 합칠 수 있고, 'HDR 사진' 하면 떠오르는 과도한 느낌 없이 풍부한 데이터를 이용해 넓은 범위의 보정이 가능하다는 점이다. 포토샵이나 전문 HDR 툴 못지않은 멋진 성능을 보여주면서도 매우 쉽고 빠르다. 쓰지 않을 이유가 없다.

1   HDR 사진으로 병합하기

라이브러리 모듈에서 하나로 병합할 사진을 모두 선택한다. 사진 위에서 마우스 오른쪽 버튼을 클릭한 후 '사진 병합 - HDR 병합'을 클릭한다. 예제에서는 3장의 사진을 병합하지만, 이론상으로는 사진이 많을수록 좋은 결과를 얻을 수 있다. 다만 시간이 오래 걸리고, 나뭇잎 등에서 고스트 현상이 발생할 수 있다. 그래서 실제로는 3장(노출 부족, 적정, 과다인 사진) 또는 5장(노출 많이 부족, 부족, 적정, 과다, 매우 과다인 사진) 정도를 병합한다.

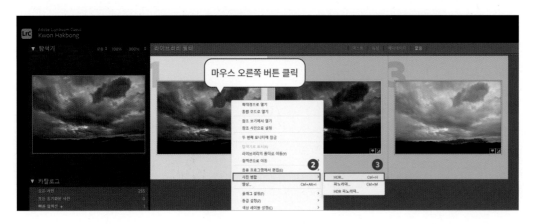

2 추천하는 옵션은 이것!

'HDR 병합 미리 보기'가 나타나면 옵션을 설정한다. '자동 정렬'은 필수고, '자동 설정'은 쓸모없다. 고스트는 이미지에 치명적이므로 '고'를 선택하고, 고스트가 발생하는지 화면에서 확인해야 하니 '디고스트 오버레이 보기'에 체크한다. 미리보기 창을 보면서 별 이상이 없다 싶으면 '병합'을 클릭한다.

- ❶ **자동 정렬:** 각 사진의 프레임이 조금 달라도 자동으로 정렬시킨다. 필수적으로 선택하자.
- ❷ **자동 설정:** 자동으로 노출 톤을 보정한다. 나중에 조정할 수 있으니 사용할 필요 없다.
- ❸ **디고스트 양:** 바람에 움직이는 나뭇잎 같은 물체일 경우 시간에 따라 위치가 변한다. 이런 이미지들은 HDR 병합 과정에서 마치 고스트 이미지 같은 중첩 현상이 발생한다. 이미지 중첩에 따른 결과인데, 이 양을 얼마나 허용할 것인가를 결정하는 옵션이다.
  - 없음: 고스트를 100% 허용한다.
  - 저/중간/고: '고'일 경우 최대한 고스트를 없애는 방향으로 병합한다. '고'로 선택한다.
- ❹ **디고스트 오버레이 보기:** 체크하면 고스트가 발생하는 부분을 붉은 색으로 오버레이해서 보여준다. 체크하자.

디고스트 양을 '없음'으로
선택한 결과

3 HDR 병합된 사진 찾기

병합 과정이 진행된 후 원본사진들 옆에 결과물이 나타난다. HDR 병
합된 사진에는 자동으로 파일이름에 'HDR'이 들어가므로 검색 시 기
준으로 이용할 수 있다.

4 HDR의 장점

보정 가능한 범위가 비약적으로 증가하며 같은 값을 수정했을 경우 이미지 열화가 최소한으로 억제된다. 결과적으
로 데이터가 매우 풍부한 슈퍼 이미지가 되는 것이다. 큰 의미는 없지만 노출을 조정할 때 일반 사진의 경우 '±5'까
지만 조정할 수 있으나, HDR로 만들면 '±10'까지 가능하다. 또 어두운 영역이나 밝은 영역을 극단적으로 조정했을
때 보이는 계단 현상이나 노이즈가 크게 감소해 이미지 품질이 매우 좋아진다.

일반 이미지   HDR로 병합된 이미지

슈퍼 디테일을 가진 멋진 풍경 사진 만들기
파노라마 사진

전통적인 파노라마 사진은 렌즈가 회전하면서 슬릿을 통해 필름의 긴 면적에 노출시켜 촬영하는데, 디지털로 넘어오면서 이런 파노라마 사진 촬영이 매우 간편해졌다. 앞서 알아본 HDR을 응용해서 각 소스 사진을 HDR로 만든 다음 파노라마로 합치면 슈퍼 디테일을 가진 파노라마 사진을 만들 수 있다. 여기에서는 기본적으로 라이트룸에서 어떻게 파노라마 사진을 만드는지 알아보자.

파노라마용으로 7장의 사진을 촬영했다. 촬영할 때 최대한 수평이 변하지 않도록 주의하고, 연결되는 부분이 충분히 겹치도록 천천히 프레임을 옮겨 촬영하면 나중에 훌륭한 파노라마 사진을 만들 수 있다.

예제사진 PART3\파노라마1-8 **완성사진** PART3\파노라마1-8 완성

잠시 쉬려고 들렀던 휴게소. 생각지도 못했던 장면을 만나는 바람에 다시 카메라를 꺼냈다.
노을 지는 시간의 햇살과 구름의 풍경이 너무 시원하고 아름다웠던 이요시의 일몰을 파노라마로 담아 보았다.
- 이요시의 파노라마, 시코쿠, 일본

1 HDR 파노라마로 병합할 사진을 모두 선택한다. 사진 위에서 마우스 오른쪽 버튼을 클릭한 후 '사진 병합 – 파노라마'를 선택한다.

2 '파노라마 병합 미리 보기' 대화상자가 나타난다.

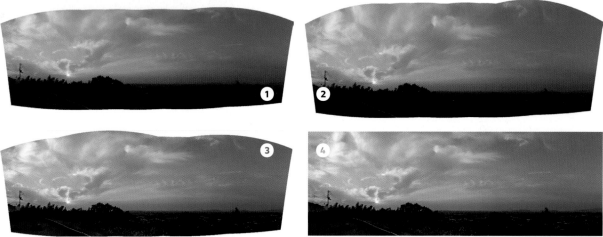

❶ **투영 선택:** 3가지 투시도 중 하나를 선택한다.
❷ **경계 변형:** 사진을 임의로 변형해 가장 크게 보이도록 병합한다. (최소 0, 최대 100)
❸ **가장자리 채우기:** AI가 자동으로 가장자리의 빈 부분을 채워 주는 기능이다.
❹ **자동 자르기:** 손으로 촬영한 경우 각 사진에서 필요 없는 부분을 자동으로 잘라낸다.

3 여기서는 수평적인 이동을 강조하고 너무 길어지지 않도록 '원통형'을 선택했다. 가장자리 부분을 AI가 자동으로 채워 넣을 수 있도록 '가장자리 채우기'를 체크하고 별 이상이 없으므로 '경계 변형' 값을 0으로 한 후 '병합'을 클릭한다.

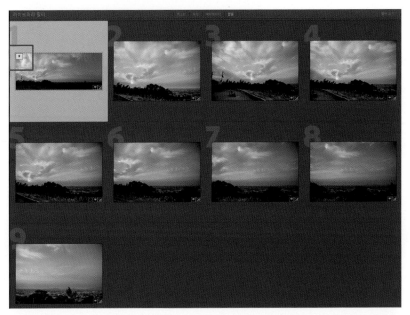

4 '스택 만들기'가 기본으로 선택되어 있기 때문에 한 장의 사진으로 나타난다. 사진 왼쪽 위 '9'라는 숫자는 사용된 사진이 9장이라는 의미다.

5 스택으로 합쳐진 첫 번째 사진을 클릭한 후 '현상' 모듈을 클릭하면 대표 이미지인 파노라마 이미지만 보정할 수 있다. 보정을 거치면 파노라마 사진이 완성된다.

같은 장면을 여러 번 찍어 실사의 감동까지 표현하기
HDR 파노라마

더욱 완벽하고 멋진 파노라마 사진을 만들 때는 각 사진의 노출값을 다르게 해서 같은 장면을 여러 장 촬영하기도 한다. 전에는 각 소스 세트를 일일이 HDR 사진으로 만든 다음에 다시 한번 파노라마로 만들어야 했는데, 이제 컴퓨터가 알아서 한 번의 클릭으로 해결해 준다.

예제사진 PART3\마차푸차레 1~15   **완성사진** PART3\마차푸차레 1~15 완성

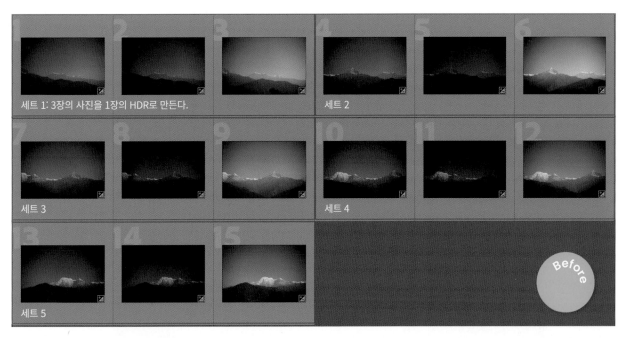

같은 장면을 3장씩 다른 노출값으로 촬영한 5세트의 소스 사진이 있다. 3개씩 하나로 합쳐서 5개의 HDR 사진으로 만든 후
파노라마로 이어 붙여 하나의 커다란 HDR 파노라마 사진으로 만든다. 이 모든 과정을 한 번에!

1 같은 장면을 3장씩 다른 노출값으로 촬영한 소스 5세트, 즉 15장의 사진이 있다. HDR 파노라마로 병합할 사진을 모두 선택한 후 사진 위에 마우스 오른쪽 버튼을 클릭하고 '사진 병합 – HDR 파노라마'를 선택한다. 원본 파일의 크기나 컴퓨터의 성능에 따라 시간이 오래 걸릴 수도 있으니 느긋하게 기다리자.

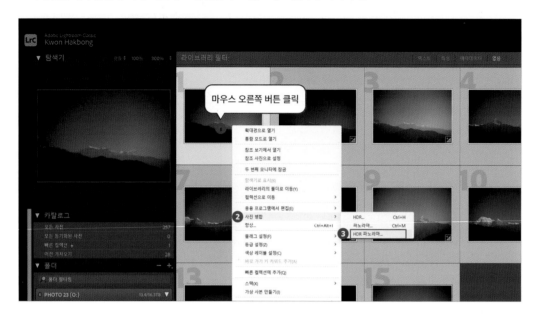

2 'HDR 파노라마 병합 미리 보기' 대화상자가 나타난다. 나머지 모든 옵션은 일반적인 파노라마 만들 때와 같다. 경고 메시지는 HDR 파일이 어떻게 만들어지는지를 알려주고, 혹시 결과가 마음에 들지 않는다면 이전 방법대로 하나씩 HDR 파일을 만들라는 말이다.

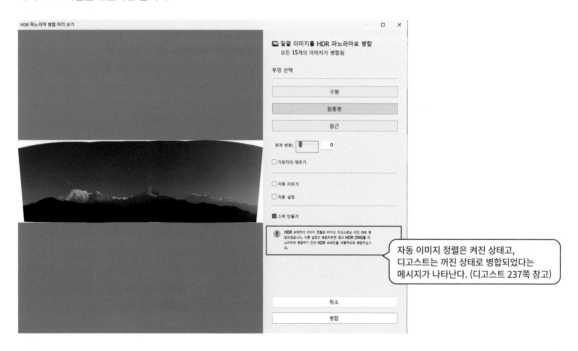

3 HDR 이미지에 아무런 문제가 없어 보이므로 '투영 선택'은 '원통형'으로 선택한다. '자동 자르기'에 체크한 후 '경계 변형'을 '0' 정도로 설정하고 '병합'을 클릭한다.

4 '스택 만들기'에 체크되어 있었기 때문에 15장의 소스 사진과 1장의 파노라마 사진이 스택으로 만들어진다. '현상' 모듈로 가서 기본적인 보정을 마치면 멋진 고품질의 사진을 만들 수 있다.

5 이렇게 HDR+파노라마로 합친 고품질의 사진을 만들었다. 하지만 자세히 보면 파일들이 합쳐진 부분의 하늘에 큰 얼룩처럼 보이는 부분이 있다.

6 포토샵에서 블러로 지우기

AI를 써도 되지만 여기서는 전통적인 블러를 사용해 보자. 포토샵으로 가져간 후 페더값 55 정도를 준 올가미 도구로 하늘을 대충 선택한다. '필터 메뉴 - 흐림 효과 - 가우시안 흐림 효과'를 클릭한 후 가우시안 블러를 얼룩이 보이지 않는 정도로 주자.
이렇게 처리하면 하늘의 얼룩이 완전히 사라져 더욱 자연스러운 HDR+ 파노라마 사진이 된다.

Part 4
컬러 이론부터 색상 보정까지

"길을 가고, 미리 정해진 목적 없이 여행하고,
시각적인 호기심으로 나를 둘러보고, 내가 만나는 것에 놀란다.
촬영하는 동안 어떻게든 생각을 멈춘다.
그것은 현실과 게임을 하는 것과 같다."

_ 니코스 이코노모풀로스

우리가 보는 색은 진짜 그 색일까?

▶ [시즌3] #4 Book 1. Part 4 우리가 보는 색은 진짜 그 색일까?

'본다'에서 시작해 보자. 우리가 사과를 본다. 학교에서 배운 대로 말하면, 사과에 반사된 빛이 안구를 통과하고 망막에 초점이 맞아 시각세포를 자극한 결과 우리는 본다고 '생각'한다. 하지만 우리가 보는 게 정말 이렇게 객관적일까?

다음 예제의 왼쪽 그림에서 위아래 회색 중 어느 쪽이 더 어두운가? 대부분 위쪽이라고 답할 것이다. 그러나 오른쪽 그림에서 알 수 있듯이 위아래 다 똑같은 회색이다. 재밌는 건 정답을 알고 나서 봐도 여전히 왼쪽 위 회색이 어둡게 보인다는 점이다. 우리 눈은 사진 찍듯이 있는 그대로를 객관적으로 보지 않는다. 우리는 '눈으로 본다'라고 생각하지만, 사실은 뒤통수에 있는 시각 영역을 담당하는 뇌가 해석한 정보를 '믿고' 있는 것일 뿐이다.

믿기지 않는다고? 우리 눈에 대해 배신감이 들겠지만 예는 얼마든지 있다. 왼쪽 큐브를 보면 윗면에는 갈색이, 왼쪽 면에는 오렌지색이 있다. 분명히 그렇게 보이지만 오른쪽 큐브를 보면 정확히 같은 색이라는 걸 알 수 있다. 왼쪽 큐브에서 색이 다르게 보이는 이유는 왼쪽 면이 어둠 속에 있기 때문이다. 우리의 뇌가 주변 상황을 인식해, 이 정도 어둠 속에 있는 갈색은 오렌지색으로 보인다는 경험적인 해석을 내린 결과다.

이 사진은 컬러인가? 흑백인가?

사진으로 봐도 마찬가지다. 이 사진은 흑백 사진 위에 색을 가진 줄을 겹쳐 놓은 것일 뿐이다. 마치 컬러사진처럼 보이는 건 우리의 뇌가 부족한 컬러 데이터를 알아서 추가해 보정한 결과다.

이런 식이다. 물리적으로 빛을 정확하게 구분하는 것이 아니라 뇌가 그렇게 보이도록 조작하는 것에 가깝다. 상당히 주관적이고 의식적으로 말이다. 이 사실을 명확히 인식해야 색을 이해하는 게 왜 이렇게 어려운지를 공감할 수 있다. 우리의 눈은 카메라와 달리 색이나 심지어 모양까지도 절대로 객관적으로 인지할 수 없다. 우리가 본다는 건 지금까지 경험으로 쌓아온 모든 데이터를 이용해서 자동으로 해석한 결과를 인지하는 행위임을 잊지 말자.

색이라는 것도 사실 과학적으로는 존재하지 않는다. 빛의 파장 길이별로 감지하는 세포가 따로 있고, 이 세포들이 전해주는 신호의 세기를 조합해 색으로 해석하기 때문에 색이 존재하는 것처럼 '느껴질' 뿐이다. 인접해 있는 두 색의 차이를 구별하는 능력은 기계보다 뛰어날 수 있어도, 오늘 본 색을 내일 기억해서 정확히 짚어내는 것은 불가능에 가깝다.

따라서 거칠게 말한다면 지극히 객관적인 카메라가 내놓는 색이 우리 마음에 들 리 없다. 카메라는 눈까지만 있고 뇌가 없기 때문이다. 당시에는 너무나 아름다웠던 그날의 일몰이 모니터 속에서는 유치하게 보인다. '이건 아니지' 싶어서 그날의 풍경과 유사하게 보정한다. 그런데 그걸 본 다른 사람들은 내가 느낀 그 느낌이 아닌 것만 같다. 심지어 다른 사람 모니터로 내가 봐도 뭔가 이상하게 보인다. 인쇄소에 출력을 맡겼더니 아예 쓰레기통에 처박고 싶을 정도로 형편없다. 왜 이럴까? 왜 내 눈으로 본 것과 모니터로 보는 것, 다른 사람의 모니터로 보는 것, 인쇄해서 보는 것이 다 다를까? 어떻게 하면 내 눈으로 봤던 그 색을 그대로 재현할 수 있을까?

한계를 메꾸기 위한 우리의 노력
색공간, 색역, 캘리브레이션

▶ [시즌3] #5 Book 1, Part 4 색공간, 색역, 인텐트, 사진의 색에 관해서

우리 눈이 색을 '객관적으로' 보지 못한다는 건 공감했을 것이다. 카메라와 모니터에서 '총천연색'이라고 말하는 풀컬러(Full Color) 세상이지만, 우리가 다룰 수 있는 색은 이 세상의 모든 색에 비교하면 절반도 되지 않는다. 아름다운 대자연을 향해 카메라 렌즈를 들이대고는 있지만, 거기에서 가져올 수 있는 색은 절반밖에 안 된다는 말이다. 이유는 간단하다. 21세기의 기술력의 한계 때문이다. 하지만 어떻게든 자연을 모방하고 싶어서 노력한 결과가 이것이다.

첫 번째, 색공간   그 첫걸음으로 우리가 사용할 수 있는 색의 재료, 즉 표현수단에 집중해 만든 것이 '색공간'이다. 색을 무엇으로 만들었는가 빛인가 잉크인가에 따라 분류한다. 빛과 잉크라는 재료 차이를 알면, 이것 때문에 생기는 문제를 어떻게 감수하고 이용할 것인지도 알 수 있게 된다. 예를 들면 내 모니터에 보이는 대로 인쇄하겠다는 생각이 얼마나 부질없는지를 깨닫고, 더 이상 인쇄소에 이런 '이상한' 요청을 하지 않게 된다. 대신 내가 모니터로 보는 거와 최대한 비슷하게 인쇄하는 방법을 찾고, 내가 원하는 것과 버려도 되는 것을 구분할 수 있게 될 것이다.

두 번째, 색역   그 색공간 안에서 표현할 수 있는 한계점을 지정해 놓은 울타리 안쪽 세계를 '색역'이라고 하는데, '색을 표현할 수 있는 영역'이라고 이해하면 된다. sRGB니 Adobe RGB니 하는 것들이 정확하게 무엇을 의미하는지 이해한다면 "Pro Photo RGB가 제일 좋은 것이고, sRGB가 가장 나쁜 것이다"라는 이상한 소리를 하지 않게 된다. 또 Adobe RGB로 저장한 사진이 인터넷에서는 왜 이상하게 보이는지, 그럼 어떤 것을 선택해야 하는지도 알 수 있다.

세 번째, 캘리브레이션   너와 나의 장치가 똑같은 색을 표현하길 바랐다. 이를 해결하기 위해 '캘리브레이션'이라고 하는 기준을 만들었다. 조금만 관심을 기울이면 '내가 보는 색이 실제로는 그 색이 아닐 수도 있다'라고 어디선가 듣기는 했지만 사진을 찍는다고, 잘 찍고 싶다고 노래를 부르면서도 색에 무관심했던 과거를 반성할 수 있을 것이다. 인터넷에서 미세한 색감 조정을 한 다음 "A가 좋아요, B가 좋아요?"라고 묻는 게 얼마나 부질없는지도 깨달을 수 있다.

색의 재료는 무엇인가?
색공간

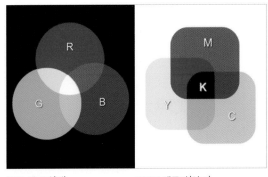

RGB 색공간(빛)   CMYK 색공간(잉크)

RGB와 CMYK, 그리고 이것만으로 부족한 이유 색을 빛의 삼원색인 빨강(Red), 초록(Green), 파랑(Blue)으로 만들었다면 모니터에서 볼 수 있는 RGB 색공간이다. 잉크의 삼원색인 청색(Cyan), 자색(Magenta), 황색(Yellow)으로 만들었다면 인쇄에서 사용하는 CMYK 색공간이다. 이론적으로는 잉크의 삼원색을 섞으면 검정이 나와야 하지만, 실제론 칙칙한 검정이 나온다. 게다가 검정을 가장 많이 사용하는 글씨에 3가지 색을 섞어 쓰는 게 비효율적이라 검정(blacK)을 따로 추가해 4색으로 인쇄한다.

여기에 무시무시한 수학을 이용해서 색을 만들기도 한다. 과학의 언어가 수학이라는 건 모두 알고 있을 것이다. 수학으로 만든 색공간을 '이론적'이라고 말하기도 하지만 그만큼 완벽하고 절대적이며 오류가 없다. 왜 이런 절대적인 색공간이 필요할까?

RGB 색공간의 대표는 모니터다. 모니터 작동원리를 보면 뒤에서 흰색 빛을 쏴주고 앞에 있는 3가지 색 셀로판지 같은 것을 여닫아 색을 표현한다. 여기서 많은 문제가 생긴다. 뒤에서 쏘는 빛은 얼마나 흰색인가? 앞에서 열었다 닫았다 하는 3가지 색은 얼마나 정확한가? 이렇게 RGB 색공간으로 색 전체를 말하기엔 따질 게 너무 많아서, 뭔가 절대적이고 객관적인 기준이 필요하다.

예를 들어 길이를 재려면 자가 필요하다. 자는 길이가 변하지 않아야 쓸모 있지 고무줄로 만든 자라면 도무지 신뢰가 가지 않는다. 이때 고무줄로 만든 자가 RGB나 CMYK 같은 색공간이고, 스테인레스로 만든 튼튼한 자가 바로 수학으로 만든 색공간 즉 Lab 색공간이다.

수학으로 색공간을 만들면 정말 많은 것이 등장한다. 대충 봐도 YIQ라는 색공간이 있고, 이 그래프를 30도 살짝 돌리면 YUV가 되기도 하며, 이 모든 근간을 만들어 놓은 XYZ도 있다. 영상을 전문적으로 만지는 사람이라면 YCbCr 색공간에 익숙할 것이고, Lab 색공간과 비슷한 HSV도 있다. 너무 복잡하고 의미도 없으니 여기에서는 RGB와 Lab 색공간만 다루도록 하자.

수학으로 만든 절대 기준, Lab 색공간 이야기는 미국의 미술학교 교사로 일하던 '먼셀 (Albert Henry munsell)'로부터 시작한다. 아이들의 교육을 위해 무지개색을 둥글게 이어 붙여 순환하는 원형 모양 색상환을 만들었다. 무지개를 이어 붙인 게 대단한 게 아니라, 색을 체계적 으로 정리할 아이디어를 줬다는 게 중요하다.

색은 밝기를 나타내는 '명도', 색의 진하기를 나타내는 '채도', 색 그 자체를 이야기하는 '색상'으 로 구별할 수 있다. 3가지다. 그래서 종이나 모니터 같은 2차원 평면으로 색 전체를 표현할 수 없어 삼차원으로 표현하게 되었다. 그래야 명도, 채도, 색상을 모두 표현할 수 있기 때문이다.

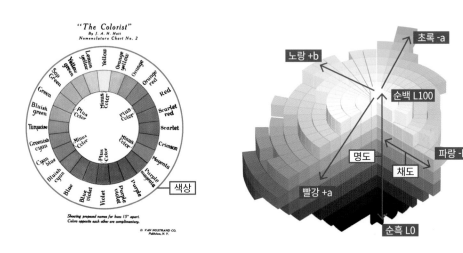

왼쪽과 같은 원형의 색상이 있을 때, 위로 갈수록 밝아지고 아래로 갈수록 어두워지며(명도), 원 의 중심축으로 갈수록 회색에 가까운 색을 표시하면(채도) 오른쪽처럼 된다. 이렇게 색은 입체 적인 모형으로 나타낼 수 있으며, 이를 수학적인 기호로 표시해 Lab 색공간을 만들었다. 밝기를 나타내는 수직축을 L이라고 하고, 빨강과 초록으로 이어지는 세로축을 a, 파랑과 노랑으로 이어 지는 가로축을 b로 해서 만든 입체적인 그래프다. 이를 좀 더 다듬은 'CIE 1976 L*a*b*' 색공간 이 우리가 이야기하는 Lab 색공간이다.

Lab 컬러값을 알려주는 코니카 미놀타의
CM-3700A SPECTROPHOTOMETER

이런 분류는 우리의 시각인지 체계와 매우 비슷하면서, 세상 의 모든 색을 수학적으로 표현할 수 있게 한다. 심지어 눈에 보이지 않는 색까지도 표시할 수 있다. 따라서 빛의 종류나 센서에 따라 바뀌는 RGB나 잉크나 종이의 종류에 따라 바뀌 는 CMYK 색공간을 이해하는 기준으로서 매우 적합하다.

이 절대적인 특성 때문에 공장에 컬러 제품을 주문하면 대 부분 이 Lab 색공간을 사용해 색을 만든다. R244 G200 B60 식으로 RGB 색공간을 사용하지 않는다는 말이다. 실 제로 조색 과정을 보면 적당히 색을 만들어서 시제품을 제 작한 후 왼쪽에 보이는 기계로 정확한 Lab값을 체크하고 색조정을 거듭해 주문한 색을 맞춘다.

우리가 표현할 수 있는 색의 범위는 어디까지인가?
색역

▶️ 라이트룸 포토샵에서 보는 것하고 색상이 달라 보여요. 색 차이의 원인과 해결법

색역과 게멋은 같지만, 색공간은 다르다 흔히들 sRGB나 Adobe RGB 등을 '색공간'이라고 표현하는데, 정확한 의미로 본다면 색을 재현하는 영역, 즉 '색역(Color Gamut)'이라고 하는 것이 올바르다. 왜냐하면 색공간과 색역을 같이 섞어 쓰면 정확한 개념을 파악하기 힘들어 점점 더 색을 다루는 것이 어려워지기 때문이다.

'색역'이라는 말 자체를 처음 듣는 사람도 있을 것이다. 생소한 개념이 나왔는데, 간단히 정리하자면 '현재의 기술로는 자연계의 모든 색을 표현할 수 없으니 여기까지만 사용하자'라고 범위를 정해 놓은 게 바로 색역이다.

"가장 선명한 녹색이란 어떤 녹색일까?" 색역은 수없이 많은 답이 생길 이런 문제에 대처하기 위해 RGB에서 표현할 수 있는 색상의 한계값을 규정해 놓고 사용하자는 약속이다. 또 기술적인 한계를 무시하고 마냥 많은 색을 사용하자고 약속하는 것도 무의미하니 '기계의 성능을 고려해 이 정도면 총천연색이라고 말할 수 있다'라고 정해 놓은 기준이기도 하다. 기술의 발전에 따라 다양한 변화가 있었으며 앞으로도 변할 것이다.

복습하자면 '색공간'은 색의 재료, 즉 빛이나 잉크 등 색을 무엇으로 만들었는가에 따라 색을 구분한 것이다. '색역'은 이 색공간 중 우리가 표현할 수 있는 범위를 말한다. 다시 한 번 말하지만 자연계의 색 중 우리가 표현할 수 있는 색은 절반이 안 된다.

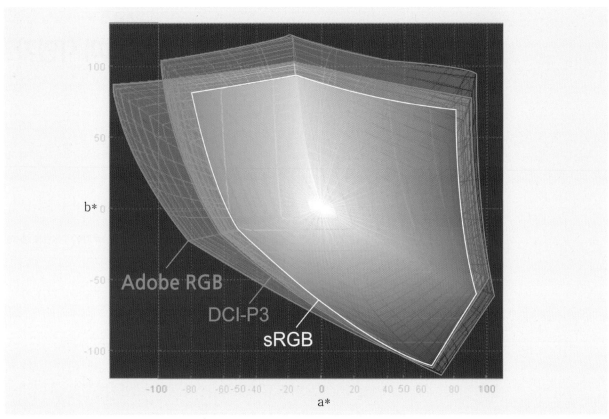

각 색역의 차이를 Lab 색공간에 표현한 2차원 그래프다

sRGB, Adobe RGB 1998, Pro Photo RGB의 정의와 차이

sRGB 1996년 마이크로소프트(MS)와 HP가 NTSC 72%를 재현하는 것으로 협의해서 만들어 놓은 색 재현 영역 규정, 즉 색역이다. NTSC는 National Television System Committee(미국 텔레비전 방송표준 위원회)의 약자로 당시 기술로는 표현할 수 없는 거대한 색역을 지정해 놓았다. sRGB는 처음부터 텔레비전뿐만 아니라 모니터와 프린터 등에서 두루 사용하기 위해서 만들었고, 현재 우리나라의 사진 출력환경에서 거의 표준으로 자리 잡고 있다.

Adobe RGB 1998 말 그대로 1998년 sRGB에 불만을 가진 어도비가 인쇄물 컬러를 보다 잘 표현하기 위해 더 넓은 색 재현 영역을 지정해 만든 색역이다.

DCI-P3 미국 영화업계 Digital Cinema Initiatives에서 기준으로 정한 색역이 바로 DCI-P3 혹은 DCI/P3이다. 사진작업에서 중요한 Adobe RGB와 더불어 sRGB보다 훨씬 더 넓은 색역을 가지고 있다. 영상 작업을 위해서 만들어진 색역이라 적색 쪽은 Adobe RGB보다 색의 범위가 넓지만, 녹색과 청색 쪽은 좁다.

Pro Photo RGB 필름회사인 코닥이 1980년에 만든 것이다. 색역 중 가장 넓은, 무려 Lab 컬러의 90%를 포함하는 거대한 색역이다. 제대로 표현하는 기기만 있다면 최고의 자리를 차지할 것이 분명하지만 아직도 먼 미래의 이야기다. 라이트룸의 현상 모듈에서는 내부적으로 충분한 계조 확보 및 보정을 위해 이 Pro Photo RGB에서 감마값을 수정한 멜리사 RGB(Melissa RGB)를 사용한다. 크게 체감할 수 없으니 상식으로만 알아두자.

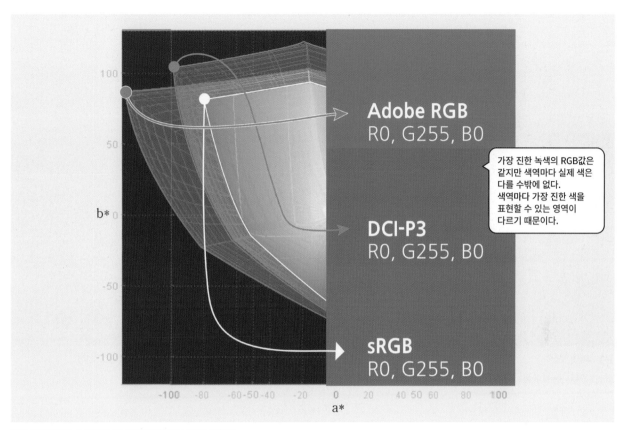

가장 진한 녹색의 RGB값은 같지만 색역마다 실제 색은 다를 수밖에 없다. 색역마다 가장 진한 색을 표현할 수 있는 영역이 다르기 때문이다.

절대 색공간인 Lab상에서 각 색역의 범위를 나타낸 그래프

상황 1_ sRGB 사진을 각각 다른 색역의 모니터에서 본다면?

조금만 더 깊이 생각해 보자. 여기 녹색 숲을 촬영한 sRGB 사진이 있다. 이 사진을 Adobe RGB 100% 색역을 가진 모니터에서 본다면, 컴퓨터는 당연히 sRGB 사진이기 때문에 sRGB에서 가장 진한 녹색을 출력하기 위해 실제로 Adobe RGB의 녹색보다 좀 더 탁한 녹색으로 출력할 것이다.

이렇게 생각할 수 있지만 실제로는 그렇지 않다. 많은 윈도 기반 소프트웨어가 사진 파일 내에 있는 색역 정보를 무시하고 RGB값만 따져서 Adobe RGB에서 가장 진한 녹색을 출력한다. 그래서 Adobe RGB 모니터를 사용하면 색감이 과하다는 불평이 나오는 것이다. 물론 이것은 컴퓨터 색상을 전문적으로 관리하는 컬러 매니지먼트를 고려하지 않는 윈도의 문제다. 하지만 윈도에서도 포토샵이나 우리가 사용하는 라이트룸 같은 일부 소프트웨어에서는 파일 내 색역을 읽어와 제대로 출력한다. 윈도 기본 웹브라우저인 인터넷 익스플로러는 색역을 완전히 무시하지만, 크롬이나 파이어폭스는 설정에 따라 색역을 불러와 제대로 된 색감으로 출력해 준다.

어떤 소프트웨어를 사용하는지에 따라 색을 제멋대로 표현하는 컴퓨터가 싫다고? 그렇다면 시스템 자체에 컬러 매니지먼트가 적용된 맥 OS가 대안이 된다. 아무튼 윈도에서도 라이트룸 같은 전문 프로그램은 색역을 꼼꼼히 따져서 최대한 제대로 된 색을 표현하려고 하니 윈도를 사용한다고 해서 사진작업을 못 하는 것은 아니다.

원본 sRGB 사진 **sRGB 모니터** **DCI-P3 모니터** **Adobe RGB 모니터**

익스플로러처럼 컬러 매니지먼트가 되지 않는 소프트웨어로 사진을 보면 원본사진과 다른 색상을 보여준다.

원본 sRGB 사진 **sRGB 모니터** **DCI-P3 모니터** **Adobe RGB 모니터**

라이트룸처럼 컬러 매니지먼트가 지원되는 소프트웨어에서 보면 원본의 sRGB를 인식해 모두 동일한 색감을 보여준다.

상황 2_ Adobe RGB 모니터 + 컬러 매니지먼트가 지원되지 않는 소프트웨어에서 보정한다면?

내가 작업하는 모니터는 Adobe RGB 색역을 100% 지원하는데, 컬러 매니지먼트가 지원되지 않는 소프트웨어에서 사진을 보정한다면 어떤 일이 벌어질까? 작업하는 사진은 sRGB 색역이라도, 컴퓨터는 이 색역을 무시하고 모니터가 보여줄 수 있는 가장 진한 색을 보여줄 것이다. 따라서 사진을 보정할 때 자꾸 채도를 낮추고 탁하게 만들게 된다.

결과적으로 내 모니터에서는 원하는 느낌의 정상적인 사진이 되겠지만, 다른 사람의 모니터에서 보면 채도가 낮은 사진이 된다. sRGB를 정확하게 표현하는 모니터에서 보는 A와 C는 보정이 잘못된 사진으로 보인다. 하지만 나와 같은 장비를 사용하고 컬러 관리를 하지 못하는 B는 비슷하게 보인다. 틀린 답을 베낀 두 명이 만나면 선생님이 알려주기 전까지 그것이 정답이라고 믿는 것과 같다.

내가 원하는 색감,
컬러 매니지먼트가 지원되지 않는
소프트웨어에서 작업했다.

다른 사람 A,
sRGB 모니터에서 본 사진

다른 사람 B,
컬러 매니지먼트가 지원되지 않은
Adobe RGB 모니터에서 본 사진

다른 사람 C,
컬러 매니지먼트가 지원되는
Adobe RGB 모니터에서 본 사진

상황 3_ Adobe RGB 모니터 + 라이트룸에서 보정한다면?

자, 그렇다면 이런 경우는 어떨까? 내 모니터는 Adobe RGB를 100% 지원하고, 컬러 매니지먼트를 지원하는 라이트룸에서 보정했다. 이 사진을 인터넷에 올린다면 보는 사람들에 따라 다양한 색상으로 보일 것이다. 과연 어떻게 보일까?

첫 번째, 나처럼 Adobe RGB 모니터를 사용하고, 컬러 매니지먼트가 되는 전문 소프트웨어로 보는 사람이라면 당연히 내가 보는 것과 똑같이 보일 것이다.

두 번째, sRGB 모니터를 사용하고, 컬러 매니지먼트가 되는 소프트웨어로 본다면 미리 정해 놓은 방식에 따라 Adobe RGB 색상을 sRGB 색상으로 바꿔 보여줄 것이다. 실제로 sRGB 모니터에서 이보다 넓은 Adobe RGB 사진을 보여줄 수 있는 최상의 방법이기도 하다. 이렇게 큰 색역을 작은 색역으로 쑤셔 넣는 방법을 '인텐트'라고 한다.

세 번째, sRGB 모니터이고 컬러 매니지먼트가 되지 않는 모니터라면 경우의 수가 너무 많다. 예측할 수 없지만 일반적으로 탁하고 흐리게 보일 것이다. 불행히도 내 사진을 보는 대부분이 이런 환경에서 볼 확률이 매우 높다. 사진에 특히 관심을 가진 이들이 아니라면 말이다.

Adobe RGB 모니터와
전문 프로그램으로 작업한 원본사진

첫 번째,
같은 환경의 전문가가
전문 프로그램으로 본 사진

두 번째,
sRGB 모니터에서
컬러 매니지먼트가 되는
전문 프로그램이 sRGB 컬러로
변경한 사진

세 번째,
sRGB 모니터에서
컬러 매니지먼트가 안 되는
프로그램으로 본 사진,
예측 불가

그래서 결론은? 화면으로 교정쇄 확인!

대부분이 세 번째일 텐데 어떻게 하는 게 좋을까? 내 모니터가 Adobe RGB를 모두 보여준다고 하더라도 사진을 Adobe RGB 색역으로 내보내면 보는 사람들이 나와 같은 느낌으로 볼 수 있을 리 없다. 최선은 Adobe RGB에서 작업한 후 sRGB 모니터에서 어떻게 보이는지를 미리 확인하고 거기에 맞춰 보정하는 것이다. 이런 경우를 위해 라이트룸에 마련된 기능이 있다. 현상 모듈에서 화면 아래쪽을 보면 '화면으로 교정쇄 확인'이라는 옵션이 있다. 이 체크박스를 클릭해 체크한 후 히스토그램을 보면 색역에 따라 어떻게 보이는지를 미리 확인하고 색역을 선택해 저장할 수 있다.

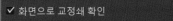

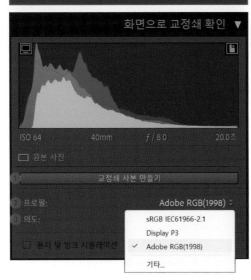

❶ **교정쇄 사본 만들기:** 클릭하면 현재 선택한 색역으로 새로운 가상 사본이 만들어진다.

❷ **프로필:** 원하는 색역을 선택한다. '기타'를 선택하면 만들어진 프로필이나 다른 프로필로도 선택할 수 있다.

❸ **의도:** 큰 색역에서 만든 이미지를 작은 색역으로 구겨 넣을 때 어떤 방법을 사용할지 선택한다. '가시범위' 또는 '상대' 중 선택할 수 있다. (인텐트 263쪽 참고)

실제로는 필요에 따라 색역을 조정할 수 있다　빛으로 만들어진 RGB 색공간에서, 색역은 표현할 수 있는 한계색상을 어떻게 정할지를 규정하는 것이다. 자, 여기까지 설명한 내용이 사진에서 어떻게 적용되는지 생각해 보자. 우선 사진을 촬영했다. 카메라에서는 RGB 색공간에 지정된 비트심도로 데이터를 기록하고, 이를 'RAW 파일'이라고 부른다. 이 RAW 파일을 우리가 볼 수 있도록 각 색깔 데이터에 실제로 어떤 색을 사용할지 결정하는 것이 바로 '색역'이다.

Pro Photo RGB ＞ Adobe RGB ＞ sRGB

러시아의 유명한 인형 마트료시카를 보자. 전부 비슷하게 생겼지만 크기가 다 달라서 작은 크기의 인형은 큰 인형 속으로 쏙 들어간다. 색역도 마찬가지다. 가장 큰 Pro Photo RGB에 Adobe RGB와 sRGB가 차례로 들어간다고 보면 된다. 이처럼 색역이란 색상을 얼마만큼 표현할 것인지를 규정하는 일종의 약속이고, 이 약속을 따르는 게 업체 입장에서 합리적이라 널리 사용된다.

예를 들어 우리가 보는 평면 디지털 텔레비전은 NTSC 72% 색역을 가진 sRGB를 표준으로 채택하고 있다. 이 말이 모든 텔레비전이 sRGB를 정확하게 표현하고 있다는 말은 아니다. 단지 그것을 기준으로 생산하고, 최종 소비자인 가정의 TV에서 정확한 색상이 표현되도록 하는 걸 목표로 하고 있다는 말이다. 당연히 방송국에서도 sRGB 색역을 염두에 두고 콘텐츠를 제작한다.

영상과 달리 사진은 좀 다르다. 비교적 좁은 색역인 sRGB를 기본으로 한 JPEG 포맷 대신, 색역을 미리 정하지 않고 센서의 신호 세기만 기록한 정보가 들어있는 RAW 파일을 제공한다. 이는 다양한 목적에 따라 사진가가 색역을 선택해 사용할 수 있도록 배려한 것이다. 따라서 사진가는 각 색역의 개념을 정확하게 파악하고, 필요에 따라 RAW 데이터를 여러 가지 색역으로 그때그때 변환해서 사용하면 된다.

더 큰 색역을 더 작은 색역에 쑤셔 넣는다?
인텐트

색역이 작은 곳에서 큰 곳으로 이동할 때는 문제가 발생하지 않는다. 적어도 데이터를 잃어버리거나 포기해야 하는 건 아니다. 하지만 반대는 많은 문제가 발생한다. 이 문제는 물리적으로 극복할 수 없다. 그렇다면 무엇을 남기고, 무엇을 버릴지 선택해야 한다. 포토샵이나 라이트룸에서는 자동으로 이 문제를 해결하고 가장 그럴듯하게 보이도록 처리해 준다.

하지만 이 문제를 제대로 이해해야 좁은 색역으로 데이터가 이동할 때 발생하는 문제를 미리 알고 대처할 수 있다. 또 내 사진이 왜 다른 곳에서는 다른 색감으로 보이거나 칙칙하게 보이는지도 이해할 수 있을 것이다. 인쇄했을 때 모니터에서 보는 것처럼 화사하게 표현되지 않고, 뭔가 물이 빠진 듯 보이는 이유도 마찬가지다.

인텐트?   이렇게 큰 색역 간의 이동, 즉 색역 사이를 이동할 때 무엇을 남기고, 무엇을 버릴 것인가를 결정하는 것을 '색역 매핑(Gamut Mapping)'이라고 부르고, 작은 색역에 쑤셔 넣는 것을 '인텐트(Intent)'라고 한다. 이 작업은 프로그램마다 미리 설정된 값에 따라 우리가 인지하지 못하는 사이에도 수없이 많이 일어난다.

어떻게 더 큰 인형을 더 작은 인형 안에 넣으면서도 겉으로는 이상하게 보이지 않게 만들 수 있을까? 이것은 무엇을 남기고, 무엇을 버릴 것인가를 결정하는 기준이기도 하다. 다음은 sRGB에서 더 작은 색역으로 이미지를 쑤셔 넣는(인텐트) 방법인데, 각 흰점은 해당 픽셀의 색상을 의미한다. 3D 그래프를 이용해서 게멋을 직접 비교해 볼 수 있는 Gamutvision을 설치해 사용해 보면 도움이 될 것이다.

http://www.gamutvision.com/

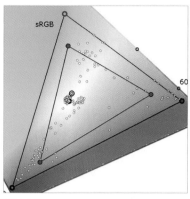

원본사진

원본사진을 보면 sRGB 색역에 분포된 색상들이 흰점으로 표시되어 있다. 각 점은 사진의 각 픽셀로 대략적인 분포를 보여준다. 제일 작은 삼각형이 목표 색역이라고 가정해 보자.

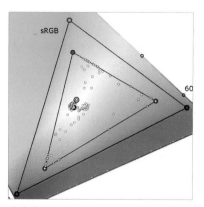

절대 색도 (Absolute Colorimetric) 인텐트

표현 영역 밖의 모든 픽셀을 표현 가능한 범위 안에서 가장 가까운 곳으로 이동시킨다.

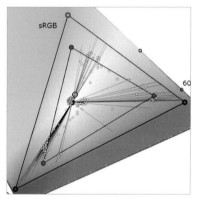

상대 색도(Relative Colorimetric) 인텐트

표현 영역 밖의 모든 픽셀을 색공간의 순백색 지점인 화이트 포인트를 기준으로, 각 색에 가까운 표현 가능한 범위로 이동시킨다.

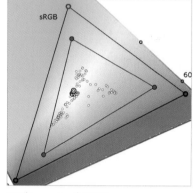

지각(Perceptual) 인텐트

전체적으로 모든 픽셀을 표현 가능한 범위 안으로 축소하듯 불러들인다. 마지막 한 픽셀까지 표현 가능한 범위가 되도록 축소시킨다.

인텐트의 종류
(출처: 스텐포드 대학교 웹사이트 Applet: Nora Willett, Text: Marc Levoy, Technical assistance: Andrew Adams)

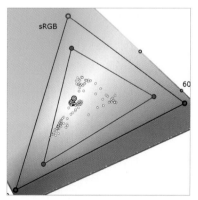

채도(Saturation) 인텐트

표현 가능한 범위로 전체 픽셀을 축소하듯 불러오지만, 다른 데이터보다 채도를 먼저 고려해 새로운 색역에 배치한다.

프로그램에서 거치는 인텐트 과정 이 책의 초반에서 설정한 작업 색상영역이 Adobe RGB였다는 걸 기억할 것이다. 그럼 만약 더 큰 색역을 가진 Pro Photo RGB라는 색역의 사진을 불러올 때는 어떤 과정을 거치는 것일까?

포토샵의 인텐트 사실 이미 어떻게 처리할지 결정되어 있다. 포토샵 '편집 메뉴 – 색상 설정'을 클릭하면 나타나는 '색상 설정' 대화상자에서 확인할 수 있고, 원하는 방법을 선택할 수도 있다. 기본값으로 '상대 색도계', 즉 어도비에서 만든 색상 변환 엔진을 이용해 상대 색도 인텐트로 변환하겠다는 말이다. '가시 범위'는 지각 인텐트를 말한다.

라이트룸의 인텐트 현상 모듈에 있는 '화면으로 교정쇄 확인'에 체크한다. 작업화면이 흰색으로 밝아지면서 오른쪽 패널에서 선택한 대로 인텐트된 결과물을 확인할 수 있다. 최종 출력 색역을 미리 시뮬레이션해서 사진가의 의도에 맞게 색을 조정할 수 있도록 미리보기를 제공하는 것이다.

✔ 화면으로 교정쇄 확인

인텐트를 신경 쓰지 않았을 때 생기는 일　몰라서 혹은 귀찮아서 이런 인텐트 작업을 염두에 두지 않고 무작정 자신이 설정한 Pro Photo RGB에서만 작업한 결과물을 sRGB로 인텐트된 인쇄 물로 받아보거나 웹에 올리면 당연히 의도한 색이 아닐 것이다. 처음부터 sRGB에서 보정했다면 색역 인텐트로 잃어버리는 색감을 최소화할 수 있다. 최종 결과물의 목적에 맞게 보정해야 한다.

Pro Photo RGB에서 원하는 색감(원본)

sRGB로 상대 색도 인텐트를 거치면 채도와 계조의 손실이 발생한다.

sRGB로 절대 색도 인텐트를 거치면 채도 오버와 계조 손실이 발생한다.

이 책 1부에서 포토샵과 라이트룸에 Adobe RGB 색역을 설정한 이유　앞서 말한 대로 색은 예측할 수 없고 우리 눈도 절대적이지 않다. 최소한 예상할 수 있는 범위 안에서 작업하기 위해, 환경설정에서 포토샵과 라이트룸에 Adobe RGB 색역을 설정한 것이다. 가장 적합하다고 생각하는 이유는 더 있다. Adobe RGB는 sRGB보다 넓은 색역이라 진한 색상을 표현할 수 있고, 전에 비하면 저렴하게 Adobe RGB 색감을 100% 표현하는 모니터를 살 수 있게 되었다. 또 CMYK 4도에 추가 잉크를 써서 인쇄할 수 있는 포토 프린터도 많아졌다. 모니터에서 본 색을 거의 비슷하게 프린터로도 표현할 수 있게 된 것이다.

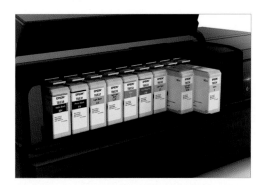

Epson SureColor® P800 다양한 멀티 컬러 잉크 카트리지

사진판매를 중개하는 Alamy나 Getty images 같은 대형 스톡사진 업체에서도 Adobe RGB를 채택했다. 각 회사의 단순한 선택이라기보다는 사진을 이용하는 수많은 기업과 미디어 업체들의 요구가 반영된 증거라고 생각할 수 있는 부분이다.

색역을 풍부하게 만드는 차이
비트심도

비트심도는 같고 색역만 다를 경우 표현할 수 있는 색의 개수를 결정짓는 건 비트심도이고, 가장 진한 색을 결정하는 건 색역이다. 따라서 채널별로 8bit 심도를 가진 사진에서의 색상 개수는 색역과 상관없이 똑같은 약 1천 6백만 가지지만, 색상의 진하기를 결정하는 것은 색역에 따라 위의 그림처럼 달라진다.

색역과 상관없이 표현할 수 있는 색의 가지 수 자체는 '비트심도'로만 결정된다. 이 말은 같은 비트심도를 가진 색역의 경우 색역이 넓으면 넓을수록 인접한 색상 간에 차이가 심해진다는 뜻이기도 하다. 이런 이유로 인터넷 표준으로 자리 잡은 sRGB 8bit 심도는 사진 보정에 거의 사용되지 않으며, Adobe RGB라도 16bit 심도를 추천한다. 8bit와 16bit에서 표현하는 색의 총개수 차이가 엄청나게 엄청나게 크기 때문이다. 단순히 2배가 아니다.

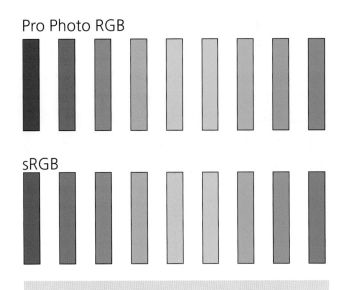

Pro Photo RGB

sRGB

2의 8승 × RGB 3채널 = 16,777,216개
2의 16승 × RGB 3채널 = 281,474,976,710,656개

색역은 같으나 비트심도가 다른 경우 색연필 세트가 있다. A 세트는 빨강에서 시작해 노랑, 녹색으로 구성되어 있다. A 세트에서 표현할 수 있는 색상의 범위 즉 색역을 a라고 할 때, B 세트와 동일한 색역이라고 말할 수 있다. 표현할 수 있는 한계값 즉 가장 진한 빨강과 가장 진한 녹색이 얼마나 진할 것인가를 지정한 것이 색역이니까. 비트는 색과 색 사이에 얼마나 많은 단계를 표현할 수 있느냐를 결정한다. 즉 B 세트는 A 세트보다 심도가 깊다고 말할 수 있다. 같은 색역이라도 8bit와 16bit의 차이는 이런 차이가 있다는 것을 이해하면 된다.

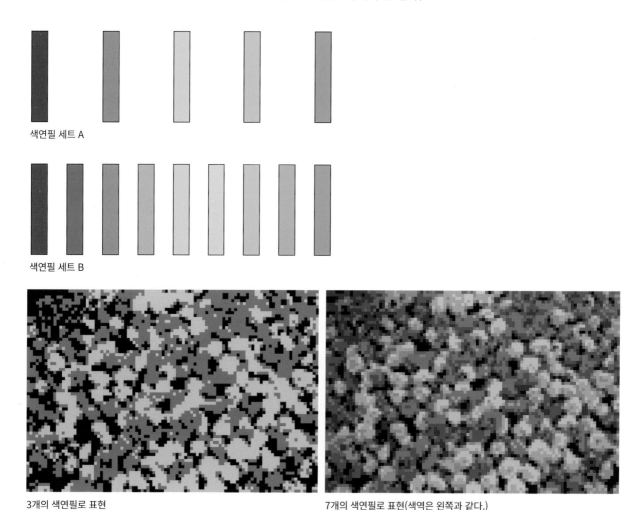

색연필 세트 A

색연필 세트 B

3개의 색연필로 표현

7개의 색연필로 표현(색역은 왼쪽과 같다.)

비트심도가 낮으면 낮을수록 비슷한 색은 하나의 색으로 묶일 수밖에 없다. 같은 색역이라도 말이다. 그래서 비슷한 색상의 디테일이 뭉개져 한 덩어리도 보이는 현상을 종종 볼 수 있다. 위의 그림은 색연필 3개와 7개로 그릴 때의 차이를 보여준 것이다. 3개의 색연필로 처리한 그림에서는 꽃송이의 디테일이 전부 사라졌지만, 7개로 묘사하면 어느 정도 디테일을 찾을 수 있다. 이처럼 표현할 수 있는 색이 많다는 것은 그만큼 사진이 디테일해진다는 것과 같은 말이며, 색역이 넓다는 것은 그만큼 진한 색을 표현할 수 있다는 말이다.

선글라스를 끼고 색 보정을 하고 싶은가?
캘리브레이션

드디어 색공간과 색역을 거쳐 캘리브레이션에 도착했다. 포토샵과 라이트룸에서 아무리 적합한 색을 만들더라도 결과물을 보여주는 모니터가 제대로 보여주지 않으면 다 헛일이다. 그래서 색을 정확히 잡아주는 모니터 캘리브레이션이 중요하다.

어떤 모니터를 구입해야 하는가? 같은 이유로 모니터와 우리가 작업하는 색역에 대해 고민해야 한다. 내 모니터가 sRGB 색역을 표현할 수 있는지 Adobe RGB를 표현할 수 있는지 말이다. 대부분의 광고에서 'sRGB 100%'라고 표현하는데 무작정 믿지 말자. sRGB를 포함하지 않은 다른 부분, 즉 쓸데없는 위치의 색상을 표현하고 있어도 색역의 크기만 가지고 sRGB 100%라고 하는 경우도 많다. 정확히 'sRGB 100% 커버리지'라고 표현하는 모니터를 구입해야 한다.

무슨 차이가 있는지 아래 그림을 보자. 'Adobe RGB'나 'sRGB 대비' 같은 말 없이 '72% 색재현율'이라고만 광고하는 모니터는 일반적으로 NTSC 색역을 기준으로 한다. 참고로 sRGB는 NTSC 색역의 72% 정도만을 표현한다. 디지털 사진에서 모니터가 차지하는 부분은 절대적이다. 반드시 'Adobe RGB 커버리지 100%'에 근접한 모니터를 구하도록 노력하자. 지금 당장은 아니더라도 언젠가 새로 모니터를 구입해야 할 때를 위해 꼭 기억하길 바란다. 그래야 기본 설정된 Adobe RGB 색역으로 작업하는 게 의미가 있다.

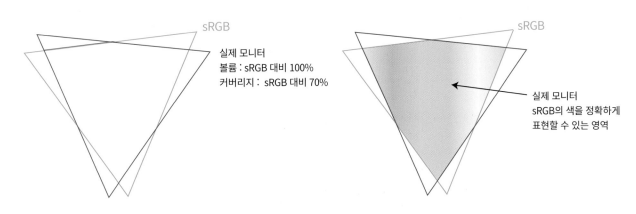

sRGB

실제 모니터
볼륨 : sRGB 대비 100%
커버리지 : sRGB 대비 70%

sRGB

실제 모니터
sRGB의 색을 정확하게
표현할 수 있는 영역

모니터 구입 후 맨 처음 할 일, 프로파일 등록 sRGB 색역보다 넓은 범위의 색역을 가진 모니터를 '광색역 모니터'라고 한다. 이런 모니터를 사서 연결하는 것으로 끝내면 소용없다. 컴퓨터한테 "지금 사용하는 모니터는 광색역 모니터입니다"라고 알려줘야 모니터가 정상적으로 작동한다. sRGB 사진을 보여줄 때 광색역 모니터인지도 모르고 빨강이나 초록을 sRGB 최대값으로 보여주라고 하면, 광색역 모니터는 Adobe RGB에 있는 빨강과 초록의 최대값을 쏴준다.

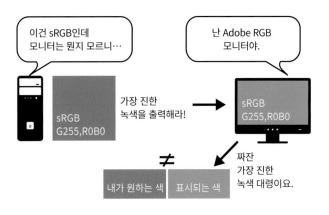

모니터 제조사가 제공하는 프로파일이나 광색역 프로파일을 찾아서 시스템에 알려주는 걸 잊지 말자. 광색역 모니터를 sRGB 프로파일로 사용하면 모든 사진이 과장된 진한 색감으로 보일 것이 뻔하다. '프로파일'은 내 장비가 어떤 특성을 가지고 색깔을 출력해 주는지 알려주는 정보를 모아 놓은 파일로, 시스템에서 사용된다. 프로파일은 좀 더 공부한 후에 다시 이야기해 보자.

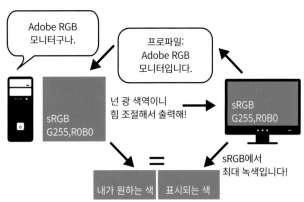

모니터 심도와 디더링 일부 저가형 모니터는 아직도 6bit 심도가 많고, 전문가용이라고 해도 대부분 8bit 심도다. 아주 고가의 전문용 모니터가 10bit를 지원하는데 다행히 어도비 포토샵과 라이트룸은 10bit 모니터 출력을 지원한다. 그래픽카드 VGA 역시 10bit 심도 출력이 가능한 제품을 구입해야 한다.

하나 더 알아야 할 것이 바로 '디더(Dither)'다. 심도상 표현할 수 없는 명도 단계(RGB 채널의 경우 색상)를 억지로 표현하는 방법인데, 포토샵 인텐트 과정에서 압축되는 심도를 디더로 보상할지를 물어보기도 하니 작동 방법만 간단히 알아두자. 옆 그림에서처럼 모니터가 3단계의 명도를 표현할 수 있다면 아무런 문제가 되지 않는다. 하지만 2단계밖에 표현하지 못하는 모니터가 회색을 표현할 때는 근처의 검정과 흰색을 반씩 섞어서 멀리서 봤을 때 마치 회색처럼 보이게 하는 방법을 쓰는데, 이것을 '디더링(Dithering)'이라고 한다.

3단계를 표현할 수 있는 모니터

2단계 밖에 표현할 수 없는 모니터

6비트 모니터에서 8비트의 색을 보여주려고 할 때 출력할 수 없는 색은 비슷한 색을 섞어 표현한다. 대충 보면 그냥 넘기지만 자세히 보면 당연히 품질이 떨어질 수밖에 없다. 색상이 압축되는 색역 인텐트 과정에서도 표현할 수 없는 색상이 나오기 마련이라, 포토샵에는 디더를 사용할 것인지를 묻는 옵션이 있다. 포토샵 '편집 메뉴 – 색상변환'을 클릭하면 나타나는 '색상 설정' 대화상자에서 선택할 수 있다.

모니터의 감마 2.2 모니터에서 출력하는 밝기 단계를 인위적으로 변환시켜 인간의 인지와 조화를 이루도록 하는 보정을 '감마 보정'이라고 한다. 인간의 눈은 어둠에 매우 민감해서 어두운 부분이 조금만 밝아도 쉽게 인지하지만, 반대로 밝은 부분에서는 더 밝아져도 쉽게 인지하지 못한다. 따라서 똑같은 수치의 변화라도 어둠에서 더 민감하게 반응하기 때문에, 이를 보정해서 보여주기 위한 설정이라고 생각하면 된다. 예를 들면 밝기 단계로 봤을 때 어두운 22와 23은 쉽게 인지하지만, 밝은 240과 241은 인지하기 힘들다. 따라서 감마 보정으로 실제 데이터는 22와 23이지만 22 다음으로 22.5를 보여주는 식으로 보정하는 것이다.

예전 Mac OS는 표준감마값 1.8을 사용했지만, 최근에는 윈도처럼 2.2를 표준으로 삼았다. 따라서 대부분의 OS는 표준 감마를 2.2로 설정해야 한다. 참고로 포토샵에서는 애플의 옛날 감마값을 따르는 것을 'Apple RGB'로 표기하기도 한다. 가끔 이 감마값을 바꿔 자신이 보기 편하게 만드는 사람들이 있다. 사진을 다룬다면 절대 만져서는 안 되고, 이미 만졌다면 초기값으로 돌리는 것이 맞다. 밝기가 마음에 들지 않는다면 캘리브레이션을 이용해서 조정하는 게 맞다. 감마를 흐트러트리면 모든 명도값이 흔들리는 매우 부적절한 결과를 불러온다는 걸 다시 한번 강조한다.

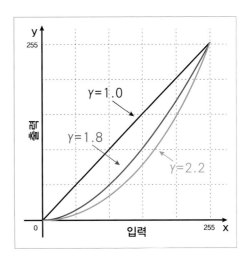

모니터에게 눈을 달아주다! - 영점 조정 캘리브레이션과 장비 "자, 열심히 공부했고, 거금을 투자해 마침내 Adobe RGB 100% 커버리지 모니터를 샀어. 제조사 프로파일을 다운받아 설치까지 다 했지. 이제 완벽하다!"

안타깝지만 아직이다. 캘리브레이션이 남아 있다. 모니터가 표현하는 색상이 데이터상의 색상과 정확히 일치하는지에 관한 문제다. 각 모니터 브랜드별로 심지어 같은 모델, 같은 날짜에 생산되었어도 모니터 색은 모두 다르다. 이는 근본적으로 모니터가 자기가 표현하는 색상을 볼 '눈'이 없어서 생기는 일이다. 무슨 색상을 표현하는지 정확하게 보지 못하니 알 길도 없다.

해결 방법은 '눈'을 달아주는 게 유일하다. 모니터 제조사가 제공하는 프로파일을 사용해도 정확도는 하나 마나에 가깝다. 앞서 이야기한 것처럼 고무줄로 만든 자 같은 우리 눈으로 뭔가를 정확히 본다는 건 의미 없는 짓이다. 따라서 들어온 정보 그대로를 인식할 수 있는 카메라 같은 눈이 필요하다.

모니터 색상을 정확하게 교정하는 작업을 '캘리브레이션(calibration)'이라고 하고, 이 캘리브레이션 데이터를 '색상 ICC 프로파일'이라고 한다. 어디서 많이 듣던 말일 것이다. 정확히는 국제 컬러 협회(INTERNATIONAL COLOR CONSORTIUM)에서 정한 컬러를 기준으로 맞춘 프로파일(profile)이라는 말이다.

Xrite i1 Display Pro가 캘리브레이션하는 모습

캘리브레이션 툴을 자세히 살펴보면 렌즈가 달려 있고, 속에는 빛을 감지할 수 있는 센서가 있다. 색을 잘 구별할 수 있도록 특화된 소형카메라라고 생각하면 쉽다. 이 카메라와 소프트웨어가 연결되어 작동한다. 작동원리를 간단히 보자. 일단 소프트웨어에서 최대값인 빨강을 모니터로 쏘면, 카메라로 이 최대값인 빨강의 값을 정확하게 읽어낸다. 그다음 ICC에서 규정한 컬러값과 비교해서 '이 모니터는 빨강이 좀 부족하군' 또는 '빨강이 좀 넘치는군' 같은 정보를 모아 최대한 정확한 색상을 모니터에서 표현할 수 있도록 교정된 값을 하나의 파일로 만들어 시스템에 알려준다. 시스템은 이 파일을 참고해 앞으로 모니터로 표현하는 모든 색상을 교정해 출력한다.

1부에서도 설명했지만, 캘리브레이션 툴로는 '스파이더'와 '엑스레이트'가 유명하다. 제품을 구입하고 간단한 소프트웨어만 설치하면 누구나 쉽게 모니터를 캘리브레이션 할 수 있다. 한 번쯤 들어는 봤지만 실제로 이 장비를 구입하는 게 망설여지는 이유는 자주 사용하지 않을 것 같다는 선입견 때문일 것이다. 그러나 경험자로서 단호히 말할 수 있다. "모니터 색상은 주기적으로 바뀐다. 가능한 한 일주일에 한 번씩은 캘리브레이션을 하는 것이 좋으며, 사진가라면 최소 한 달에 한 번은 꼭 해야 한다. 캘리브레이션되지 않은 모니터를 보면서 사진의 색감을 보정한다는 건 컬러 선글라스를 쓰고 색상을 선택하는 것만큼이나 무모하다."

xrite i1 Display Pro   Datacolor Spyder x2 ultra

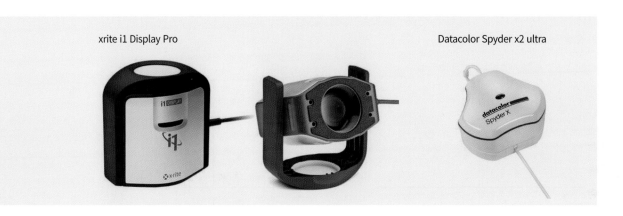

이렇게 캘리브레이션한 정보는 윈도 등의 OS 시스템에서 함께 실행되기 때문에 다른 프로그램에서도 자동으로 이 정보를 불러와 정확한 색상을 보여준다. 어도비 프로그램만 이 프로파일을 쓰는 게 아니라 OS 시스템에서도 같이 사용한다는 말이다. 가격이 조금 부담스럽다면 저렴한 것으로 구입하자. '있고 없고'의 차이가 '좋고 나쁨'보다 훨씬 더 중요하다. 해외 구매가 가능하다면 더욱 저렴한 제품도 많다. 윈도 '제어판 – 색 관리'에서 보면 캘리브레이션 데이터가 프로파일로 저장된 것을 확인할 수 있다.

다른 사람의 프로파일이나 제조사 프로파일을 다운로드해서 설치하는 건 아무 의미 없다. 내 모니터의 색상 재현 특성은 그 누구도 알지 못한다. 여기까지 말하면 이렇게 질문한다. "그럼 내가 아무리 정확하게 색을 맞춰 작업해도 보는 사람들 모니터가 캘리브레이션되어 있지 않으면 무의미한 거 아닌가요?" 맞다. 내 모니터는 정확한 색을 표현해도, 보는 사람들 모니터가 부정확하면 다르게 보일 것이다.

하지만 전체적인 오차 분포를 생각할 때 내가 정확한 중심에 있으면 다른 사람들의 모니터가 달라도 그 차이를 최소화할 수 있다. 아래 그래프처럼 내가 0점에 있어야 어디 있을지 모를 각 모니터와의 거리가 그나마 가까울 것이다. 내가 0점을 벗어난 순간 다른 모니터와의 거리는 더 벌어지게 될 뿐이다.

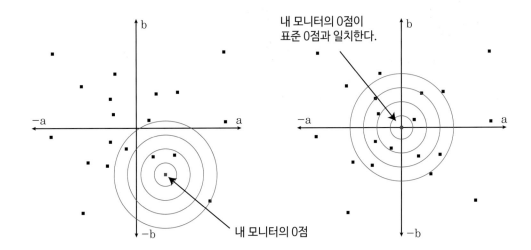

그래서 내 사진의 색을 살리기 위해 해야 할 일
총정리

1. 카메라 세팅 카메라 매뉴얼을 잘 살펴보면 비트심도와 색공간을 세팅할 수 있는 부분이 나온다. 카메라가 제공하는 최대의 비트심도, 예를 들어 니콘의 D810의 경우 14bit를 선택한다. 색공간은 물론 색역을 말하는 부분인데 RAW로만 촬영한다면 크게 신경 쓰지 않아도 된다. 하지만 언제 JPG로 촬영할지 모르니 유용한 'Adobe RGB'로 세팅한다.

> **비트심도: 최대값으로 설정**
> **색역: Adobe RGB로 설정**

2. RAW 파일 사진을 촬영하면 카메라에 자동으로 RAW 파일이 만들어진다. 색역이 설정되지 않은 RGB 데이터만 해당 비트심도로 기록되어 있다. 예를 들어 빨강이라면 카메라의 센서에 빨간빛이 닿은 강도만 기록되어 있다는 말인데, 이를 보려면 색역을 설정해야 한다. 앞에서 라이트룸과 포토샵 모두 기본 색상을 Adobe RGB로 설정했다는 걸 기억할 것이다. RAW 파일을 다루는 기본 색역 역시 'Adobe RGB'로 사용한다.

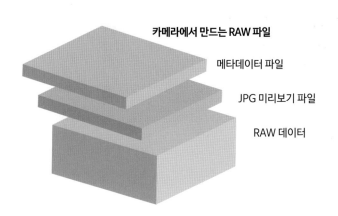

카메라에서 만드는 RAW 파일

메타데이터 파일

JPG 미리보기 파일

RAW 데이터

RAW 파일이 사진의 원시 데이터만 저장하고 있는 것은 아니다. 우리가 윈도 탐색기나 기타 간단한 뷰어 프로그램에서 빠르고 쉽게 사진을 확인할 수 있도록 미리보기용 JPG 파일과 촬영 당시의 정보를 담은 메타데이터도 기록되어 있다. 라이트룸에서는 카메라에서 사진을 가져올 때 JPG 미리보기 파일을 가져올 것인지, 아니면 RAW 데이터를 컨버팅해서 볼 것인지를 선택할 수 있다. (가져오기 미리보기 75쪽 참고)

> **포토샵과 라이트룸(RAW 파일 색역): Adobe RGB로 설정**

3. 모니터   'Adobe RGB 커버리지 100%'에 근접한 모니터를 산다. 카메라 가격에 비하면 그리 비싼 편이 아니고, 촬영보다 후반작업에 훨씬 많은 시간이 필요하다는 걸 떠올리면 지갑을 열 때 도움이 될 것이다. 현재 자기 모니터가 sRGB 색역이라면 소프트웨어적으로 인텐트된 Adobe RGB 색역을 보고 있다고 생각하면 된다. 우리의 눈은 굉장히 주관적이며 고무줄로 된 자나 다름없으니, 이것이 진짜 색감이라고 착각해서는 안 된다는 말이다.

sRGB 100%를 보여줄 수 있는 모니터에서 sRGB로 된 사진을 볼 때와 Adobe RGB 100%를 보여줄 수 있는 모니터에서 sRGB로 된 사진을 볼 때는 똑같아야 정상이다. 만약 Adobe RGB 100%를 보여주는 모니터에서 sRGB 사진이 더욱 진한 색감으로 보인다면 시스템에서 어떤 모니터를 사용하고 있는지 모른다는 뜻이다. 이럴 때는 모니터 프로파일에서 설정하면 된다. 그러나 반대로 Adobe RGB로 된 사진을 sRGB 100% 모니터에서 볼 때와 Adobe RGB 100% 모니터에서 볼 때는 다르다. sRGB 100% 모니터에서는 출력할 수 없는 색상이 포함되어 있으므로 인텐트 과정을 거칠 수밖에 없으며, 당연히 색상에 영향을 미친다.

> **Adobe RGB 커버리지 100% 모니터 구입, 프로파일 설정**

4. 캘리브레이션 툴   캘리브레이션 장비를 하나 꼭 마련하자. 이것을 통해 우리는 사진의 진짜 색을 볼 수 있다. 한 번도 캘리브레이션하지 않은 모니터를 쓰고 있다면, 아직 한 번도 제대로 된 색을 본 적이 없다는 말과 같다. 집에서 전문가용 프린터로 인쇄하지 않는다면 저렴한 모니터 전용 캘리브레이션 장비를 사는 것도 좋다. 나중에 프린터와 색상 싱크가 필요할 때 좋은 걸 마련해도 늦지 않다. 하지만 사진작업을 한다면 꼭 하나는 마련해야 한다. 최소한 한 달에 한 번, 가능하면 일주일에 한 번 이상 캘리브레이션하기를 권한다.

5. 최종 파일   용도에 따라 출력한다. 인터넷용으로 사용할 최종 JPG 파일은 반드시 sRGB 색역으로, 인쇄용 등 기타 용도로 사용할 파일은 Adobe RGB로 출력하는 잊지 말자. 라이트룸에서 용도에 따라 다른 색역의 파일을 만드는 건 클릭 한 번으로 가능할 만큼 쉽다. (내보내기 6부 참고)

우리 모두의 화두, 색

(Q1)

카메라에서 볼 때와 라이트룸에서 볼 때 색감이 달라요.

카메라 LCD 창에 보이는 사진은 RAW 파일이 생성될 때 자동으로 만들어진 미리보기용 JPG 파일이다.
RAW 파일은 색역조차 없는 상태고, JPG에는 카메라 브랜드에서 설정한 색역이 들어 있다.
카메라 LCD에서 표현할 수 있는 색역도 다르다. 이렇게 다 다르니 라이트룸에 가져온 사진 색이 다른 건
당연하다. RAW 파일을 라이트룸으로 가져와 당신이 보정한 색이 진짜 색이다.

(Q2)

캐논 색감이 좋은가요? 니콘 색감이 좋은가요?

카메라 브랜드별로 생성하는 JPG 색감은 다를 수 있다. 하지만 RAW 파일을 다룰 때 이런 미세한
색감의 문제는 아무런 제약이나 매력 포인트가 되지 않는다. 전문가 대부분이 브랜드에 따른
색감 논쟁을 무시하는 이유도 이것이다. RAW 파일을 불러와 자신이 원하는 색감으로 쉽게
보정할 수 있는데, 왜 카메라 브랜드에서 만들어 놓은 JPG 파일에 집착해야 하는가?

(Q3)

인화업체에 맡겼더니 사진의 색이 이상해졌어요. 인화업체 잘못 아닌가요?

우리나라 인화업체에서는 대부분 sRGB를 표준색역으로 사용한다. 따라서 사진을 보낼 때
sRGB에 맞춰 보내는 게 아무래도 안전하다. 또 인쇄는 CMYK라는 전혀 새로운 색공간을
사용하기 때문에 모니터와 똑같은 색이 될 수는 없다는 태생적 한계도 있다. 여기에 잉크나 인화지의
특성, 기기 노출 정도에 따라서도 달라진다. 이 모든 과정을 직접 관리하지 않는 이상 모니터에
보이는 색을 그대로 인화업체에서 구현하는 건 불가능에 가깝다.

(Q4)

이런 색감을 내려면 어떤 카메라를 사야 하나요?

카메라가 RAW 파일을 지원한다면 어떤 색감이라도 만들 수 있다. 인터넷이나 기타 매체에서 볼 수 있는
사진 대부분은 후반작업으로 색감을 보정한 결과물이지, 카메라가 만든 JPG 그대로가 아니다.
물론 JPG 그대로 쓴다면 그 카메라의 특성이라고 생각할 수도 있지만 촬영 당시의 날씨와 광 조건 등에
따라 변하는 폭이 카메라 브랜드 차이에 따라 변하는 폭보다 크다. 따라서 후반작업을 통해 원하는
색감을 만들 수 있도록 노력하는 것이 훨씬 빠르고 올바른 길이다.

(Q5)

내 사진을 스마트폰에서 보면 다르게 보여요.

컴퓨터에 연결된 모니터 색역과 모바일 기기에서 사용하는 색역이 다르기 때문이다.
게다가 모바일 기기는 캘리브레이션을 할 수 없고, 영점이 흐트러져 있으니 다르게 보일 수밖에 없다.
사진을 보는 프로그램이 sRGB나 Adobe RGB를 사용하는지, 아니면 무시하는지에 따라서도 달라진다.

(Q6)

이미지 뷰어에서 보는 색과 포토샵이나 라이트룸에서 보는 색이 달라요.

먼저 시스템의 기본 색상 프로필이 제대로 관리되어 있는지부터 살펴본다. '제어판 – 색 관리'로 들어가서
자신의 모니터에 맞는 색역이 설정되어 있는지 확인하면 된다. 일반 모니터라면 sRGB로 설정하는
것만으로도 대부분 해결된다. 이미지 뷰어에 따라 사진의 색역을 무시하거나 색역을 사용해도 제대로
표현하지 못하면 다르게 보일 수 있다. 정확하게 설정된 포토샵이 있고, 색상 프로파일이 들어 있는
사진이라면 포토샵에서 보는 색감이 정확할 확률이 높다.

모든 색의 기준을 잡고 시작한다
화이트 밸런스, 색온도

▶ **[시즌3]** #6 Book 1, Part 4 컬러 실습 파트, 포토샵, 라이트룸

화이트 밸런스?   색에 대한 복잡한 이론은 다 끝났다. 이제 라이트룸에서 색을 보정해 보자. 사진의 색을 제대로 표현하기 위해 가장 먼저 하는 작업은 화이트 밸런스, 즉 모든 색의 기준을 잡아주는 것이다.

먼저 질문 하나! 이 접시는 무슨 색일까? 대부분 '흰색'이라고 답했을 것이다. 정답이다. 하지만 보다시피 사진에서는 황토색에 가깝다. 왜냐하면 촬영 당시의 빛이 백색광이 아니었고, 카메라는 보이는 대로 기록할 뿐 현재 어떤 색상의 빛이 있는지 알지 못하기 때문이다. 따라서 촬영 당시에 모든 사진의 색을 정확히 표현한다는 것은 불가능에 가깝다.

그래서 라이트룸에서 색온도를 조정했더니 같은 부분이 회색으로 변했다. 사실 이 접시는 흰색인데 사진에서는 회색으로 표현된 것이다. 흰색이란 빛을 많이 받으면 하얗게 표현되고, 빛을 덜 받은 만큼 회색으로 변한다. 이 사진에서 진짜 흰색(R255, G255, B255)은 A 지점이다. 빛이 집중된 하이라이트 부분이라서 사진에서 완벽한 흰색으로 표현되었다.

여기서 한 가지 주의! 접시가 흰색이라 흰색으로 표현된 게 아니라 어떤 색의 물체든 빛이 집중되면 완벽한 흰색으로 표현된다. 사진에서 이런 곳은 '화이트홀' 즉 데이터가 없는 부분이기 때문에 모든 색의 기준인 흰색이라고 볼 수 없다.

따라서 화이트 밸런스에서 이야기하는 '흰색'이란 기계적으로 말하면 '회색'이다. '화이트 밸런스를 잡는다'라는 말은 사진 속의 '흰색이었을' 물체를 기준으로 클릭한 지점이 흰색으로 느껴질 수 있도록 전체적인 색상을 재조정한다는 의미다. 라이트룸에서 화이트 밸런스를 잡을 때는 흰색 부분을 찾는 게 아니라 사진 안에서 '실제로는 흰색이었던' 것을 찾아 클릭하는 것으로 생각하면 된다.

색온도? 사진이 노랗게 보이는 이유   사진에서의 색온도 기준은 5500k(캘빈)로 이론적으로는 태양광 같은 흰색 조명이다. 사진 조명 장비는 대부분 5500k를 기준으로 오차범위가 200k가 넘지 않도록 제작된다. 따라서 사진용 조명을 이용해 촬영했다면 라이트룸 후반작업 시 '기본' 패널에서 색온도는 5500k, 색조는 0으로 맞춰주면 된다.

하지만 일반 스냅 촬영에서는 정확한 캘빈값을 측정하기가 어렵다. 일일이 그걸 재고 있다간 제대로 촬영하지도 못할 것이다. 따라서 촬영 후 후보정에 의지해야 하는데, 이때 화이트 밸런스를 잡아준다. '기본' 패널의 스포이트 툴을 사용해 사진 안에 있는 무채색 물체를 기준으로 잡는다. 사진에 이런 물체가 있으면 쉽고, 없으면 사람의 피부톤을 기준으로 색온도와 색조 슬라이드를 조정해 가장 자연스럽게 보이는 값으로 결정하면 된다.

라이트룸에서는 실제와 반대로 캘빈값이 올라갈수록 사진이 노랗게 변한다. 보정을 목적으로 만들어진 프로그램답게 캘빈값이 높게, 즉 파랗게 촬영된 사진을 노랗게 바꿔야 원하는 흰색 빛이 되기 때문이다. 따라서 색온도 숫자(캘빈값)가 높아질수록 사진이 따뜻한 색감이 되고, 반대는 차가운 색감이 된다.

라이트룸 '기본' 패널의 색온도와 화이트 밸런스를 잡는 스포이트

회색인데, 화이트 밸런스?

수많은 색 중 왜 흰색을 기준으로 잡나요?

흰색을 기준으로 잡는 이유는 다른 색상은 기준이 될 수 없기 때문이다.
예를 들어 오렌지 껍질 같은 색이 얼마나 오렌지여야만 화이트 밸런스가 맞을지 아무도 알 수 없다.
하지만 흰색은 RGB값이 딱 정해져 있으니 기준으로 적합하다.

화이트 밸런스라면서 왜 흰색이 아니라 회색 지점을 클릭해요?

이런 질문을 자주 듣는데 흰색은 무채색이다. 색깔이 없으니 흰색 물체 어디를 클릭해도 무채색으로
표현되어야 하는 것이 맞다. 하지만 화이트 밸런스를 잡을 때 사진 안에서 진짜 흰색 부분을 클릭하면
안 되는데, 이런 부분은 빛이 집중된 하이라이트 부분일 가능성이 높기 때문이다. 어떤 색상의
물체라도 빛이 집중되면 흰색으로 보이니 기준이 될 수 없다. 또 앞에서 설명한 것처럼 사진에서
완벽한 흰색은 '화이트 홀' 즉 뭔가 잘못돼서 데이터가 없는 부분이라고 판단하고
그냥 무시하기 때문이기도 하다.

가장 밝은 하이라이트 부분을 스포이트로 클릭하면 화이트 홀로 인식해 데이터가
없다는 메시지가 나타난다.

[방법 1] 스포이트를 이용해 화이트 밸런스 찾기 라이트룸에서의 화이트 밸런스를 찾는 방법은 3가지다. 첫 번째는 스포이트로 가장 회색톤(무채색)이라고 생각하는 지점을 클릭한다. 두 번째는 수동으로 색온도와 색조 슬라이드를 이용해 찾는 방법, 세 번째는 프리셋을 이용하는 방법이 있다.

1 현상 모듈의 '기본' 패널에서 '흰색 균형 선택' 툴을 클릭한다. 일명 '스포이트 툴'이다.

2 마우스 포인터가 스포이트 모양으로 바뀌면 사진 속에서 실제로는 흰색이었어야 할 회색 부분을 찾아 클릭한다. 클릭하자마자 즉시 클릭한 부분을 기준으로 사진의 모든 색감을 재조정한다. 믿을 만한 무채색 대상을 찾는 게 중요하다. 예를 들어 종이나 흰 접시, 벽 같은 건 대부분 흰색의 무채색 물체다.

[방법 2] 피부톤으로 화이트 밸런스 찾기 사진 안에 무채색 물건이 없다면 어쩔 수 없이 수동으로 찾아야 한다. 이때 기준은 사람의 피부색인데, 구체적으로는 얼굴 피부다. 다른 물건들은 화이트 밸런스가 약간 어긋나도 별다른 표가 나지 않는데, 우리에게 가장 익숙한 사람의 피부색은 조금만 어색해도 금방 알아채기 때문이다.

1 현상 모듈의 '기본' 패널에서 '흰색 균형'의 '색온도' 슬라이드를 클릭한 후 드래그한다. 얼굴의 피부색을 보면서 바로 드래그해도 되지만, 마우스 가운데 휠을 돌려가며 값을 조금씩 조정해 원하는 색감을 찾는 게 좋다. 키보드의 화살표 키를 사용해도 된다.

[방법 3] 프리셋으로 화이트 밸런스 찾기 라이트룸에는 미리 세팅된 화이트 밸런스 프리셋이 있다. 카메라에서 설정하는 것과 똑같이 작동한다. 화이트 밸런스가 모호하다 싶으면 일단 프리셋으로 가장 비슷한 결과값을 찾은 후 색온도 슬라이드로 미세하게 조정하는 쪽이 더 쉽고 정확하다. 현상 모듈의 '기본' 패널에서 '흰색 균형: 원본값'을 클릭하면 프리셋이 나타난다. 프리셋 옆의 숫자는 색온도와 색조값이다. 적당하다 싶은 프리셋을 선택한다. 여기서는 백열전구 색감을 보여주는 '텅스텐'을 선택한 후 수동으로 색온도와 노출을 추가로 조정했다. (색온도 3206, 노출 +0.64)

원본값: 촬영 시 설정값　　　자동: 자동으로 조정　　　일광: 5500, +10　　　흐림: 6500, +10

그늘: 7500, +10　　　텅스텐: 2850, 0　　　형광: 3800, +21　　　플래시: 5500, 0

전체적인 색감 보정하기
생동감/채도

예제사진 PART4\몽족여인

베트남 박하마을의 몽족 여인들이 뒷마당에 앉아
서 옷에 자수를 놓고 있다. 몽족은 여러 하위 종족
으로 나뉘는데, 베트남 박하에는 화려하기로 유명
한 일명 '플라워 몽족'이 많이 살고 있다. 여인들은
각자 자수 실력을 뽐내며 더욱 화려하고 아름다운
패턴을 매일 고민한다.
- 플라워 몽족의 오후, 베트남, 박하

생동감을 극단적으로 조정해 보기 라이트룸에서 전체적인 색감을 조정하는 기능으로는 '생동감'과 '채도'가 있다. 초보들이 가장 많이 하는 질문은 이 2가지 옵션이 무슨 차이가 있는가인데, 비슷한 듯 다르다. 현상 모듈의 '기본' 패널에서 '생동감' 슬라이더를 조정한다. 생동감을 이해하기 위해 극단적으로 값을 올리거나 내려보자. 생동감은 피부톤에 가까운 색상보다 하늘색처럼 피부톤과 먼 색상에 훨씬 더 많은 영향을 주는 특성이 있다는 걸 알 수 있다.

채도를 극단적으로 조정해 보기 생동감과 달리 채도는 모든 색상에 영향을 미친다. 채도를 극단적으로 올리면 피부톤까지 매우 강렬한 오렌지색으로 변하고, 극단적으로 내리면 색상이 전혀 없는 흑백사진이 된다.

생동감, 채도를 전문가 수준으로 이해하기   조금 더 자세히 생동감과 채도의 차이를 알아보자. 원리나 이론이 궁금할 때 도움이 될 내용이다. 먼셀의 색상환표 위에 '가, 나, 다'라는 3개의 픽셀이 있다고 가정하자. 채도별로 가는 10번, 나는 6번, 다는 2번에 있다.

첫 번째, 채도를 최대한 올린다.

채도를 최대한 높이면 '가'와 '나'가 똑같이 최대 채도 지점인 12번으로 바뀐다. 이것은 두 픽셀의 색이 똑같아지면서 각 픽셀이 표현하는 디테일이 사라진다는 말이다. 원본 상태에서는 분명히 '가, 나, 다'라는 3단계의 계조가 있었지만, '가, 나'가 똑같이 바뀌어 2단계만 남는다. 결과적으로 사진의 계조(색상 차이)를 파괴하고, 최대 채도로 픽셀값을 몰아붙여 이미지 열화와 함께 계단현상이 발생하게 된다. 또 모든 픽셀값이 같은 양으로 바뀐다는 특성도 알 수 있다.

두 번째, 생동감을 최대한 올린다.

채도와 달리 하나로 뭉치는 게 아니라 각 픽셀 간에 상대 거리를 유지하면서 변한다. 따라서 계조를 유지하면서 조정할 수 있고, 저채도 색이 고채도 색보다 더 많은 영향을 받는다는 것을 알 수 있다. 또 색조에 따라 이동 폭이 다르게 적용되기 때문에, 피부톤에는 과하게 적용되지 않는다.

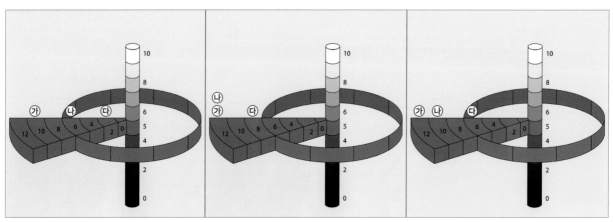

원본사진
가 10 나 6 다 2
채도가 다른 3가지 색

채도를 최대로 올렸을 때
가 12 나 12 다 8
가, 나가 같은 색으로 바뀌어
사진에 계단현상 발생!

생동감을 최대로 올렸을 때
가 12 나 10 다 6
3색이 간격을 유지하며 골고루 상승!

색상별로 보정하기
색상 혼합 패널

색은 3가지 속성을 가지고 있다   흔히들 아래 그래프 같은 것이 모든 색을 표현한다는 고정관념을 가지고 있는데, 이런 생각은 색을 이해하는 데 하나도 도움이 되지 않는다. 왜냐하면 색은 3가지 속성을 가지고 있어서 2차원 그래프로는 표현할 수 없는 입체적 공간, 즉 3차원 그래프이기 때문이다.

더 쉽게 말하자면 색을 볼 때는 3가지로 나누어 이해해야 한다. 빨주노초파남보처럼 어떤 색인지를 말하는 '색상', 색이 얼마나 선명한지 혹은 탁한지를 표현하는 '채도', 마지막으로 그 색이 어두운지 밝은지를 말하는 '밝기'다. 이 3가지 요소를 평면 그래프로 표현하기란 매우 힘든 문제라 직관적인 사용을 위해 라이트룸은 3가지 속성을 색상별로 따로 조정하는 기능을 만들었다. 이것이 '색상혼합 패널'이다.

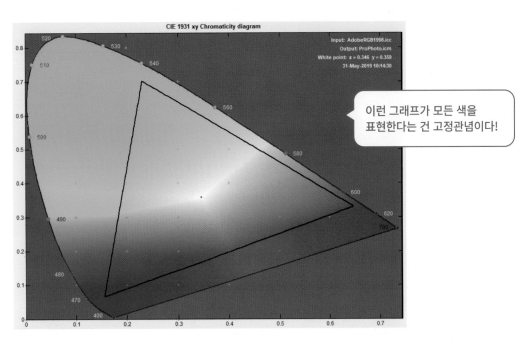

몽골 최북단 '홉스골'을 지나서 하루 더 올라가면 차량으로 갈 수 있는 마지막 마을인 '짜간누르'가 나온다.
여기서도 몽골의 여름 축제인 '나담'이 진행되는데, 하이라이트는 어린아이들이 하는 말 경주.
경기에 참가할 말들은 빨랫줄 같은 곳에 묶여 며칠을 대기한다. 낯선 이의 눈에는 신기하면서도 순수함이 묻어있는 풍경이었다.
- 경기를 기다리는 말, 몽골, 홉스골, 짜간누르

Before

사진의 신기한 분위기를 전달하기에 부족할 정도로 하늘 색감이 칙칙하다.
살짝 녹색을 더해 청록색의 동화 같은 하늘 느낌으로 바꾼다.

색상 혼합 패널 살펴보기   색상 혼합 패널에서는 여러 가지 색을 개별적으로 조정할 수 있다. 총 8개의 대표적인 색상으로 구분해서 각각 색조, 채도, 광도까지 색상의 3요소를 원하는 대로 바꿀 수 있는 기능에 초점을 두었다. 라이트룸에서 색상 작업을 할 때 매우 편리하고 강력한 패널이기도 하다.

굳이 알 필요는 없지만 상식적으로 쓱 읽고 넘어가자. 이 색상 혼합 패널은 바로 알 수 없는 RGB값 대신 직관적으로 이해하고 조정할 수 있도록 HSL 색공간으로 표현되었다. H는 색상을 뜻하는 Hue, S는 채도를 뜻하는 Saturation, L은 밝기를 뜻하는 Lightness를 말한다. 직관적으로 편하게 쓰라고 다양한 옵션을 넣어준 덕분에 복잡해 보이지만, 결국 딱 8가지 색상을 색상, 채도, 밝기를 바꿔가며 볼 수 있게 만든 것이다. 책에서는 기본 형태만 사용하지만, 마음에 드는 어떤 패널 디자인을 골라도 똑같다.

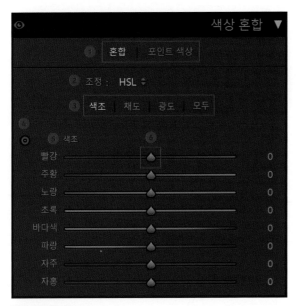

혼합 모드일 때

---

❶ **혼합 | 포인트 색상**: 혼합 모드를 사용할 것인지, 원하는 색을 선택해 바꾸는 '포인트 색상'으로 작업할 것인지 선택한다.

❷ **조정**: HSL 또는 색상을 선택한다. 그냥 보여주는 방법만 선택하는 것이다.

❸ **색조 | 채도 | 광도 | 모두**: 조정할 부분 즉 색을 바꾸고 싶으면 '색조', 색의 진하기는 '채도', 밝기는 '광도'를 선택한다. '모두'를 선택하면 패널이 커지면서 모든 조정 슬라이드가 한 번에 다 나타난다.

❹ **조정핸들**: 원하는 색상을 사진에서 클릭한 후 드래그해 해당 색상을 바꾼다.

❺ **색조**: 현재 조정하려고 선택한 것이 색조라는 것을 표시한다.

❻ **조정 슬라이드**: 조정할 각 색상의 슬라이드를 표시한다.

포인트 색상 모드로 변경했을 때

❶ **스포이트 툴:** 변경을 원하는 색상을 스포이트로 클릭하면 조정 설정이 나타난다.

❷ **색상 모니터:** 클릭한 색상을 평면 HSL 좌표로 표시해 영향을 받는 주변 색상을 쉽게 알 수 있다.

❸ **명도 확인 모니터:** 클릭한 색상의 밝기를 세로 막대 형태로 보여준다.

❹ **조정 슬라이드:** 색조, 채도, 휘도(밝기, 명도)를 조정할 수 있다.

❺ **범위:** 클릭한 색상과 얼마나 비슷한 색상에까지 적용할 것인지를 정한다. 기본값은 50이다. 100으로 갈수록 주변 색에 영향이 커지고, 0으로 갈수록 클릭한 색상과 정확히 일치한 색에만 적용된다.

❻ **범위 시각화:** 체크하면 영향을 받지 않는 색상은 흑백으로 처리되어 적용 범위를 쉽게 알 수 있다.

[방법 1] HSL 탭에서 색 조정하기

1   하늘 톤을 좀 더 동화 같은 청록색 느낌으로 바꿔 보자. '조정'에서 'HSL'을 선택한 후 '색조' 탭을 클릭한다.

2   딱 봐도 파랑을 만져야 한다는 느낌이 오는데, 잘 모르겠다면 각 슬라이드를 좌우로 살짝 드래그해 보면 변하는 부분을 쉽게 찾을 수 있다. '파랑' 슬라이드를 조정한다. (파랑 -20)

 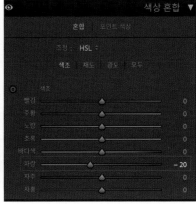

3   직관적으로 파랑 슬라이드라고 하더라도, 잘 보면 바다색 역시 하늘 부분에 영향을 끼치는 것을 알 수 있다. '바다색' 슬라이드를 옮겨서 마음에 드는 하늘색을 완성한다. (파랑 -33, 바다색 -20)

 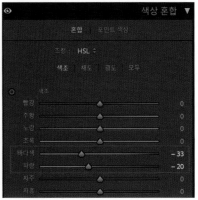

[방법 2] 사진에서 색을 찍어 조정하기 - 포인트 색상

1 다른 방법으로도 같은 작업이 가능하다. 색상 혼합 패널에서 '포인트 색상' 탭을 클릭한 후 스포이트 툴을 클릭한다.

2 사진에서 바꾸고 싶은 부분의 대표적인 색상을 클릭하면 색상 혼합 패널에 클릭한 색상이 나타난다.

 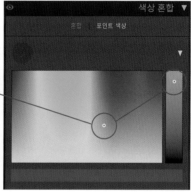

3 '색조 조절' 슬라이드를 드래그해 원하는 색감을 찾아주면 된다. 이 상태에서 채도를 조정하거나 휘도(밝기, 명도)를 조정할 수도 있다.

세계적인 다랑논 경작지로 유명한 중국 윈난성의 '웬양 티티엔'이다. 아직 추수가 끝나지 않아서 논에 물이 없었는데도 험한 산을 깎아 만든
다랑논이 압도적인 풍경을 보여주었다. 대대로 풍경을 바꾼 하니족은 중국에서 부르는 말이고, 태국이나 미얀마에서는 아카족으로 불리고 있다.
- 웬양 티티엔의 저녁, 중국, 윈난, 홍허, 웬양

멀리 있는 풍경을 촬영하면, 공기 중에 있는 여러 부유물질 탓에 충분한 빛 데이터를 담을 수 없다.
촬영해 보면 눈으로 보이는 것보다 훨씬 더 저채도의 심심한 풍경만 남기 일쑤.
보정 패널을 통해 전체적인 색감을 눈으로 본 것처럼 바꿔 보자.

Before

색의 뿌리를 바꾼다
보정 패널

보정 패널과 다른 색상 보정 기능의 차이   지금까지 라이트룸에서 색상을 바꾸기 위해 사용한 기능은 생동감/채도, 색상 혼합 패널, 색 보정 패널 등이었다. 보정 패널은 이 기능들과 다르게 근본적인 색상의 느낌을 바꾼다. 단순하지만 사진의 전체적인 색감톤 자체를 바꿀 수 있는 강력한 도구다. 다만 직관적이지 않은 RGB 색공간에 기반을 두고 있어 많은 연습과 경험이 필요하다. 빨강값을 조정해도 빨강이 섞인 파랑 역시 영향을 받기 때문이다.

모든 채널에 영향을 주는 보정 패널 살펴보기

❶ **프로세스:** 버전 6(현재) 과거 버전으로 작업하려면 원하는 버전을 선택한다. 하지만 대부분 최신 버전이 더 좋다.
❷ **어두운 영역:** 슬라이드를 이용해 어두운 부분의 색감을 보정한다.
❸ **조정 슬라이드:** R 빨강, G 초록, B 파랑으로 나누어 각각 색조와 채도를 조정해 미세한 색감을 보정한다.

보정 패널은 영어로 Calibration 즉 보정이라는 용어를 쓰는데, 그보다는 '교정'이 더 정확할 성싶다. 이 패널은 RAW 데이터에서 RGB 각 채널값 자체를 바꿔준다. 예를 들어 아래의 색상환에서 색상 혼합 패널 기능으로 빨강의 채도를 낮추었을 때와 보정 패널에서 빨강의 채도를 낮추었을 때를 비교해 보자. 색상 혼합 패널이 우리가 인지하는 빨강 부분에만 영향을 끼친다면, 보정 패널은 전체 색에 모두 영향을 준다.

왜냐하면 우리는 흔히 빨강 느낌이 있으면 빨강 계열로 묶어서 생각하지만, RGB 색공간에서 보면 다른 색에도 빨강 데이터가 있기 때문이다. 보정 패널에서의 빨강 채도 감소는 전체 색에 섞인 빨강에 영향을 준다. 빨강 데이터가 100일 경우 흰색으로, 0일 경우 검정으로 보는 데이터를 추출해서 보면 확실하게 이해할 수 있다. 색상 혼합 패널에서는 빨강과 주황 정도만 영향을 받는다면, 보정 패널에서는 전체적으로 모든 색이 영향을 받는 게 보일 것이다.

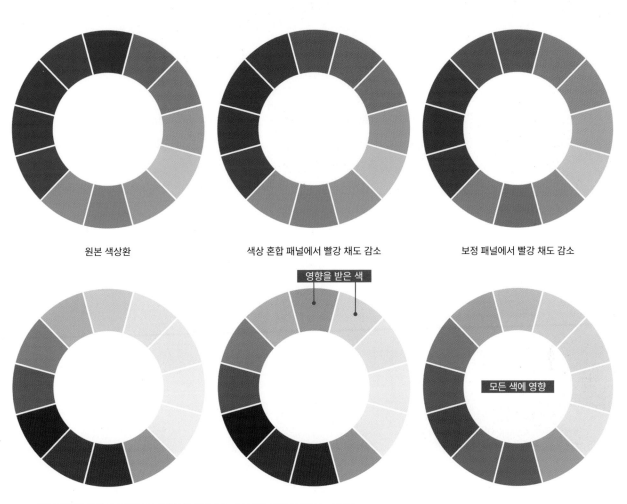

원본 색상환   색상 혼합 패널에서 빨강 채도 감소   보정 패널에서 빨강 채도 감소

빨강 채널을 흑백으로 변환한 그림(흰색 100%: Red 100%, 검정 100%: Red 0%)
색상환의 모든 색에 빨강이 어느 정도 섞여 있다.

빨강 채널만 보자면 빨강이 더욱 빨갛게 보이려면 빨강 데이터가 더욱 많게 즉 흰색에 가깝게 표시되어야 하고, 이때 파랑은 빨강이 줄어 좀 더 검게 보여야 한다. 하지만 보정 패널에서 빨강의 채도를 줄이면 빨강에서는 빨강의 데이터가 감소해 더 어두워질 뿐만 아니라 빨강이 없어야할 파랑 부분에서 빨강이 증가해 좀 더 밝아지는 것을 확인할 수 있다. 이런 특성을 잘 이해하고 보정 패널을 이용하자.

[방법 1] 보정 패널 기본 사용법 현재 멀리 떨어진 풍경 사진 특유의 저채도 현상이 나타나 있으니 보정해야 한다. 사람마다 작업하는 순서나 방법은 다르겠지만, 처음이라면 색상별로 보정한 후 전체적으로 한 번 더 다듬는 기본적인 방법을 권한다.

1 현상 모듈에서 '보정' 패널을 클릭한다.   **예제사진** PART4\웬양 티티엔의 저녁   **완성사진** PART4\웬양 티티엔의 저녁 완성

 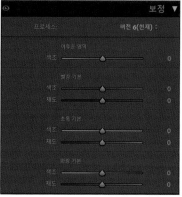

2 '빨강 기본'의 색조와 채도 슬라이드를 조정하여 눈앞에 보이는 듯한 선명한 사진을 만든다. (색조 +3, 채도 +35)

3 '초록 기본'의 색조와 채도 슬라이드를 조정하여 전체적인 사진의 분위기에 맞추어 더욱 풍성한 색감으로 만들자. (색조 -7, 채도 +31)

 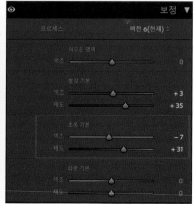

4 '파랑 기본' 슬라이드도 조정한다. (파랑 기본 색조: -11, 채도 +100)

5 전체적으로 다시 한번 빨강 기본, 초록 기본, 파랑 기본 슬라이드를 조정하여 원하는 색감이 되도록 조정한다. (빨강 기본 색조: +12, 초록 기본 색조: +11) 이런 식으로 기본 색감을 만든 후 원하는 상태로 보정하면 된다.

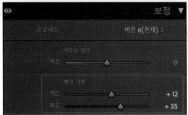

[방법 2] 보정 패널로 인물의 피부톤 조정하기 인물의 피부톤을 조정할 때도 보정 패널을 자주 사용한다. 카메라 브랜드마다 렌즈 종류마다 인물의 피부톤이 미세하게 변하는데, 이를 조정하지 못해서 애먹다가 카메라나 렌즈 탓을 하는 사람이 많다. 색감이라는 건 결국 RGB 3가지 데이터의 조합일 뿐 못 맞출 색감이란 없다. 특히 피부톤 표현은 유행이나 사람에 따라 호불호가 다른 '취향'의 영역이다. 극동지방의 동양인이 선호하는 색감과 유럽인들이 좋아하는 피부톤, 사람마다의 편차 등까지 생각하면 정확한 피부색 재현을 목표로 삼기보다는 사진가의 취향을 반영하는 수단 중 하나라고 생각하는 게 맞을 것이다.

피부톤을 조정할 때 어떻게 어떤 순서로 하는지 살펴보고 자신이 원하는 색감을 찾는다. 보정 패널에서 빨강, 초록, 파랑 기본 슬라이드를 이용해 원하는 피부톤을 만든다. 이때, 빨강 기본의 색조나 채도를 조정한다고 꼭 빨간 부분만 바뀌는 게 아니라는 점을 기억하자.

1   현상 모듈에서 '보정' 패널을 클릭한다.　　　　**예제사진** PART4\전통의상을 입은 소녀　**완성사진** PART4\전통의상을 입은 소녀 완성

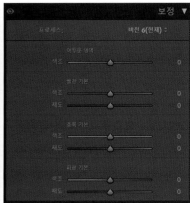

2   먼저 '빨강 기본'을 조정한다. 색조와 채도 슬라이드를 조정해 원하는 피부톤에 근접하게 만든다. (색조 -6, 채도 -9)

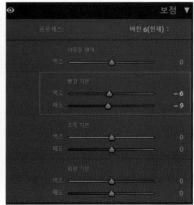

3 마찬가지로 초록 기본과 파랑 기본을 이용해 좀 더 정확하게 원하는 피부톤을 찾아가 보자. (초록 기본: 색조 +9, 채도 -8, 파랑 기본: 색조 -2, 채도 -13)

4 보정 패널을 이용해 교정하기 전후를 비교해서 보면 차이가 보인다. 이 순서로 작업하면 된다.

밝은, 중간, 어두운 영역으로 나누어 보정하기
색 보정 패널

색 보정 패널 살펴보기   사진이 너무 밋밋해 보일 때 특정 색상을 추가해 활기를 추가하고 싶
다면 색 보정 패널을 사용할 수 있다. 색 보정 패널은 명암별로 밝은, 중간, 어두운 영역으로 나
누어 특정한 색을 추가해 색감을 살릴 수 있는 기능이다. 밝기별로 색감을 바꾸어 어두운 부분
은 차가운 색감으로, 밝은 부분은 따뜻한 색감으로 만들어 분위기를 강조해 보자.

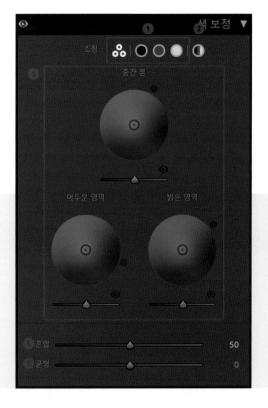

예제사진 PART4\왕실의상을 입은 모델 **완성사진** PART4\왕실의상을 입은 모델 완성

❶ **조정:** 인터페이스를 어떻게 볼 것인지 선택한다. ('3방향'으로 밝은, 중간, 어
두운 한 번에 보기/하나씩 보기)

❷ **전체:** 명암별 구분 없이 사진 전체의 색상을 바꿀 수 있다.

❸ **중간 톤/어두운 영역/밝은 영역:** 각각 중간 부분/ 어두운 부분 / 밝은 부분의
색상을 조정한다.

❹ **혼합:** 선택한 색상을 얼마나 강하게 조정할지 결정한다. 기본값은 50인데
100으로 갈수록 강하게, 0으로 갈수록 약하게 적용된다.

❺ **균형:** 왼쪽으로 갈수록 어두운 영역에서 선택한 색상이 중간이나 밝은 부분
까지 영향을 미치며, 오른쪽으로 갈수록 반대로 밝은 영역에서 선택한 색상
이 영향을 많이 준다.

태국에도 사극이 있다. 우리도 그렇지만 왕을 중심으로 한 이야기는 인기가 많아서
왕족의 의복이나 장신구에 익숙하다. 전통의상인데 너무 사실적인 느낌이라
예스러운 색감을 주기 위해 색 보정 패널을 이용했다.
- 전통 태국 의상을 입은 모델, 람푼, 태국

색상 선택하는 법　색을 선택하는 인터페이스가 바뀌어서 뭔가 전문적이고 어려워 보이지만, 여기서 설명하는정도만 알아도 충분하니 겁먹지 말자. 먼저 색조(Hue)는 H, 채도(Saturation)는 S, 광도(Luminancecolor)는 L이다.

－ 색조는 빨간색이 0이고, 청록색이 180인 색상환 각도 0~360으로
　　표시된다. 그래서 동그란 원!

－ 채도는 0~100으로 100이 제일 높다. 원의 중심은 채도가 0이고, 원
　　의 바깥쪽으로 갈수록 채도가 올라가 진한 색이 된다. 현재 선택된
　　색에 대한 자세한 정보는 아래 색조와 채도로 표시된다.

－ 광도는 색상의 밝기값을 조정하는데, 기본 모드인 '3방향'에서는 보
　　이지 않고 '하나씩 보기'에서만 나타난다.

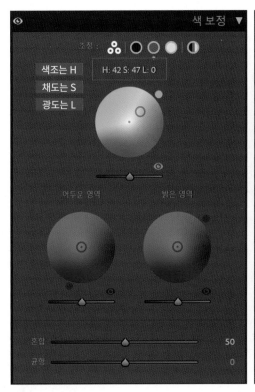

3방향 보기 기본 모드

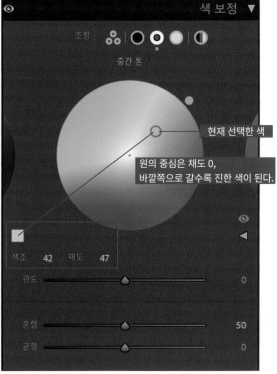

하나씩 보기 모드

1 사진을 영화 같은 분위기로 바꿔 보자. 현상 모듈에서 '색 보정' 패널을 클릭한다.

 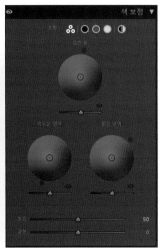

2 전체 톤 조정하기

우선 전체적인 색감을 잡기 위해 '전체'를 클릭한다. 약간 차가운 느낌으로 만들기 위해서 파란색을 선택하면 사진이 파란 톤으로 변한다. (색조 230, 채도 80)

 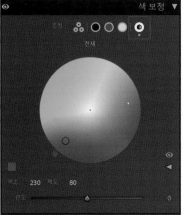

3 어두운 영역 조정하기

'조정'에서 3방향 아이콘을 선택한다. 어두운 영역을 조정해서 어두운 부분이 더욱 차가운 톤으로 표현되도록 색상을 선택한다. (H:205, S:54)

 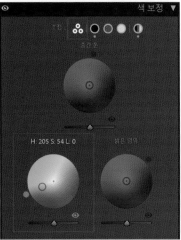

4 밝은 영역 조정하기

밝은 부분인 얼굴의 색감을 좀 더 따뜻한 톤으로 바꾸자. 밝은 영역의 색상을 따뜻한 오렌지색 계열로 선택한다. (H:32, S34)

 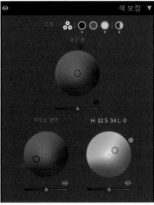

5 중간톤 조정하기

얼굴에 여전히 파란 톤이 많으니 중간 톤도 약간 따뜻한 계열의 색상을 선택한다. (H:57, S54)

6 사진 전체적으로 따뜻한 톤이 차가운 톤에 비해 부족하다. 이럴 때는 패널 아래 있는 '균형' 슬라이더를 오른쪽으로 드래그해 밝은 부분에 따뜻한 톤을 더해 주면 완성이다. (균형 +17)

 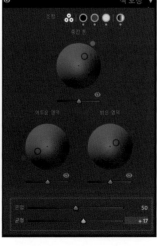

밝기 영역으로 나누지만 더 디테일하게!
색상 균형(포토샵)

라이트룸 '색 보정' 패널과 포토샵 '색상 균형'의 차이　라이트룸은 사진가를 위해 만들어진 프로그램이다. 그러나 모든 기능이 들어 있는 것은 아니라서 특별한 기능이 필요할 때는 포토샵을 이용해 마무리하기도 한다. 바로 앞에서 배운 색 보정 패널보다 더 디테일한 옵션을 제공하는 게 포토샵의 색상 균형이다. 라이트룸에서는 단순히 컬러 차트를 찍어서 색을 선택한다면, 포토샵은 디테일하게 색상을 선택할 수 있다. 또한 라이트룸에서 한 번 작업한 것을 다시 한번 적용해야 할 때도 유용하다.

Before

전체의 1/3에 해당하는 건물과 도로, 사람들이 북적이며 사는 곳과
맑고 텅 빈 밤하늘에 강한 대비를 주어 풍경을 강조하고 싶었다.
색상 균형을 이용해 하늘은 어둡게, 건물과 도로는 밝게 만든다.

1 포토샵으로 이동하기

라이트룸에서 기본 보정을 한 사진을 마우스 오른쪽 버튼으로 클릭한 후 '응용프로그램에서 편집 – Adobe Photoshop 2024에서 편집'을 클릭한다.

예제사진 PART4\색상균형
완성사진 PART4\색상균형 완성

2 자동으로 포토샵이 실행되면서 라이트룸에서 작업하던 사진이 바로 나타난다. 이때 라이트룸은 종료하지 말고 그대로 두자.

3 레이어 팔레트의 조정 레이어 아이콘을 클릭한 후 '색상 균형'을 클릭한다.

4 색상 균형 옵션 살펴보기

색상 균형의 조정 레이어가 만들어지면서 옵션이 나타난다. 색상 균형 옵션이 바로 나타나지 않는다면 조정 레이어 아이콘을 더블클릭하자.

❶ **톤:** 명도를 기준으로 어두운 영역, 중간 영역, 밝은 영역 중 색감을 조정할 영역을 선택할 수 있다.

❷ 선택한 영역의 색감을 조정한다. 녹청 – 빨강, 마젠타 – 녹색, 노랑 – 파랑 사이의 색감을 조정하는데, 자세히 보면 왼쪽은 인쇄의 3원색이며, 오른쪽은 빛의 3원색이다. 서로 보색 영역에 속한다.

❸ **광도 유지:** 체크하면 색감이 변하면서 어두워지거나 밝아지는 것을 방지한다.

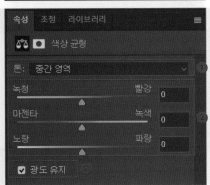

5 중간 영역 보정하기

이제 드라마틱하게 보정해 보자. 전체적인 중간톤은 저녁노을을 강조하기 위해 따뜻한 마젠타 느낌을 강하게 주어 보정했다. 밝은 영역과 어두운 영역이 그대로 남아 있으니 조금 과감하게 조정해도 된다. (빨강 -19, 녹색 -10, 파랑 +26)

6 어두운 영역 보정하기

어두운 영역은 색감의 콘트라스트를 위해서 기본적으로 차가운 느낌으로 보정했다. 전체적으로 균형이 잡히면서 마젠타와 시안의 강렬한 보색대비가 돋보인다. (빨강 -24, 녹색 -4, 파랑 -11)

7 밝은 영역 보정하기

밝은 영역은 조명의 느낌을 강조한다. 하이라이트 부분이 전체적으로 저녁노을의 태양빛을 받은 것처럼 굉장히 따듯한 색감으로 바뀐다. 결과적으로 어두운 부분의 시안과 극적인 보색대비가 생겨 사진을 돋보이게 만든다. (빨강 +25, 녹색 -20, 파랑 -47)

원하는 색만 콕 집어 보정하기
색조/채도(포토샵)

예제사진 PART4\파타야의 태국인 **완성사진** PART4\파타야의 태국인 완성

태국에서도 잘 보존된 바닷가는 감탄이 나올 정도지만, 이 사진의 배경인 파타야 열대 바다는 사실 그다지 깨끗하진 않다. 그래도 도심에 붙어 있는 생활형 바
닷가로선 정말 멋진 공간이 아닐 수 없다. 해가 지기 시작하는 저녁이 되면 주변에서 온 사람들로 북적인다. AI로 강력해진 포토샵 '색조/채도'를 이용해 간단히
색을 바꿔 보자.
- 파타야의 태국인, 방나, 파타야, 태국

AI로 무장한 포토샵 '색조/채도' 포토샵 초기 버전부터 활약한, 그리고 여전히 매우 유용한 컬러 조정 툴을 꼽자면 '색조/채도(Hue/Saturation)'를 빼놓을 수 없다. 문제는 얼마나 정확히 원하는 영역을 선택할 수 있느냐인데, 최근에는 놀라운 AI 기능까지 추가되어 색을 기준으로 일부 영역을 자동으로 선택해 준다. 이 외에도 악성 여드름의 붉은 기를 보정하거나 선택하기 어려운 부분을 정밀하게 선택하는 등 활용도가 높다.

❶ **사전 설정**: 자주 사용되는 효과를 프리셋으로 준비해두었다.
❷ **마스터**: CMY나 RGB 중 선택할 수 있다. 마스터는 모든 색을 선택한 것이다.
❸ **색조**: 색상을 바꾸는 슬라이드
❹ **채도**: 색의 연하고, 진한 정도를 바꾸는 슬라이드
❺ **명도**: 밝기를 바꾸는 슬라이드
❻ **색상화**: 체크하면 사진의 원래 색상을 무시하고 지정한 색조로만 표현한다.
🖉 **타깃 스포이트**: 지정하려는 색상을 선택한다.
🖉 **타깃 + 스포이트**: 지정하려는 색에 추가한다.
🖉 **타깃 - 스포이트**: 지정한 색에서 빼고 싶은 색을 선택한다.
❼ **타깃 슬라이드**: 선택한 타깃의 색상 위치를 표시한다.
❽ **교정 슬라이드**: 선택한 색상을 지정한 색상으로 바꾼다.

1 원하는 부분만 선택하기

라이트룸에서 기본 보정을 마친 사진을 마우스 오른쪽 버튼으로 클릭한 후 '응용프로그램에서 편집 - Adobe Photoshop 2024에서 편집'을 클릭한다. 자동으로 포토샵이 실행되면서 라이트룸에서 작업하던 사진이 나타난다. 원하는 부분을 간단히 선택하기 위해 툴바에서 '빠른 선택 도구'를 클릭한다.

2 키보드에서 ⌨️[ ], [ ]⌨️를 이용해 적당한 브러시 크기를 선택한다. 핑크 드레스 부분을 대충 클릭한 후 드래그하면 컴퓨터가 알아서 비슷한 부분을 찾아준다.

3 **선택영역 빼기** [Alt]

[Alt]를 누르면 마우스 포인터가 -로 바뀐다. 이 상태에서 선택되지 말아야 할 부분을 클릭하면 선택영역에서 빠진다.

4 레이어 팔레트의 조정 레이어 아이콘을 클릭한 후 '색조/채도'를 클릭한다. 색조/채도 조정 옵션이 열리면서 레이어에 자동으로 선택영역이 마스킹된 아이콘이 나타난다.

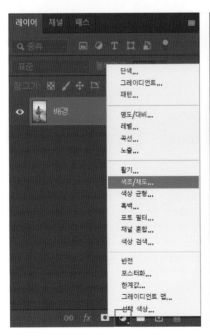 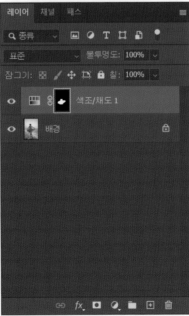

5 '색조' 슬라이드를 드래그해 원하는 색상의 드레스가 되도록 조정한다. (색조 -112)

6 채도, 명도까지 조정하면 흑이나 백 등 훨씬 더 다양한 색상을 만들 수 있다.
흰옷 (색조 -119, 채도 -91, 명도 +57)
검정(색조 -119, 채도 -91, 명도 -77)

7 옷자락 끝부분의 색상이 변하지 않은 것은 빠른 선택 도구로 선택된 영역이 부정확하기 때문이다. 색조/채도 레이어 옆에 있는 마스킹 아이콘을 클릭해 선택한 후 브러시 툴을 선택한다.

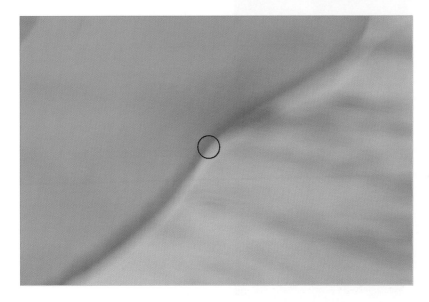

**8 선택영역 추가하기/빼기
(흰색/검정 전환키 X)**

브러시 툴 크기를 적절히 조정하면서 검정이나 흰색으로 칠해 수정한다. 흰색은 선택영역에 추가되고, 검정은 빼는 것이다. 눈으로 보면서 할 수 있으니 그리 어렵지 않을 것이다.

우리를 가끔 늪에 빠지게 만드는 그것
채널 혼합(포토샵)

예제사진 PART4\신천의 밤 완성사진 PART4\신천의 밤 완성

Before

색이란 결국 RGB 각 채널의 데이터가 어떻게 섞여 있는지를 해석한 것일 뿐이다. 각 채널의 데이터를 바꾸면 현실에서는 있을 수 없는 색상의 사진도 얻을 수 있고, 비율을 잘 섞으면 우리가 원하는 그 어떤 색도 만들 수 있다. 이 사진 역시 녹색과 파랑 채널 데이터를 맞바꾸어 새로운 색을 만든 결과다.
- 신천의 비오는 밤, 신천, 서울, 한국

포토샵의 채널 혼합 패널 살펴보기 지금까지 좋은 사진을 위한 컬러 이론부터 명도를 기준으로, 색상을 기준으로, 색상 채널을 기준으로 색을 바꾸거나 추가하고 빼는 다양한 방법을 배웠다. 그러나 손실 없이 색상을 바꾸는 가장 좋은 방법은 '채널 혼합'이라고 말해도 과언이 아니다. '디지털 공간에서는 R, G, B 즉 빨강, 녹색, 파랑의 혼합으로 모든 색을 표현한다'에서 출발해 보자. 왜냐하면 채널 혼합은 데이터 손실 없이 색상을 원하는 대로 바꿀 수 있는 가장 훌륭한 방법이지만, 색에 대한 이해가 없으면 처음에는 사용하기 정말 어렵기 때문이다.

RGB 각 채널이 혼합되어 색을 만든다는 것과 포토샵에서 어떻게 조정하는지 방법을 알아두는 것만으로도 앞으로 도움이 될 것이다. 지금은 '색을 이런 식으로도 바꿀 수도 있구나' 정도만 이해하고 넘어가도 괜찮다. 나중에 라이트룸이나 포토샵에 익숙해지면 이 기능을 이용해서 남들이 하지 못하는 다양한 것들을 할 수 있게 된다.

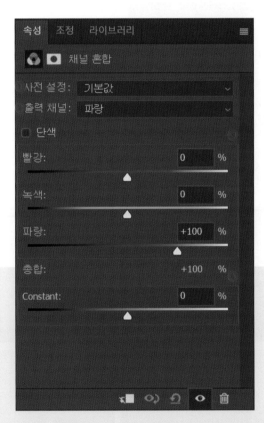

❶ **사전설정:** 기본값이다. 다양한 흑백사진의 컬러 필터를 시뮬레이션할 수 있는 사전 설정이 들어 있다.

❷ **출력 채널:** 빨강, 녹색, 파랑 RGB 채널 중 선택한 채널이 표시된다.

❸ **빨강, 녹색, 파랑 슬라이드:** 현재 RGB 데이터 중 어떤 채널의 데이터가 얼마나 사용되고 있는지 % 단위로 보여준다. 이 그림은 현재 선택된 채널이 파랑인데, 파랑 데이터를 100% 쓰고 있다는 말이다.

❹ **Constant:** 슬라이드로 설정한 값을 얼마나 적용할지 결정한다. 기본값은 0%인데, 슬라이드에서 결정한 값을 그대로 적용하는 것을 말한다. 100%는 결정값의 100%를 더 적용한다. 반대로 -100%은 슬라이드 적용값의 총합이 100%일 경우 다시 -100%를 하기 때문에 결국 0이 된다.

1 채널 이해가 먼저다!

포토샵에서 사진을 불러온 후 각 채널 데이터
를 보는 방법부터 알아보자. 레이어 바로 옆
에 '채널'이라는 탭이 있다. 이 탭을 클릭한다.

2 '채널' 탭이 나타난다. 맨 위에 있는
'RGB' 레이어에 있는 사진만 컬러고, 아래쪽
은 흑백으로 보인다. 왜냐하면 우리가 현재
보고 있는 사진은 RGB 3가지 채널을 모두
한데 섞은 결과이기 때문이다. 그래서 'RGB'
레이어를 선택하면 아래쪽에 있는 빨강, 녹
색, 파랑 채널 역시 모두 선택된다. 하지만 이
상하다. 컬러사진인데, 왜 각 채널은 흑백일
까?

3 '채널' 탭에 있는 각 색상 이름을 클릭하
면 데이터를 흑백으로 표현한 사진을 볼 수
있다. 왜냐하면 각 색상판은 진하고 연한 명
도 단계로만 색을 표현하기 때문에 그렇다.

빨강 Red 채널   녹색 Green 채널   파랑 Blue 채널

그냥 빨강이라고 해도 순수한 빨강이 아닌 다음에야 여러 색이 섞여 만들어진다. 차이가 좀 더 극명하게 드러나는 빨강 드레스 사진을 보자. 빨강 채널에서는 치마가 매우 밝게 보인다. 반대로 녹색과 파랑 채널에서는 상당히 어둡다. 이것은 이 치마에 빨강이 매우 많고, 녹색이나 파랑은 거의 없다는 말이다. 밝다는 것은 그 색이 많이 들어가 있다는 뜻이다. 이렇게 채널은 명도 단계, 즉 밝고 어두운 정도로 각 색을 표현한다.

포토샵 채널 혼합에서 색 조정하기

1 녹색과 파랑 데이터 바꾸기

녹색 채널에 있는 데이터를 파랑 채널로 옮기고, 파랑 채널의 데이터를 녹색으로 바꿔주면 이렇게 된다.

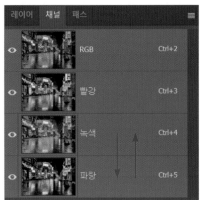

2 포토샵으로 이동하기

라이트룸에서 기본 보정한 사진을 마우스 오른쪽 버튼으로 클릭한 후 '응용 프로그램에서 편집 - Adobe Photoshop 2024에서 편집'을 클릭한다.

3 포토샵에 사진이 나타난다. 이 사진은 강제로 녹색과 파랑 채널을 서로 바꿔 놓은 결과다. 이렇게 강제로 녹색과 파랑 채널의 데이터를 교환시키면 사진의 데이터 손실은 하나도 없지만 색상은 완전히 바뀌게 된다. 포토샵의 채널 혼합에서는 더 쉽게 할 수 있다. 레이어 패널에서 조정 레이어 아이콘을 클릭한 후 '채널 혼합'을 선택한다.

4 ˊ 녹색 채널을 파랑 채널 데이터로 바꾸기

'채널 혼합'이 나타난다. 여기에서 간단히 각 채널의 데이터를 옮길 수 있다. 현재 녹색 채널과 파랑 채널 데이터가 맞바뀐 상태다. 반대로 돌려 원래 사진으로 바꿔 보자. 출력 채널에서 '녹색'을 선택하면 녹색 슬라이드가 100%인 걸 볼 수 있다. 녹색 채널이니까 당연히 녹색 채널 데이터를 100% 사용하는 뜻이다. 이때 녹색을 0%로 바꾸고 대신 파랑을 100%로 바꿔주면 녹색 채널 데이터가 현재 파랑 채널 데이터와 똑같아진다.

5 파랑 채널을 녹색 채널 데이터로 바꾸기

이제 파랑 채널을 녹색 데이터로 바꿔 보자. '출력 채널'에서 '파랑'을 선택한 후 '파랑'을 0%로, 대신 녹색 슬라이드를 100%로 바꾼다. 이렇게 하면 파랑 채널 데이터를 전부 녹색 채널에서 가져오는 것이 된다.

6 원본 색상으로 돌아오기

이렇게 하면 녹색과 파랑 채널이 바뀌어 Before 사진과 동일하게 된다.

AI로 흑백사진을 컬러사진으로 휙 바꾸기
색상화(포토샵 AI)

Before

예제사진 PART4\하롱베이의 일출
완성사진 PART4\하롱베이의 일출 완성

배 위에서 보는 하롱베이의 일출, 그림 같은 섬들에 둘러싸여 떠오르는 태양은 충분히 감동적이었다. 하지만 휴대폰도 터지지 않는 배 위에서 2박 3일 동안 지내는 건 어지간하면 안 하는 게 좋을 것 같다. 시간이 얼마나 천천히 흐르는지 경험해 보고 싶지 않다면 말이다.
- 하롱베이의 일출, 하롱, 베트남

포토샵의 Neural Filters 색상화 살펴보기 원래는 컬러사진인 것을 흑백으로 바꾼 상태다. AI는 사람이 직접 하는 것보다 효율적으로 다양한 일을 해내는데, 이런 흑백 이미지를 던져도 노을이 있는 멋진 하늘을 만들어 준다. 게다가 제법 쓸 만하다. 원래 사진과 AI가 만든 노을을 비교해 보면 AI도 그럴듯하게 색상을 입혀준다는 걸 확인할 수 있다. 시간이 흐를수록 더욱 완벽해지고 다양해질 것이다.

❶ 이미지를 클릭해서 수동으로 색상을 추가할 수 있다.

❷ **프로필:** 색상 프로필을 선택한다.

❸ **조정 슬라이드:** 채도와 함께 RGB, 또는 CMY 컬러 밸런스를 조정할 수 있다.

❹ **색상 아티팩트 감소:** AI 기능이 실행되면서 생긴 디지털 노이즈를 줄인다.

❺ **노이즈 감소:** 색상 노이즈를 줄인다.

❻ **출력 옵션:** '새로운 색상 레이어로 출력'에 체크하면 색상만 별도의 레이어로 출력된다.

1 포토샵으로 이동하기

라이트룸에서 기본 보정을 한 사진을 마우스 오른쪽 버튼으로 클릭한 후 '응용프로그램에서 편집-Adobe Photoshop 2024에서 편집'을 클릭한다.

2 포토샵 화면이 나타나면 '필터 메뉴 – Neural Filters'를 클릭한 후 '색상' 그룹의 '색상화'를 클릭한다. 처음 사용한다면 구름 모양 어도비 클라우드 아이콘이 보이는데, 클릭하면 해당 필터가 설치된 후 실행될 것이다.

3 잠시 AI가 사진을 분석한 후 컬러로 변환해 준다. 오른쪽에 색상화를 조정할 수 있는 옵션 슬라이드가 제공되어 원하는 대로 보정할 수도 있다.

4 클릭 한 번으로 만들었다고는 믿을 수 없을 만큼 멋진 하늘이지만, 왼쪽 아랫부분이 조금 심심하다. '이미지 색
상화' 창 왼쪽 아랫부분을 클릭한 후 원하는 색상을 선택한다.

5 색상 패치를 클릭한 후 새로운 색상을 선택하면 AI가 색을 바꿔준다. '제거'를 클릭하면 수동으로 입력한 색상을
제거할 수 있다. 이렇게 빛샘 부분의 색상이 좀 더 하늘과 어울리게 바꾸었다. '확인'을 클릭하면 색이 적용된 사진이
만들어진다.

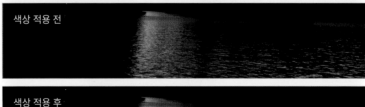

색상 적용 전

색상 적용 후

AI 색상화 활용하기   AI 색상화는 풍경사진뿐만 아니라 인물사진에도 꽤 큰 효과가 있다. 알베르토 코르다 Alberto Korda가 촬영한 세계적으로 유명한 체게바라의 사진 '영웅적 게릴라 (Guerrillero Heroico)'는 원래 흑백이었다. 이를 포토샵 색상화 기능을 이용해 간단히 처리하면 오래된 필름 카메라와 비슷한 느낌의 색감으로 쉽게 바꿀 수 있다.

Part 5
결함을 날리는 특수 기능들

"사진이란 인간의 가능성을 탐구하는 방법이라고 믿는다.
인생과 함께 사진은 나의 천직이라고 할 수 있다. 그리고 많은 사람이 내게 소중했다.
그저 나의 이미지들을 따뜻하게 바라봐 줬으면 한다.
그것들은 나의 자식이나 다름없기 때문이다."

_제리 율스만

센서 먼지, 전기선, 점, 기미 모두 책임진다
얼룩 제거 툴

태국에서는 농업이 매우 중요한 산업 중 하나라 농업용수 확보를 위해 곳곳에 저수지와 댐이 있다.
땅도 크고 넉넉해서 그런지 동네 저수지도 규모가 상당하다.
마을 주민들은 필요할 때마다 차를 몰고 와서 드럼통에 물을 채워간다.
- 물 긷는 마을 주민, 람빵, 태국

얼룩 제거 툴 살펴보기　디지털 사진에서 센서 먼지나 얼룩은 언제나 문제가 된다. 렌즈를 교환할 수 있도록 설계된 디지털카메라 특성상 촬영 시 센서 이물질을 완벽하게 제거할 수 없으니 후보정에서 걷어내야 하는데, 이때 유용한 것이 이 툴이다. 포토샵의 힐링 툴이나 도장 툴과 비슷하며, 얼룩뿐만 아니라 보기 싫은 부분을 감쪽같이 없앨 때도 자주 사용한다.

❶ **내용 인식 제거 툴**: AI 기술로 주변 이미지를 이용해 제거한다.

❷ **복구 툴**: 대상의 주변을 자동으로 파악해 얼룩 부분을 보정한다. 포토샵의 힐링 툴과 비슷하다.

❸ **복제 툴**: 대상을 그대로 복제해 원하는 위치로 이동시킨다. 포토샵의 도장 툴과 비슷하다.

❹ **크기**: 브러시 크기를 조절한다. 마우스 가운데 휠을 돌려 크거나 작게 만들 수도 있다.

❺ **페더**: 브러시 외곽 부분을 얼마나 부드럽게 처리할지 정한다.

❻ **불투명도**: 복제한 이미지를 얼마나 투명하게 만들지 정한다.

예제사진 PART5\물긷는 마을주민 　**완성사진** PART5\물긷는 마을주민 완성

노출이 부족해 답답한 느낌이 들고, 맑은 저수지에서 떨어지는 저녁노을 햇살이 부족하다.
더구나 센서 먼지가 많이 묻어 굉장히 거슬린다. 여기서는 일단 얼룩부터 잡아보자.

1 작업할 부분 찾기

기본 보정을 마치니 센서 얼룩이 잘 보인다.
현상 모듈을 클릭한 후 얼룩을 제거할 부분이
있는지를 찾는다. 사진 위로 마우스 포인터를
가져가면 자동으로 돋보기 툴로 바뀌고, 클릭
하면 바로 크게 확대해서 볼 수 있다. 이 사진
의 경우 가운데 부분에 얼룩이 보인다.

2 복구 툴

현상 모듈 툴박스에서 얼룩 제거 툴을 클릭한 후 원하는 옵션을 선택한다. 일반적으로 센서 먼지 같은 얼룩은 '복
구'로 처리하면 되고, 브러시 크기는 얼룩 크기에 따라 그때그때 마우스 가운데 휠로 조정한다. (복구, 크기 77, 페더
45, 불투명도 100)

3 얼룩 제거하기

얼룩 부분을 클릭해 확대한다. 얼룩보다 조금 더 큰 브러시로 선택한 후 얼룩을 클릭하면, 컴퓨터가 클릭한 곳과 비
슷한 다른 곳의 데이터를 이용해 제거한다. 중간에 취소하려면 Esc 를 누른다.

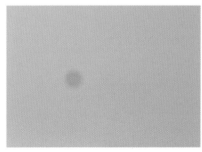

제거할 얼룩

클릭한다.

복구에 사용할 소스 부분이 표시되면서
얼룩이 제거된다.

4 소스 부분 직접 지정하기

만약 컴퓨터가 제대로 된 소스 데이터를 찾지 못하면 복제할 소스 부분을 직접 선택할 수 있다. 소스 부분의 동그라미 안쪽으로 마우스 포인터를 가져가면 손 모양으로 변하는데, 이때 클릭한 후 드래그해서 원하는 위치로 이동시키면 된다. 또 원형의 외곽선 위로 마우스 포인터를 가져가면 화살표 모양으로 변한다. 이때 클릭한 후 드래그하면 원하는 크기로 바꿀 수 있다.

5 내용 인식 제거 툴

AI 기술을 이용해 컴퓨터가 주변을 분석한 후 가장 자연스럽게 보정하는 툴이다. 브러시 크기나 불투명도를 정할 수 있고, 대체로 컴퓨터가 알아서 해주니 편하다. 지우고 싶은 부분을 클릭하면 AI가 클릭한 부분을 분석한 후 지워준다.

6 복제 툴

포토샵의 도장 툴과 비슷하지만, 처음 클릭했을 때 소스가 되는 부분을 자동으로 찾아주는 것이 다르다.

8 소스 부분을 선택하면 그 부분을 그대로 복제해 온다. 소스 부분을 원하는 부분으로 옮겨주면 된다. 대부분 앞에서 설명한 2개의 툴로 모두 잡을 수 있지만, 가끔 필요할 때가 있다.

9 자동으로 얼룩 찾기 - 얼룩 시각화

사진이 너무 밝거나 어두우면 얼룩이 잘 보이지 않는다. 이때는 작업화면 아래 툴바에서 '얼룩 시각화'를 체크한다. 사진이 한계값으로 바뀌면서 찾기 힘들던 얼룩이 바로 드러난다.

10 얼룩 시각화 슬라이드

상황에 따라 얼룩이 너무 잘 보여 다른 디테일과 혼돈되거나 너무 안 보일 수도 있다. 그럴 때는 얼룩 시각화 슬라이드를 조정해서 가장 잘 보이도록 설정하자.

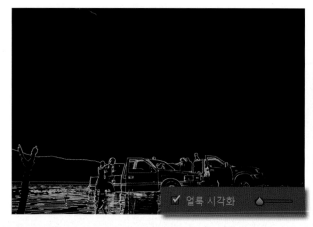

전체적으로 색온도가 너무 차가운 색을 띠고 있다. 아침노을의 색감을 살리고, 붉은 하늘을 반사하는
물의 색을 강조하는 게 포인트다. 여기서는 촬영 시 발생하는 렌즈의 색수차를 줄이는 부분만 해보자.
부록으로 포함된 완성 파일을 보면 원본부터 최종 완성까지의 과정을 모두 볼 수 있다.

Before

색수차, 왜곡 등 렌즈 오류를 잡는 첫 번째 방법
렌즈 교정 패널, 향상

렌즈 교정 패널 살펴보기

❶ '프로필' 탭: 자동으로 색수차와 프로필을 교정한다. 대부분은 자동기능만으로도 쉽게 잡힌다.

❷ 색수차 제거: 자동으로 색수차를 검색해 제거한다.

❸ 프로필 교정 사용: 메타데이터에 들어 있는 카메라와 렌즈 정보를 바탕으로 여러 오류를 자동으로 보정한다.

❹ '수동' 탭: 직접 값을 입력해 색수차를 잡는다.

❺ 왜곡: 광각이나 망원렌즈의 특성상 나타나는 왜곡현상을 수동으로 교정한다.

❻ 언저리 제거: 색수차를 수동으로 제거한다. 자동제거가 되지 않을 때 사용한다.

❼ 비네팅: 주변부 광량 저하 현상을 보정할 수 있다.

색수차란? '색수차(Chromatic Aberration)'란 빛의 파장이 색에 따라 꺾이는 각도, 즉 굴절률이 달라서 생기는 오차다. 흔히 콘트라스트가 강한, 즉 어둡고 밝은 사물이 대비되는 부분에서 많이 발생하며, 색이 번지거나 흔들린 것처럼 보인다. 최신 설계된 카메라 렌즈에서는 잘 억제되어 있지만 물리적으로 완벽히 제거하기는 어렵다. 이 현상을 라이트룸에서 쉽게 보정할 수 있다.

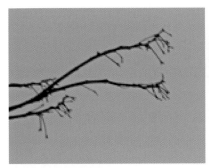
색수차가 발생하지 않았다

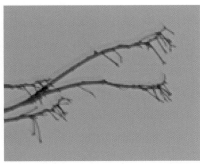
색수차의 일반적인 모습

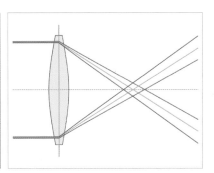
색에 따라 꺾이는 각도가 다르다.

1 색수차 제거하기

현상 모듈에서 왼쪽 위에 있는 나뭇가지를 확대해서 자세히 보자. 사진 위로 마우스 포인터를 가져가면 돋보기 모양이 나타나는데 클릭하면 된다.

예제사진 PART5\눈온날의달천
완성사진 PART5\눈온날의달천 완성

2 색수차 때문에 흔들린 것처럼 번져 보인다. '렌즈 교정' 패널의 '프로필' 탭을 클릭한 후 '색수차 제거'를 체크하면 바로 색수차가 제거된다. 간단히 매우 좋은 효과를 얻을 수 있으니 모든 보정 작업을 할 때 반드시 체크할 것을 권한다. 전에는 포토샵에서 일일이 제거했었는데, 상당히 고난도 작업이었다.

3 프로필 교정 사용하기

라이트룸 메타데이터에는 다양한 제조사의 카메라와 렌즈, 그리
고 이 모델에서 자주 나타나는 오류를 바로잡을 프로필이 저장되
어 있다. 사진을 불러오면 이 사진을 촬영할 때 사용한 렌즈 프로
필이 자동으로 나타난다. 주로 비네팅과 왜곡 현상을 자동 보정하
는데, 간단히 '프로필 교정 사용'에 체크만 해주면 된다.

광각으로 촬영되면서 생긴 술통형 왜곡이 자동 보정되면서 살짝
잘려 나갔고, 비네팅 효과가 적용되어 주변부 광량이 증가했다. 책
에서는 잘 느껴지지 않겠지만 실제로 라이트룸에서 불러와 적용
해 보면 그 차이가 바로 느껴질 정도다.

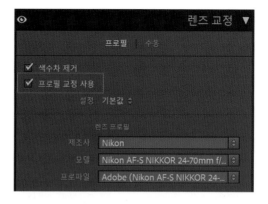

Before

After

AI로 악성 색수차 제거하기
- '향상' 기능

극단적인 상황에서는 어쩔 수 없이 색수차가
엄청나게 발생한다. 특히 강한 빛과 날카로운
형상을 가진 피사체, 예를 들어 나뭇잎 등이
만나면 엄청나다. 이런 경우 일반적인 색수차
제거로는 쉽게 제거되지 않는다. 예전 같으면
일일이 수동으로 제거하거나 보라색의 채도
를 줄여 감추는 정도였지만, 이제는 AI를 이
용해서 효과적으로 처리할 수 있다.

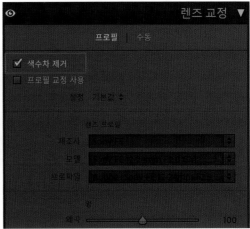

일반적인 색수차 제거로는 잡히지 않는다.

1 '사진' 메뉴의 '향상'을 클릭한다.

2 '미리보기 향상' 대화상자가 나타난다. 여기서 '노이즈 축소'를 선택한 후 '양'은 기본값인 50으로 설정하고 '향상' 버튼을 클릭한다.

3 이렇게 하면 AI가 사진 노이즈를 제거하면서 다루기 힘든 악성 색수차까지 제거한다. 그래픽카드 성능에 따라
다소 시간이 걸릴 수 있다.

색수차 제거 전   AI 기능인 '향상'으로 색수차를 제거한 후

4 이 기능 역시 원본에는 손대지 않는다. 작업 후 라이브러리 모듈에서 확인해 보면 '파일 이름—향상됨-노이즈
감소.dng' 형식으로 새로운 DNG 파일이 자동으로 만들어진다.

 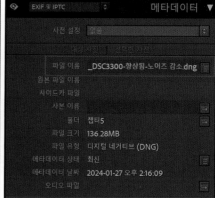

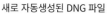

새로 자동생성된 DNG 파일   RAW 원본사진   파일 이름-향상됨-노이즈 감소.dng

찌그러진 왜곡에 특화된
렌즈 오류를 잡는 두 번째 방법
변환 패널

세상에서 가장 아름다운 무덤으로 유명한 타지마할. 그곳을 품은 옛 무굴의 수도 아그라에는 실제 제국을 호령하던 마하라자가 살던 성이 있다. 현재는 '아그라포트'라 불리는 이 성은 무굴 제국의 규모와 예술의 절정기를 지나던 인도의 옛 정취를 느끼게 한다.
- 아그라포트 성, 아그라, 인도

예제사진 PART5\아그라포트
완성사진 PART5\아그라포트 완성

실제 촬영에서는 흔히 이렇게 창이나 문 등이 왜곡되곤 한다. 반드시 바로잡을 필요는 없지만 필요한 경우 변환 패널을 사용해 반듯하게 만들 수 있다. 프레임으로 사용한 창과 사진 안의 모든 수직선을 똑바로 교정하면 차분하고 단정한 느낌을 줄 것이다.

변환 패널을 쓰기 전에 먼저! - 렌즈 교정 패널의 프로필 교정 사용 체크 사진을 찍다 보면 촬영 시 카메라 각도 때문에 찌그러져 왜곡되는 일이 생긴다. 바로잡는 기능 2가지 중 하나는 렌즈 교정 패널의 '프로필 교정'이고, 또 하나는 변환 패널이다. 이전 버전에서는 렌즈 교정 패널에 옵션으로 들어 있었는데, 변환 패널로 분리되어 나왔다.

수동으로도 왜곡을 보정할 수 있지만, 먼저 라이트룸 카메라 프로필로 교정한 후에 보정하면 최상의 결과를 얻을 수 있다. 렌즈 교정 패널의 '프로필 교정 사용'에 체크되어 있지 않으면 변환 패널에 안내 메시지가 나타난다. 변환 패널 사용 전에 꼭 체크되어 있는지 확인하자.

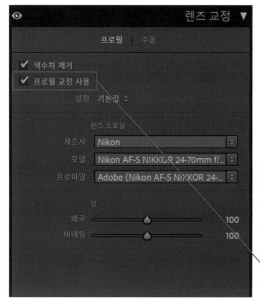

원본 사진

프로필 교정 사용에 체크한 경우_
약간의 왜곡과 비네팅이 없어졌다.

변환 패널 살펴보기

❶ **자동변환 버튼**

6개 중 하나만 선택할 수 있다. '도우미'만 수동이고, 나머지는 다 자동 기능이다.

- 끔: 변환 기능을 사용하지 않는다.
- 자동: 자동으로 수직과 수평, 비율, 기울기를 맞춘다.
- 도우미: 사용자가 직접 사진 위에 수직선과 수평선을 4개까지 그릴 수 있다. 이 선을 기준으로 바로잡는다.
- 수준: 수평을 자동으로 맞춘다. ('수준'이라는 용어는 영문 'Level'의 번역이다. 수평선 또는 수평면을 구할 때 사용하는 기구인 '수준기'라는 의미로 번역한 듯싶다.)
- 수직: 수직을 자동으로 맞춘다.
- 전체: 모든 자동 기능을 활성화해 맞춘다.

끔: 변환 옵션이 적용되지 않는다.

자동: 자동으로 수직, 수평, 비율, 기울기가 최적화된다.

도우미: 수동으로 상하좌우에 도우미선을 그린 후 보정한다.

수준: 수평을 자동으로 맞춘다.

수직: 수직을 자동으로 맞춘다.

전체: 위의 모든 옵션을 고려해 자동으로 보정한다.

❷ **수동으로 조절하는 '변환' 슬라이드**

- 수직, 수평, 회전: 기울기나 회전 각도를 수동으로 조절한다.
- 종횡비: 가로세로 비율을 수동으로 조절한다.
- 비율: 사진을 확대나 축소하여 잘라낼 수 있다.
- X 오프셋, Y 오프셋: 사진을 좌우로, 상하로 이동시킨다.

❸ **자르기 제한**

왜곡된 사진을 자동 기능으로 바로 잡으면서 주로 가장자리에 있는 사진 일부가 잘리거나 텅 비게 되는데, 이런 공간을 자동으로 잘라내는 크로핑 기능이다. 체크하면 자동으로 잘라준다.

자르기 제한과 이미지 제한 - 같은 기능, 다른 이름　　변환 패널의 '도우미'를 클릭한 후 '자르기 제한'에 체크하면, 효과가 적용된 후 보기 싫은 부분을 자동으로 잘라 원본 이미지가 화면에 꽉 차도록 만들어 준다(크로핑). 변환을 이용해 이미지를 비틀다 보면 모서리나 가장자리에 텅 비는 부분이 생길 수 있는데. 이런 부분이 없도록 자동으로 잘라주는 것이다.

이 기능은 오버레이 자르기 툴에 있는 '이미지 제한'과 연동되며 같은 기능이다. 하지만 이제 라이트룸은 AI 기술을 이용해 자동 채움을 실행하기 때문에 거의 사용할 일이 없다. 만약 AI가 원하는 만큼 작동하지 않는다면 이 기능을 사용하자.

수동으로 왜곡을 보정하는 도우미 사용하기 Shift + T

1　현상 모듈의 '변환' 패널에서 '도우미' 버튼을 클릭한다. 도우미 선을 4개까지 직접 그려 수정할 수 있는 옵션이다. Upright 도구 아이콘을 클릭한다.

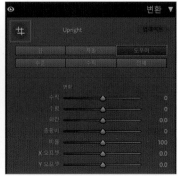

2 수직선 기준 잡기

먼저 수직으로 보정하고 싶은 부분을 클릭한 후 드래그한다. 옆에 자동으로 확대 창이 나타나 정밀하게 선택할 수 있다. 2개 이상의 도우미 선을 그려줘야 효과가 적용되기 때문에 첫 번째 선을 그렸을 때는 아무런 반응이 나타나지 않는다.

3 수평선 기준 잡기

사진 왼쪽에도 수직이 되어야 할 부분을 그려준다. 두 번째 선을 그리면 효과가 바로 적용된다.

이 사진에서는 수평선을 굳이 찾아줄 필요가 없지만, 수평까지 잡아주고 싶다면 수직선에서와 같은 방법으로 2개의 수평선을 찾아서 그려주면 된다.

4 수정하기/삭제하기

효과가 적용된 후 선을 다시 수정할 수도 있다. 마우스 포인터를 도우미 선 시작점이나 끝점 위로 가져가면 보조선이 나타나면서 마우스 포인터가 손 모양으로 변한다. 이때 클릭한 후 드래그하면 된다. [Delete]를 누르면 선이 삭제된다.

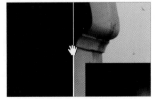

왜곡 보정의 절대 강자!
응용 광각 필터(포토샵)

타지마할은 네 번째 방문이었다. 아그라의 대표적인 관광지인 타지마할은 볼 때마다 압도적인 아름다움과 대칭적인 구조가 놀랍다.
타지마할에 담긴 이야기와 상관없이, 거대한 규모와 순백의 대리석이 보여주는 무굴 제국의 건축 예술을 느낄 수 있는 굉장한 곳인
것만은 틀림없다. - 타지마할, 아그라, 인도

포토샵의 응용 광각 필터 - TS 렌즈 흉내 내기 라이트룸의 왜곡 보정 기능이 '렌즈 교정'이라면, 포토샵의 왜곡 보정 기능인 '응용 광각'은 보다 정밀한 작업이 가능한 툴이라고 생각하면 될 것 같다. 포토샵의 이 기능은 틸트 앤 시프트(TS) 렌즈의 효과를 더욱 정밀하게 보정하거나, 일반적인 광각렌즈로 촬영된 사진을 마치 TS로 촬영한 것처럼 표현하기에 좋다. 실제 TS 렌즈로 촬영한 것과는 약간의 화질 차이가 있을 수밖에 없지만, 그 정도 손실로 편하게 사진을 보정할 수 있다는 건 장점이다.

캐논
틸트 앤 시프트 렌즈

니콘
틸트 앤 시프트(TS) 렌즈

아래에서 위로 촬영하는 이런 사진은 자연스럽게 위로 갈수록 작아지는 왜곡이 생긴다.
왜곡 현상을 없애기 위해 수직과 수평을 맞추고, 보정 과정 중 생긴 필요 없는 부분은 잘라낸다.

예제사진 PART5\타지마할   **완성사진** PART5\타지마할 완성

포토샵의 응용 광각 필터 대화상자

❶ 왼쪽 툴바

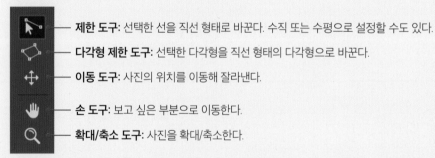

- **제한 도구**: 선택한 선을 직선 형태로 바꾼다. 수직 또는 수평으로 설정할 수도 있다.
- **다각형 제한 도구**: 선택한 다각형을 직선 형태의 다각형으로 바꾼다.
- **이동 도구**: 사진의 위치를 이동해 잘라낸다.
- **손 도구**: 보고 싶은 부분으로 이동한다.
- **확대/축소 도구**: 사진을 확대/축소한다.

❷ 오른쪽 옵션

확인/취소 버튼: 설정한 값을 실제로 적용하거나 취소한다.
고정: 미리보기 사진의 기본 퍼스펙티브(어안, 원근, 자동, 전체구형)를 설정한다.
비율: 사진의 비율을 설정한다.
세부: 확대된 사진 일부를 확대해서 보여준다.

❸ 확대/축소 배율과 촬영한 카메라의 모델과 렌즈 정보를 보여준다.

카메라 모델: NIKON D800 (NIKON CORPORATION)
렌즈 모델: 24.0-70.0 mm f/2.8

❹ 미리보기: 설정값을 미리 보여준다.

제한 표시: 제한 도구를 사용한 안내선을 보여준다.
메시 표시: 그물 형태의 메시를 표시한다.

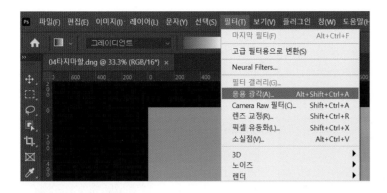

1 응용 광각 필터 사용하기 Alt + Shift + Ctrl + A

포토샵을 실행한 후 '필터 메뉴 - 응용 광각'을 클릭한
다.

2 수평 설정하기

'응용 광각' 대화상자가 나타나면 툴박스에서 '제한 도
구'를 클릭한 후 사진에서 수평으로 보여야 할 부분에
선을 그린다. 시작점을 클릭한 후 드래그하면 된다. 선
을 마우스 오른쪽 버튼으로 클릭한 후 '수평'을 선택한
다. 제한선이 수평을 의미하는 노란색으로 바뀌면서
바로 조정된다. 수평이 되어야 할 부분에 이 작업을 반
복한다.

✓	**고정되지 않음**
	수평
	수직
	임의

3 수직 설정하기

다시 '제한 도구'를 클릭한 후 사진에서 수직으로 보여야 할 부분에 선을 그린다. 선을 마우스 오른쪽 버튼으로 클릭
한 후 '수직'을 선택한다. 제한선이 수직을 의미하는 마젠타 색으로 바뀌면서 바로 조정된다. 수직이 되어야 할 부분
에 이 작업을 반복한다. 수평과 수직이 조정되면서 이미지 외곽에 빈 부분이 나타난다.

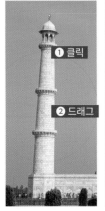

왜곡을 바로잡기 위해 이미지를 비틀다 보면
이런 식으로 가장자리에 공간이 생긴다.

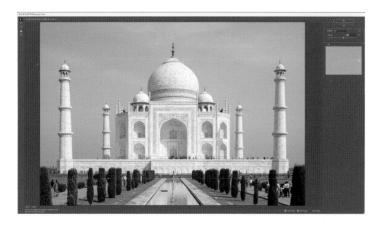

4　크로핑하기

비율을 '102%'로 조정한 후 '확인'을 클릭한다. 왼쪽 아래 생긴 공간을 잘라내기 위해 살짝 2% 정도 확대한 것이다.

5　TS 렌즈를 사용한 것 같은 완벽한 수직과 수평을 맞춘 사진이 되었다. 포토샵을 이용해 TS 효과를 줄 사진을 촬영할 때는 사방으로 이미지 손실이 생긴다는 점을 염두에 두고 여유 있게 프레이밍하는 것이 중요하다. 또한 광각렌즈로 건물이나 도시풍경 등의 사진을 촬영할 때는 의식적으로 사방에 여유를 준 사진을 한두 장 더 촬영해 나중에 효과를 비교해 보고 결정하는 습관을 기르도록 하자.

외곽을 어둡게 만들기
비네팅

예제사진 PART5\치앙마이낙무아이   완성사진 PART5\치앙마이낙무아이 완성

여자 무에타이 챔피언 출신 선수가 전통적인 태국 사원을 배경으로 포즈를 취하고 있다. 격투기 종목인 만큼 은퇴가 눈앞이라 새로운 지도자의 길을 타진 중이라는 말을 들었다. 성실함과 근면함이 없다면 살아남기 힘든 세계에서 나름의 성과를 거둔 '낙무아이(무에타이 선수를 부르는 태국말)'의 미래를 응원한다.
- 치앙마이, 태국

비네팅? 효과 패널 살펴보기 '비네팅'은 원래 촬영 시 광학렌즈의 특성상 중심부에서 주변부로 갈수록 광량이 감소해 어둡게 보이는 현상을 말한다. 요즘 대부분의 렌즈가 이 비네팅 현상을 개선했다고 자랑하지만, 아직 비네팅 현상이 완전히 없어진 렌즈는 찾기 힘들다. 오래된 옛날 렌즈일수록 이런 비네팅 현상이 심하다. 굳이 해상력이 부족한 옛날 렌즈로 촬영하지 않아도 매우 훌륭한 품질로 비네팅 효과를 추가하거나 제거할 수 있다. 목표는 주변부를 어둡게 만들어 가운데 있는 주인공이나 주제에 시선이 집중되도록 하는 것이다.

❶ **스타일**: 비네팅 스타일을 결정한다. 가장 필름 같은 효과는 '밝은 영역 우선 순위'다.
❷ **양**: 비네팅의 양, 즉 얼마나 어둡게 할 것인가를 정한다. +로 가면 밝아진다.
❸ **중간점**: 비네팅의 영향을 받지 않는 가운데 부분의 크기를 정한다.
❹ **원형율**: 비네팅 모양이 얼마나 원형에 가까울 것인지를 정한다.
❺ **페더**: 비네팅의 그러데이션을 얼마나 부드럽게 만들 것인지를 정한다.
❻ **밝은 영역**: 비네팅으로 노출이 감소한 부분 중 밝은 영역만 따로 얼마나 밝게 할 것인지를 정한다.

비네팅 적용하기

1 현상 모듈의 '효과' 패널을 클릭한다.
2 '자른 후 비네팅'의 '양' 슬라이드를 조절해 주인공을 돋보이게 할 비네팅 양을 설정한다(양 -36). 옵션값을 주자마자 바로 적용되니 이미지를 보면서 여러 가지 값을 바꿔가며 적절한 양을 찾는다.

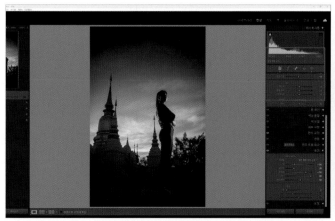 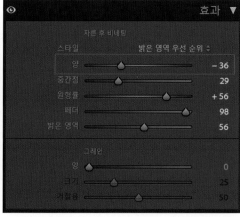

필름 느낌의 노이즈 추가하기
그레인

어린 소녀가 복고풍으로 꾸미고 커피숍을 찾았다. 노이즈 없는 매끈한 사진에 비네팅과 그레인을 적절히 섞어
패션에 어울리는 느낌을 연출해 보자.

예제사진 PART5\커피숍앞 소녀   **완성사진** PART5\커피숍앞 소녀 완성

그레인? 효과 패널 살펴보기 '그레인(grain)'은 고ISO 필름의 화학 입자감을 인위적으로 만들어 주는 것을 말한다. 먼지나 때가 낀 듯 거칠고 자글자글한 느낌을 활용해 필름 같은 효과를 주는 등 사진가의 감성을 표현하는 중요한 표현 도구이다.

매끈한 표현이 기본인 디지털 사진 시대다. 고품질 이미지는 훌륭하지만 그만큼 흔해서 드물게 보이는 거친 느낌이 오히려 신선할 수 있다. 그레인을 극단적으로 사용하면 예전 T-MAX ISO 3600 필름으로 촬영한 것 같은 느낌이 든다. (비네팅 -34, 양 44, 크기 51, 거칠음 78)

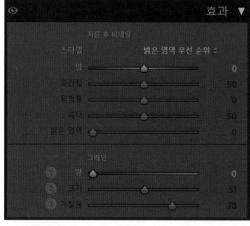
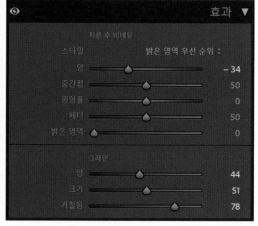

❶ 양: 그레인의 양을 결정한다.
❷ 크기: 그레인의 크기를 결정한다.
❸ 거칠음: 그레인이 얼마나 거친지를 결정한다.

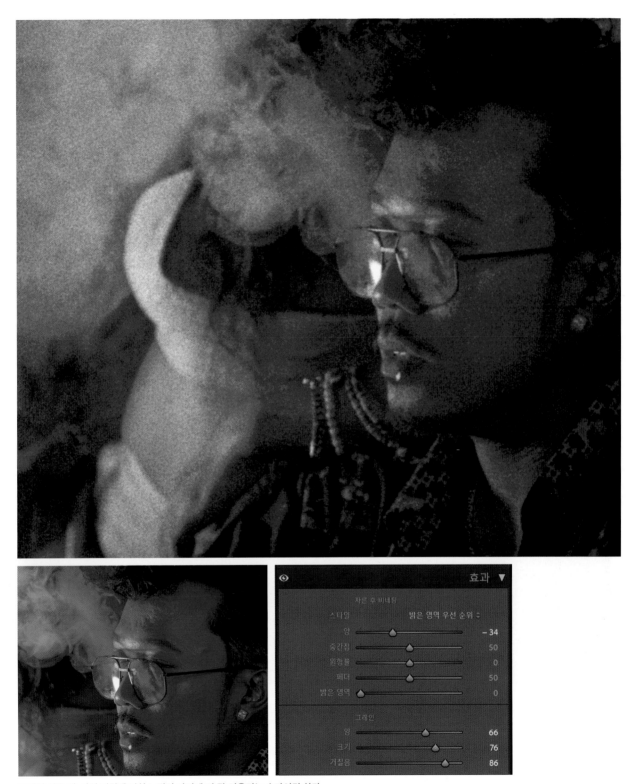

그레인 사용 예. 사실 이렇게 거친 느낌의 사진에 더 잘 어울리는 효과이긴 하다.

안개 효과를 넣거나 빼기
헤이즈, 디헤이즈

Before

겨울, 태국의 고산마을은 아침에 안개가 많이 낀다. 아침햇살과 함께 서서히 안개가 사라지는 건 장관이지만, 사진으로 담으면 가까이 있는 풍경까지 뿌예서 실제로 볼 때와 전혀 다르다.
디헤이즈 기능을 이용해 안개를 살짝 걷어내니 눈으로 보는 것 같은 투명함이 살아났다.
- 매살롱, 치앙라이, 태국

예제사진 PART5\메사롱의아침 **완성사진** PART5\메사롱의아침 완성

헤이즈, 디헤이즈? 기본 패널의 디헤이즈 살펴보기 '헤이즈(haze)'란 연무나 안개처럼 공기 중의 입자로 시야가 부옇게 변하는 현상을 모두 싸잡아 일컫는 말이다. '디헤이즈(Dehaze)'는 말 그대로 안개 같은 느낌을 제거하는 걸 말한다. 효과적으로 안개 효과를 제거하거나 안개 같은 느낌을 강조할 때 사용한다. 사진의 특성상 자연현상을 통제하기란 불가능하니 좀 불완전하더라도 잘 활용해 보자.

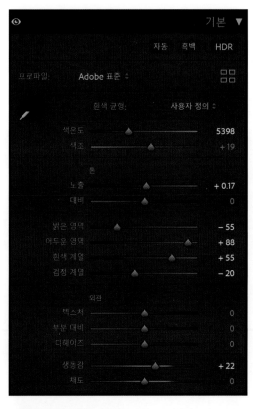

사용법은 간단하다. '기본' 패널의 '디헤이즈' 슬라이드를 좌우로 드래그해 뿌옇게 만드는 양을 조절한다. +쪽으로 조정하면 안개가 제거되고, −쪽으로 조정하면 안개가 추가된다. 바로바로 결과가 적용되어 나타나므로 사진의 상태를 보면서 적당한 양을 찾는다.

안개 제거하기(디헤이즈 +49)

안개 추가하기(디헤이즈 −40)

햇빛을 듬뿍 머금은 효과 만들기
렌즈 플레어(포토샵)

예제사진 PART5\저녁노을인물   **완성사진** PART5\저녁노을인물 완성

특수효과와 같지만 사진의 저 쨍한 빛은 오류에 가깝다. 잘 설계된 렌즈일수록 플레어나 고스트를 억제하는 방향으로 발전하고 있어서
요즘은 그리 쉽게 볼 수 없다. 렌즈 품질과 관계된 중요한 요소라서 그렇다. 하지만 의도적으로 감성적인 느낌을 표현하고 싶다면
포토샵을 이용하면 된다. 햇살의 쨍한 느낌을 추가해 보자.
- 저녁노을인물, 람빵, 태국

할레이션? 렌즈 플레어? '할레이션(halation)'은 직사광선이 렌즈의 경통으로 바로 들어와 난반사를 일으켜 화질 저하를 일으키는 현상을 말한다. '렌즈 플레어(lens flare)' 역시 직사광선이 여러 장의 렌즈를 통과하면서 조리개 모양의 특별한 패턴을 보이는 결함을 말한다.

결함이긴 하지만 때로 사진에 특별한 느낌을 만든다. 태양을 똑바로 바라보는 느낌이나 역광 촬영될 때의 흐릿하지만 감성적인 느낌을 표현하기에 효과적이다. 최근에 렌즈들은 다양한 코팅 방법을 이용하거나 렌즈 설계 방법을 개선해 이런 단점을 최소화하고 있어서, 예전 같은 화질저하 현상이 자주 나타나진 않는다. 필요하다면 후반작업에서 쉽게 이런 효과를 추가할 수 있으니 크게 개의치 말고 촬영한 후 나중에 넣거나 빼면 된다.

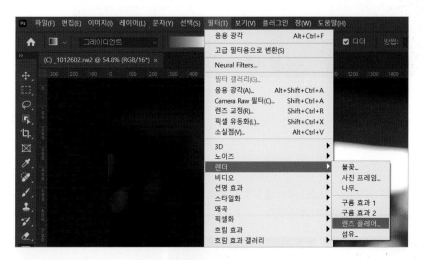

1 렌즈 플레어 만들기
포토샵을 실행한 후 '필터 메뉴 - 렌더 - 렌즈 플레어'를 클릭한다.

2 '렌즈 플레어' 대화상자가 나타난다. 먼저 렌즈 종류를 선택한다. 렌즈의 종류에 따라 조리개 모양이나 크기가 달라지니 여러 가지를 클릭해 보고 가장 마음에 드는 것을 선택한다.

명도: 렌즈 플레어의 밝기를 조정한다.

렌즈 유형: 렌즈 종류에 따라 플레어를 선택할 수 있다.

3 미리보기 이미지 위에서 광원을 넣을 위치를 정해 클릭한다. 정해진 규칙은 없으니 이미지를 보면서 원하는 효과를 가장 잘 표현하는 방법을 선택하면 된다. 여기서는 35mm 프라임, 명도 161로 설정했다. 다 되었으면 '확인'을 클릭한다. 같은 과정을 거쳐 수정도 가능하다.

4 각 렌즈 유형별 플레어

렌즈 유형별 플레어의 모양은 다음과 같다. 초보자라면 '빛의 크기가 다르구나' 정도의 느낌일 것이다. 참조해서 원하는 스타일의 플레어 느낌을 선택한 후 명도값을 조정해 원하는 분위기를 만든다.

50-300mm 확대/축소
일반적인 줌렌즈의 플레어 느낌을 재현한다.

35mm 프라임
표준영역의 단순한 렌즈에서 만들어지는 플레어 느낌을 재현한다.

105mm 프라임
망원렌즈의 플레어 느낌을 재현한다.

동영상 프라임
마치 저가의 캠코더에서 촬영한 것 같은 플레어 느낌을 재현한다.

선명도를 다루는 3가지 기능의 차이
선명하게 하기/텍스처/부분 대비

태국의 유명한 회화작가 찰름차이가 만든 백색사원은 이제 치앙라이의 유명한 관광지가 되었다.
어느 날 꿈에 고통 끝에 돌아가신 어머님이 나와서, 불공으로 도움을 드리기 위해 사비를 털어 만들었다고 한다.
- 백색사원, 치앙라이, 태국

예제사진 PART5\백색사원

라이트룸은 선명하거나 흐리게 만드는 3가지 기능을 제공한다. 첫 번째는 전통적으로 매우 세부적인 부분을 다루는 샤픈, 즉 '선명하게 하기'다. 두 번째는 상대적으로 큰 영역의 대비를 증가시키거나 감소시키는 '부분 대비'다. 세 번째는 중간 정도의 영역을 선명하게 하거나 흐리게 하는 '텍스처'다. 이 3가지가 서로 어떻게 작동하는지 이해하고 넘어가야 제대로 쓸 수 있다.

1. 부분 대비 '기본' 패널의 '부분 대비'는 사진에서 가장 큰 효과를 보이는 선명 효과다. 부분 대비는 두 콘트라스트가 다른 면의 밝기를 조정해서 더욱 선명하게 보여주는데, 이때 얼마나 넓은 면적의 밝기를 조정하는가, 얼마나 강하게 조정하는가에 주목해야 한다.

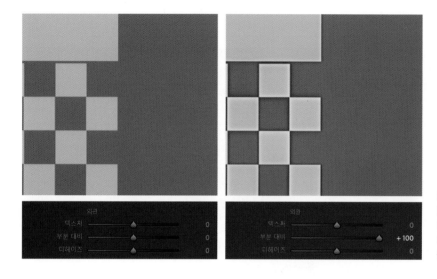

왼쪽 밝은 회색은 밝기가 78%고,
오른쪽의 어두운 회색은 밝기가 45%인 상태다.
경계면 주위로 어두운 회색은 더욱 어둡게
처리하고, 밝은 회색은 더욱 밝게 처리하는 걸
볼 수 있다.

2. 텍스처 '기본' 패널의 '텍스처'는 부분 대비보다는 부드럽게 선명한 효과를 주지만, 선명하게 하기보다는 넓은 범위로 값이 적용된다. 그러나 주변의 밝기를 변화시키는 범위는 부분 대비보다 넓다.

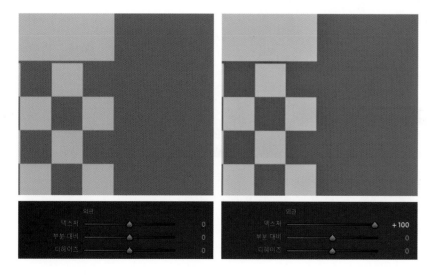

마찬가지로 아무런 효과가 적용되지 않는
모습이다. 텍스처 효과를 최대로 적용하면
밝은 부분은 밝아지고 어두운 부분은
어두워진다. 하지만 적용 범위는 늘어나고,
적용된 효과는 부분 대비에 비해 크지 않다.

3. 선명하게 하기(샤픈) '세부 사항' 패널의 '선명하게 하기'는 가장 작은 부분의 선명한 효과를 위해 사용된다. 따라서 밝은 부분은 밝아지고 어두운 부분은 더욱 어둡게 하지만 그 효과가 전체적인 면적에는 적용되지 않고, 경계 부분에 집중된다.

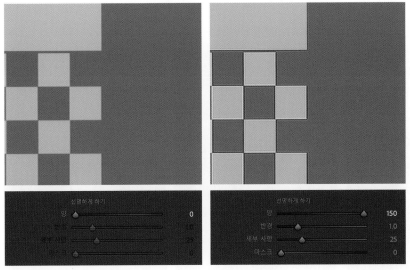

선명하게 하기가 적용되지 않은 비교 대상   선명하게 하기 효과가 최댓값으로 적용된 모습

원본이 이미 흐린 상태의 이미지를 복구하는 기능은 아니다 원본이 이미 흐린 상태에서는 이런 식으로 복구된다. 보시다시피 거의 복구가 불가능하다. 3가지 방법 모두 흐린 원본의 초점을 복구하는 게 아니라, 어느 정도 초점이 맞는 부분을 더 날카롭게 해주는 것이 목적이라고 생각해야 한다.

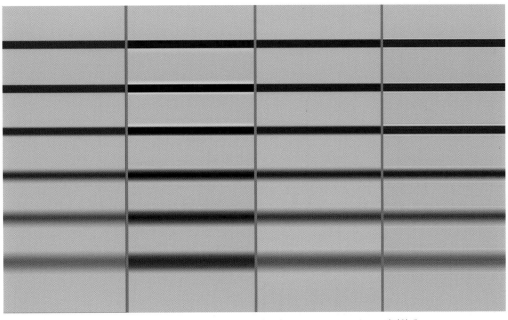

원본 이미지   부분 대비 100   텍스처 100   선명하게 100

모아서 비교하기 이렇게 모아서 비교해 보면 각각의 특징이 확연히 드러난다. 부분 대비는 경계면을 보여주기 위해 최대한으로 밝기 차이를 만드는 데 집중하지만, 적용 범위는 텍스처보다 좁다. 텍스처는 부분 대비에 비해 밝기를 많이 변화시키지는 않지만 적용 범위가 넓다. 선명하게 하기는 밝기의 변화를 주는 범위는 매우 좁지만, 경계면을 최대한 부각하기 위해 밝기 차이를 크게 만든다.

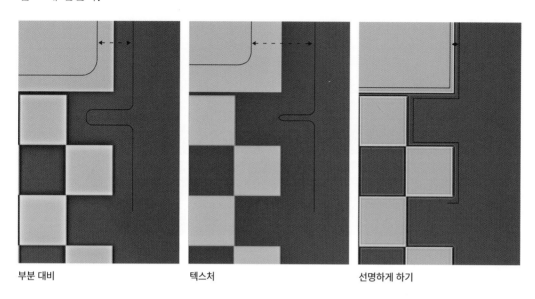

부분 대비   텍스처   선명하게 하기

그래프로 살펴보면 차이를 명확하게 구분할 수 있다. 세로축이 밝기, 가로축이 거리라고 한다면 부분 대비는 그렇게 넓지 않은 범위 안에 명도를 매우 극적으로 변화시킨다. 텍스처는 밝기의 변화는 그리 크지 않지만 부분 대비보다 훨씬 넓은 영역을 자연스럽게 변화시킨다. 마지막으로 선명하게 하기는 명도의 변화 폭은 매우 크지만, 적용 범위는 매우 좁다.

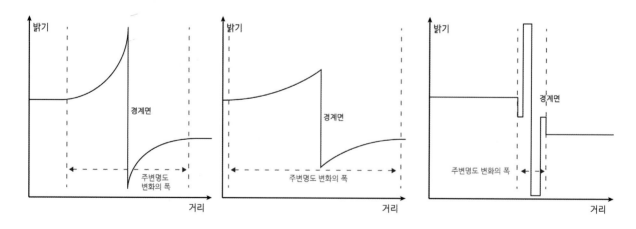

실제 사진에서는 어떤 차이가 있을까? - 디테일 크기에 따라 적용 범위가 다르다!

사진에 각 값을 최대치로 적용해 보았다. 책에서 다음 사진들을 보며 차이점과 특징을 파악하기는 힘들 것이다. 인쇄된 사진인 것도 원인이지만, 실제론 매우 큰 사진을 작게 줄여서 보기 때문이다. 조금이라도 정확히 보기 위해 일부분만 확대해서 살펴보자.

부분 대비

텍스처

선명하게 하기(샤픈)

확대한 그림을 보면 좀 더 잘 보인다. 이 툴들을 활용하려면 이론이 아니라 직관적인 이해가 필요하다. '부분 대비'는 큰 디테일을 가장 크게 변화시키고 과장한다. 그에 비해 '텍스처'는 중간 정도의 디테일을 강조하며, 효과 역시 중간 정도다. '선명하게 하기'는 가장 자잘하고 작은 디테일에 효과적이다. 또 다른 2개와 달리 사진의 콘트라스트에 깊이 관여하지 않는다.

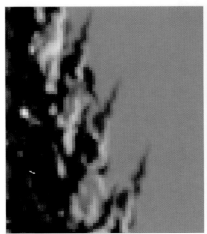
부분 대비

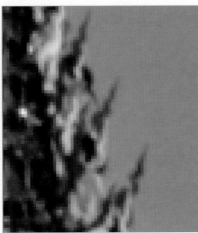
텍스처

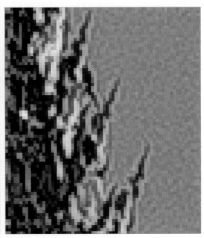
선명하게 하기(샤픈)

원하는 부분만 선명하게 만들기
선명하게 하기

인도의 바라나시는 '사두'라고 부르는 힌두교 수
행자를 만나기에 가장 좋은 장소다. 흰색 옷을
입은 잘생긴 중년의 사두 얼굴에서 인생을 신에
게 바친 남자가 보였다. 간단하게 설치한 조명으
로 그의 진지한 눈빛을 전하고 싶었다.
- 흰옷을 입은 사두, 바라나시, 우타르프라데시,
인도

Before

예제사진 PART5\흰옷을입은사두
완성사진 PART5\흰옷을입은사두 완성

전체적으로 노출이 부족해 사진이 어둡고, 색온
도가 맞지 않아 붉은 기가 강하다. 조명 때문에
어색해진 바닥의 밝기를 자연스럽게 만들고, 옷
의 주름을 강조해 명암의 진행을 흥미롭게 만든
다. 주제의 디테일을 살리고 반사광 처리로 입체
감을 준다. 여기서는 하늘을 제외한 인물 부분만
선명하게 만드는 방법을 알아보자.

세부 사항 패널의 '선명하게 하기' 옵션 카메라에서도 일괄적인 선명도를 추가해 촬영할 수 있지만 정밀도가 떨어지니 후반작업에서 보정하는 게 훨씬 낫다. '선명하게 하기'는 사진의 사용 목적에 따라 달라지는데, 화면용이 아니라 인쇄용이라면 설정값을 조금 더 크게 잡아야 모니터로 보던 것과 비슷한 느낌으로 맞출 수 있다.

원하는 부분의 선명도를 높일 때는 '세부 사항' 패널의 '선명하게 하기'와 '노이즈 감소'를 사용한다. 선명하게 만들면 동시에 노이즈가 증가하기 때문에 이를 감쇠시키는 노이즈 감소 기능은 필수다.

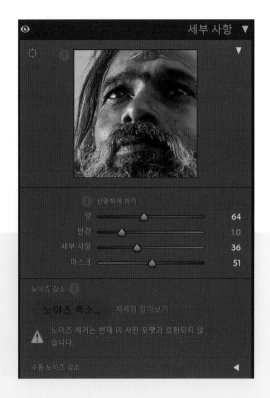

❶ **미리보기 창:** 아래쪽에 설정한 값을 미리 볼 수 있다.

❷ **선명하게 하기**
  - **양:** 선명하게 만들 강도를 조정한다.
  - **반경:** 양에서 결정한 디테일의 강도를 얼마나 큰 픽셀 묶음으로 할지를 결정한다. 값은 픽셀 단위로 표시되고, 클수록 효과는 강력하지만 섬세함은 떨어진다.
  - **세부:** 양에서 결정한 디테일의 강도를 얼마나 작은 픽셀까지 적용할지 정한다. 양이 클수록 효과는 강하지만 노이즈처럼 보일 수도 있다.
  - **마스크:** 효과가 적용되지 않을 부분을 선택한다.

❸ **노이즈 감소:** (368쪽)

---

1 현상 모듈의 '세부 사항' 패널을 클릭한다.

2 선명하게 하기의 단점

사진을 보면서 '선명하게 하기'의 각 옵션을 설정한다. 너무 과도하게 적용하면 선명하게 하기 특유의 노이즈가 발생한다. 이렇게 보기 싫은 인위적인 노이즈가 발생하지 않는 부분까지만 적용해야 한다.

3 마스크 사용하기

마스크는 이 예제의 하늘처럼 선명하게 만들 필요가 전혀 없는 부분에 마스크를 씌워 효과가 적용되지 않도록 만드는 기능이다. 를 누른 상태에서 '마스크' 슬라이드를 좌우로 드래그해 보자. 이때 검은색으로 나타나는 부분은 효과가 적용되지 않는다. (마스크 63)

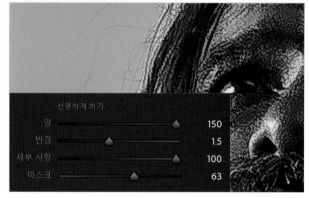

하늘에 마스킹하지 않고 효과를 적용한 결과

하늘을 마스킹한 후 효과를 적용한 결과

4 시각적 가이드 사용하기

각 옵션의 슬라이드를 조정할 때 Alt 를 누르면 흑백으로 바뀌면서 각 옵션에 따라 어느 정도로 효과가 적용되는지를 바로 알 수 있다. (반경 1.6)

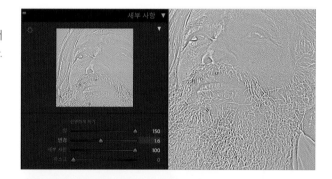

5

Alt 를 이용해 억지 노이즈가 생기기지 않을 정도로만 슬라이드를 조정한다. 하늘은 선명하게 만들 필요 없으니 마스킹해서 디테일이 있는 부분에만 적용되도록 설정했다. (양 64, 반경 1.0, 세부 36, 마스크 51)

적용 전

적용 후

마스킹 툴에서도 사용할 수 있는 선명하게 하기 기능들 - 텍스처, 부분 대비, 선명도

세부 패널처럼 다양한 옵션은 없지만 마스킹 툴 옵션에서도 선명하게 하기 같은 기능을 쓸 수 있다. '디테일'에서 '선명도'를 조정하거나 '효과'에서 '텍스처, 부분 대비'를 이용하면 된다. 마스킹 툴을 이용하면 정확히 원하는 부분에만 효과를 줄 수 있어서 효율적이다.

마스킹 툴에 들어 있는 옵션 대부분에서
선명하게 하기와 관련된 보정을 할 수 있다.

마스킹 툴의 '브러시'를 선택한 후 브러시로 칠한 부분에만 선명도를 적용한 예

몽골 북부는 주택도 거의 없다. 공해나 오염원이 없어서 은하수를 보기엔
최적의 장소다. 청동기 시대에 만들어졌다는 순록 조각상이 은하수를 향하고 있는
장소를 찾아 해가 지기를 기다렸는데, 11시가 다 돼서야 게으른 고위도의
여름밤이 찾아들었다. 순록 조각상에 조명을 준 후 은하수와 노출을 맞춰 촬영했다.
- 순록조각상과 은하수, 모런, 홉스골, 몽골

AI와 프로 사진가들의 테크닉 그대로!
노이즈 제거

디지털 사진에서 고ISO를 사용할 때 가장 문제가 되는 것이 노이즈다. 노이즈는 사진의 품질을 떨어뜨리며 용도에 따라서는 치명적일 때도 있다. 일부러 필름 노이즈를 흉내 내 인위적으로 만들기도 하지만, 의도하지 않은 노이즈라면 가능한 한 감소시켜야 하는 게 기본이다.

라이트룸은 업그레이드를 통해 꾸준히 노이즈 감소 알고리즘을 개선해 왔고, 현재는 AI 기능을 이용해 전에는 불가능하던 작업도 한 번에 할 수 있는 시대에 접어들었다. 더 이상 노이즈 때문에 고 ISO를 망설일 필요가 없다고 말하는 건 좀 이른 감이 있지만, 조만간 사실이 될 것이라 기대한다.

예제사진 PART5\순록조각상과은하수
완성사진 PART5\순록조각상과은하수 완성

주제인 은하수의 디테일과 색감을 강조해야 한다. 하늘의 색감을 찾아주고, 무엇보다 노이즈를 처리해 사진이 거칠어지지 않도록 만든다. 여기서는 노이즈를 제거하는 작업을 따라 해보자. 완성 파일을 보면 어떤 식으로 작업되었는지 전체 과정을 볼 수 있다.

세부 사항 패널의 '노이즈 감소' 옵션 현상 모듈의 '세부 사항' 패널을 클릭한다. '노이즈 감소' 와 '선명하게 하기'가 같은 패널에 있는데, 앞서 설명했듯이 서로 연관된 하나의 짝이라 이렇게 구성된 것이다. 선명하게 만들면 동시에 노이즈가 증가하기 때문에 이를 감쇄시키는 노이즈 감소 기능은 필수다.

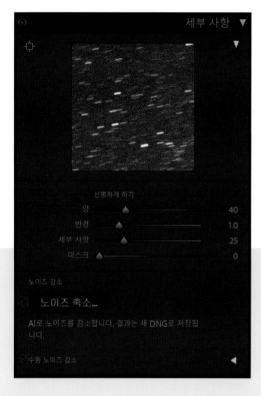

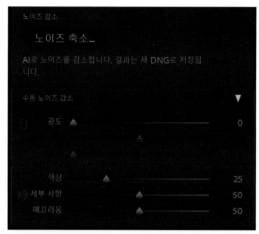

❶ **노이즈 축소 버튼**: AI를 이용해 한 번에 노이즈를 감소시킬 수 있다. 클릭하면 새로운 창이 나온다.

❷ **수동 노이즈 감소**: 오른쪽 삼각형 버튼을 클릭하면 수동으로 노이즈를 감소 시킬 수 있는 슬라이드가 나타난다.

❸ **밝기에 따른 노이즈**
광도: 노이즈 감소 양을 정한다.
세부 사항: 노이즈 감소로 잃어버린 디테일을 복구한다.
대비: 노이즈 감소로 잃어버린 콘트라스트를 복구한다.

❹ **색상에 따른 노이즈**
색상: 색상이 들어간 컬러 노이즈를 감소시킨다.
세부 사항: 색상 노이즈 감소로 잃어버린 디테일을 복구한다.
매끄러움: 노이즈 감소로 잃어버린 연속성을 복구한다.

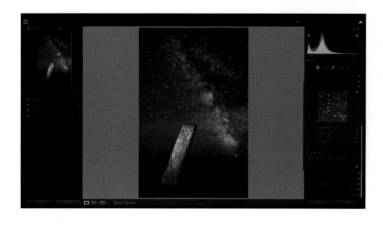

1 AI 기능으로 노이즈 제거하기

AI 기능을 이용해 원클릭으로 노이즈를 제거해 보자. 현상 모듈에서 '세부 사항' 패널의 '노이즈 축소' 버튼을 클릭한다.

2 '미리보기 향상' 대화상자가 나타난다. 기본값만으로도 훌륭한 결과물을 만들어 주니 바로 '향상' 버튼을 클릭한다.

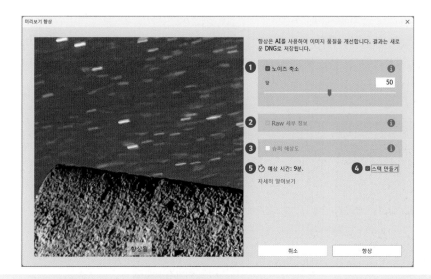

① **노이즈 축소**: AI 기능으로 감소시킬 노이즈 양을 정한다. 기본값은 50이고 최댓값은 100이다.

② **RAW 세부 정보**: 체크하면 세부 묘사, 정확한 가장자리 등 더욱 좋은 결과물을 만들어 준다.

③ **슈퍼 해상도**: 클릭하면 AI가 가로 세로로 2배 더 큰 이미지를 만든다. 즉 4배 큰 메가픽셀 사진을 만드는 기능이다. '노이즈 축소'와 '슈퍼 해상도' 둘 중 하나만 선택해야 한다. '노이즈 축소'에 체크하지 않아야 선택할 수 있다.

④ **스택 만들기**: AI로 생성된 이미지는 별도의 DNG 파일로 저장되는데, 원본 파일과 묶어서 스택으로 나타난다.

⑤ **예상 시간**: 컴퓨터 성능에 따라 작업에 걸리는 예상 시간을 보여준다.

3 일반적인 노이즈뿐만 아니라 제거하기 힘든 색수차 등도 잘 보정된다. 노이즈와 헷갈릴 만한 별빛까지 구분해서 노이즈만 없애고 별빛은 살려두었다. 놀라울 정도로 완벽하다.

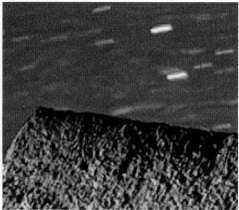

원본 사진   작업이 완료된 결과물

수동으로 노이즈 제거하기 - 노가다? 아니, 근본 실력!　　AI가 발전할수록 편해지고 굳이 노력
해서 배울 필요가 없어진다. 하지만 모든 사진을 자동으로 처리할 수 있을 리 없으니 전문 사진
가들이 쓰는 노이즈 제거 방법을 알아두자. 어떤 상태의 사진을 만나더라도 원하는 상태로 처리
할 수 있고, 노이즈 제거가 구체적으로 뭘 어떻게 만지는 것인지 알 수 있을 것이다. 물론 그냥
넘어갔다가 나중에 필요할 때 봐도 된다.

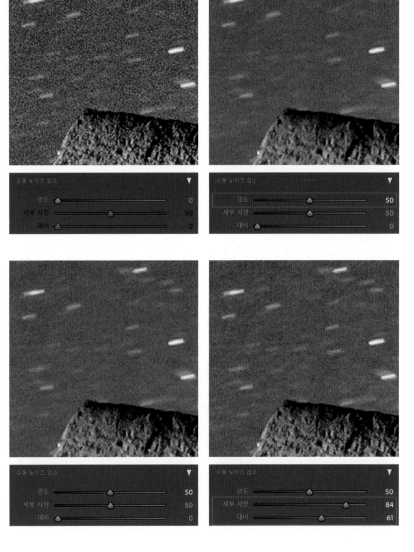

1　광도를 이용해 큰 노이즈 제거하기

원본에서 색감을 조정한 부분까지의 사진이
다. 가장 먼저 '세부 사항' 패널의 '광도' 슬라
이드를 조정한다. 광도 즉 밝기를 올리면 노
이즈는 효과적으로 제거되지만, 디테일이 뭉
개져 사진이 마치 플라스틱 덩어리가 녹은
느낌으로 바뀐다.

**2　광도 - 세부 사항과 대비 슬라이드로 디
테일 찾기**

이제 '세부 사항'과 '대비'를 이용해 디테일을
찾는다. '세부 사항' 슬라이드를 조정하면 광
도 조절로 잃어버린 픽셀값의 디테일을 복원
할 수 있다. '대비' 슬라이드 역시 각 픽셀의
광도 콘트라스트를 조정할 수 있지만 효과가
너무 미미하다.

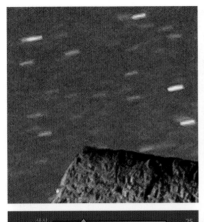
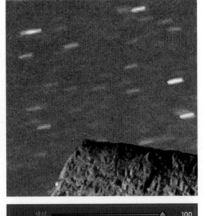

3 색상 노이즈 제거하기

이제 색상 노이즈를 제거할 차례다. 색상 노이즈는 같은 명도지만 컬러만 다른 노이즈로, 광도 슬라이드로는 제거되지 않는다. 슬라이드 기본값은 25다. 상태를 보면서 적당히 조절한다. 최솟값인 0과 최댓값인 100으로 설정해 비교해 보면 어떤 효과인지 쉽게 알 수 있다. 얼룩덜룩하던 하늘의 색감이 오른쪽 그림에서처럼 깨끗이 정리된 것이 보일 것이다.

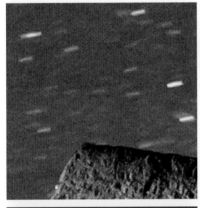
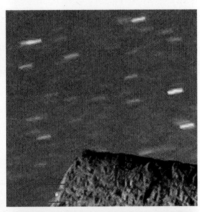

4 색상 - 세부 사항 슬라이드로 디테일 찾기

'세부 사항' 슬라이드는 색상 노이즈를 제거하면서 잃어버린 색상 픽셀의 디테일을 살려준다. 과하게 적용하면 애써 지운 색상 노이즈 픽셀까지 다시 살아나니 이런 현상이 일어나기 직전까지만 적용한다.

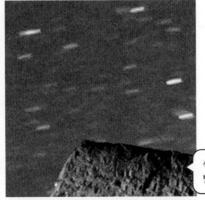

5 색상 - 매끄러움 슬라이드로 디테일 찾기

'매끄러움' 슬라이드는 '광도'의 '대비'와 비슷하게 색상 슬라이드로 제거된 각 픽셀의 색상 콘트라스트를 조정한다. '매끄러움' 슬라이드를 0에서 100으로 이동해 보자. 색상 노이즈를 좀 더 다듬어 눈에 띄지 않게 해준다는 것을 알 수 있다.

> 색상 얼룩이 자연스럽게 사라졌지만, 별빛 색상도 줄었다.

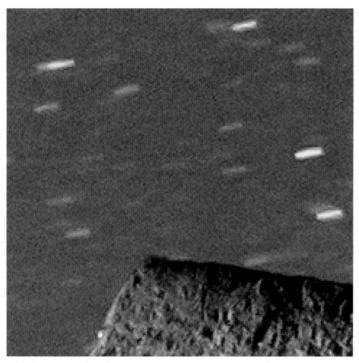

6 언제나 통하는 노이즈 제거 방법, 정리!

우선 광도 슬라이드를 올려 전반적인 노이즈를 제거한
후 세부 사항과 대비로 잃어버린 디테일을 살린다. 다
음에는 색상 슬라이드를 이용해 광도로 제거하지 못하
는 색상 노이즈를 제거한 후 세부 사항과 매끄러움으
로 잃어버린 디테일을 살린다. 크게 광도와 색상 순서
로 작업하면 된다. (광도 40, 세부 사항 64, 대비 23, 색
상 35, 세부 사항 63, 매끄러움 60)

원본 사진 - 노이즈 감소 전

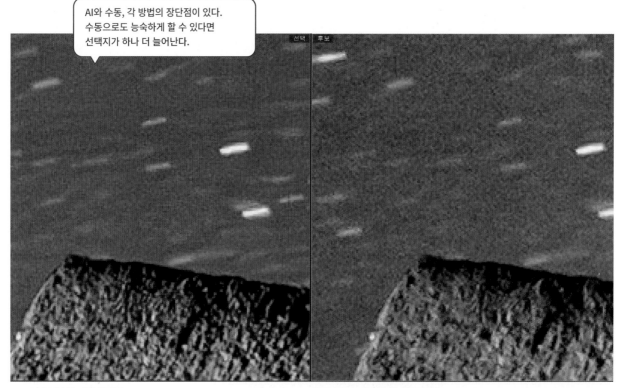

AI와 수동, 각 방법의 장단점이 있다.
수동으로도 능숙하게 할 수 있다면
선택지가 하나 더 늘어난다.

AI 노이즈 감소를 적용한 결과   수동으로 노이즈를 제거한 결과

초점이 다른 여러 장을 모아 완벽한 한 장 만들기
레이어 자동 혼합(포토샵)

각 사진에서 초점이 맞는 부분

반지, 목걸이, 컴퓨터 칩처럼 물체가 너무 작아 정확한 초점을 잡아 촬영하기 어려울 때가 있다.
이럴 때 각기 초점이 다른 여러 장을 촬영한 후 후반작업에서 깨끗한 한 장으로 만드는 방법이다.

심도? 작은 물체를 접사로 촬영할 때 가장 문제가 되는 것은 심도다. '심도'란 초점이 선명하게 맞을 수 있는, 렌즈에서부터의 거리를 말한다. 아무리 조리개를 조여도 접사촬영의 특성상 깊은 심도를 갖기가 어렵다. 이럴 때 다중초점으로 촬영한 여러 장의 사진을 이용해 깊은 심도를 표현하는 방법을 알아보자.

예제사진 PART5\매빅프로 1~4
완성사진 PART5\매빅프로 1~4 완성

1 라이트룸에서 포토샵 레이어로 내보내기
라이트룸에서 포토샵으로 가져갈 파일을 모두 선택한 후 마우스 오른쪽 버튼을 클릭한다. '응용 프로그램에서 편집 - Photoshop에서 레이어로 열기'를 클릭한다.

2 레이어 정렬하기
포토샵이 자동으로 실행되면서 레이어 팔레트에 각각 다른 레이어 상태로 나타난다. 맨 위에 있는 레이어를 클릭한 후 Shift 를 누른 채 맨 아래 있는 레이어를 클릭해 모든 레이어를 선택한다. '편집 메뉴 - 레이어 자동 맞춤'을 클릭한다.

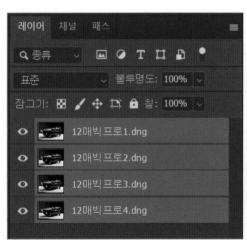

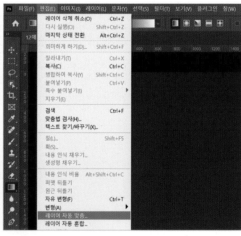

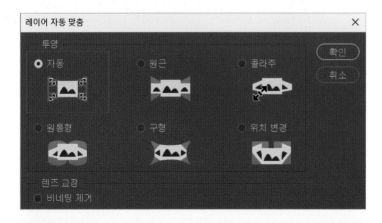

3 '레이어 자동 맞춤' 대화상자가 나타난다. 기본값인 '자동'을 선택한 후 '확인'을 클릭한다. 작업이 진행 중임을 알리는 대화상자가 나타나면서 적용된다.

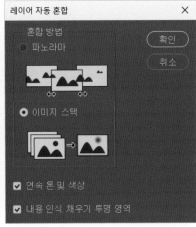

4 레이어 자동 혼합하기

레이어 팔레트에 모든 레이어가 선택되어 있는지 확인한 후 다시 '편집 메뉴 - 레이어 자동 혼합'을 클릭한다. '레이어 자동 혼합' 대화상자에서 혼합 방법을 '이미지 스택'으로 선택하고, '연속 톤 및 색상'과 '내용 인식 채우기 투명 영역'에 체크한 후 '확인'을 클릭한다.

5 자동으로 각 레이어에서 초점이 맞는 부분만을 추출한 후 모두 합쳐 하나의 이미지로 만들어 준다. 레이어 팔레트 맨 위에 병합된 이미지가 들어 있는 새 레이어가 나타난다. 마지막으로 쓸데없는 외곽 부분을 살짝 크로핑해서 잘라주면 완성이다.

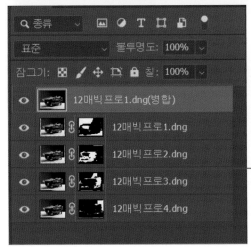

초점이 다른 각 원본사진에서
자동으로 추출한 초점이 맞는 부분

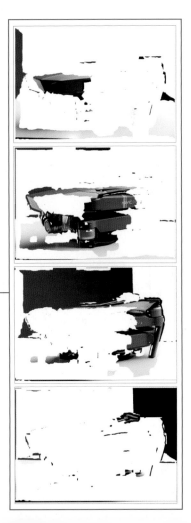

강력한 AI로 초점을 바꾼다
렌즈 흐림 효과 패널, 깊이 흐림 필터(포토샵)

예제사진 PART5\마을 위 몽족소녀 **완성사진** PART5\마을 위 몽족소녀 완성

'반 쿤 사탄'이라는 몽족 마을에서 만난 소녀가 사진을 찍는다고 하니 전통의상을 입고 마을 산마루에 올라 포즈를 취해 주었다.
몽족은 패션에 진심이다. 전통의상이지만 각자 자기만의 아이디어를 추가해 멋진 의상을 만들고, 새해 축제에 선보이는 것을
매우 기쁘게 생각한다. - 프레, 태국

이미 촬영한 사진의 초점을 바꾼다? 한때 Lytro라는 회사에서 마이크로 렌즈 어레이라는 기술로 3차원 데이터를 기록해 초점을 바꿀 수 있는 카메라를 만든 적이 있다. 하지만 너무 적은 화소 때문인지 대중적인 인기를 끌지 못해 폐업하고 말았다. 기술적으로 불가능한 것은 아니지만, 너무 불편하고 비싼 건 대안이 되지 못한다는 방증일 것이다.

원하는 부분에 초점 맞추거나 흐리게 하는 것이 예전에도 불가능한 일은 아니었다. 하지만 실제로 그럴듯하게 작업하려면 엄청난 실력과 시간이 투자되어야 했다. AI 인공지능이 사진의 깊이를 이해하고 수정하는 방법은, 초기의 불편한 계곡을 지나서 이제는 제법 쓸 만한 기능이 되었다. AI 기술의 초창기임을 생각하면 발전 가능성은 무궁무진하다. 사진가가 선택할 수 있는 후반작업의 폭이 대폭 늘었다고 생각한다. 초점을 바꾸는 강력한 기능을 만나보자.

렌즈 흐림 효과 패널 살펴보기

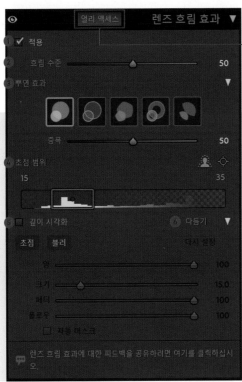

'얼리 액세스'는 정식 버전이 아닌 테스트 버전으로 생각하자. 이후 정식으로 출시되면 더욱 개선된 성능일 것이다.

❶ **적용:** 체크하면 즉시 AI가 사진을 분석해 깊이 데이터를 보여준다.

❷ **흐림 수준:** 얼마나 흐리게 만들지를 정한다. 기본값은 50이고 0~100까지 조절할 수 있다.

❸ **뿌연 효과:** 오른쪽 삼각형을 클릭하면 빛망울(보케)의 모양이나 증폭 양을 조절할 수 있다.

❹ **초점 범위:** 피사체를 자동으로 선택하거나 초점 툴로 원하는 부분을 선택한다. 시각화 그래프를 이용해 수동으로 조정할 수도 있다.

❺ **깊이 시각화:** 체크하면 가깝고 먼 부분의 색상을 다르게 해서 AI가 분석한 깊이를 시각적으로 보여준다. 색이 밝을수록 초점이 잘 맞는 것이다.

❻ **다듬기:** 오른쪽 삼각형을 클릭해 옵션을 열면 초점, 블러 양, 가장자리 등을 조정할 수 있다.

깊이 시각화 이미지

1 사진의 깊이 데이터 알아보기

현상 패널의 '렌즈 흐림 효과' 패널에서 '적용'을 체크한다. AI가 사진을 즉시 분석해서 깊이 데이터를 초점 범위 시각화 그래프로 보여준다. 원하는 초점 범위나 거리가 있다면 여기서 조정할 수 있다. 그래프 색상은 깊이에 따라 다르고, 그래프 높이는 그 깊이에 해당하는 픽셀의 총량이다.

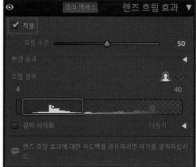

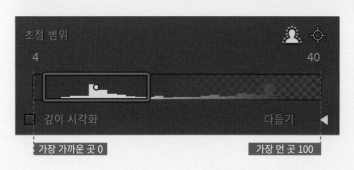

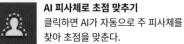 **AI 피사체로 초점 맞추기**
클릭하면 AI가 자동으로 주 피사체를
찾아 초점을 맞춘다.

 초점 도구
클릭한 후 사진에서 원하는 부분을 다시
클릭하면 해당 부분에 초점을 맞춘다.

2 시각화 그래프를 조정해서 피사체 바로 뒤에 초점 범위를 맞춰 봤다. 주 피사체는 살짝 흐려지고 바로 뒤에 있는 풀에 초점이 맞는 사진이 만들어진다.

3 멀리 있는 산에 초점을 맞추고 가까이 있는 피사체를 뿌옇게 블러 처리할 수도 있다. 초점 범위를 멀리 있는 74~100으로 설정하고, 흐림 수준은 70 정도로 조금 과하게 설정해 보자. 이렇게 하면 가까이 있는 피사체 어깨나 모자가 부자연스럽게 변한다. 이 부분을 수정하기 위해 다듬기 옵션을 연 후 '블러'를 클릭한다.

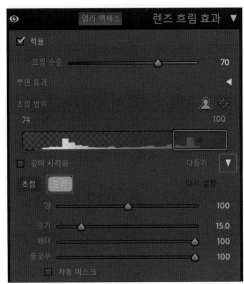

4 어색한 부분에 마우스 포인트를 가져가면 브러시 모양으로 바뀌는데, 이때 마우스 휠을 돌리거나 '크기' 슬라이드로 브러시 크기를 조정한다. 이 사진에서는 대략 6.0 정도면 적당한 것 같다. 브러시로 어색한 부분을 칠하면 AI가 이 부분을 다시 계산해 좀 더 자연스럽게 만든다.

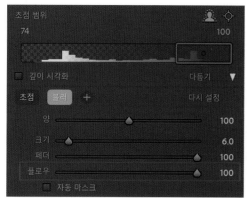

어색한 블러 처리가 훨씬 더 자연스러워진다.

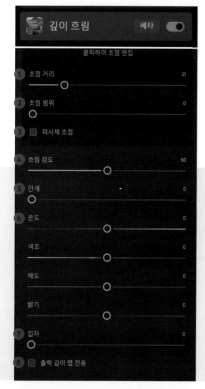

같은 기능을 하는 포토샵 '깊이 흐림'필터

포토샵 뉴럴 필터(Neural Filters)의 '깊이 흐림'도 같은 기능을 한다. 옵션과 인터페이스가 약간 다르지만, 기본적으로 라이트룸의 '렌즈 흐림 효과'와 같은 AI 엔진을 사용한 기능이라 결과물은 거의 비슷하다.

'출력 깊이 맵 전용'이 분석한 깊이 데이터

❶ **초점 거리:** 0이 가장 가까운 부분이고, 100이 가장 먼 부분이다. 숫자값을 조정해서 원하는 초점을 찾는다.

❷ **초점 범위:** 0은 가장 얕은 초점 범위고, 100은 원본사진이다. 얼마나 깊은 심도로 초점을 맞출 것인지를 정한다.

❸ **피사체 초점:** 체크하면 AI가 자동으로 피사체를 찾아서 초점과 범위를 설정한다.

❹ **흐림 강도:** 얼마나 많이 흐리게 할 것인지를 정한다.

❺ **안개:** 안개 효과를 얼마나 추가할지 정한다. 기본값은 0, 즉 안개 효과가 없다.

❻ **온도, 색조, 채도, 밝기:** 필터 안에서도 기본 보정을 할 수 있다.

❼ **입자:** AI가 자연스러운 사진 입자, 즉 그레인을 만든다..

❽ **출력 깊이 맵 전용:** 클릭하면 흑백으로 AI가 분석한 깊이 데이터를 보여준다. 밝을수록 멀리, 어두울수록 가까이 있다.

1 포토샵을 실행한다. '필터 메뉴 - Neural Filters'를 클릭한 후 '깊이 흐림'을 선택한다.

원본 사진

2 AI가 자동으로 피사체를 찾을 수 있도록 '피사체 초점'에 체크하고 '흐림 강도'는 70, '입자'는 100으로 조절한다.

포토샵 뉴럴 필터 '깊이 흐림'에서 효과를 준 결과

3 원본과 비교하면 확실히 자연스럽게 얕은 심도의 사진이 만들어진다. 라이트룸에서 처리하는 것과 별반 다르지 않지만, 포토샵에서 작업 중이라면 간단히 사용할 수 있는 기능이다.

렌즈의 대표적이고 고질적인 문제점들
사진 상식

렌즈는 빛을 물리적으로 어떻게든 한 점에 모아서 또렷한 상을 만든다. 이때 여러 가지 자연의 법칙이 우리가 원하는 완벽한 렌즈가 되지 못하도록 방해하는데, 우주를 지배하는 자연의 법칙인 만큼 완벽하게 극복한 렌즈는 지구상에 존재하지 않는다.

이런 오류를 얼마나 교정하고 보완할 수 있는가에 따라 고급과 보급형 렌즈로 나뉘는데, 이 단 1%의 단점 보완을 위해 5~10배의 금액을 투자해야 한다. 따라서 소프트웨어적으로 보정하는 방법을 개발하기 위해 긴 시간 노력해 왔다. 그 결과 현재의 포토샵과 라이트룸은 과거에는 상상할 수도 없었던 놀라운 성능을 보여준다. 물론 여전히 해결하지 못한 문제들이 많은 것은 사실이다. 대표적인 렌즈의 문제점과 해결 방법에 대한 큰 그림을 살펴보자.

렌즈의 한계 1: 색수차(소프트웨어 교정 가능) '색수차(Chromatic Aberration)'란 빛의 파장이 유리 같은 매질을 통과할 때 색에 따라 꺾이는 각도가 달라 생기는 문제다. 이때 상이 흐려지는데 색깔에 따라 초점이 맞지 않은 듯한 모습을 보이게 된다. 이미지 중앙부보다는 외곽에서 주로 발생하며 콘트라스트가 큰 부분에서 특히 눈에 띈다.

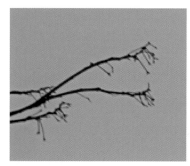
색수차가 일어나지 않은 이상적인 이미지

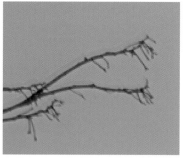
색수차가 일어난 일반적인 이미지

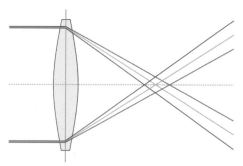
카메라 렌즈에서 보면 색에 따라 초점이 맞히는 거리가 달라지는데, 이것이 바로 색수차다.

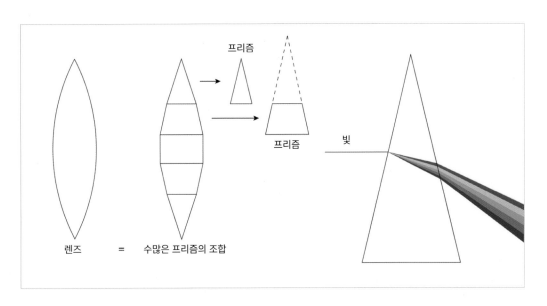

볼록렌즈 원리를 살펴보면 좀 더 쉽게 이해할 수 있을 것이다. 볼록렌즈란 결국 수없이 많은 프리즘이 연속적으로 이어 붙어 있는 것과 같은데, 각 프리즘은 빛의 파장에 따른 굴절률 차이로 무지개 같은 스펙트럼을 만든다. 이것이 바로 색수차의 원인이다.

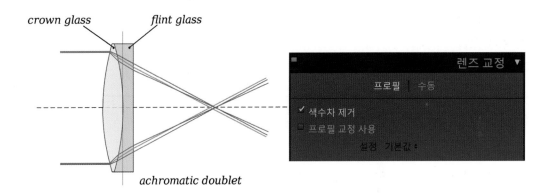

사진에 사용되는 렌즈의 경우 이런 색수차를 억제하기 위해 온갖 방법을 시도해 왔다. 현재는 플린트 글라스(Flint Glass)를 붙여 색수차를 억제한 아크로맷(Achromat) 렌즈를 주로 사용한다. 하지만 노력에도 불구하고 물리 법칙상 이런 색수차는 계속 발생할 수밖에 없다. 사진에서 보면 중심부는 어느 정도 극복한 고급렌즈가 많지만, 주변부에서는 여전히 어느 정도 색수차가 발생한다. 다행히 요즘은 소프트웨어 기술이 많이 발전해 각 렌즈의 특징을 모두 파악해 놓은 렌즈 프로파일 정보를 바탕으로 자동으로 사진에서 색수차를 제거할 수 있다. 몇 년 전만 하더라도 이런 색수차를 전문가 수준으로 없애려면 엄청난 포토샵 실력이 필요했지만 말이다.

렌즈의 한계 2: 구면수차(소프트웨어 교정 불가) '구면수차(Spherical Aberration)'란 렌즈 가 구면으로 깎여 만들어질 때 렌즈 중심에서 외곽으로 갈수록 굴절률이 다르게 나타나 상이 한 점에 모이지 않는 문제를 말한다. 조리개를 조이면 렌즈 외곽을 사용하지 않기 때문에, 구면수 차가 큰 렌즈의 경우 완전 개방과 조리개를 조였을 때의 화질 차이가 확연하다.

상이 뿌옇게 흐려진다.

상이 잘 표현되지 않는다.

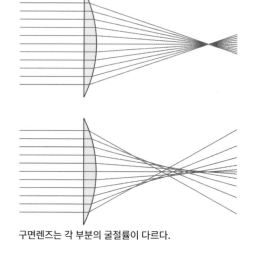

구면렌즈는 각 부분의 굴절률이 다르다.

구면렌즈는 곡면을 따라서 무한히 확장하면 완전한 구 형태가 된 다. 중심부와 외곽부의 굴절률이 달라 상이 한 점으로 모이지 않 는 구면수차는 오래전부터 알려진 문제지만, 생산단가가 저렴해 서 여전히 많이 사용되고 있다. 이미지 자체의 품질을 좌우하기 때문에, 라이트룸이나 포토샵 등 후반작업에서 소프트웨어적인 보정이 거의 불가능하다.

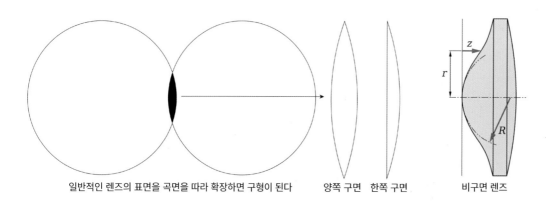

일반적인 렌즈의 표면을 곡면을 따라 확장하면 구형이 된다   양쪽 구면   한쪽 구면   비구면 렌즈

구면수차를 줄이기 위한 노력으로 비구면 렌즈(Aspherical Lens)가 생산되며, 비싼 렌즈일수록 비구면 렌즈를 사용한다. 모양을 자세히 보면, 외곽부로 갈수록 굴절률을 줄여 상이 한 곳으로 모이도록 디자인된 렌즈라는 걸 쉽게 알 수 있다.

렌즈의 한계 3: 코마수차(소프트웨어 교정 불가)

구면수차가 렌즈와 평행하게 들어오는 빛 때문에 생기는 문제였다면, '코마수차(Coma Aberration)'는 렌즈를 사선으로 통과하는 빛의 초점이 맞지 않아 마치 혜성 꼬리처럼 늘어지는 문제를 말한다. 렌즈의 중심부를 통과한 빛과 주변부를 통과한 빛의 방향성이 서로 달라서 생긴다. 구면수차가 초점의 거리가 달라서 발생한다면, 코마수차는 상의 위치가 달라서 발생하는 거라고 이해하면 쉽다. 저가 렌즈에서 주로 나타나며, 별 사진처럼 한 점으로 보이는 피사체를 촬영할 때 쉽게 볼 수 있는 오류다. 마찬가지로 렌즈 자체의 성능이라 추후 보완이나 보정이 매우 어렵다.

코마수차가 적은 예

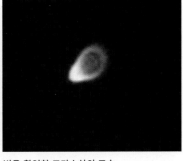
별을 촬영한 코마수차의 모습

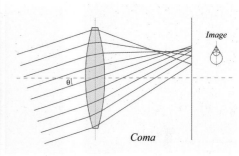
비스듬히 들어온 빛의 굴절률이 다르다.

렌즈의 한계 4: 비점수차(소프트웨어 교정 불가)

'비점수차(Astigmatism Aberration)'란 렌즈의 가로와 세로의 굴절률이 달라 상이 정확하게 맺히지 않는 문제를 말한다. 아무리 정밀하게 가공한 렌즈라도 가로세로의 곡률을 정확하게 일치시키는 것은 매우 힘든 일이며, 이렇게 다른 곡률 때문에 상의 초점상 가로세로가 맞지 않아서 일어난다. 이런 현상은 코마수차와 마찬가지로 광축에서 평행하게 들어온 빛이 아닌 사선으로 들어온 빛에서 주로 관찰된다.

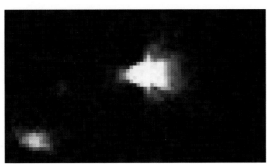
별을 촬영한 비점수차의 예

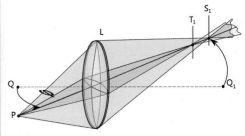
비스듬히 들어온 빛이 렌즈의 상하좌우에서 다른 굴절률을 보인다.

비점수차는 고급렌즈에서 눈에 띄게 감소하지만 완전히 제거할 수는 없다. 조리개를 조이면 상당 부분 개선되지만 역시 완전히 사라지지는 않는다. 비점수차와 코마수차는 렌즈 한계인 게 맞다. 하지만 재미있게도 방향성과 관련된 이 특성들을 이용하면 엉성한 합성으로 만들어진 사진인지 아니면 실제로 촬영된 것인지를 어느 정도 구별할 수 있다.

코마수차가 광축의 중심에서 방사형으로 뻗어가는 데 비해, 비점수차는 동심원 방향으로 나타나기 때문에 코마수차와 정확하게 90도 방향으로 일어난다. 대체로 코마수차와 함께 나타나며 사진 주변부에서 매우 쉽게 확인할 수 있다.

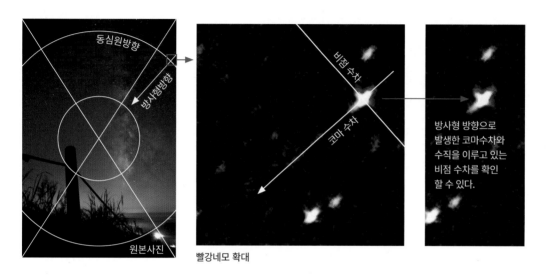

동심원방향
방사형방향
원본사진

비점 수차
코마 수차
빨강네모 확대

방사형 방향으로 발생한 코마수차와 수직을 이루고 있는 비점 수차를 확인할 수 있다.

렌즈의 한계 5: 상면만곡(촬영에 따라 교정 가능)
'상면만곡(Curvature of field)'은 렌즈에서 상이 맺히는 초점이 광축을 중심으로 같은 거리에 있어서 생기는 문제다. 평면인 센서에서 평면 피사체의 초점을 잡을 수 없는 현상을 말한다. 이런 현상은 렌즈 센서와 평면 피사체를 가까이 놓고 얕은 심도로 촬영하는 접사 시 발생한다.

이론적으로는 모든 부분에 초점이 맞아야 하는데, 중앙부를 제외한 주변부 초점이 맞지 않는 것이다. 반대로 주변부에 초점을 맞추면, 중앙부 초점이 맞지 않는다. 카메라 센서를 곡면으로 디자인하지 않는 한 이런 현상은 수정될 수 없다. 해결 방법은 초점이 다른 여러 장의 사진을 촬영한 후 초점이 맞는 부분만 추출해서 한 장으로 만드는 것이다. 다행히도 포토샵 레이어 자동 혼합 기능을 사용하면 이 작업을 자동으로 처리할 수 있다. (레이어 자동 혼합 373쪽)

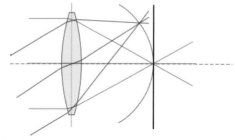

평면의 피사체는 초점거리가 같아 곡면으로 초점이 맞는다.

렌즈의 한계 6: 왜곡 Distortion(소프트웨어 교정 가능) 왜곡은 전체적으로는 초점이 맞지만, 이미지 자체가 변형되는 렌즈의 특성을 말한다. 광각계 렌즈는 볼록하게 보이는 술통형(Barrel) 왜곡을 일으키고, 망원렌즈는 상이 오목하게 보이는 바늘꽂이형(Pincushion) 왜곡을 일으킨다. 이 둘이 복합적으로 들어 있는 콧수염형(Mustache) 왜곡도 있다. 라이트룸은 렌즈 왜곡정보 프로파일을 이용해 실제와 비슷하게 왜곡현상을 보정할 수 있다.

문화가 다르니 이름이 쉽게 와 닿지 않을 것이다. 특히 생소한 게 핀쿠션일 텐데, 바늘꽂이형 왜곡은 쿠션에 바늘을 꽂으면 그 부분이 오목하게 들어가서 붙은 이름인 듯하다. 우리나라에서는 '실패형'이라고 번역하기도 한다. 콧수염형도 어색하긴 하지만 대체로 왜 이런 이름인지 이해가 갈 것이다.

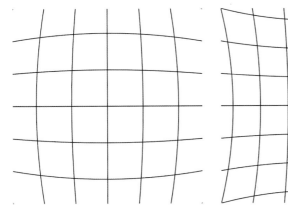 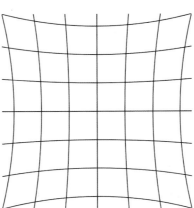 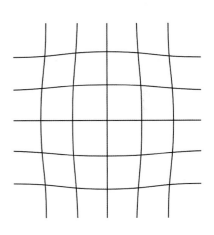

배럴(술통형) 왜곡   핀쿠션(바늘꽂이형, 실패형) 왜곡   무스타치(콧수염형) 왜곡

렌즈의 한계 7: 회절 Diffraction(소프트웨어 교정 불가)   앞서 살펴본 문제점들은 대부분 렌즈 조리개를 조여서 중앙부만 사용하면 감소시킬 수 있는 것들이다. 하지만 조리개를 너무 조이면 회절현상에 의해 화질이 떨어지게 된다. 빛의 파동성 때문에 생기는 현상으로, 광선이 진행할 때 직진성이 흐트러지는 걸 말한다. 모든 렌즈에서 발생하며 잘 디자인된 렌즈일수록 회절현상에 의한 화질감소가 적어지지만, 조리개를 많이 조이면 피할 수 없는 문제이기도 하다. 렌즈에 따라 회절에 의한 화질저하가 두드러지는 f값이 있으니 자신의 렌즈를 테스트해 보자. 잘 만들어진 렌즈라면 일반적으로 f11 이상에서 이런 문제가 발생하며, 그렇지 않다면 f8 정도에서도 화질저하가 나타날 수 있다.

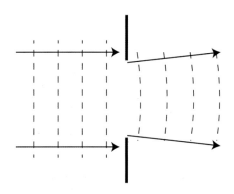

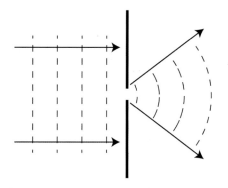

조리개가 넓은 경우 회절에 의한 화질저하는 두드러지지 않는다.

조리개를 너무 조이면 빛이 작은 부분을 통과할 때, 파동성 때문에 직진하지 못하고 화질 저하를 일으킨다.

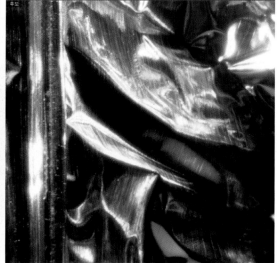

f8.0에서는 회절에 의한 화질저하가 나타나지 않는다.

f22에서는 화질저하가 눈에 띄게 된다.

Part 6

저장하기? 아니고 내보내기

'내 작품 중 가장 좋아하는 사진이 무엇인가'라고 묻는다면
바로 내일 찍을 사진 중 하나라고 대답할 것이다."

_ 이모겐 커닝엄

다른 이름으로 저장하기? NO!
내보내기

▶ [시즌3] #8 Book 1, Part 6 그 결과 완성된 이 한 장의 사진!

라이트룸 내보내기 기능의 장점   라이트룸을 처음 접하는 사람들이 가장 당황하는 게 저장하기가 없다는 것이다. 그래서 라이트룸을 종료하면 내가 작업한 것들이 다 사라질 것 같고, 다른 곳으로 파일을 보내려면 어떻게 해야 할지도 막막하다. 걱정하지 말자. 라이트룸에는 저장 대신 '내보내기'라는 기능이 있다. '다른 이름으로 저장'이라는 익숙한 용어를 두고 왜 굳이?

첫 번째, 그때그때 다양한 포맷으로 만들 수 있다.   라이트룸은 RAW 파일을 이용해서 별점을 매기고, 쓸 사진과 쓸모없는 사진을 구별하는 관리 기능이 있다. 이렇게 모인 쓸 만한 사진을 현상 모듈에서 사진가의 의도에 맞도록 잘 보정하면 자동으로 저장된다. 그런데 이 RAW 파일과 라이트룸에서 사용하는 보정 데이터를 그대로 사용하기에는 몇 가지 문제가 있다. 다른 사람이 라이트룸을 사용하지 않으면 무용지물에 가깝고, 사진 전문가가 아니라면 여러 설정을 잘못 만지다 의도하지 않은 결과물이 될 수도 있기 때문이다. 그래서 RAW 파일을 변환해 다양한 목적에 맞도록 그때그때 필요한 포맷의 사진을 만들기 위해 따로 준비한 기능이 '내보내기'다.

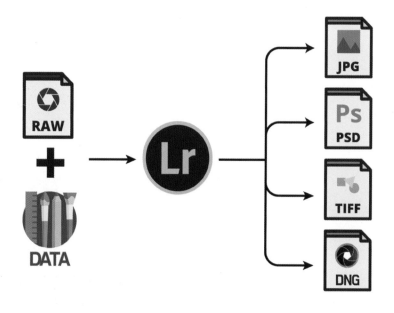

두 번째, 많은 파일을 한 번에 다양한 크기나 형식으로 만들 수 있다. 빠르고, 정확하게!

라이트룸에서는 저장이 필요 없다. 카메라에서 사진을 가져온 순간부터 카탈로그가 자동으로 모든 것을 저장하기 때문이다. 하지만 인터넷용으로 올리거나 인쇄해야 할 때 등 사진을 그때그때 다른 크기나 형식으로 만들어야 할 때는 '내보내기' 기능을 사용한다.

예를 들어 긴 축이 7000픽셀인 사진인데, 바로 인터넷에 올려야 하니 1000픽셀로 줄여 달라는 요청을 받았다. 포토샵에서라면 해당 파일을 찾아 열고 '이미지 크기 변경'을 클릭한 다음 긴 축을 찾아서 1000으로 입력하고 '확인' 버튼을 클릭한 후 '다른 이름으로 저장'해야 한다. 실수로 원래 이름 그대로 저장하면 사진이 1000픽셀로 바뀐다.

한두 장이라면 다시 백업한 파일을 찾아서 작업하면 되겠지만, 수백 장이라면 얘기가 다르다. 포토샵 일괄처리 기능을 사용한다고 해도 사진이 모두 똑같지 않으니 매번 신경 써야 할 부분이 있기 마련이다. 여기까지는 그나마 괜찮다. 갑자기 급하게 연락이 오더니 아무래도 1050픽셀이 가장 좋으니 다시 1050픽셀로 만들어 달라는 경우도 있다. 말만 들어도 짜증이 확 밀려오는 것을 느낄 수 있을 것이다.

하지만 이 모든 과정을 라이트룸에서 한다면 얘기가 다르다. 원본과 보정한 데이터가 다 따로 저장되어 있으니 파일만 선택한 후 내보내기를 한 번 더 실행하는 것으로 끝이다. 내보내기에서 긴 축을 1050픽셀이라고 입력하면 모든 사진이 1050픽셀로 딱 저장되는 것이다. 이런 경우가 있겠나 싶겠지만 실제로는 더한 일도 많다. 색역을 sRGB로 만들어서 보냈더니 인쇄를 위한 Adobe RGB 색역으로 바꿔 달라고 하기도 하고, 갑자기 TIFF 파일로 보내 달라고 하기도 한다. 이런 일이 생길 때마다 포토샵 등 기존의 프로그램으로 일일이 대응하기란 정말 어렵다. 하지만 라이트룸에서는 간단히 원하는 포맷, 크기로 한 번에 가능하다.

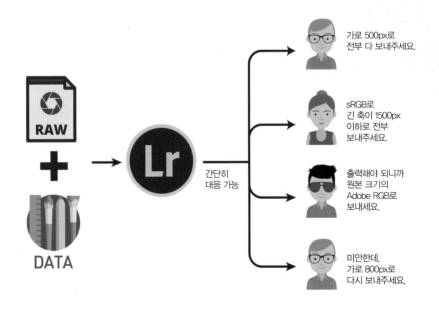

세 번째, 자주 쓰는 복잡한 옵션을 클릭 한 번으로 해결할 수 있다. - 사전 설정(프리셋) 자주 사용하는 내보내기 방법을 '사전 설정'으로 세팅해 두면 클릭 한 번으로 바로 내보내는 것도 가능하다. 사진을 파일로 이용해야 하는 경우의 수가 수백 가지인 것은 아니다. 주로 사진을 업로드하는 사이트에 맞게 미리 설정된 값을 사전 설정으로 저장해 두고, 필요할 때마다 클릭 한 번으로 내보내면 된다.

예를 들어 페이스북에 올리는 최적화된 내보내기 값을 알고 있다면 '페이스북용'이라는 이름의 사전 설정을 만들자. 클릭 한 번으로 바로 내보내기가 가능하다. 그뿐만 아니라 라이트룸의 다양한 플러그인을 통해 페이스북에 직접 업로드하고 댓글이나 좋아요를 관리하기도 쉽다. 이런 식으로 사진을 관리하고 공유하며 최종 배포까지 모든 일의 중심에 라이트룸을 사용하면 그만큼 편하고 빠르다. 한 번 익숙해지면 포토샵이나 다른 프로그램의 '저장' 방식이 얼마나 불편한지 뼈저리게 느끼게 될 것이다.

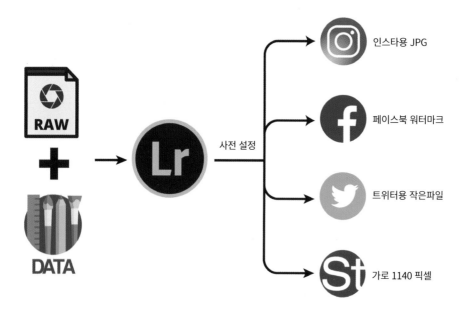

네 번째, 지오테깅, 슬라이드쇼, 책, PDF 파일로 만들기 앞에서 말한 3가지만으로도 라이트룸 내보내기의 장점을 이해하기는 충분하지만, 이 밖에도 사용자 편의를 위한 소소한 기능이 더 준비되어 있다. GPS 데이터를 이용해 지오테깅된 사진을 지도에서 바로 볼 수 있는 기능, 정해진 포맷의 사진책 만들기, 간단한 프레젠테이션을 위한 슬라이드 쇼, PDF 파일 만들기, 웹서버가 있다면 갤러리 페이지를 생성해 웹상에 바로 공개할 수도 있는 등 다양한 기능을 제공한다. 단, 일부 기능은 한국에서 이용하기 힘들다.

궁금할 때 찾아보는 내보내기 옵션의 모든 것

내보내기는 라이트룸에서 사진을 완성한 후 사용 목적에 맞게 파일을 가공하는 매우 중요한 기능이다. 다양한 옵션이 있는데 목적에 맞게 선택할 수 있도록 자세히 알아보자.

1 '라이브러리' 모듈에서 내보낼 사진을 선택한 후 마우스 오른쪽 버튼을 클릭하고 '내보내기 - 내보내기'를 클릭한다.

2 '파일 내보내기' 대화상자가 나타난다. 꽤 자주 사용하니 실제 사용 순서 그대로 하나씩 보자.

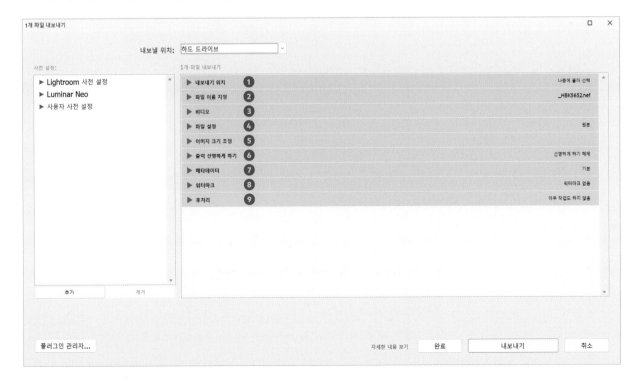

1 내보내기 위치 말 그대로 선택한 파일을 어디로 어떻게 내보낼지를 설정한다. 내보낼 위치는 그때그때 달라지니 '나중에 폴더 선택'으로 해두고, 그때마다 정하는 게 편하다. 또 '이 카탈로그에 추가'에 체크하면 원본사진과 내보내기한 사진이 중복되어 헷갈리기 쉬우니 선택하지 않는 편이 좋다. '스택에 추가' 역시 선택하지 않는 게 낫다.

❶ **내보낼 위치:** 클릭하면 다양한 옵션이 나타나는데 이 중 하나를 선택한다.

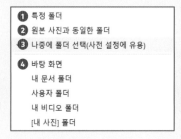

❶ **특정 폴더:** 클릭하면 내보낼 위치를 선택할 수 있는 '선택' 버튼이 나타난다. 만약 새로운 폴더를 만들어 내보내려면 적당한 위치로 이동한 후 '하위 폴더에 넣기'에 체크하고 빈칸에 폴더 이름을 입력하면 된다.

❷ **원본 사진과 동일한 폴더:** 원본사진이 저장된 위치에 내보내기 파일도 함께 저장된다.

❸ **나중에 폴더 선택(사전 설정에 유용):** 사진을 내보낼 때 폴더를 선택할 수 있다.

❹ 윈도 기본 폴더 중 하나를 빠르게 선택할 수 있다.

❷ **이 카탈로그에 추가:** 내보낸 파일을 바로 카탈로그에도 추가해 라이브러리에서 확인할 수 있다. 특별한 이유가 없으면 체크하지 말자.

❸ **스택에 추가:** 원본사진에 이어진 스택 사진으로 추가하는 기능이다. '원본 사진과 동일한 폴더'에 저장할 때 '이 카탈로그에 추가'를 체크하면 활성화되며, 내보낸 사진을 원본 위나 아래에 넣는 옵션을 제공한다.

❹ **기존 파일:** 내보낼 위치에 같은 이름을 가진 파일이 있을 때 어떻게 처리할지를 정한다. '수행할 작업 확인'을 권한다.

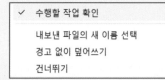

❶ **수행할 작업 확인:** 중복 파일 처리 방법을 그때그때 대화상자를 통해 묻는다.

❷ **내보낸 파일의 새 이름 선택:** '파일 내보내기 문제' 대화상자가 나타나 파일을 어떻게 처리할지 선택할 수 있다. '고유한 이름 사용'은 파일명이 중복되지 않도록 파일명 뒤에 자동으로 숫자 등을 붙여 다른 이름으로 저장한다.

❸ **경고 없이 덮어쓰기:** 기존 파일에 덮어써 기존의 파일을 없애고 새로운 파일로 만든다.

❹ **건너뛰기:** 중복된 파일은 내보내지 않고 건너뛴다.

2 파일 이름 지정 - 파일 이름 내 맘대로 편집하기 노하우! 별생각 없이 원본 파일 이름 그대로를 사용하는 경우가 많은데, 나중에 어떤 일이 생길지 모르니 그런 습관은 좋지 않다. 검색 기본은 파일 이름이니까 신중하게 자신만의 규칙을 정하자. 라이트룸은 파일 이름 정하기에 진심이라 매우 디테일한 옵션을 제공한다.

원본 파일명을 그대로 사용할 게 아니라면 체크하자.
자주 사용되는 유형의 파일명 중 선택하거나 임의로 파일명을 만들 수 있다.

확장자를 소문자로 할 것인지 대문자로 할 것인지 정한다.
소문자로 지정하면 대부분 문제없다.

① 날짜 - 파일 이름
② 사용자 정의 이름 - 시퀀스
③ 사용자 정의 이름 - 원본 파일 번호
④ 사용자 정의 이름(x - y)
⑤ 사용자 정의 이름
⑥ 파일 이름 - 시퀀스
⑦ 파일 이름
  편집...

[방법 1] 자주 사용하는 유형 중 선택하기

❶ 촬영된 날짜와 원본 파일 이름이 함께 표기된다.

❷ 사용자가 지정한 이름과 함께 처음부터 하나씩 번호를 붙인다. 시작 번호를 지정할 수 있다.

❸ 사용자가 지정한 이름과 함께, 원본 파일에 붙어 있던 번호가 붙는다. 원본 파일 번호란 알다시피 카메라에서 RAW 파일이나 JPG를 만들 때 자동으로 저장하는 4자리 숫자를 말한다.

❹ 사용자가 지정한 이름과 함께 x에는 시퀀스 번호가 붙고, y에는 전체 번호가 붙는다.

❺ '사용자 정의 텍스트'에 있는 것만 사용해 파일명을 만든다. 하나 이상의 파일을 내보내면 다음 파일이 이미 존재한다는 경고가 뜬다.

❻ 원본 파일 이름에 시퀀스 번호가 추가된다. 시작 번호를 지정할 수 있다.

❼ 원본 파일 이름과 같지만 '파일 설정'에서 설정한 확장자가 붙는다.

[방법 2] 파일 이름 맘대로 편집하기 '파일 이름'에서 '편집'을 클릭하면 '파일 이름 템플릿 편집기'가 나타나 임의로 원하는 파일명을 만들 수 있다. 라이트룸에서 제공하는 거의 모든 옵션을 이용해 굉장히 다양한 조합의 파일명을 만들 수 있는 데다가 일일이 파일명을 수정하는 수고를 덜어줘 유용하다.

하지만 처음엔 옵션이 너무 많아 오히려 헷갈릴 수 있다.

경험상 기본적으로 원본 파일의 숫자값은 반드시 넣는 게 좋은데, 나중에 사진을 보낸 사람이 숫자만 불러주면 라이트룸에서 쉽게 해당 사진을 찾을 수 있기 때문이다. 촬영날짜 역시 넣는 게 좋다. 즉 '날짜—파일 이름'을 선택하면 웬만해서는 중복되는 일이 없고 나중에 빠르게 찾을 수도 있다.

생각보다 다양한 파일명이 필요하다. 공모전에서는 파일명에 일관된 숫자를 써달라고 하고, 일부 전시에서는 파일 크기를 넣어 달라고 하고, 공동작업에서는 촬영자 이름을 넣어 달라고 요구한다. 이럴 때 '편집' 기능을 이용하면 어떤 요구든 간단히 맞출 수 있다.

파일 이름 템플릿 편집기 ✕

❶ 사전 설정: 파일 이름 ⌄

　　❷ 예: _HBK5652.jpg

　{파일 이름»}

❸ 이미지 이름

　　　폴더 이름 ⌄　　삽입
　　　원본 파일 이름 ⌄　　삽입

❹ 시퀀스 및 날짜

　　　시퀀스 번호 ⌄　　삽입
　　　날짜 (YYYY) ⌄　　삽입

❺ 메타데이터

　　　제목 ⌄　　삽입
　　　치수 ⌄　　삽입

❻ 사용자 정의

　　　사용자 정의 텍스트　　삽입

　　　　　　　완료　　취소

예: {치수»}{파일 이름»}{파일 이름 숫자 접미어»}.jpg

{치수»}{파일 이름»}{파일 이름 숫자 접미어»}

---

❶ 사전 설정: 미리 정해진 사전 설정을 불러오거나 새로 만든 사진 설정을 저장한다.

❷ 예: 아래 설정에 따라 최종 파일명이 어떻게 나타날 것인지를 미리 확인할 수 있다. 미리보기 상자를 클릭한 후 수식을 직접 입력하거나 아래쪽에 있는 '삽입' 버튼을 클릭해 추가할 수 있다. 입력했다가 지우고 싶은 옵션이 있으면 선택한 후 Delete 를 누르면 된다.

❸ 이미지 이름: 원본 이름을 이용한 옵션을 선택할 수 있다.

❹ 시퀀스 및 날짜: 일관된 번호를 붙이거나 날짜 표기 방법 등을 선택할 수 있다.

❺ 메타데이터: 메타데이터에 있는 정보를 파일 제목으로 사용할 수 있는 많은 옵션 중 선택할 수 있다.

❻ 사용자 정의: 사용자가 임의로 이름을 입력한다.

예: 사진의 가로세로 픽셀 치수가 입력되고, 작성자 본인 이름 뒤에 원본 파일 넘버가 붙도록 만든 파일명이다.

3 파일 설정 파일 포맷과 색상 공간을 결정하는 매우 중요한 부분이다. 어떤 설정이 좋고 나쁜 게 아니라 어디에 어떻게 사용하는지에, 즉 사용 목적에 따라 결정해야 한다는 것을 잊지 말자.

❶ **이미지 형식:** JPG나 PSD 파일 등 내보낼 이미지 형식을 결정한다. 사진 이미지를 내보내는 가장 일반적인 방법은 손실압축 포맷인 JPEG로 내보내는 것이다. 무손실 압축 포맷에 비해 매우 작은 용량을 가지고 있지만 품질을 조정하면 원본에 가까운 품질로 만들 수도 있다.

✓ JPEG
JPEG XL
AVIF
PSD
TIFF
PNG
DNG
원본

❷ **품질:** 품질 0이 가장 낮은 화질이며, 가장 작은 파일을 만든다. 품질 100은 거의 원본에 가까운 고품질의 화질을 만들지만, 가장 큰 용량의 파일이 된다.

❸ **색상 공간:** 색역을 결정한다. 일반적인 용도로 많이 사용되는 sRGB 뿐만 아니라 보다 넓은 Adobe RGB, 더욱 넓은 Pro Photo RGB 등을 선택할 수 있다. (색역 255쪽 참고)

✓ sRGB IEC61966-2.1
Display P3
Adobe RGB(1998)
ProPhoto RGB
Rec. 2020
기타...

❹ **다음으로 파일 크기 제한:** 체크하면 '품질'에서 설정한 값은 무시되며 지정한 용량 그대로의 파일을 만든다. 정확한 용량의 사진 파일을 만들 때 사용되는데 그리 자주 쓰는 기능은 아니다. K의 의미는 킬로바이트다.

4 이미지 크기 조정 흔히 '리사이징 작업'이라고 한다. 라이트룸에서는 리사이징 후 저장하는 게 아니라 원하는 크기를 지정해 내보내기만 하면 된다. 예전에 리사이징 알고리즘 성능이 부족할 때는 직접 여러 번에 걸쳐 작은 크기로 만들어야 좋은 품질을 가진 작은 사진 파일을 만들 수 있었지만, 요즘은 그럴 필요 없다.

❶ **크기 조정하여 맞추기:** 체크하지 않으면 원본의 가로세로 픽셀값 그대로를 파일로 만들어 내보낸다. 체크하면 다음과 같은 옵션이 나타나 선택할 수 있다.

✓ 너비 및 높이 ❶
치수 ❷
긴 가장자리 ❸
짧은 가장자리 ❹
메가픽셀 ❺
백분율 ❻

❶ 너비 및 높이: 사진 비율을 유지한 상태에서 픽셀에 맞는 크기를 우선으로 출력한다. 예를 들어 너비 800, 높이 600으로 설정하면 가로사진은 가로를 기준으로 너비 800, 높이 534로 출력된다. 높이가 600이 되면 비율을 유지하기 위해 너비가 800보다 더 커지기 때문이다. 같은 이유로 세로사진이라면 높이 600, 너비 400인 사진이 만들어진다. 반대로 너비 600, 높이 800으로 설정한다면 같은 이유로 왼쪽처럼 출력된다.

❷ 치수: 사진 비율이 어떻든 설정값으로 적용한다. 단 어느 쪽이든 설정값보다 커지지 않도록 비율에 따라 최대치에 이른 값으로 출력한다. 예를 들어 600×800으로 설정했다면 정사각형 사진은 짧은 쪽을 기준으로 적용된다. 하지만 가로든 세로든 어느 한 변이 짧은 쪽 기준에 미달하더라도 최대값인 800에 가깝다면 짧은 쪽의 기준에 못 미치더라도 그대로 출력된다.

❸ 긴 가장자리/짧은 가장자리: 사진의 비율로 봤을 때 긴 쪽이나 짧은 쪽을 기준으로 정해진 픽셀로 출력한다는 말이다. 즉 세로사진이든 가로사진이든 긴 축을 기준으로 할 것인지 짧은 축을 기준으로 할 것인지만 결정하면 나머지는 비율에 맞게 자동으로 출력해준다.

긴 가장자리를 800으로 했을 때

짧은 가장자리를 600으로 했을 때

❹ **메가픽셀:** 비율을 유지하면서 사진의 총 픽셀 개수로 사진을 내보내는 방법이다. 예를 들어 2메가픽셀이라고 한다면 사진에 총 200만 개의 픽셀을 가진 것이다. 2:3 비율의 사진이라면 1155×1731픽셀의 사진이 된다. 곱하면 1,999,305가 나오니 거의 200만에 가깝다. 당연하겠지만 비율과 상관없이 면적으로는 거의 같은 사진을 만든다. 사진 안에 있는 숫자는 원본 파일 크기다.

❺ 백분율: 비율을 유지한 채 이미지 가로세로 픽셀의 백분율로 리사이즈하는 기능이다. 예를 들어 가로세로 1000픽셀의 이미지를 20%로 내보내면 가로세로 200픽셀의 사진이 만들어진다. 사진 안에 있는 숫자는 원본 파일 크기다.

❷ 확대 안 함: 체크하면 설정한 크기가 원본보다 클 때 인위적으로 사진을 더 크게 키우는 작업을 하지 않는다. 사진의 용량만 키우는 작업은 아무 의미가 없으니 대부분 체크하는 것이 좋다.

❸ 픽셀(단위): '크기 조정하여 맞추기'에서 선택한 옵션에 단위가 있을 때 활성화된다. 예를 들어 '너비 및 높이'를 선택한다면 입력한 숫자 값의 단위를 픽셀, 인치, cm 중 선택할 수 있다.

❹ 해상도: 1인치당 가로 한 줄의 픽셀이 몇 개인지를 결정한다. 크기를 픽셀 단위로 맞춘다면 크게 의미가 없는 부분인데, 해상도를 얼마로 하든 설정한 가로세로 픽셀 크기값을 가진 사진으로 만들기 때문이다. 예를 들어 가로세로 800×600픽셀로 내보내기를 했다면 해상도를 72로 하든 300으로 하든 사진은 똑같다. 하지만 포토샵 같은 일부 소프트웨어에서는 실제 크기 중심이라 해상도를 300으로 한 사진을 훨씬 더 작게 보여줄 것이다. 해상도가 의미 있는 경우가 따로 있다. 내보내기 시 단위가 픽셀이 아닌 인치나 cm처럼 실제 크기를 기준으로 한 경우다. 가로 10인치 사진에서 해상도를 72로 설정하면 가로 픽셀이 720픽셀이 되겠지만, 해상도를 300으로 하면 가로 픽셀은 3000픽셀이 된다.

5 출력 선명하게 하기 출력한 사진에 추가로 샤픈값을 줄 것인가, 준다면 어떻게 줄 것인가를 사용 용도에 따라 선택할 수 있다. 인터넷이나 모니터로 볼 때의 샤픈값을 조정하는 화면이 있고, 매트 용지와 광택 용지에 최적화된 샤픈값을 저/표준/고 3단계로 선택할 수 있다. 샤픈값이 의미 없는 DNG나 원본을 선택하면 비활성화된다.

▼ 출력 선명하게 하기

☑ 선명하게 하기: 화면 ⌄   양: 표준 ⌄

✓ 화면
매트 용지
광택 용지

▼ 출력 선명하게 하기

☑ 선명하게 하기: 화면 ⌄   양: 표준 ⌄

저
✓ 표준
고

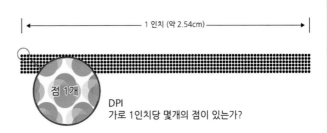

6 메타데이터 메타데이터란 카메라에서 생성된 각종 정보를 말하는데, 라이트룸에서 작성한 키워드나 제목 같은 IPTC 정보도 포함된다. 어떤 카메라를 사용하고, 어떤 렌즈를 이용했으며, 조리개, 셔터스피드, ISO 같은 기본 촬영 데이터부터 GPS 지오태깅한 위치 정보와 연락처, 사진가 정보 등 사진에 관련된 정보 등 사진에 대한 모든 정보를 내보내는 파일에도 포함시킬 것인지를 정할 수 있다.

'포함'에서 해당 정보가 있을 때만 나머지 옵션들이 활성화된다.

❶ **포함:** 저작권, 연락처, 카메라 정보, 보정 내용 중 어디까지 포함시킬 것인지 설정한다.

❶ **저작권만:** 저작권만 포함시킨다.
❷ **저작권 및 콘택트 정보만:** 저작권과 작가의 연락처만 포함시킨다.
❸ **Camera RAW 정보를 제외한 모든 정보:** 사진 보정이나 라이트룸에서 작업한 정보를 제외한 모든 정보를 포함시킨다.
❹ **카메라 및 Camera RAW 정보를 제외한 모든 정보:** 카메라에서 생성된 정보, 즉 카메라 종류, 렌즈, 셔터스피드, ISO 등의 정보와 라이트룸에서 보정한 정보를 뺀 나머지 모든 정보를 포함시킨다.
❺ **모든 메타데이터:** 저장할 수 있는 모든 정보를 사진과 함께 저장한다.

❷ **사람 정보 제거:** 얼굴 인식을 통해서 습득된 사진 내의 사람, 즉 모델이나 피사체에 관한 정보를 포함시키지 않는다.
❸ **위치 정보 제거:** GPS 지오태깅으로 저장된 위치 정보를 포함시키지 않는다.
❹ **키워드를 Lightroom 계층 구조로 쓰기:** 키워드 계층을 라이트룸에서 정한 규칙대로 사진 파일에 포함시킨다.

7 워터마크 사진에 워터마크를 자동으로 삽입하는 기능이다. 인터넷이나 공개된 장소에 업로드할 때 필요에 따라 선택할 수 있다. 단순히 글자로만 이루어진 워터마크를 만들 수도 있고, 미리 준비된 그림 파일을 이용해도 된다. (418쪽 참고)

8 후처리 파일을 내보낸 후의 동작을 어떻게 할 것인가를 결정한다. 내보낸 파일을 자동으로 특정 프로그램에서 열거나, 내보낸 폴더가 바로 나타나도록 할 수 있다.

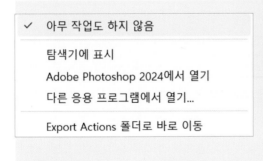

❶ **아무 작업도 하지 않음**: 내보내기만 실행한다.
❷ **탐색기에 표시**: 내보낸 파일이 있는 폴더를 윈도 탐색기로 보여준다.
❸ **Adobe Photoshop CC 20**에서 열기**: 내보낸 파일을 바로 포토샵을 실행해 보여준다.
❹ **다른 응용 프로그램에서 열기**: 포토샵이 아닌 다른 응용 프로그램을 실행해 보여준다. '선택' 버튼을 이용해 해당 프로그램의 위치를 지정하면 된다.
❺ **Export Actions 폴더로 바로 이동**: 내보낸 후의 동작을 미리 프로그래밍해 놓은 파일이 있다면 이 옵션을 선택해서 바로 해당 폴더를 열 수 있다.

귀찮은 내보내기 과정을 클릭 한 번으로 끝내기
사전 설정(프리셋)

웹용으로 내보낼 때마다 매번 이런 작업을 거쳐야 한다면 몹시 귀찮을 것이다. 프리셋으로 등록
해두면 원할 때마다 꺼내 쓰기만 하면 된다. 자주 이용하는 사이트 특성에 따라 만들거나 즐겨
쓰는 사진 크기 몇 가지를 만드는 등 필요한 만큼 만들 수 있다.

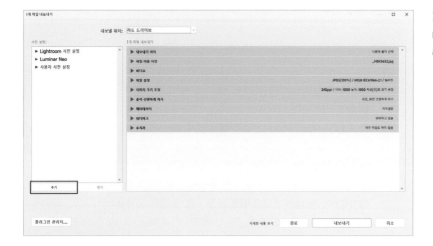

1 사전 설정 등록하기
내보내기의 모든 세팅이 끝나면 '추가'를 클
릭한다.

2 '새 사전 설정' 대화상자가 나타난다. 사
전 설정 이름을 입력하고, 저장할 폴더를 설
정한다. '새 폴더'를 클릭하면 새로 폴더를 만
들 수 있다. 웹용으로 사용하는 내보내기가
하나 이상이라면 '웹용모음'이라는 폴더를
만들면 좋다.

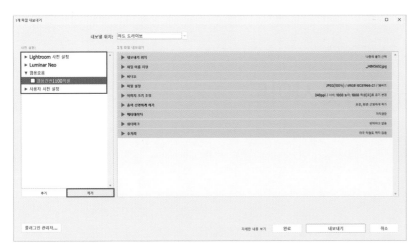

3 프리셋 확인/제거하기

프리셋에 등록되었다. 삭제하고 싶다면 삭제
할 프리셋을 선택한 후 아래에 있는 '제거'를
클릭한다.

4 프리셋 사용하기

라이트룸에서 내보내고 싶은 사진을 선택한
후 '파일 메뉴 - 내보내기'를 클릭한다.

또는 내보내려는 사진을 마우스 오른쪽 버튼
으로 클릭한 후 '내보내기'에 마우스 포인터
를 올리면 프리셋이 자동으로 나타나는데 여
기서 바로 선택해도 된다. '내보내기' 대화상
자가 나타나면 프리셋을 선택한 후 '내보내
기' 버튼을 클릭하면 끝이다.

웹용 내보내기
인스타그램, 페이스북, 인터넷 사이트

인스타그램, 페이스북 혹은 자신이 좋아하는 커뮤니티 등에 올리는 사진을 위한 내보내기 세팅
이다. 사용 용도가 많은 만큼 내보내기를 잘 만들면 두고두고 편하게 사용할 수 있다. 선택 옵션
에서 언급하지 않은 부분은 따로 건드릴 필요가 없으니 그냥 넘어가면 된다.

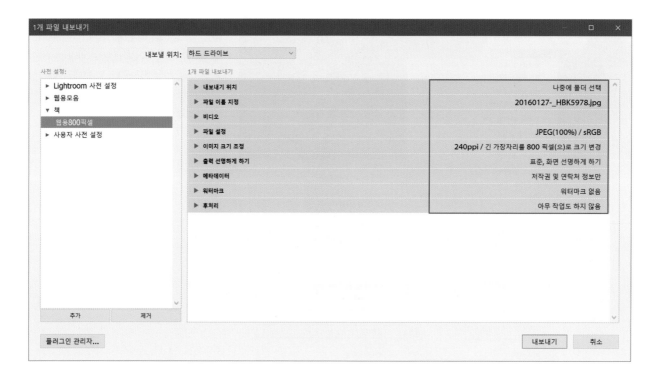

메뉴	옵션	옵션 선택 이유
내보내기 위치	나중에 폴더 선택	인터넷에 올리는 사진의 종류와 위치가 너무 다양하니 내보내기를 할 때 선택하는 것이 여러모로 편리하다.
파일 이름 지정	날짜 - 파일 이름	날짜와 파일 이름이 있으면 원본을 찾는 데 거의 문제가 없으니 활용하자. 인터넷에 올리는 파일이기 때문에 어떻게든 원본 파일명이 남을 수 있으니 이름 같은 개인정보가 들어있지 않도록 하는 것이 좋다.
파일 설정	JPEG: 품질 100 색상공간: sRGB	누가 어떤 환경에서 볼지 알 수 없고, 업로드하는 인터넷 서버 역시 알 수 없으므로 가장 대중적인 JPEG를 선택하자. 품질이 100에 가까우면 거의 원본에 가까운 화질을 보여준다. 대부분의 사람이 sRGB 색공간에서 컴퓨터를 사용하고 있으니 sRGB로 내보내는 것이 좋다. 더 넓은 Adobe RGB 같은 것도 있지만 전문가용 모니터가 아니라면 사진 색이 이상하게 보이는 원인이 될 수 있다.
이미지 크기 조정	크기는 어디에 올릴지에 따라서 다양하게 선택하면 된다. 하지만 해당 사이트 혹은 서버의 최대 사진 크기보다 작게 올린다.	내 사진이 좀 더 좋고 크게 보이게 하고 싶은 것은 누구나 원하는 바다. 하지만 서버의 지정된 파일 크기보다 크게 올리면 서버에서 처리하는 저품질 알고리즘에 따라 크기가 자동으로 조정돼 화질이 많이 떨어진다. 큰 사진인데도 뭔가 이상하게 보이는 건 대부분 이런 이유다. 사이트 대부분이 최대 이미지 크기, 혹은 최적의 크기를 공지하고 있으니 찾아서 맞추자.
출력 선명하게 하기	화면: 표준	사진이 작아지면 약간 뭉개진 것처럼 보이게 되는데, 샤픈을 조금 주면 문제 대부분은 사라진다. '화면'에서 '표준'을 선택하면 예전에 했던 다단계 리사이즈와 비교해도 화질이 떨어지지 않는다.
메타데이터	저작권 및 콘택트 정보만	인터넷에 올린 내 사진이 어디를 어떻게 돌아다닐지 모른다. 하지만 누군가가 촬영자를 찾거나 저작권에 관해 살펴보고자 한다면 가장 먼저 파일에 포함된 메타데이터를 찾아볼 것이다. 따라서 이 정도 정보만 있어도 사진을 사용하려는 사람이 내게 연락할 수 있다. 연락처는 주로 이메일 같은 것을 사용하자.

전문 디자이너가 있는 곳에 보내기
신문사, 출판사, 기업

전문 디자이너가 있는 곳은 신문사, 출판사, 기업처럼 내 사진을 2차, 3차 용도로 사용할 곳일 것이다. 따라서 이 경우에는 대부분 담당 디자이너가 사진을 다시 리사이즈하거나 목적에 맞게 재가공한다. 최대한 고품질을 유지하면서 컴퓨터에 부담이 되지 않는 파일 크기로 만들어 주는 것이 좋다.

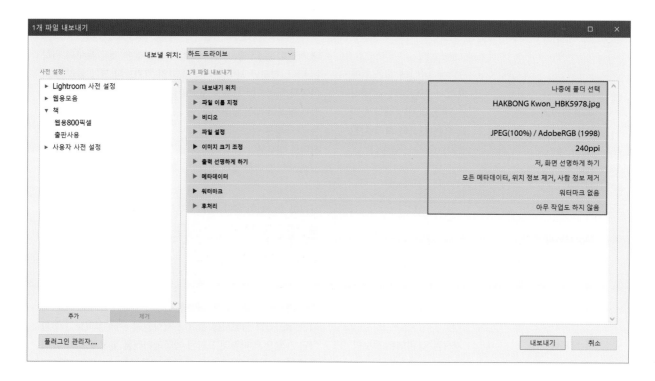

메뉴	옵션	옵션 선택 이유
내보내기 위치	나중에 폴더 선택	상황이 어떻게 바뀔지 모르니 내보내기를 할 때 선택하는 것이 여러모로 편리하다.
파일 이름 지정	작성자 – 원본 파일 이름	이런 곳에는 대부분 담당자가 수없이 많은 파일을 관리할 것이다. 따라서 파일명만 봐도 누구 사진인지 알 수 있도록 작성자의 이름을 넣는 것이 좋다. 더불어 원본 파일의 이름을 추가하면 전화 통화만으로도 쉽게 어떤 사진인지 금방 찾아 소통할 수 있다.
파일 설정	JPEG: 품질 100 색상공간: Adobe RGB	특별한 요구가 없다면 JPEG 포맷이 좋다. 최대한 좋은 품질인 100으로 만들고, 색상 공간의 경우 요청 사항이 따로 없다면 더 넓고 전문적인 Adobe RGB로 하는 것이 좋다. 담당 디자이너가 필요에 따라서 색역을 바꾸어 사용할 것이기 때문에 좁은 색역보다 넓은 색역으로 주는 것이 좋다.
이미지 크기 조정	크기 조정하여 맞추기 체크 해제	담당 디자이너가 있다면 리사이즈 같은 사소한 문제는 필요에 따라 쉽게 작업할 것이다. 어디에 사용할지 모르니 원본 크기로 보내는 게 다양하게 활용하기 좋다. 디자이너라면 사진 원본이 가진 디테일을 아니 더 적절한 곳에 활용할 것이다.
출력 선명하게 하기	화면: 저	JPEG로 변화되면서 약간의 디테일 손실이 발생하기 때문에 '선명하게 하기'는 화면으로 고르고, 양은 '저'로 약하게 해서 보내는 것이 좋다.
메타데이터	모든 메타데이터 사람 정보 제거 위치 정보 제거	메타데이터가 필요할지도 모르고, 이미 서로 연락처까지 아는 상황이라 추후 문제가 될 게 별로 없다. 따라서 모든 메타데이터를 제공해도 된다. 단, 모델 등 피사체인 사람에 대한 정보는 또 다른 개인정보 문제이기 때문에 제거하는 것이 좋고, 위치 정보도 여러 가지 가능성을 생각하면 제거하는 편이 낫다고 생각한다.

작은 사이즈로 출력하기
국내 인화업체

여기서 말하는 인화업체는 비교적 작은 사이즈의 사진을 인화 대행하는 업체, 사진 전문가가 아닌 일반인을 대상으로 하는 업체를 말한다. 따라서 작품용이나 전시용으로 출력되는 사진 전문 업체와는 매우 다른 세팅이 필요하다.

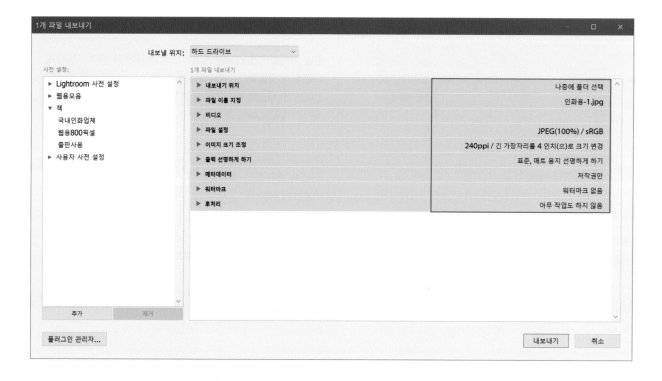

메뉴	옵션	옵션 선택 이유
내보내기 위치	나중에 폴더 선택	필요에 따라 폴더를 만드는 것이 좀 더 직관적이기 때문에 내보내기를 할 때 선택하는 것이 여러모로 편리하다.
파일 이름 지정	사용자 정의 이름-시퀀스 예) 태안워크샵-1.jpg	이런 업체에서는 사진 파일이 자동으로 인화기에 들어가 세팅된 대로 처리되니 굳이 사람이 알아보기 편리한 파일 이름이 필요하지는 않다. 하지만 나중에 관리와 인화했던 기억을 돕기 위해서 특정 이름을 지어주는 것이 좋다. 특히 시퀀스를 붙여두면 몇 장인지 바로 알 수 있어 편리하다.
파일 설정	JPEG: 품질 100 색상공간: sRGB	대부분의 인화업체에서 JPEG가 표준이다. 사진의 품질을 위해서 최대인 100으로 설정한다. 색상공간은 일반적으로 sRGB를 사용하기 때문에 고객 대부분에 맞추어 sRGB에 최적화해 놓았을 것이다. 따라서 sRGB로 맞추자.
이미지 크기 조정	딱 맞는 크기로 한다.	대부분의 인화 사이트를 살펴보면 크기별로 인화에 최적화된 파일 사이즈를 공개하고 있다. 주문하기 전에 어떤 크기가 몇 픽셀인지 메모한 후 최대한 정확한 사이즈로 만들어서 올리자. 크게 보내봤자 알고리즘 소프트웨어로 자동 리사이징 당해 품질만 떨어진다.
출력 선명하게 하기	매트용지: 표준	화면에서 보는 것과 비슷한 느낌의 선명한 사진을 만들려면 '매트 용지'를 선택하고 샤픈값을 '표준' 정도로 주는 게 일반적이다. 인화는 디지털 픽셀이 아니기 때문에 픽셀과 픽셀이 칼 같이 나누어지지 않는다. 그래서 약간의 샤픈값을 주는 것이 화면에서 보는 듯한 매끄러운 느낌을 만든다.
메타데이터	저작권만	인쇄할 때 한 번 사용하고 폐기될 파일이기 때문에 많은 정보를 담아서 보낼 필요가 없다. 하지만 만에 하나 어떻게 새어 나갈지 모르니 저작권 표기에 게을러서는 안 된다.

전문가용으로 출력하기
전시용, 고품질 인화

만약 작품전시를 위해 대형인화를 한다거나, 소장용으로 사진 출력 전문업체에 방문해서 출력할 용도라며 품질이 무엇보다 중요하다. 따라서 많은 것을 희생하더라도 양보할 수 없는 최상의 품질로 내보내는 방법을 알아보자.

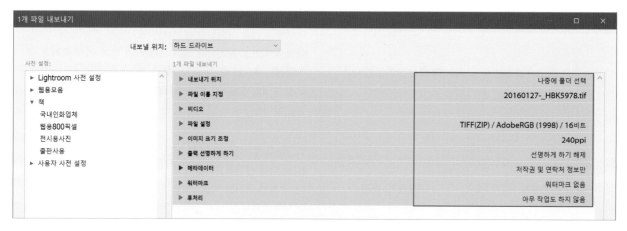

메뉴	옵션	옵션 선택 이유
내보내기 위치	나중에 폴더 선택	역시, 내보내기를 할 때 선택하는 것이 여러모로 편리하다.
파일 설정	TIFF 압축: ZIP 색상공간: Adobe RGB 비트 심도: 16비트	사진에 관한 한 모든 면에서 가장 훌륭한 포맷인 TIFF를 사용하자. 단 하나의 단점이라면 용량이 큰 것뿐이다. 조금이나마 파일 크기를 줄이고 싶다면 무손실 압축인 ZIP을 선택하면 된다. 색상공간은 사진에 최적화된 Adobe RGB를 선택하고, 높은 계조 연속성을 유지하기 위해 비트심도는 16비트를 골라주면 된다.
이미지 크기 조정	크기 조정하여 맞추기 체크 해제	원본 크기 이상의 화질이 나올 순 없으니 '크기 조정하여 맞추기' 체크박스를 해제한다. 소프트웨어적으로 더 크게 만든 파일은 용량만 차지할 뿐이다.
출력 선명하게 하기	선명하게 하기 체크 해제	원본 화질에 최대한 가깝게 보존하려면 인위적인 샤픈을 줄 필요가 없다. 필요하다면 출력소 기사가 자신의 기기에 딱 맞게 세팅된 값으로 알아서 조정할 테니 원본을 100% 살리는 데만 집중하면 된다.

집에서 직접 인쇄하기
인쇄 모듈

▶ **[포토샵 라이트룸 Q&A]** 프린트를 할 때 전체적인 색공간 설정과 워크플로우 설정 방법과 이론

라이트룸에 연결된 프린터기로 바로 인쇄할 수 있는 기능이 '인쇄' 모듈이다. 하지만 인쇄 모듈의 기능을 전문적으로 활용하기에는 많은 제약이 있다. 작품 출력에는 일반적으로 전문 대형 프린터기인 '플로터'를 쓴다. 이 기계는 라이트룸이 아니라 일관되고 정확한 색상의 고품질 출력물을 목적으로 하는 전용 립(RIP) 소프트웨어를 사용하는 게 훨씬 편하다. 당연히 이 정도 수준의 인쇄에는 관련 전문지식과 경험이 필요하다.

작품 수준의 출력물을 원한다면 사진을 전문으로 취급하는 출력 스튜디오를 알아보고, 가정용 앨범 등이 목적이라면 인터넷으로 주문하는 디지털 인화업소를 이용하길 권한다. 가정에서 간단히 출력해 보거나, 한 번 출력해서 대략적인 느낌을 가늠하는 정도로만 사용하자.

테스트 정도가 용도라면 사용법은 간단하다. 라이브러리 모듈에서 인쇄할 사진을 선택한 후 '인쇄' 모듈을 클릭한다. 인쇄를 진행할 '인쇄' 모듈의 작업화면이 나타나면, 필요한 설정 후 화면 아래쪽에 있는 '인쇄'를 클릭한다.

레이아웃 만들어 인쇄하기   인쇄 모듈에도 다양한 옵션이 있는데, 사실 모든 기능을 사용하진 않는다. 여기서는 레이아웃을 만들어 인쇄하는 과정을 따라 해보며, 중요 기능들을 알아보자. 패널 옵션이 직관적이라 이 정도만 알아도 필요에 따라 활용할 수 있을 것이다.

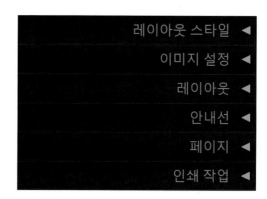

1   라이브러리 모듈에서 인쇄할 사진들을 선택한다.

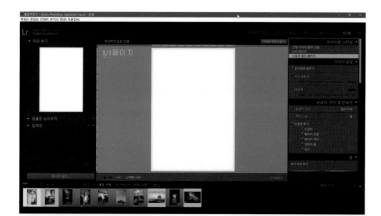

2   '인쇄' 모듈을 클릭한다. '레이아웃 스타일' 패널에서 '사용자 정의 패키지'를 클릭한다. 이때 필름 스트립을 활성화해 놓으면 편하다.

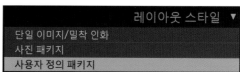

단일 이미지/밀착 인화
최대 크기로 인쇄

사진 패키지 사진 한 장을 여러 크기로 인쇄
증명사진을 명함판, 반명함판처럼
여러 크기로 인쇄할 때 사용

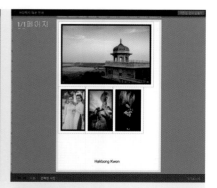

사용자 정의 패키지
여러 사진을 원하는 레이아웃을
만들어 인쇄

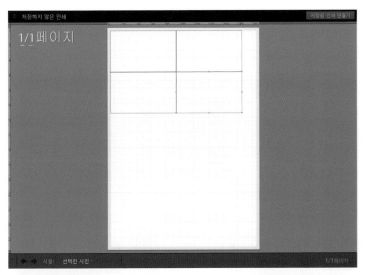

3 레이아웃 만들기

'셀' 패널을 클릭한다. 첫 번째 55×91 사이즈 버튼을 4번 클릭해 4장의 사진틀을 준비한다. 사이즈는 나중에도 바꿀 수 있다.

4 사진 크기 편집하기

셀을 원하는 위치로 옮기고 크기를 조정한다. 셀을 클릭하면 사방에 조정핸들이 나타나는데, 이때 드래그하면 쉽게 크기를 조정할 수 있다. 또 셀을 마우스 오른쪽 버튼으로 클릭하면 현재 할 수 있는 다양한 옵션이 나타난다.

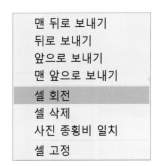

5 위치를 잡을 때 도움이 되는 스냅 활성화하기

'눈금자, 격자 및 안내선' 패널에서 '격자'를 클릭한다. 사진을 나란히 정렬할 수 있어 깔끔한 레이아웃이 가능하다. 셀을 기준으로 하려면 '셀'을 선택하면 된다.

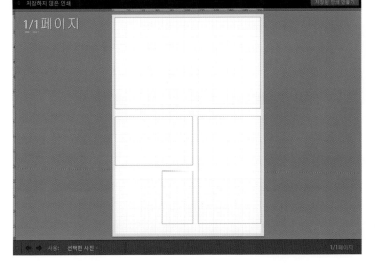

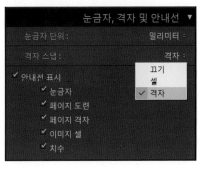

6 사진 넣기

이제 레이아웃이 끝났으니 필름 스트립에서 원하는 사진을 드래그해 각 셀로 넣어주면 된다. 이때 '셀' 패널의 '사진 종횡비로 잠금'을 해제해야만 사진의 종횡비에 맞춰 셀이 변형되는 것을 막을 수 있다.

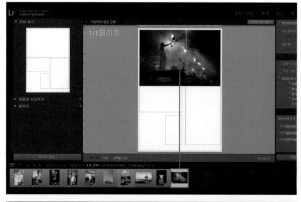

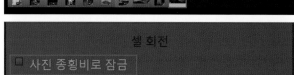

7 사진 테두리 편집하기

'이미지 설정' 패널에서 사진의 테두리나 내부 획 등을 결정한다. 여기에서는 테두리를 적용하지 않았다.

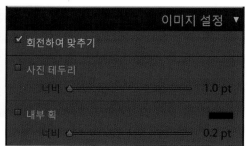

8 배경 넣기

'페이지' 패널에서 '페이지 배경색'을 체크한 후 원하는 배경색을 선택한다. 여기서는 검정으로 선택했다.

9 식별판 추가하기

'페이지' 패널에서 '식별판'에 체크하면 식별판 이미지가 미리보기 화면에 나타난다. 드래그해서 위치를 잡아준다.

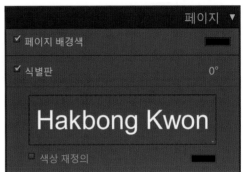

10 식별판 크기 조정하기

'페이지' 패널에서 비율로 크기를 조절할 수 있다.

11 인쇄하기 - '인쇄 작업' 패널

프린터와 관련된 옵션을 설정한 후 작업화면 맨 아래의 '인쇄' 버튼을 누르면 끝이다.

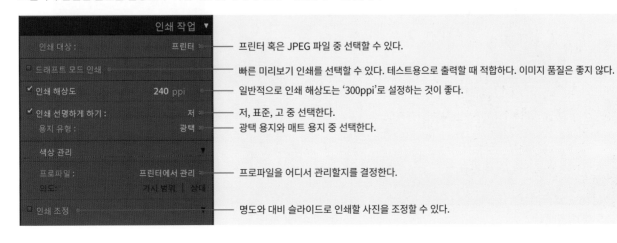

프린터 혹은 JPEG 파일 중 선택할 수 있다.

빠른 미리보기 인쇄를 선택할 수 있다. 테스트용으로 출력할 때 적합하다. 이미지 품질은 좋지 않다.

일반적으로 인쇄 해상도는 '300ppi'로 설정하는 것이 좋다.

저, 표준, 고 중 선택한다.

광택 용지와 매트 용지 중 선택한다.

프로파일을 어디서 관리할지를 결정한다.

명도와 대비 슬라이드로 인쇄할 사진을 조정할 수 있다.

나만의 도장 제작하기
워터마크

사진을 웹상에 공유하려고 마음먹었다면 이 사진이 상상도 하지 못할 곳까지 흘러간다고 생각
해야 한다. 일부 저작권 의식이 희박한 나라로 흘러가서 무단 도용되는 경우도 심심치 않고, 심
하게는 모든 메타데이터를 삭제하고 쓰는 일도 있다. 워터마크를 단다고 완전히 막을 수는 없지
만, 어떤 경우든 일단 확실하게 저작권 표시를 해두는 것은 매우 중요하다. 사진을 통해 광고 효
과를 얻을 수도 있으니 웹으로 공유할 때 워터마크는 필수다.

텍스트 스타일 워터마크   그래픽 스타일 워터마크

텍스트 스타일 워터마크 만들기

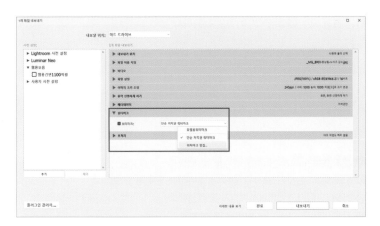

1 워터마크 제작하기

사진을 마우스 오른쪽 버튼으로 클릭한 후 '내보내기'를 선택한다. '내보내기' 대화상자가 나타나면 '워터마크' 탭을 클릭한다. '워터마크'에 체크한 후 '워터마크 편집'을 클릭한다.

2 '워터마크 편집기'가 나타난다.

❶ **미리보기 창**: 워터마크가 실제로 어떻게 보일지를 미리 볼 수 있다.

❷ **워터마크 스타일**: 글자로 만들 것인지, 만들어진 그래픽 파일로 할 것인지를 결정한다.

❸ **옵션**: 워터마크의 각종 효과를 적용한다.

❹ **저작권**: 여기에 워터마크 내용을 입력하고 편집한다.

3 저작권 내용 입력하기

'워터마크 스타일'에 '텍스트'가 선택되어 있는지 확인한 후 내용 입력 창에 원하는 문구를 입력한다. 일반적으로 사용되는 문구는 'Copyright 2024. (이름) all rights reserved'다.

우리나라는 저작권 표기에 정해진 규칙이 없는 무방식주의라 크게 상관없지만, 미국은 정해진 형식을 지키는 게 좋다. 미국 국적자가 아니라면 국내법이 적용되기 때문에 크게 의미는 없지만, 이왕 적는 김에 전 세계 누가 봐도 분명하게 하자. 저작권을 나타내는 Copyright와 저작권 발행 연도를 기록한다. 저작 연도는 처음 발행일만 적으면 된다.

Copyrightⓒ2024 Hakbong Kown all rights reserved.

4 입력한 문구 편집하기

입력한 문구의 글꼴과 스타일, 정렬 방법, 색상을 선택할 수 있다. 그림자를 선택하면 조금 더 눈에 잘 띈다. 취향껏 적용하자.

❶ **불투명도**: 그림자의 불투명도를 결정한다.
❷ **오프셋**: 그림자가 글자와 얼마나 떨어지게 할지를 결정한다.
❸ **반경**: 그림자가 얼마나 퍼질지를 결정한다.
❹ **각도**: 그림자가 생기는 방향을 결정한다.

5 텍스트 워터마크 효과 적용하기

사진에서 워터마크가 어떻게 보이게 할 것인지를 선택한다.

❶ **불투명도**: 워터마크의 불투명도를 정한다.
❷ **크기**
　- **비율**: 워터마크의 크기를 비율로 정한다.
　- **맞춤**: 워터마크가 잘리지 않도록 맞춘다. 일반적으로 '맞춤'을 선택하면 된다.
　- **채움**: 워터마크가 세로로 꽉 차도록 한다.
❸ **삽입**
　- **수평**: 가로로 얼마나 꽉 채울 것인가를 정한다.
　- **수직**: 세로로 어느 정도 높이에 표시할 것인가를 정한다.
❹ **기준**: 워터마크가 어디를 기준으로 할 것인가를 정한다. 한가운데는 사진의 정중앙을 의미하며, 사방의 각 점은 상하좌우 꼭짓점이다.
❺ **회전**: 워터마크를 회전시킬 때 적용한다.

6 워터마크 저장하기

다 되었으면 '저장' 버튼을 클릭한다. '새 사전 설정' 대화상자가 나타나면 워터마크의 이름을 입력하고 '만들기'를 클릭한다. 새로운 워터마크가 만들어진다.

그래픽 스타일의 워터마크 만들기

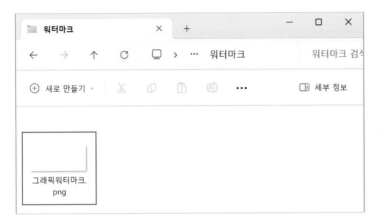

1 '워터마크 편집기'에서 스타일을 '그래픽'으로 선택하면 미리 만들어둔 그림 파일을 불러와 워터마크로 사용할 수 있다. 그림 파일을 만들 때는 바탕이 투명한 png 파일 포맷을 추천한다.

2 그래픽 워터마크 효과 적용하기

파일을 불러오면 워터마크 효과만 활성화된다. 효과 옵션은 텍스트와 같으므로 적당한 값으로 조정해 원하는 워터마크를 만든 후 '저장'을 클릭한다.

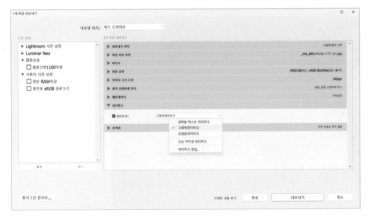

3 워터마크 적용하기

'내보내기' 대화상자의 '워터마크'에서 만들어둔 워터마크를 선택하면 된다.

4   그래픽 스타일 워터마크를 활용하면 원하는 느낌의 워터마크를 만들 수 있다. 필요에 따라서 텍스트 스타일이나 그래픽 스타일의 워터마크를 삽입해 홍보나 저작권 주장 등 다양하게 활용할 수 있으니 사용법을 익혀 두자.

BOOK
(2)

Retouching
사진 보정

Basic

독자사진과 함께하는 보정의 기본

이번 개정판에서는 특별히 독자사진과 함께하게 되었습니다.
응모한 작품 중 아름답고 뜻깊은 사진이 정말 많았는데,
보정 기술 위주로 선별하다 보니 지면의 한계로
좋은 사진들을 다 싣지 못해 아쉬움이 큽니다.
귀한 사진들을 선뜻 내주신 모든 분께 다시 한번 깊은 감사를 전합니다.
이 책을 보는 여러분께 신선하고 즐거운 경험이 되길 기대합니다.

이민우(pop763731@gmail.com)

할머니 댁에 갔다가 집 앞에 모인 고양이들이 귀여워 촬영하게 되었습니다. 한 마리가 기면히 저를 쳐다보길래 '정면에서 찍으면 증명사진처럼 보이겠구나' 싶어서 얼른라 이 각도로 잡았고, 생각보다 잘 나와서 만족하는 사진입니다.

주제와 배경 분리하기
할머니 댁 앞의 미모 고양이

예제사진 BOOK2\고양이
완성사진 BOOK2\고양이 완성

Before_

사진의 주제를 돋보이게 할 때 가장 많이 사용하는
방법은, 주제와 배경을 분리해 보정하는 것이다.
이 예제는 촬영자가 흑백으로 보정했던 사진이다.
충분히 매력적이지만, 여기서는 '고양이'라는 주제와
배경을 분리해 컬러로 작업해 보자.

AI를 이용해 주제와 배경을 각각 선택해 보정한다.
당연히 AI가 만든 선택영역을 다시 수정할 수 있는데,
BOOK 2에서는 실제 보정 방법을 배우는 게 목표라
세부적인 기능 하나하나를 다 설명하기 어렵다.
각 기능에 대한 자세한 방법은 BOOK 1을 참고하자.

1 전체 톤 보정하기

원본사진이 한 스탑 정도 노출 오버되었지만, 모든 데이터가 살아 있어서 무리 없이 보정할 수 있다. 라이트룸 현상 모듈의 '기본' 패널에서 톤을 조정한다. 너무 밝으니 클리핑한 후 '밝은 영역'을 낮추고, '어두운 영역'을 올린다. '노출'도 살짝 내려주자.
(흰색 계열 +38, 검정 계열 -22, 밝은 -37, 어두운 +25, 노출 -1.14)

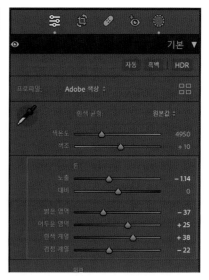

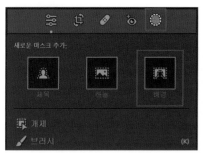

2 배경만 선택하기

배경과 주제의 밝기와 색감에 차이가 있어야 자연스럽게 주제가 돋보일 수 있다. 먼저 배경을 정리하자. 마스킹 툴을 클릭한 후 '배경'을 선택한다. AI가 자동으로 배경을 선택해 새 마스크인 '마스크 1'로 만들어 준다.

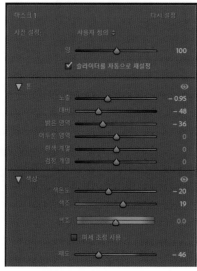

3 배경만 보정하기

이제 톤과 색온도, 채도 등을 원하는 대로 보정한다. 여기서는 주제를 강조하기 위해 배경을 좀 더 어둡게 만들고, 색온도와 채도를 살짝 내려 회색에 가깝게 보이도록 했다.
(노출 -0.95, 대비 -48, 밝은 영역 -36, 색온도 -20, 색조 19, 채도 -46)

4 주제만 선택하기

이번에는 주제를 강조할 차례다. '새 마스크 만들기'를 클릭한 후 '피사체 선택'을 선택한다. AI가 자동으로 주제인 피사체를 선택해 '마스크 2'로 만들어 준다.

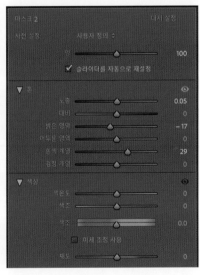

5 주제만 보정하기

어둡게 보정한 배경과 달리 '흰색 계열'을 올려 계조를 넓힌 다음, 배경과 자연스럽게 이어지도록 '밝은 영역'을 줄인다. '노출'을 살짝 올려 강조하면 완성이다. (노출 0.05, 밝은 영역 -17, 흰색 계열 29)

책에서는 각 패널의 조정값이 잘 보이지 않아서 일일이 적어 놓았다. 하지만 조정값 자체는 중요하지 않으니 크게 신경 쓸 필요 없다. 어떤 상태에서 왜 이런 기능을 사용하는지에 집중하자.

사이사이 기능 사용법이 익숙하지 않으면 관련 페이지를 참고해 대충이라도 쓱 한 번 더 보고 오길 권한다. 이런 식으로 따라 하다 보면 어느 순간 자연스럽게 라이트룸 사용법과 보정이 손에 붙을 것이다.

2Fan(lifetex0921@naver.com)

첫 해외 출사였던 일본. 흐린 날씨에 숙소로 걸음을 재촉하는데 강렬한 색의 유니폼을 입은 남자가 스쳐 지나갔습니다. 나도 모르게 뒤로 돌아 셔터를 눌렀고, 약속이라도 한 듯 들어오는 같은 색의 기차. 가장 정신없을 때 찍었던 사진이 여행 후 가장 기억에 남는 한 장이 되었습니다.

색감과 톤으로 분위기 있게
언제나 그렇듯 하루 속으로 터벅터벅

사용 기능

클리핑	167쪽
밝은 영역/어두운 영역	170쪽
톤 곡선	176쪽
색 보정(색상 토닝)	300쪽
자르기(크롭, 크로핑)	134쪽

예제사진 BOOK2\일본거리
완성사진 BOOK2\일본거리 완성

Before_

일본 도심 속 무심한 거리의 일상을 촬영한 사진인데,
마침 지나가는 빨간색 열차와 그 아래 굴다리를
지나는 빨간색 작업복 차림의 남자가 뭔가 이야기를
품은 듯하다. 한 장의 사진 속에 너무 많은 정보가
있을 때는 좀 더 단순하게 만들자.
이 사진에서는 굴다리 어둠 속의 디테일이 필요 없이
시선을 끈다. 단순한 무채색 어둠으로 평면화하는 게
좋다. 도시 분위기에 맞는 색상으로 조정하고,
왼쪽 위 간판과 오른쪽 아래 행인을 크롭해서
주제의 집중도를 높인다.

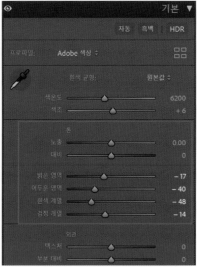

1 전체 톤 보정하기

항상 시작은 전체 톤 보정이다. 원본사진의 톤을 보정해 전하고자 하는 분위기의 기반을 만든다. 흐린 날씨와 쓸쓸한 분위기를 위해 전체적으로 차분하고 약간 어둡게 보정하자. (흰색 계열 -48, 검정 계열 -14, 밝은 -17, 어두운 -40, 색조 +6)

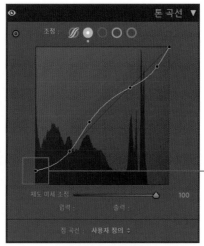

2 톤 클리핑으로 평면화시키기

굴다리 아래 어두운 부분을 평면화시켜서 시전을 끌지 않도록 하자. 밝은 부분 역시 너무 밝다. 전체적으로 콘트라스트가 너무 높지 않도록 '톤 곡선' 패널에서 조정한다.

어두운 부분이 시작하는 시점을 드래그해서 이렇게 올려준다. 어두운 부분의 양을 줄여 콘트라스트를 낮추는 것이다.

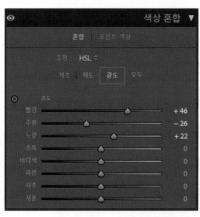

3 빨강 강조하기

기차와 작업복의 빨간색이 사진의 핵심적인 매력 요소다. '색상 혼합' 패널에서 '광도'를 이용해 빨강이 확 눈에 띄도록 조정한다.

4 색상 토닝으로 분위기 만들기 - 차분하고 어둑한

색상 토닝, 즉 사진의 명도단계에 따라 색을 입히면 원하는 분위기를 만들 수 있다. '어두운 영역'은 차갑게, 이미지의 대부분을 차지하는 중간 톤은 따뜻한 노란 계열로, 흐린 날씨니까 '밝은 영역'도 너무 쨍하게 밝지 않게 회색기가 도는 어두운 하늘색 계열로 선택한다.

어두운 영역: 차가운 계열

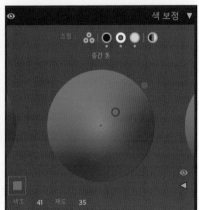

중간 톤: 따뜻한 계열

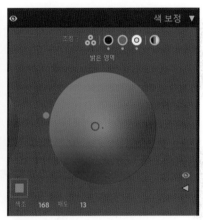

밝은 영역: 어두운 하늘색

5 필요 없는 부분 자르기(크로핑)

 마지막으로 주제에서 벗어나 시선을 끄는 왼쪽 위 간판 일부와 오른쪽 모서리에 걸린 행인을 자르면 완성이다.

최현규

한동안 은해 사진에 빠져 언제나처럼 북한산을 오르던 어느 새벽, 운해를 보기 위해 산을 오르는 이들이 문득 눈에 들어왔습니다. 새벽 4시 44분, 새벽어둠을 뚫고 땀을 흘리며 백운대를 향하는 사람들, 그들의 랜턴에서 나오는 빛과 안개가 어우러진 장면이 묘한 감동을 주더군요. 빛이 부족해 ISO를 12800까지 올려 촬영했습니다.

예제사진 BOOK2\북한산등반
완성사진 BOOK2\북한산등반 완성

고 ISO 촬영의 후반작업
새벽, 운해의 특별함보다 더 아름답던

사진은 어떤 장소에 가는 것부터 시작이다. 이른 새벽부터 산에 올라, 보통은 지나치기 쉬운 장면을 잡아낸 촬영자의 노력과 시선 덕분에 아름다운 장면을 만나게 되었다. 매우 어두운 환경에서는 빛이 부족해 고 ISO로 촬영할 수밖에 없다. 고 ISO 촬영은 노이즈도 문제지만, 컬러나 다이내믹 레인지 등 부족한 부분이 생기기 마련이다. 알면서도 고 ISO를 사용할 것인가는 촬영자의 선택이다. 품질이 좋지 않을 게 뻔해서 아예 촬영하지 않았다면, 우리는 이렇게 멋진 장면을 볼 수 없었을 것이다. 완벽하진 않지만 후반작업에서 어느 정도 보정할 수 있다.

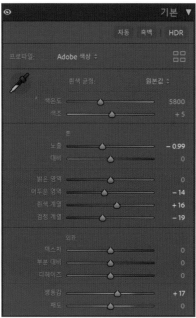

1 전체 톤 보정하기

야간 산행 느낌이 전달되도록 전체적으로 어두운 톤을 유지하되, 랜턴을 들고 가는 사람들의 모습이 잘 보이게 기본 보정을 한다. '생동감'을 조금 올려 새벽하늘의 푸른 빛을 강조한다. (흰색 계열 +16, 검정 계열 -19, 어두운 -14, 노출 -0.99, 생동감 +17)

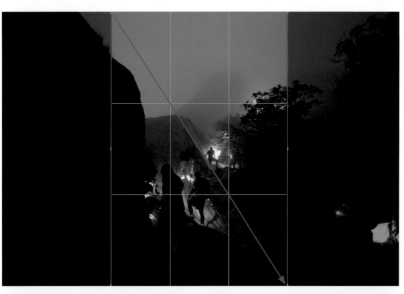

2 필요 없는 부분 자르기(크로핑)

왼쪽의 큰 바위와 오른쪽의 밝은 불빛이 프레임 가장자리로 시선을 흐트러트린다. '사람들과 안개'라는 주제가 확실하게 전달되도록 세로사진으로 크로핑한다.

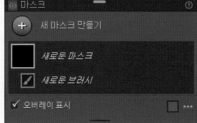

3 랜턴의 색온도가 각기 다른 것이 흥미로우니 이 부분을 강조해 보자. 마스킹 툴을 클릭한 후 '브러시'를 선택하면 새 마스크가 나타난다.

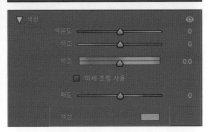

4 색상 토닝하기 - 붉은 계열

브러시 크기를 적당히 조절한 후 랜턴 불빛이 붉은 부분들만 칠해서 선택한다. '색상'에서 오렌지색을 선택해 색감을 더 강조한다.

5 색상 토닝하기 - 청록 계열

'마스크' 패널에서 '새 마스크 만들기'를 클릭한 후 '브러시'를 선택한다. 새 마스크가 나타나면, 이번에는 랜턴 불빛이 청록색으로 보이는 부분들만 칠해 선택한 후 청록색으로 색상 토닝을 해준다.

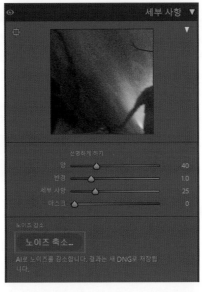

6 노이즈 제거하기

마지막으로 매우 어두운 환경에서 고 ISO로 촬영해서 생긴 노이즈를 제거한다. '세부 사항' 패널에서 '노이즈 축소' 버튼을 클릭하면 완성이다.

최정헌(@insight_choi)

할머니 댁에 가던 무더운 여름날 우포지생태공원에 들렀습니다. 보라색 꽃, 나무 사이로 들어오는 강한 빛, 신발을 던지고 놀며 행복해하는 딸 소윤이를 담았습니다. 이 사진 30분 후 아이는 다리를 먹고 응급실에 가서 고생만 했던 하루였었습니다. 그래서 볼 때마다 행복하면서도 뭔가 편한 그런 사진입니다.

부드럽고 자연스럽게
우리가 지켜내고 있는 일상

사용 기능

클리핑	167쪽
밝은 영역/어두운 영역	170쪽
자르기(크롭, 크로핑)	134쪽
톤 곡선	176쪽
색 보정(색상 토닝)	300쪽
마스킹 툴 - 브러시	227쪽

예제사진 BOOK2\한여름의추억
완성사진 BOOK2\한여름의추억 완성

Before_

가족사진처럼 많이 촬영되는 사진도 없을 것이다.
사실 가족사진을 가장 잘 촬영할 수 있는 사람 역시
가족이다. 항상 같이 있기도 하지만 어떻게 표현할지
끊임없이 고민하고 노력하기 때문이다.
그런 사진에서는 피사체를 향한 촬영자의 마음까지도
담겨 전해진다.
이대로 충분하다. 굳이 말하자면 주제 부분이
풍경에 비해 상대적으로 작다. 풍경과 아이 모습을
모두 담으려고 했기 때문인데, 과감하게 잘라서
주제인 아이에게 시선이 갈 수 있도록 해주자.
여름날의 뜨거운 햇살과 천진난만한 아이의 분위기를
표현할 수 있는 색감과 톤을 더하는 것도 좋다.

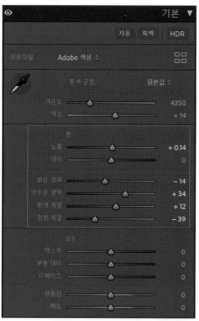

1 전체 톤 보정하기

여름 느낌이 물씬 풍기도록 밝고 선명하게 기본적인 톤을 조정한다. 클리핑 후 '밝은 영역'을 내리고 '어두운 영역'을 올려 좀 더 선명하게 만든다. 어두운 영역이 많아지면서 내려간 '노출'을 살짝 올린다.

(흰색 계열 +12, 검정 계열 -39, 밝은 -14, 어두운 +34, 노출 +0.14)

2 주제 강조를 위해 자르기(크로핑)

 주제가 풍경에 묻힌 느낌이다. 크롭해서 주제를 분명하게 표현해 보자. 자르기 툴을 이용해 좀 더 타이트하게 자른다.

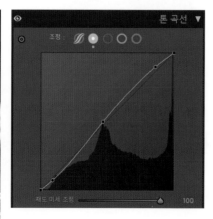

3 여름날의 뜨거운 햇빛과 그림자를 보다 강조하기 위해 '톤 곡선' 패널을 이용해 살짝 콘트라스트를 높인다.

4 색상 토닝으로 분위기 만들기 - 따뜻하고 자연스럽게

색상 토닝, 즉 사진의 명도단계에 따라 색을 입히면 원하는 분위기를 만들 수 있다. '색 보정 패널'의 어두운 영역, 중간톤, 밝은 영역의 색감을 자연스러운 범위 내에서 따뜻한 느낌이 들도록 선택한다. (노출 -0.68, 밝은 영역 -42)

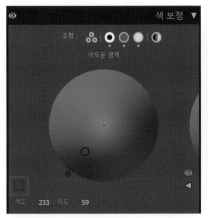

어두운 영역

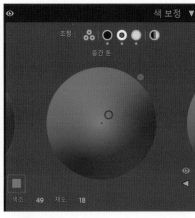

중간 톤

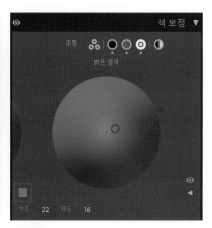

밝은 영역

5 날아가는 신발 강조하기

마스킹 툴을 클릭한 후 '브러시'를 선택하면 새 마스크가 나타난다.

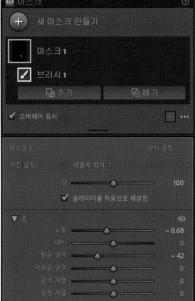

6 브러시로 신발 밑창 부분을 칠해 선택한다. '노출'과 '밝은 영역'을 내려 더 높은 대비를 만들면 완성이다. (노출 -0.68, 밝은 영역 -42)

kkyupi(kkyupi0627@gmail.com)

9월, 카메라를 막 구매하고 친구들과 후쿠오카로 여행을 떠났다. 비가 내릴 거라던 일기예보와 다르게 해가 쨍한 덥고 습한 날씨,
덕분에 좋아하는 여름의 뭉게구름을 실컷 볼 수 있었다. 친구들과 이동 중 그림처럼 구름 위로 비행기가 지나길래 허겁지겁 카메라를 들어 찍었던
기억이 난다.

단순하고 쨍하게
파란 하늘, 초록 나무, 하얀 비행기

예제사진 BOOK2\후쿠오카의여름
완성사진 BOOK2\후쿠오카의여름 완성

이미지가 단순해지면 단순해질수록 표현하고 싶은 촬영자의 의도 역시 선명해져 힘이 생긴다. 단순한 이미지가 가진 '공간과 여백'은 보는 사람의 '상상'으로 채워지기 때문에, 여러 분야에서 많이 사용되는 표현 방법이다.

단순한 구성으로 야자수와 구름 그리고 하늘을 나는 비행기가 있는 이 사진의 매력은 '명쾌함'이라고 할 수 있다. 보정 방향 역시 이런 명쾌함을 살리고 불필요한 요소를 제거하는 데 초점을 맞춘다. 무겁고 어둡게 촬영된 톤을 분위기에 맞춰 생생하게 살리는 것도 중요하다.

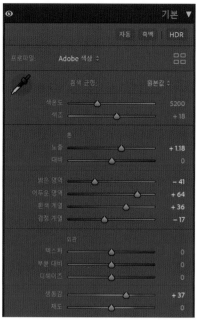

1 전체 톤 보정하기

노출 부족으로 촬영된 사진을 좀 더 밝고 경쾌하게 보정한다. 클리핑 후 '어두운 영역'을 높이고, '밝은 영역'을 내려 계조를 넓힌다. 살짝 어두워진 느낌은 '노출'을 올려 바로잡고, 생생한 느낌을 더하기 위해 '생동감'을 올린다. 이것만으로도 선명하게 확 바뀐다.
(흰색 계열 +36, 검정 계열 -17, 밝은 -41, 어두운 +64, 노출 +1.18, 생동감 +37)

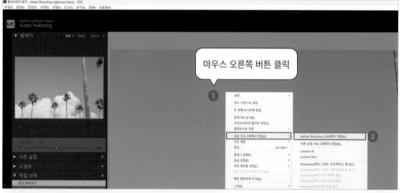

2 포토샵으로 내보내기

화면을 수직으로 자르며 눈에 거슬리는 야자수 기둥을 없애면 더 단순하고 명확해질 것이다. 형태를 보정하는 작업은 포토샵에서 하는 게 자연스럽다. 사진 위에서 마우스 오른쪽 버튼을 클릭한 후 '응용 프로그램에서 편집 - Adobe Photoshop 2024에서 편집'을 클릭한다. 포토샵이 실행되면서 사진이 자동으로 나타난다.

3 필요 없는 부분 제거하기

툴바에서 제거 도구를 클릭한다. [[ ], [ ]]를 이용해 지우고 싶은 부분에 맞춰 적당한 브러시 크기를 선택한다. 지우고자 하는 야자수 기둥을 칠해서 선택한다. AI가 자동으로 분석해 제거해 준다.

4 같은 방법을 반복해 오른쪽 위에 있는 야자수도 제거한다. '파일 메뉴 - 저장'을 클릭해 라이트룸으로 가져온다.

5 주제 강조를 위해 자르기(크로핑)

자르기 툴로 오른쪽 가장자리에 걸친 야자수 부분을 잘라내면 완성이다.

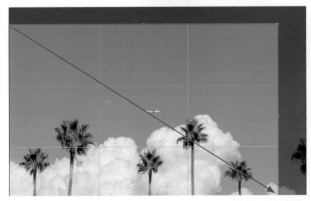

Haru(hsjksam81@gmail.com)

한국적인 디자인의 조명을 닮은 보케가 감싸는 사진입니다. 특히 하단엔 물에 반사되어 누워 있는 보케가 사진을 좀 더 재미있게 해줍니다.
사진을 좋아하신다면 한 번쯤 시선을 낮추고 자세히 관찰해 보세요. 새로운 세상이 거기 있습니다.

단정한 색감을 다채롭게
단정하고도 요란한 보케

사용 기능

클리핑	167쪽
밝은 영역/어두운 영역	170쪽
색상 혼합	287쪽
색 보정(색상 토닝)	300쪽
자르기(크롭, 크로핑)	134쪽
마스킹 툴 - 브러시	227쪽
마스킹 툴 - 선형 그레이디언트	202쪽

예제사진 BOOK2\한국문양등과보케
완성사진 BOOK2\한국문양등과보케 완성

Before_

야경의 색은 생각보다 훨씬 더 컬러풀하다.
조명마다 색온도가 다른 건 물론이고,
다양한 색상의 빛이 섞이거나 한 장소에 몰리거나
흩어져 있는 위치에 따라서도 달라진다.
촬영된 사진은 도시 야경에서 보는 활발한 분위기와
달리 전체적으로 따뜻한 색감으로 통일되어
더욱 단정한 느낌이다. 상상력을 발휘해 여러 색을
가진 조명으로 만들면 생동감을 더해 또 다른 느낌을
만들 수 있다. 이번에는 은은하게 다른 색감을
끌어내는 방법을 알아보자.

1 전체 톤 보정하기

야경의 색을 단색으로 처리하는 것도 나쁘지 않지만 좀 더 다양한 색상을 보여주는 것도 신선하다. 먼저 기본적인 톤을 조정한다. 전반적인 노란 기를 덜기 위해 '색온도'를 조정하고, '색조'와 '채도'를 이용해 색상을 풍부하게 만든다. (흰색 계열 +17, 검정 계열 -21, 밝은 -13, 어두운 +32, 색온도 2541, 색조 +14, 채도 +54)

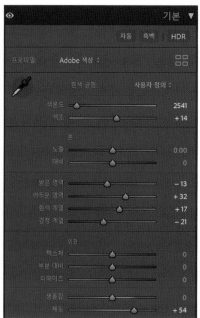

2 색상 분리하기 - 노랑

'색상 혼합' 패널의 '색조'를 이용해 각 불빛의 색상이 최대한 분리될 수 있도록 조정한다. 여기서는 사진에 가장 많이 있는 '노랑' 슬라이드를 +70까지 올렸다.

3 색상 토닝하기

'색 보정' 패널에서 '어두운 영역'과 '밝은 영역'의 색상을 파란색 계열로 지정해 색을 바꾼다.

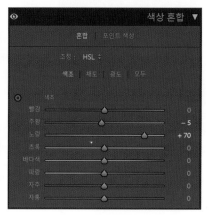

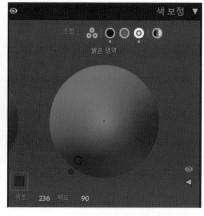

4 필요 없는 부분 자르기(크로핑)

조명의 색만 바뀐 게 아니라 하늘처럼 보이는 곳이 너무 채도 높은 푸른색으로 밝게 바뀌었다. 구체적인 형상이 보여 의도하지 않게 시선을 끌어당기고 있다. 자르기 툴을 이용해 자른다.

5 색상 추가하기

이제 시선을 잡아야 하는 사진 가운데 부분을 따뜻한 색감으로 만들어 보자. 마스킹 툴을 클릭한 후 '브러시'를 선택한다. 새 마스크가 나타나면 브러시 크기를 크게 만든 후 가운데 부분을 칠해 선택한다. 색온도와 색조, 채도를 원하는 색감으로 조정한다. (색온도 10, 색조 6, 채도 32)

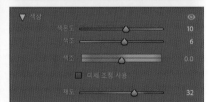

6

조명이 반사된 아래쪽을 넓게 선택해 조명과 비슷한 색감으로 바꾼다. 마스크 패널에서 '새 마스크 만들기'를 클릭한 후 '선형 그레이디언트'를 선택한다. 사진 아랫부분을 선택한 후 조명이 반사된 것처럼 보이도록 '색온도'를 조정해 따뜻한 색감으로 바꾼다. (색온도 13)

박정호(travelmaker_jh, xodid_ekf@naver.com)

손을 뻗으면 당장이라도 하늘과 맞닿을 듯한 거리다. 높이를 가늠할 수 없는 수많은 암봉 병풍에 둘러싸인 순간 발밑에 드리운 산안개가
묘한 분위기를 자아낸다.

예제사진 BOOK2\자연전망대
완성사진 BOOK2\자연전망대 완성

공간감과 원근감 표현하기
풍경, 때로는 합성보다 비현실적인

자연의 아름다움과 경이로움을 표현하는 풍경사진은 언제봐도 멋지다. 특히 익숙하지 않은 풍경에서 오는 이국적인 느낌은 사진을 더욱 돋보이게 만든다. 깎아지른 듯한 기암괴석이 멀리 펼쳐진 가운데, 자연이 만든 전망대 같은 곳에 오른 커플을 극적으로 포착한 사진이다. 구성 자체는 평면적이지만 가까운 곳과 멀리 떨어진 바위산과의 거리는 실제로는 굉장할 것이다. 2차원인 사진이라도 이런 거리감을 표현하는 것은 굉장히 중요하다. 이번에는 이렇게 평면적인 구성에서 공간감을 만들어 내는 보정을 알아보자.

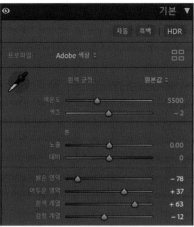

1 전체 톤 보정하기

풍경의 전경과 원경이 확실히 분리되어 있다. 이 점을 해치지 않는 범위 안에서 앞에 있는 풍경이 선명하게 보이도록 기본적인 보정을 해준다. 클리핑 후 '어두운 영역'을 늘이고, '밝은 영역'을 많이 줄여 선명하게 만든다. (흰색 계열 +63, 검정 계열 -12, 밝은 -78, 어두운 +37)

2 색상 토닝하기 - 원근감

먼 곳까지 초점이 맞은 사진이라 콘트라스트와 색감 차이로 거리감을 주어야 한다. 현재 원경은 밝고, 가까운 전경은 상대적으로 진하고 어두운 상태다. 이것을 이용해 '색 보정' 패널에서 원경은 더 차갑게 파란 톤으로, 전경은 따뜻한 톤이 살아있게 색을 입힌다.

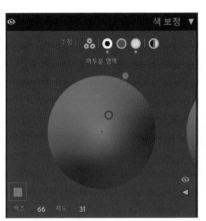

전경: 따뜻한 색

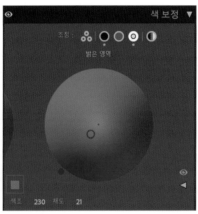

원경: 차가운 색

3

원경인 산과 하늘이 둘 다 비슷하면 평면적으로 보인다. 이럴 때는 하늘의 채도를 올리는 편이 좋다. '색상 혼합' 패널의 '색조, 채도, 광도'를 이용해 파란색 계열을 중심으로 조정한다. (색조 파랑 +2, 채도 파랑 +22, 광도 파랑 -20)

산과 하늘이 똑같은 채도라 평면적으로 보인다.

하늘의 채도를 높여 차이를 만들면, 공간감이 생긴다.

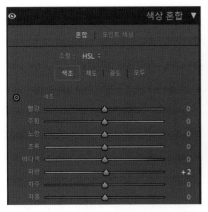
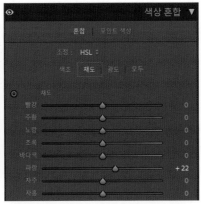
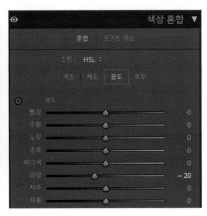

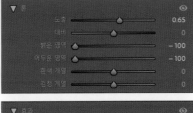

4 왼쪽 아랫부분의 안개가 진하지 않아서 살짝 아쉽다. 이 부분을 안개 느낌으로 채워 보자. 마스킹 툴을 클릭한 후 '브러시'를 선택한다. 새 마크스가 나타나면 안개가 살짝 빈 부분을 칠해 선택한다. 톤 조정과 '디헤이즈'를 이용해 주변과 비슷하게 보이도록 만든다. (밝은 -100, 어두운 -100, 노출 0.65, 디헤이즈 -43)

5 전경, 특히 오솔길에 드러난 흙바닥과 맨 앞에 있는 풀밭이 좀 더 가까이 있는 것처럼 보이도록 더 따뜻한 색감으로 보정한다. 브러시 마스크를 하나 더 만든 후 오솔길과 가까이 있는 풀밭, 흙 부분을 칠해 선택하고 '색온도'를 조금 올리면 완성이다. (색온도 18)

이수용(heuktangmul@gmail.com)

부모님을 모시고 갔던 일본 벚꽃 여행에서 찍은 사진입니다. 꽃이 만발한 곳은 사람들에 밀려 찍지 못하고, 조용한 골목 풍경을 촬영한 사진이
베스트컷이 되었네요. 이 사진을 보정하고 싶어서 권학봉 님 책으로 라이트룸을 처음 접했는데, 이 사진이 계정판 예제가 되다니 신기한 인연입니다.

예제사진 BOOK2\오래된골목
완성사진 BOOK2\오래된골목 완성

오래되고 빈티지하게
어릴 적 보았던 골목길 같은 느낌

일본의 골목길을 담은 사진이다. 얼핏 보면 우리나라 옛날 모습 같지만, 한국인이라면 누구나 직감적으로 일본이라는 걸 느낄 것이다. 그 속에서 살아가는 서민들의 소박한 삶의 흔적은 우리에게도 익숙하고 그만큼 정겹다. 이런 느낌을 더욱 강조해서 오래된 사진 느낌을 적극적으로 표현해 보자. 현실과는 다르지만, 영화나 애니메이션에서 한 번쯤 봤던 그 분위기일 것이다.

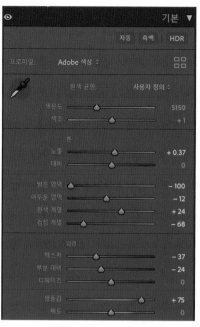

1 전체 톤 보정하기

옛날 골목길 같은 느낌을 살려 과감하게 어두움을 클리핑하고, 밝은 부분과 중간톤 부분을 풍부하게 만들어 주는 기본 보정을 진행한다. (흰색 계열 +24, 검정 계열 -68, 밝은 -100, 어두운 -12, 노출 +0.37, 텍스처 -37, 부분 대비 -24, 생동감 +75)

2 '톤 곡선' 패널을 이용해 클리핑아웃한 어두운 부분을 좀 더 두드러지게 표현한다. 톤 곡선의 어두운 부분을 들어서 완전한 블랙은 아니지만 디테일이 없는 느낌을 만든다. 그 후 레드 채널과 그린 채널의 곡선을 조정해 오래된 사진 같은 파란 색감을 준다.

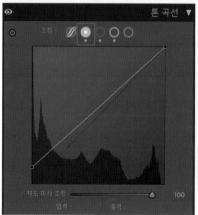

전체

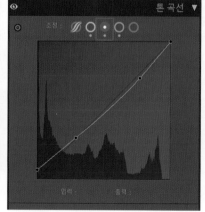

레드 채널

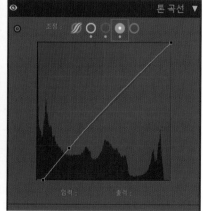

그린 채널

3 색상 토닝하기 - 빈티지하게

색 보정을 통해 좀 더 리얼한 느낌을 더하자. 이렇게 하면 전체적인 느낌은 조금 더 현실적으로 바뀌지만, 색의 작은 변화들이 훨씬 줄어 사진이 단정해 보인다. '색 보정' 패널에서 어두운 영역, 중간톤, 밝은 영역에 각각 적당한 색을 입힌다.

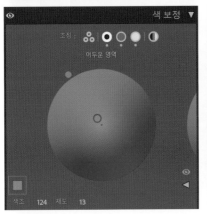
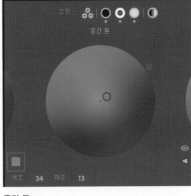
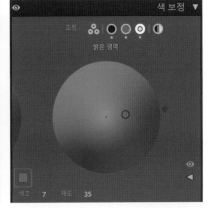

어두운 영역   중간 톤   밝은 영역

4 색상 토닝하기 - 오렌지색

오른쪽 아래 가까운 쪽을 좀 더 따뜻한 색상으로 토닝해 좀 더 흥미롭게 만들자. 마스킹 툴을 클릭한 후 '선형 그레이디언트'를 선택한다. 새 마스크가 나타나면 오른쪽 아랫부분을 선택한 후 '색상'에서 오렌지색을 선택한다.

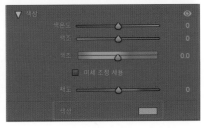

5   렌즈 흐림 효과 넣기

클래식한 느낌을 살리기 위해 렌즈 흐림 효과를 추가한다. 전경에는 크게 볼 만한 것이 없으니 전경은 흐리게 처리하고, 좀 더 깊이 있는 곳에 초점을 맞추자. '초점 범위' 슬라이드로 멀리 있는 대상에 초점을 맞춘 후 '흐림 수준'으로 초점을 얼마나 흐리게 할지 정하면 된다.

6   효과 검토하기

여기에서는 사진 뒤쪽에 초점을 맞추어 오래된 폴라로이드 사진 같은 느낌을 만들었다. 가까이 있는 부분이 자연스럽게 흐려지고, 빛이 조금 새어 들어가 오른쪽 아랫부분이 변색된 효과를 주었다. 초점을 어디에 둘 것인가 혹은 빛샘 효과를 어떤 색으로 처리할 것인가 등을 고민해 보고, 각자 마음에 드는 방향으로 조정해 보자.

Landscape
풍경

나도 풍경사진을 잘 찍고 싶다

▶
[스트로비스트 코리아-포토샵/라이트룸 독자 게시판-마스터 클래스]
포토샵 라이트룸 사진보정 강의, 풍경사진 감성 색감 표현하기
포토샵 라이트룸 사진보정 강의, 색감 너머 아득한 풍경
포토샵 라이트룸 사진보정 강의, 원근을 표현하는 풍경사진
포토샵 라이트룸 사진보정 강의, 사실적 풍경의 묘사

사전 정보 입수와 사전 정찰은 필수다   좋은 풍경사진을 얻기 위한 첫 번째 방법은 그 장소를 잘 아는 것이다. 대부분의 풍경사진은 여행 중에, 혹은 다른 목적으로 방문했다가 우연히 마주한 장면을 찍게 된다. 이런 상황에서는 정보 제약이 많을 수밖에 없다. 낯선 곳이라면 촬영 전에 그 장소에 대한 정보를 많이 아는 게 무엇보다도 중요하다.

구글 맵 위성사진을 보면 대략적인 느낌이나 접근 방법을 파악하기 쉽고, 구글 스트리트 뷰를 보면 현장 분위기를 대충 둘러볼 수 있다. TPE 앱에서는 일출, 일몰, 월출, 월몰 시간 등의 중요 정보도 쉽게 알 수 있다. 촬영 장소에 도착한 후에는 가능한 한 주변을 많이 둘러보아야 한다. 사전에 알아본 최고의 장소와 새로 발견할 수 있는 나만의 장소를 비교해 둘러보자. 가장 아름다운 빛으로 촬영할 수 있는 일출, 일몰 전후 시간대에 최적의 장소에 있고 싶다면 부지런해야 한다.

구글 지도

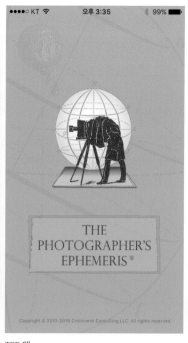
TPE 앱

TPE 지도

촬영 계획을 세워라 풍경사진에서 하늘과 대지의 노출 차이는 항상 문제가 된다. 대부분 하늘이 대지보다 노출이 크기 때문에, 극복할 수 있는 다양한 방법을 고민해야 한다. 렌즈 그러데이션 필터보다 브래킷 촬영 후 보정이 더 좋은 결과를 얻을 수 있지만, 대상의 움직임이 없는 경우에만 가능하다는 한계가 있다. 상황에 따라 결정해야 한다. 기술적인 결함을 최소화하고 싶다면 가능한 한 여러 장으로 촬영한 후 포토샵 스택모드를 이용해 하나로 합쳐 큰 사진을 만드는 방법이 있다.

Photographed: Vincent Pravost(France)

끈질기게 물고 늘어져라 풍경은 날씨에 따른 빛의 변화에 가장 민감하다. 날씨가 금방 바뀌지는 않지만 태양은 우리 생각보다 빨리 움직인다. 흔히 '최적의 시간대'라고 말하는 일몰 일출의 30분이 끝나 모두 다 철수한 후에 개성적이고 흥미로운 풍경이 펼쳐지기도 한다. 자신이 목적한 사진을 촬영했다고 하더라도 시간이 허락하는 한 최대한 끈질기게 기다려라.

재촬영, 풍경사진의 성공 확률을 높이는 유일한 방법! 좋은 풍경사진의 절대적 조건 중 하나인 날씨는 사진가 마음대로 움직여주지 않는다. 같은 풍경이라도 가장 오랫동안 하나의 풍경을 촬영한 사진가가 가장 멋진 풍경사진을 얻을 수 있다. 따라서 멋진 풍경이지만 날씨나 시간 때문에 완벽하지 않다면 언제든지 재방문해서 촬영할 수 있다는 마음이 중요하다. 언제 누가 더 좋은 조건에서 촬영할 수 있을지는 시간문제이기 때문이다.

Photographed: Vincent Pravost(France)

피해야 할 풍경사진 아름답지만 너무 많이 촬영되어 식상한 풍경이 있다. 비슷한 날씨, 비슷한 빛의 조건, 비슷한 각도에서 내가 또 촬영한다는 게 무슨 의미가 있을까. 유명한 풍경일수록 새로운 시도가 필요하다. 사진 안에 새로운 물체를 넣어 다른 느낌을 표현할 수 있도록 항상 마음을 열어 놓자.

풍경만큼 다양한 보정기술과 방법 그리고 취향이 존재하는 장르도 드물다. 그만큼 수없이 많은 방법론과 호불호가 갈리는 장르이기도 하다. 그만큼 자신만의 새로운 느낌이나 개성을 실험해 보기도 좋다. 하지만 현실감을 잃어버리는 보정을 할 경우 거부감을 불러일으킬 수도 있다는 점에 주의하자.

사진의 목적을 생각하자　풍경도 하나의 주제를 가진 통일된 분위기가 필요하다. 하나의 사진 안에 너무 많은 것을 표현하려고 하면 사진의 힘은 반감된다. 웅장함을 강조하거나 화려함 또는 디테일을 강조할 수는 있어도 모든 것을 다 강조해버리면 아무것도 보이지 않는다.

과도한 보정 vs 소극적인 보정 사이　과도한 보정은 사진의 현실성을 떨어뜨리며, 현실성이 훼손되면 신뢰할 수 없는 사진 즉, 실제로는 없는 풍경처럼 보일 수 있다. 이렇게 되면 사진의 주제와 상관없이 설득력을 잃어버리기 쉽다. 반대로 소극적인 보정은 사진가가 촬영 당시 느꼈던 느낌을 제대로 전달할 수 없다. 따라서 이 두 극단을 피할 수 있는 적절한 보정의 감을 익히는 것이 중요하다.

시선을 끌어가는 라인을 찾아라　좋은 풍경은 시선을 밖에서 안으로 끌어들이며 주제와 부제 간의 호흡이 조화롭다. 풍경을 촬영할 때도 중요한 부분이지만, 보정할 때도 시선을 주제와 부제로 이어주는 길을 찾아 강조해줘야 한다.

클리핑과 계조를 활용하자　풍경사진은 자연을 담는 만큼 사진의 색감과 명암의 손실이 가장 큰 장르다. 이런 상황에서도 우리 눈으로 보는 것처럼 느껴지도록 하려면 계조의 활용이 매우 중요하다. 섬세하게 잘 조정된 클리핑은 풍경사진을 더욱 돋보이게 만드는 중요한 기본이다.

보정할 때의 대표적인 실수, 색감 처리　과도한 색감 처리는 사진을 비현실적으로 만든다. 좋은 방법이 있다. 보정을 마친 후 눈을 30분 정도 쉬게 한 후 다시 한 번 확인하는 습관을 갖자. 우리 눈은 상황에 적응하기 때문에 조금씩 조금씩 보정하다 보면 자칫 과도하거나 부족해질 수 있다. 또 하늘의 미세한 구름처럼 부족한 계조를 억지로 끌어내다 보면 명도에 계단현상이 발생하기 쉽다. 기본적인 부분이니 놓치지 말자.

고비사막은 전체적으로 바위와 자갈 그리고 건조한 생태계에 적응한 식물들로 덮여 있는데, 가끔 이렇게 거대한 모래 언덕도 있다. 고비사막에서 유명한 홍고린 엘스로 모래 언덕이 모래 자락 잡고, 쌍봉낙타를 가운데 언덕에 살아가는 유목민을 촬영해 봤다.

홍고르인 유목민, 몽골

생성형 채우기(포토샵 AI)
필요 없는 대상 제거하기

예제사진 BOOK2\홍고르의 유목민
완성사진 BOOK2\홍고르의 유목민 완성

풍경사진을 촬영하다 보면 화면을 깔끔하게 구성하고 싶은 욕심이 생길 때가 있다. 이때는 필요 없는 피사체를 지우면 된다. 단, 피사체 삭제가 심각한 문제를 일으키는 뉴스, 보도, 다큐멘터리 사진 같은 경우라면 고민이 필요하다. 삭제 후 사진 내용에 변화가 생길 수 있기 때문이다. 여기서는 보정 기술을 배우는 것이 목적이니 나머지는 각자 판단하자.

요즘은 인공지능의 발전으로 매우 쉽게 필요 없는 피사체를 처리할 수 있게 되었다. 삭제 방법이야 많고 많지만 좋은 거 놔두고 굳이 이전의 힘든 방법을 사용할 필요 없으니 AI를 이용해 보자. 라이트룸에서 기본 보정을 한 후 포토샵으로 내보내 작업하는 방법이다.

Before_

자동노출로 촬영해서 노출이 살짝 부족하다.
또 강한 자생력을 가진 사막 식물들이 듬성듬성 있어서 시선을 빼앗긴다. 식물들을 제거해 깔끔하게 구성해 보자.

1 먼저 원본의 상태를 보자. 원본 자체가 밝은 곳부터 어두운 곳까지가 풍부한, 즉 계조가 넓은 사진이 아니라서 억지로 히스토그램을 잡아당겨 늘이면 어색해질 것이다. 또 전체적으로 노출이 부족하고, 경쾌한 느낌도 추가해야 한다.

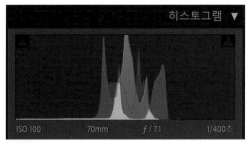

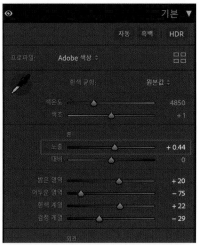

2 노출값을 조금 올리고, 콘트라스트를 강조해 주는 방향으로 기본 보정한다. (흰색 계열 +22, 검정 계열 -29, 밝은 +20, 어두운 -75, 노출 +0.44)

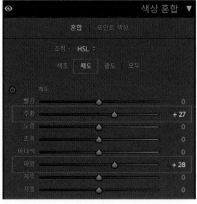

3 이 사진에서는 하늘과 모래의 색 대비가 가장 중요하다. '색상 혼합' 패널에서 주황과 파랑의 채도를 올려 이 두 부분을 강조한다. (채도 주황 +27, 파랑 +28)

4 마찬가지로 광도를 조금 더 올려 무겁지 않은 분위기를 만든다. 하늘의 색인 파랑의 색
조를 살짝 내리면 밝은 모래와 대비되어 좀 더 선명하게 느껴진다. (광도 주황 +29, 파랑
+24, 색조 파랑 -10)

 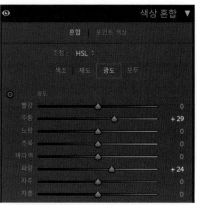 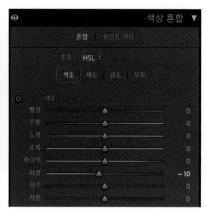

 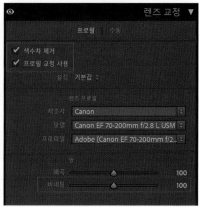

5 깔끔한 이미지를 위해 '렌즈 교정' 패널
에서 사진의 비네팅이 보이지 않도록 처리하
고, 하는 김에 '색수차 제거'도 체크한다.

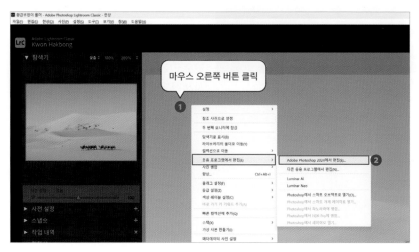

6 **포토샵으로 내보내기**

사진을 마우스 오른쪽 버튼으로 클릭
한 후 '응용 프로그램에서 편집 - Adobe
Photoshop 2024에서 편집'을 클릭한다.

7 포토샵이 실행되면서 사진이 자동으로 나타난다. 라이트룸은 현재 실행된 상태 그대로 놔두면 된다. 지저분한 식물들을 제거해 보자. 여러 가지 방법이 있는데 이번에는 가장 쉽고 효과적인 AI를 이용한 생성형 제거를 이용해 보자.

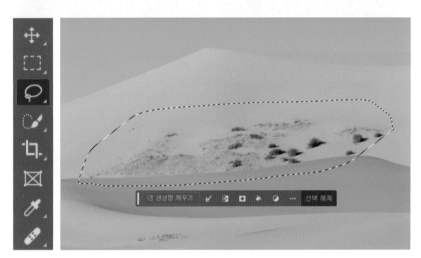

8 왼쪽 툴바에서 '올가미 도구'를 선택한 후 지우고 싶은 부분을 여유 있게 선택한다.

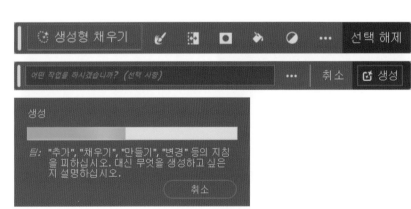

9 올가미 도구로 선택하면 자동으로 생성형 대화상자가 나타난다. '생성형 채우기'를 클릭하면 텍스트를 입력할 수 있는데, 아무것도 입력하지 말고 '생성' 버튼을 클릭한다. AI가 현재 선택영역을 분석하는 과정이 진행된다.

1번 제안

10 분석 후 AI는 3가지를 제안한다. 하나씩 클릭해 보면서 마음에 드는 이미지를 선택한다. 만약 마음에 들지 않으면 다시 '생성' 버튼을 클릭하면 된다. 여기서는 3번째가 의도에 맞아서 선택했다.

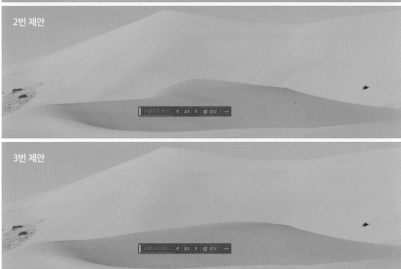

2번 제안

3번 제안

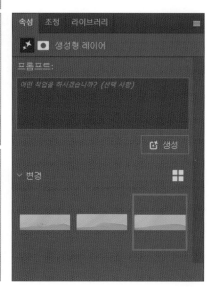

11 같은 방법을 반복해 '올가미 도구'로 지울 곳을 선택한 후 삭제하자. Shift 를 누르고 선택하면 여러 곳을 한 번에 선택할 수 있다.

12 전체적으로 깨끗한 모래사막을 걷는 낙타 이미지가 완성되었다. 보정이 끝난 후에는 '파일 메뉴 - 저장'을 클릭한다. 사진이 자동으로 라이트룸에 나타나 보정을 계속할 수 있다.

몽골 동부는 초원이 끝없이 펼쳐진다. 이곳 사람들은 주로 말을 방목하는데, 한 가족이 적게는 몇십 마리에서 몇백 마리까지도 기운다. 그렇다 보니 말을 불잡아 사람을 태울 수 있도록 길들여야 한다. 아무리 날뛰더라도 올라타서 버티면 말이 포기하고 받아들인다. 말만 간단하지 굉장히 위험해 보였고, 야생에서의 생활을 그대로 느낄 수 있는 장면이었다.

말을 길들이는 소년, 동부 몽골, 몽골

생성형 채우기(포토샵 AI)
필요한 부분 늘리기

예제사진 BOOK2/풍경/말을 길들이는 소년
완성사진 BOOK2/풍경/말을 길들이는 소년 완성

노출 부족 등은 쉽게 보정할 수 있지만 구도는 다르다. 포토샵 전문가가 며칠 혹은 몇 주일을 고생해서 다듬고 붙여야 겨우 해낼 수 있었던 작업이 이제는 몇 초면 해결되는 것들이 많다. 이번에 살펴볼 이미지를 늘리는 방법 역시 전통적인 방법에 비해 난이도, 속도, 완성도 어느 것 하나 뒤처지지 않는다. 부족한 사진을 쉽게 보정하고, 완벽하게 보여줄 수 있는 새로운 길이 열렸다고 해도 과언이 아니다.

Before_

말을 조련하는 어린 친구의 모습을 촬영했는데, 몽골에서는 매우 일상적인 장면이다.
동물의 움직임은 예측할 수 없어서 구도가 살짝 답답한 면이 있다. 특히 머리 위와 화면 왼쪽 공간이 아쉽다.

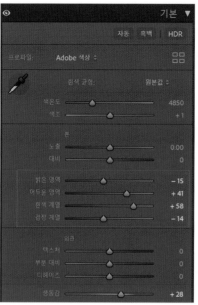

1 전체 톤 보정하기

우선 라이트룸에서 기본 보정을 한다. 선명한 이미지를 만들기 위해 어두운 영역과 흰색 계열을 올려서 밝은 분위기를 유지하고, 밝은 영역과 검정 계열을 낮춰서 선명함을 강조하자. (흰색 계열 +58, 검정 계열 -14, 밝은 영역 -15, 어두운 영역 +41, 생동감 +28)

2 소년이 입은 주황색뿐만이 아니라 전체적으로 따뜻한 색감이 과장된 상태다. '색상 혼합' 패널에서 채도를 조정해 차분하게 만든다. 반대로 녹색 색감은 조금 더 강조하자. (채도 빨강 -20, 주황 -25, 초록 +28)

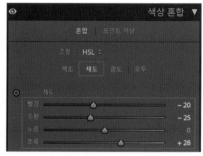

3 '렌즈 교정' 패널에서 '색수차 제거'와 '프로필 교정 사용'을 선택해 비네팅을 제거해 깨끗하게 만든다.

4 포토샵으로 내보내기

사진 위에서 마우스 오른쪽 버튼을 클릭한 후 '응용 프로그램에서 편집 - Adobe Photoshop 2024에서 편집'을 클릭한다.

5 포토샵이 실행되면서 사진이 자동으로 나타난다. 라이트룸은 현재 실행된 상태 그대로 놔두면 된다.

6 왼쪽 툴바에서 '자르기 도구'를 선택하면 이미지 사방에 자르기 선이 나타난다.

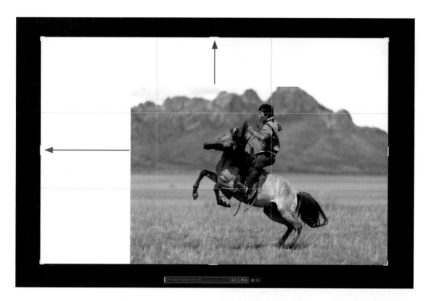

7 확장하고 싶은 부분을 드래그해 영역을 넓힌다.

8 이미지 아래에 자동으로 생성형 채우기 대화상자가 나타난다. 아무것도 입력하지 말고 바로 '생성' 버튼을 클릭한다. AI가 현재 선택영역을 분석하는 과정이 진행된다. 화면 위쪽의 자르기 도구 옵션에서 '칠: 생성형 확장'을 선택한 후 '확인' 버튼을 클릭해도 된다.

1번 제안

9 분석 후 AI는 3가지를 제안한다. 하나씩 클릭해서 확인한 후 마음에 드는 것을 고르면 되는데, 만약 마음에 들지 않으면 다시 '생성' 버튼을 클릭하면 된다. 여기에는 첫 번째 제안을 선택했다.

2번 제안

3번 제안

10 배경 레이어를 감추면 AI가 이미지를 어떻게 생성했는지가 분명하게 보인다. 초점이 맞는 부분과 흐려진 부분 그리고 이미지의 전체적인 분석을 통해 매우 자연스러운 결과물을 만든다. 같은 사진이라도 매번 조금씩 다른 이미지를 생성하니 완벽하게 똑같은 결과물은 만들어지지 않는다. 굳이 똑같이 만들려고 애쓰지 말자.

한국의 경제적 위치는 이미 제조업 국가를 벗어났는데, 특이하게도 제조업이 여전히 굉장하다. 실감할 수 있는 장소가 여럿이지만, 여수산업단지는
그야말로 중화학공업을 가까이서 접할 수 있는 인상 깊은 장소다.
화학공단의 야경, 여수, 한국

풍경사진 기본 보정
드라마틱한 야경사진 만들기

예제사진 BOOK2/화학공단의 야경
완성사진 BOOK2/화학공단의 야경 완성

풍경사진, 특히 야경에서는 전통적으로 멀리 있는 곳과 가까이 있는 곳을 색상으로 표현하는 일이 많다. 이런 색 이론을 이용해 드라마틱한 풍경사진을 만들어 보면 좋은 공부가 될 것이다. 과거와는 달리 라이트룸 기능이 충분히 발전해서 풍경사진을 쉽고 빠르게 보정할 수 있게 되었다.

Before_

여수산업단지는 친절하게도 여러 곳에 전망대를 두어 일반인도 쉽게 공단 모습을 촬영할 수 있다.
하지만 거리가 멀고 가끔 연무가 있어서 깨끗한 이미지를 얻기는 쉽지 않다. 주제를 더욱 또렷하게 부각하고,
원근감을 강조한 보정이 필요하다.

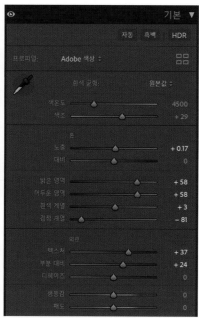

1 전체 톤 보정하기

일단 '기본' 패널에서 기본적인 톤을 보정한다. 야경사진인데 현재 블랙 쪽 클리핑이 많이 부족하니 이 부분을 중심으로 손보면 된다. (흰색 계열 +3, 검정 계열 -61, 밝은 영역 +58, 어두운 영역 +58, 텍스처 +37, 부분 대비 +24)

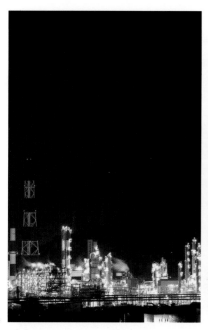
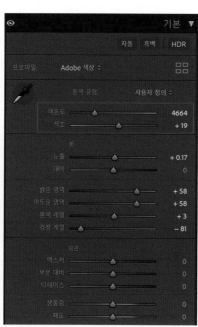

2 화면을 보면서 색온도를 최대한 찾아준다. (색온도 4664, 색조 +19)

> 클리핑과 노출은 필요할 때마다 조정해야 한다. 중간중간 사진의 상태를 보면서 작업한다.

3 색감 조정하기

'색상 혼합' 패널에서 살짝 부족해 보이는 따뜻한 색 계열을 좀 더 보완한다. 여기서는 채도와 광도를 보정했다. (채도 빨강 +24, 주황 +31, 노랑 +16, 광도 주황 +25)

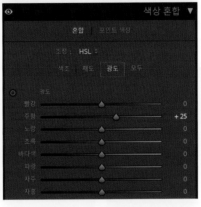

4 색상 토닝하기

전체적인 색감의 구성이 단조로우니 '색 보정' 패널에서 좀 더 풍부한 색상으로 보정한다.

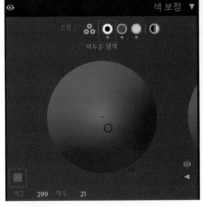

어두운 영역

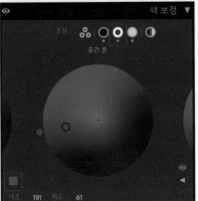

중간 톤

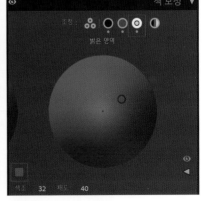

밝은 영역

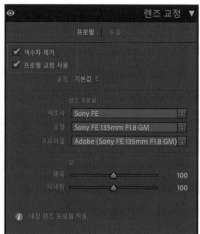

5 '렌즈 교정' 패널에서 '색수차 제거'와 '프로필 교정 사용'을 체크해 자동 보정하면 기본적인 보정은 어느 정도 마무리된다.

후퇴색

전진색

6 색으로 원근감 표현하기

멀리 떨어져 보이는 느낌과 가까이 있는 느낌을 주는 색이 있다. 이를 활용하면 평면적인 사진에서도 충분한 공간감을 만들 수 있다. 보통 원경은 차가운 계열의 색으로, 전경은 따뜻한 색으로 보정한다.

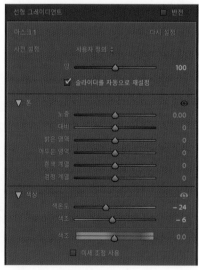

7 멀리 있는 부분은 차가운 색감으로!

선형 그레이디언트 마스킹 툴을 이용해 하늘 부분을 선택한다. '색온도'를 낮춰 하늘 윗부분이 더욱 짙은 보라색처럼 보이게 만든다. (색온도 -24, 색조 -6)

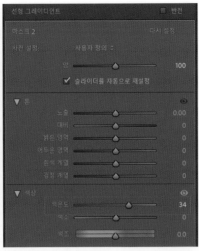

8　가까이 있는 부분은 따뜻한 색감으로!

이 사진에서는 가까이 있는 부분이 조금밖에 없지만 더 따뜻한 색감으로 만드는 것이 좋다. 다시 선형 그레이디언트 마스킹 툴을 이용해 맨 앞쪽 부분을 선택하고 색온도를 따뜻한 느낌으로 조정한다. (색온도 34)

9　노출 오버 잡기

밝게 빛나는 부분이라도 노출 오버로 디테일이 날아가지 않도록 해야 한다. 브러시 마스킹 툴로 너무 밝다 싶은 부분들을 선택한 후 '밝은 영역' 슬라이드를 원하는 만큼 줄인다. 이렇게 하면 배경 부분도 같이 어두워지는데, '어두운 영역'을 밝게 해서 배경까지 어두워지지 않을 정도로 슬라이드를 조정하면 된다. (밝은 영역 -25, 어두운 영역 59)

10 컬러 강조하기

오렌지색 불빛이 군데군데 있다. 이 부분을 돋보이게 해 컬러풀하고 활기찬 분위기를 강조하자. 브러시 마스킹 툴을 사용해 오렌지색 부분을 선택하고 색온도를 조정한다. (색온도 59, 색조 2)

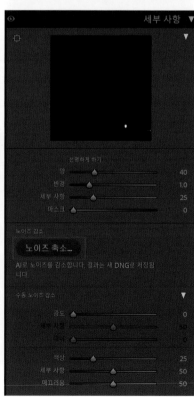

11 노이즈 제거하기

이미지를 확대하면 노이즈가 심하다는 게 보인다. AI로 노이즈를 제거하기 위해 '세부 사항' 패널에서 '노이즈 축소'를 클릭한다.

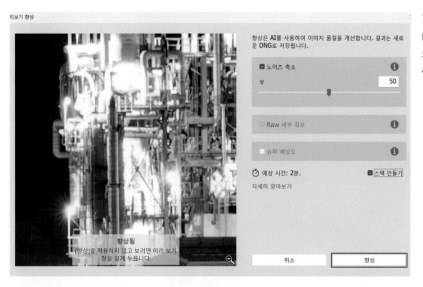

12 '미리보기 향상' 대화상자가 나타난다. 미리보기 창을 보면서 축소할 노이즈의 양을 정한 후 '향상'을 클릭한다. 보통은 기본값인 '50'으로 두면 된다.

원본 이미지

노이즈 축소가 적용된 이미지

13 노이즈까지 제거하면 완성이다. 이 기능을 사용하면 자동으로 노이즈를 제거한 새 DNG 파일이 만들어진다.

포토샵 생성형 채우기로 만든 AI 이미지

완전히 새로운 이미지를 만들 수 있는 '생성형 채우기' 기능은 아직 미숙한 부분이 많다. 본격적인 개발 경쟁에 들어간 지 얼마 안으로의 발전 가능성은 무궁무진하다고 본다. 빛을 모아 이미지를 저장하는 '촬영 사진'과 AI가 만든 이미지의 품질 차이가 가장 먼저 극복될 것이고, 이를 어떻게 받아들일 것인지는 우리 몫으로 남았다.

Before

Before_
원본 이미지에는 그 어떤 룩도 이루지도 않는 고비사막의 황무지다. 사실 이런 기본 이미지 하지만 의도 또한 도움이도 포토샵에서 위의 영상 에게와 비슷하게 만드는 건 전혀 어렵지 않다. 새로 만들 것인가, 내 손으로 직접 합성할 것인가, 독은 촬영할 것인가, 이 선택 사이에서 사진가가 이 선택 사이에서 한 번쯤 의미를 곱씹어 봐야 하지 않을까.

생성형 채우기(포토샵 AI)
상상하면? 다 된다!

▶ **[포토샵 AI]** 상상하면 다 되는 포토샵 '생성형 채우기' 강력한 생성형AI 신기능

생성형 인공지능이 대중들에게 처음 큰 반향을 일으킨 2023년의 Chat-GPT에 이어 다양한 생성형 AI 모델들이 등장했다. 그중 웹 기반의 미드저니 Midjourney와 설치형으로 사용할 수 있는 스테이블 디퓨전 Stable Diffusion이 이미지 업계에 가장 큰 충격을 던졌다. 어도비에서도 발 빠르게 흐름을 받아들여 생성형 채우기를 발표했다. 아직 부족한 부분도 있고, 앞서 언급한 두 AI 모델보다 살짝 뒤처지긴 했어도 포토샵과 연계된 작업으로 장점이 매우 많은 것이 사실이다.

한쪽에서는 사진의 종말을 우려하기도 하고, 또 다른 한쪽에서는 새로운 툴을 환영하기도 한다. 사진이 처음 등장했을 때나 포토샵이 처음 등장했을 때도 비슷한 반응이 있었다는 걸 떠올리면, 결국 AI 기술이 사진 분야에 정착해 큰 역할을 할 것임을 부인할 수 있는 사람은 없을 것이다. 이미지 생성형 AI에 관한 생각이 어떻든 사용법을 익혀 두는 건 언제나 큰 힘이 되리라 믿는다.

상상하는 의도와 이야기를 전달하는 도구로 보자면 '생성형 채우기'는 매우 유용하다. 심심한 풍경사진을 스토리가 담긴 이야기로 만드는 게 굉장히 쉽기 때문이다. 상상력과 약간의 시간만 있다면 현실에서는 불가능할 것 같은 이미지도 쉽게 만들 수 있다. 유용한 팁을 주자면 멀리 있는 배경부터 하나씩 쌓아서 앞으로 오는 방법이 가장 편리하고 실수도 줄일 수 있다. 각 레이어 이름을 구체적으로 입력하면 작업하기가 한결 편해진다는 것도 잊지 말자.

예제사진 BOOK2/고비사막
완성사진 BOOK2/고비사막 완성

강인가 싶은 커다란 호수 건너 눈 덮인 산으로 둘러싸인 산꼭대기의 금빛 사원,
조용히 걷는 스님을 따라 좁은 길을 오르는 엄마와 새끼 코끼리.
상상하면? 다 된다!

Before

AI가 만든 이미지의 저작권과 가짜 기억　AI가 만든 이미지, 즉 생성형 AI로 만든 이미지의 저작권을 주장할 수 있을까? 답은 아직 불투명하다. 하지만 최근 미국 법원에서 인공지능으로 만든 이미지 저작권을 인정하지 않는다는 판결이 나왔다. 이 판결이 우리나라에도 큰 영향을 줄 것으로 보인다. 또 인공지능으로 만든 음악의 저작권료 지불을 중단한 사례도 있다. 국내에선 아직 확정된 것이 아무것도 없지만, 분위기는 인정하지 않는 쪽으로 기우는 것 같다. 특히 AI 기반이 되는 데이터에 아무런 기여가 없는 경우라면 저작권은 100%로 인정되지 않는다. 직접 만든 이미지로 생성한 AI 이미지라면 면밀하게 따져 일부는 인정해 줄지도 모르겠다.

포토샵 생성형 채우기로 만든 이미지

다음 페이지의 사진은 독일 사진작가인 엘다크센의 〈가짜기억상실: 전기기술자〉라는 작품이다. 대규모 사진 공모전인 '2023 소니 월드 포토그래피 어워드'에서 크리에이티브 부문 1위를 차지했다. 그는 "예술계가 인공지능을 받아들일 준비가 돼 있는지 실험하고 싶었다"라는 말과 함께 수상을 거부해 큰 파장을 일으켰다. 이 작품에 대해 AI 이미지인 걸 알고도 기술의 일부로 받아들였다는 심사위원도 있지만, 일부는 '부정행위'라고 말해 엘다크센을 분노하게 했다. 솔직히 AI 이미지라는 걸 정확히 알았다면 심사대상에 올라가지도 못했을 것이다. 아무튼, 작가는 장난이나 재미가 아니라 '가짜 기억(Pseudomnesia)'이라는 주제로 실험을 계속하고 있다. 부정확한 기억과 달리 일어난 적 없는 사건을 마치 진짜 사건처럼 여기는 것에 관해 이야기하고 싶었다고 한다.

앞으로는 수없이 많은 '가짜 기억'들이 넘치게 될 것이다. AI 생성형 이미지 저작권에 대한 결론이 어떻게 날지는 모르지만 좋든 싫든 우리는 이미지 홍수 속에서 살아갈 게 분명하다. 기술은 한번 발전하면 다시는 뒤로 돌아갈 수 없다. 그래서 이 문제를 어떻게 다룰 것인가, 혹은 사진과 함께 어떻게 공존할 것인가를 곰곰이 생각해 볼 가치가 있다.

1 포토샵으로 내보내기

생성형 채우기를 사용하기 위해서 포토샵으로 이미지를 가지고 가자. 사진 위에서 마우스 오른쪽 버튼을 클릭한 후 '응용 프로그램에서 편집 - Adobe Photoshop 2024에서 편집'을 클릭하면 포토샵이 실행되면서 사진이 자동으로 나타난다.

2 작업영역 선택하기

왼쪽 툴바에서 사각형 선택 윤곽 도구를 선택한 후 지평선이 살짝 걸치게 하늘 부분을 전부 선택한다.

3 원하는 이미지 찾기

선택영역 바로 아래 '생성형 채우기' 대화상자가 나타난다. '생성형 채우기'를 클릭하면 텍스트를 입력할 수 있는데, 이때 원하는 것을 입력하면 된다. 여기서는 '멀리 있는 바위산'을 입력한 후 '생성' 버튼을 클릭한다.

4 다른 이미지 찾기 - 생성 버튼

이 검색어를 어도비 서버로 전송한 후 AI가 이미지를 만들어 내 컴퓨터로 전송해 주는 방식이다. 따라서 인터넷 연결이 필수이며, 내 컴퓨터의 성능과 속도는 그리 큰 관계가 없다. 오른쪽에 '생성형 레이어' 패널에서 3가지 옵션을 제안한다. 하나씩 눌러서 확인한다. 마음에 드는 이미지가 없을 때 다시 '생성' 버튼을 누르면 다른 이미지를 보여준다.

5 다른 검색어로 이미지 찾기

검색어 자체를 다시 입력해도 된다. 여기서는 산이 너무 높아서 '멀리 있는 낮은 바위산'으로 다시 한번 검색했다. 모든 시도마다 조금씩 다른 이미지를 생성하기 때문에 책에서와 똑같은 이미지를 볼 수는 없을 것이다. 마음에 드는 적당한 이미지를 선택하자. 여기서는 세 번째 이미지가 가장 마음에 들었다.

6 같은 방법을 반복해서 원하는 이미지를 만들면 된다. 바닥에 멋진 풀밭이 있으면 더 좋을 것 같아서 왼쪽 툴바에서 올가미 도구를 선택한 후 풀밭이 있었으면 하는 부분을 대충 선택한다.

7   '생성형 채우기' 버튼을 클릭한 후 검색
어를 입력하고 '생성' 버튼을 클릭한다. 여기
서는 '풀밭'이라고 입력했다. 제안된 이미지
중에서 가장 마음에 드는 것을 클릭한다.

8   올가미 도구를 클릭한 후 주인공이 될
자동차가 생성되었으면 하는 부분을 선택
한다.

9   같은 방법으로 '생성형 채우기'를 클릭
하고 '50년대 클래식 자동차'라고 입력한다.

10 자동차가 멀리 가고 있는 것처럼 보이기 위해 뒷모습이면 좋겠다. 프롬프트에 '50년대 클래식 자동차 뒷모습'이라고 추가해 다시 생성해 본다.

11 뒷모습은 나왔는데 풍경과 대비되도록 빨간색 자동차였으면 좋겠다. 프롬프트에 '50년대 빨간 클래식 자동차 뒷모습'이라고 수정해서 다시 생성해 보자.

12 자동차 모양이 별로다. 이럴 땐 생성 버튼을 눌러서 마음에 드는 모양이 나올 때까지 재생성하면 된다.

13 앞부분에 물웅덩이 같은 것이 있으면 좋을 것 같으니, 물웅덩이가 될 부분을 '올가미 도구'로 선택한다.

14 라이트룸으로 가져오기

마찬가지로 '연못'이라고 입력하고 '생성' 버튼을 클릭한다. 마음에 드는 분위기의 이미지를 선택한다. 총 4개의 생성형 채우기로 완전히 새로운 이미지를 만들었다. 다 되었으면 포토샵에서 '파일 메뉴 - 저장'을 클릭한다. 자동으로 사진이 라이트룸으로 넘어가 보정을 계속할 수 있다.

Portrait
인물

나도 인물사진을 잘 찍고 싶다

▶️
[스트로비스트 코리아 - 포토샵/라이트룸 독자 게시판 - 마스터 클래스]
180724 포토샵 라이트룸 방송 편집본, 배경에 잘 어울리는 인물사진 보정
180724 포토샵 라이트룸 방송 편집본, 사진보정의 기초 작업
마스터 클래스 #1 분위기 있는 인물사진 보정

인물사진은 사람이 주 피사체다. 사람은 내 얼굴이든 타인의 얼굴이든 사람의 얼굴에 민감해서 작은 변화와 분위기만으로도 많은 것이 바뀔 수 있다. 인물사진의 이런 특징에 맞춰 좋은 사진을 얻기 위한 현실적인 팁들을 살펴보자.

대상과의 거리감을 좁히자 인물사진을 촬영할 때 그냥 들어가서 얼굴만 찍으면 된다고 생각하는 경우가 많다. 하지만 얼굴에는 수없이 많은 표정과 느낌들이 존재하며, 사진을 통해 보는 사람에게도 고스란히 전달된다. 낯선 곳에 가서 카메라부터 들이댄다든지 망원렌즈로 야생동물 촬영하듯이 한 사진을 보면 거의 본능적으로 거부감이 느껴진다. 마음의 여유를 갖자. 짧은 시간이더라도 피사체와 관심과 존중이 오갔을 때 사진은 더욱 좋아질 수 있다.

Photographed: Vincent Pravost(France)

모델은 촬영자를 관찰한다 촬영을 시작하자마자 멋진 사진을 건지고 말겠다는 생각은 버리고, 처음 10장 정도는 가볍게 진행한다. 시작 부분에서 모델은 긴장해 있고, 표정 역시 딱딱해 부자연스럽다. 게다가 촬영자를 유심히 관찰하는 중이다. 시간에 쫓겨 서두르거나 못마땅한 표정은 절대 안 된다. 부정적인 느낌을 받으면 모델은 더 긴장하고 사진은 더 어색해진다. 최선을 다하는 모습으로 밝고 긍정적인 표정을 보여주자. 인물사진은 서로를 관찰하는 작업이다.

모델과 공감하라 처음 10장 정도 촬영한 사진 중 잘 나온 것을 모델에게 보여주자. 자기 모습이 어떻게 나오는지 확인하면 마음이 놓일 것이다. 모델이 어린이라면 눈높이를 맞추고 앉는 자세가 좋으며, 주변 친구들에게도 보여준다. 아이들은 가장 촬영하기 쉬우면서도 어려운 대상이다. 젊은 남녀는 부끄러워하니 구경꾼들에게 허락 없이 사진을 보여주면 안 된다. 중년이나 노인이라면 무례한 몸짓이나 행동을 삼가고, 공손하게 좋은 사진을 한두 장 보여주는 것만으로도 충분하다. 나이가 들수록 감정 표현이 힘들어지는데, 작은 미소라도 볼 수 있다면 계속되는 촬영은 성공적일 것이다.

Photographed: Raquel Mendez(Barcelona Spain)

모델의 작은 행동에 집중하자 다큐멘터리 사진처럼 삶의 현장을 촬영할 때면 사진가가 적극적으로 어떤 포즈나 소품을 요구하곤 한다. 딱히 잘못은 아니지만, 그 전에 충분한 대화를 통해 모델이 보여주려고 하는 것을 적극적으로 관찰하자. 모델이 자랑스러워하거나 보여주고 싶어 하는 것에는 많은 의미가 있기 마련이다. 또 모델이 제안하는 소품이라면 아무리 마음에 들지 않아도 촬영해 주어야 한다. 사진은 상호 관계 속에서 존재한다. 모델의 의사를 존중하는 것도 중요하고, 나중에라도 그 의미를 알게 된다면 더 중요한 사진이 될 수도 있다.

그는 대나무로 뭔가를 열심히 만드는 모습을 보여주었다.
말이 통하지 않아서 나중에야 그것이 꼬마 돼지들의 밥그릇이라는 것을
알 수 있었다. 돼지들을 바라보는 그의 시선에서
'아빠 미소'가 보이는 듯했다.

가능한 한 배경을 정리하자　소품을 배경에 넣기도 하고, 불필요해 보이면 빼기도 한다. 이런 편집을 조작이라고 폄훼하기도 하지만, 사진은 현장을 그대로 보여주는 게 아니라 사진가가 해석한 것을 보여주는 것이다. 그대로 보여주는 것이 가장 중요하다면 CCTV는 세상에서 가장 훌륭한 사진작가가 아닐까? 무엇을 빼고 넣을 것인가는 사진가가 결정한다. 하지만 모델의 허락을 먼저 얻어야 한다는 점을 잊지 말자. 허락 없이 남의 물건을 만지는 것은 세상 어디서나 실례다.

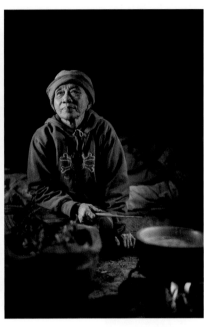

빛을 고려해 장소를 선택한다　인물을 촬영할 때 바꾸기 쉬운 것 중 하나가 배경과 장소다. 실내와 실외를 결정하는 것은 순전히 사진가의 몫이다. 표현하고 싶은 느낌과 목적에 따라 부드러운 빛이 지배하는 그늘이나 실내가 될 수도, 강렬하고 자연스러운 연출을 위해 다소 거칠지만 야외를 선택할 수도 있다. 어떤 경우든 빛의 방향과 얼굴의 명암을 잘 관찰해 좋은 장소를 찾아라.

작업할 부분만 선택하기(포토샵)
사진 보정의 첫 단추

▶

[스트로비스트코리아-포토샵/라이트룸 독자 게시판-동영상 답변]
포토샵 라이트룸 Q&A 배경 바꾸기를 하고 싶은데 복잡한 소나무 때문에 잘 안돼요
포토샵 라이트룸 Q&A 마스킹 선택, 따내기할 때 가장자리에 하얀 경계선이 생겨요
포토샵 라이트룸 Q&A 멋진 하늘로 바꾸려면 어떻게 해야 하나요?

포토샵 실력은 선택을 얼마나 잘하는가에 비례한다는 사람도 있다. 그만큼 중요하다는 말인데, 최근 포토샵은 인공지능 및 자동화 도구들이 상당히 발전해 전에는 힘들던 작업이 매우 쉬워졌다. 하지만 펜 도구처럼 전통적인 방법도 꼭 필요하니 사용법 정도는 꼭 알아두자.

Nikon D810, Sigma 85mm f1.4, ISO 100, 85mm, f10, 1/160s
사진 조명 세팅 방법 중 화장품 광고나 여성 모델의 메이크업 등에 사용되는 뷰티 조명에 대한 예제로 촬영한 사진이다.
피부 질감을 잡고, 색감을 보정해 간단히 완성했다.

선택할 때 가장 많이 사용하는 포토샵 툴 5가지

선택하기는 포토샵의 시작부터 끝까지 가장 많이 사용되는 기술이다. 어떤 방법을 어떻게 사용하는지가 실제로 포토샵 숙련도를 판단하는 기준이 되기도 한다. 여기서는 5가지 방법을 소개하는데, 어떤 상황에 어떤 툴을 써야 하는지에 집중해서 보자.

올가미 도구

그림 그리듯 손 가는 대로 선택한다. 가장 빠르고 쉽지만 정밀한 작업은 불가능하다.

다각형 올가미 도구

올가미 툴과 모든 것이 같으나 직선으로 선택할 수 있다는 것만 다르다. 올가미 툴 안에 들어 있다.

개체 선택 도구

선택하고 싶은 영역을 대충 그려주면 AI가 판단해서 자동으로 선택영역을 만들어 준다. 요즘 가장 많이 사용하는 툴!

빠른 선택 도구

대략 비슷한 부분을 자동으로 선택해 준다. 전만큼 자주 쓰진 않는다.

펜 도구

포토샵 초창기부터 쓴 툴이다. 가장 정밀하게 선택할 수 있지만, 처음에는 약간 연습이 필요하다.

올가미 도구, 다각형 올가미 도구

가장 빠르고 쉽지만 정밀하게 선택하긴 힘들다. 그래서 사용빈도가 떨어질 것 같지만 여러 옵션과 조합할 수 있어 자주 사용한다. 다각형 올가미 도구는 올가미 도구를 길게 클릭하고 있으면 나타나 선택할 수 있다. 기본적인 사용법은 모두 비슷하다.

올가미 도구, 다각형 올가미 도구의 옵션바

❶ **영역 선택하기**: 선택영역을 추가할 때 더하거나 뺀다.

새 선택영역: 새로운 선택영역을 설정한다. 드래그한 만큼 선택된다.

선택영역 빼기: 기존의 선택영역에서 새로 드래그한 만큼을 뺀다. 단축키 [Alt]+드래그

선택영역 추가: 기존의 선택영역에 새로 드래그한 만큼을 추가한다. 단축키 [Shift]+드래그

선택영역 교차: 선택영역이 겹치는 부분만 선택한다. 단축키 [Alt]+[Shift]+드래그

❷ **페더**: 선택영역의 가장자리를 얼마나 부드럽게 처리할 것인지를 결정한다.

❸ **앤티 앨리어스**: 체크하면 선택영역의 가장자리를 가능한 한 매끈하게 처리한다.

❹ **선택 및 마스크**: 창이 따로 나타나 선택영역을 세밀하게 수정할 수 있다.

1 포토샵을 실행한 후 툴박스에서 올가미 도구를 선택한다. 옵션바에서 페더값을 30픽셀 정도 주어 선택영역 가장자리가 부드럽게 되도록 설정한다. 선택하고 싶은 부분을 클릭한 후 대충 드래그하여 선택을 시작한다.

2 마우스 버튼에서 손을 떼면 선택이 끝나며 점선이 나타난다. 툴박스에서 빠른 마스크 모드를 클릭해 보자. 선택되지 않은 부분이 빨간색 마스크로 표시되어 가장자리가 얼마나 부드러운지를 확인할 수 있다. 빠른 마스크 모드를 한 번 더 클릭하면 해제된다.

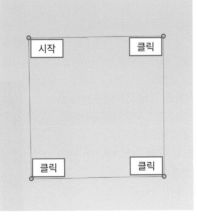

3 툴박스에서 다각형 올가미 도구를 선택한다. 선택하고 싶은 부분을 클릭한 후 다음 지점을 클릭하는 방식이며, 뺑 돌아 다시 시작점을 클릭하면 직선으로 연결된 선택영역이 만들어진다. 물론 클릭 횟수는 마음대로다.

Alt+드래그

4 [Alt]를 누르는 동안은 올가미 도구

직선으로 선택하다가 중간에 올가미 도구처럼 자유롭게 선택하고 싶으면 [Alt]를 누른다. 키를 누른 채 드래그하다가 [Alt]에서 손을 떼면 다시 다각형 올가미 도구로 자동으로 돌아간다.

개체 선택 도구 드래그해서 대충 선택하면 AI가 알아서 드래그한 영역을 분석해 선택해 준다. 생각보다 훌륭해서 요즘은 거의 이 도구를 이용한다. 부족한 부분이 있으면 나중에 마스크 레이어를 수정하거나 '선택 및 마스크' 창에서 수정하면 된다. 자동 선택 도구를 길게 클릭하고 있으면 나타나 선택할 수 있다.

개체 선택 도구의 옵션바

❶ 영역 선택하기: 올가미 툴과 같다. 선택영역을 추가할 때 더하거나 뺀다.

❷ 개체 찾기 도구: 체크하면 AI가 알아서 개체를 찾아주고, 마우스를 옮기면 찾은 개체를 오버레이로 보여준다.

❸ 새로 고침: 인공지능이 사진을 다시 분석한다.

❹ 모든 개체 표시: 인공지능이 찾은 모든 개체를 오버레이로 표시한다.

❺ 개체 세팅: 오버레이를 원하는 대로 설정한다.

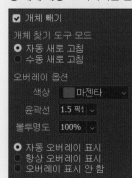

개체 빼기: 개체 안에서 영역을 찾아 자동으로 제외시킨다.

개체 찾기 도구 모드: 개체 찾기 도구는 사용하는 동안 자동으로 계속 이미지를 분석하고 업데이트하는데, 수동으로 바꿀 수 있다.

오버레이 옵션: 오버레이 색상이나 윤곽선 두께, 불투명도를 정한다.

자동 오버레이 표시: 오버레이 표시 방법을 선택한다.

❻ 모드: 사각형 선택 윤곽 도구와 올가미 도구 중 선택한다.

❼ 모든 레이어 샘플링: 현재 선택한 레이어만이 아니라 모든 레이어를 기준으로 선택영역을 만든다.

❽ 굵은 가장자리: 체크하면 선택한 가장자리를 날카롭게 처리하고, 해제하면 부드럽게 처리한다.

❾ 피사체 선택: 내 컴퓨터에서 간단하게 처리할 것인지, 아니면 어도비로 보내서 보다 정밀하게 분석할 것인지 선택한다.

❿ 선택 및 마스크: 클릭하면 선택 및 마스크 창이 열리면서 선택영역을 수동으로 다듬을 수 있다.

빠른 선택 도구 전통적인 방법으로 일단 빠르게 대충 선택한 다음 수작업으로 보정해 선택영역을 만드는 방법이다. 빠른 선택 도구를 이용해 선택한 후 '선택 및 마스크' 창에서 더 정밀하게 다듬는다. 자동 선택 도구를 길게 클릭하고 있으면 나타나 선택할 수 있다.

빠른 선택 도구의 옵션바

❶ 영역 선택하기

 새 선택영역: 새로운 선택영역을 설정한다. 드래그한 만큼 선택된다.

 선택영역 추가: 기존의 선택영역에 새로 드래그한 만큼을 추가한다. 단축키 Shift+드래그

 선택영역 빼기: 기존의 선택영역에서 새로 드래그한 만큼을 뺀다. 단축키 Alt+드래그

❷ 브러시 크기와 모양을 선택한다.

크기: 브러시 크기를 정한다.
경도: 브러시 외곽이 얼마나 부드러울지를 정한다.
각도: 브러시 각도를 정한다.
원형율: 브러시의 둥근 정도를 정한다.
펜 압력: 태블릿(디지타이저)을 사용할 때 펜 압력을 감지해 브러시 크기를 조정한다.
해당 액세서리가 연결되어 있지 않으면 활성화되지 않는다.

❸ 모든 레이어 샘플링: 여러 레이어가 있을 때 하나로 병합되었다고 가정하고 선택한다.
❹ 자동 향상: 가장자리 다듬기의 일부 기능이 사용되어 외곽선을 좀 더 매끄럽게 탐지한다.
❺ 피사체 선택: 사진에서 가장 눈에 띄는 피사체, 즉 주제 부분을 포토샵이 자동으로 인식해 선택해 준다. 내 컴퓨터에서 빠르게 처리할지 아니면 어도비 클라우드에서 정밀하게 처리할지 선택한다.
❻ 선택 및 마스크: 클릭하면 '선택 및 마스크' 창이 나타나 수작업으로 선택영역을 조정한다.

> ✓ 장치(더욱 빠른 결과)
>   클라우드(자세한 결과)

포토샵 초창기부터 디지털 AI 시대인 지금까지 살아남은, 정밀하게 선택하는 몇 가지 방법 중 하나다. 처음에는 약간 연습이 필요한데, 합성사진을 잘 만들고 싶다면 반드시 이 방법에 익숙해져야 한다. 옵션바가 있긴 하지만, 따로 배워야 할 만큼 중요한 건 없다. 툴박스에서 펜 도구를 선택한 후 기본옵션을 사용하는 것만으로도 충분하다.

그럼, 머리카락이나 털 같은 복잡한 물체가 섞여 있는 경우엔 어떻게 해야 할까? 펜 도구는 외곽선을 매끈하고 깔끔하게 선택하는 데 매우 효율적이지만, 머리카락이나 털 같은 복잡한 부분을 선택하기는 힘들다. 이런 부분은 대충 선택한 후 옵션바의 '선택과 마스크' 창의 가장자리 다듬기 도구를 이용해 다시 한번 꼼꼼히 정리하면 된다.

빠른 선택 도구의 옵션바

예제사진 BOOK2\유리컵 **완성사진** BOOK2\유리컵 완성

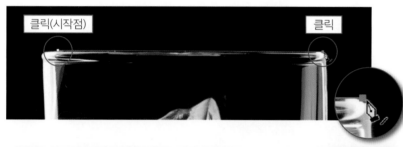

1 직선으로 선택하기

툴박스에서 펜 도구를 선택한다. 다각형 올가미 툴과 마찬가지로 직선으로 선택한다면 각 부분을 클릭만 하면 된다.

2 곡선으로 선택하기

다음 지점을 클릭한 채 '마우스에서 손을 떼지 말고' 그대로 아무 쪽으로나 드래그하면 보조핸들이 나타난다. 그대로 드래그해 곡선이 이미지에 딱 맞도록 조정한 후 마우스에서 손을 뗀다. 나중에 곡선을 수정할 때도 이 보조핸들들을 클릭한 후 드래그하면 된다.

3 곡선에서 다시 직선으로 선택하기

곡선이 끝난 후 다시 직선을 그리기 위해 다음 지점을 클릭하면 곡선 상태로 이어진다. Alt 를 누른 채 직선으로 바꾸고 싶은 점에 마우스 포인터를 가져가면 V 모양이 나타난다. 이때 클릭하면 곡선 조정 보조핸들 하나가 사라지고, 이제부터는 앞의 핸들값을 모두 무시한다는 의미가 된다. 따라서 다시 직선을 그릴 수 있다.

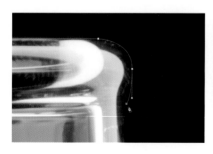

4 전체 작업 진행 후 마무리

위의 방법을 반복해서 쭉 선택한다. 시작점 근처에 오면 마우스 포인터에 ○ 모양이 나타난다. 이때 시작점을 다시 클릭하면 작업이 끝난다. 도형이 열려 있지 않고 닫힌 완전한 선택영역이 되었다는 말이다.

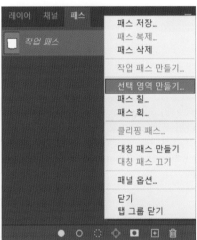

5 패스를 선택영역으로 만들기

펜 도구로 선택하는 건 손이 많이 가는 작업이라, 일단 선택영역을 만들기 시작하면 '패스' 탭에 자동으로 '작업 패스' 레이어가 만들어지면서 저장된다. '패스' 탭을 클릭한 후 '팔레트 메뉴 버튼 - 선택영역 만들기'를 클릭한다.

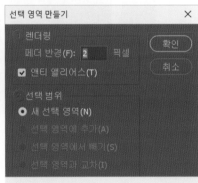

6

'선택영역 만들기' 대화상자가 나타난다. 옵션값을 지정한 후 '확인'을 클릭하면 선택영역이 만들어진다. (페더 반경 2픽셀)

❶ **렌더링:** 여러 레이어가 있을 때 하나로 병합되었다고 가정하고 선택한다.

페더 반경: 선택영역 경계선을 얼마나 부드럽게 만들 것인가를 정한다. 사진 해상도에 따라 다르지만 정밀한 펜 도구 작업이라면 1~2픽셀 정도로, 대충해도 되면 3~5픽셀까지도 준다. 이 예제에서는 2픽셀을 주었다.

앤티 앨리어스: 체크하면 경계 영역의 계단 현상을 없애 부드럽게 만든다. 특별한 경우가 아니라면 체크하자.

❷ **선택 범위**

새 선택영역: 새로운 선택영역으로 만든다.

나머지: 다른 선택영역이 있을 때 활성화된다.

7 선택영역을 마스크로 저장하기

선택영역을 마스크로 저장하면 필요할 때마다 불러와 사용할 수 있다. '배경' 레이어를 클릭한 후 레이어 팔레트의 마스크 추가 아이콘을 클릭한다. 레이어에 마스크가 추가되고 화면에는 마스킹된 부분이 투명하게 나타난다.

그리고 선택영역을 전담하는 '선택 및 마스크' 창 '선택 및 마스크' 창은 사각형 선택 윤곽 도구, 올가미 도구, 빠른 선택 도구 등 선택 도구의 옵션바에 공통으로 제공되는 기능이다. 선택영역을 빼거나 추가하고, 다듬는 등 선택 영역을 정교하게 만들 수 있도록 돕는다.

❶ 마스크 가장자리 다듬기 도구

빠른 선택 도구: 포토샵 툴바의 빠른 선택 도구와 같다.

가장자리 다듬기 브러시 도구: 머리카락이나 동물의 털 등을 섬세한 투명도를 이용해 다듬는다.

브러시 도구: 브러시 도구과 같다. 칠해서 선택영역을 추가하거나 뺀다.

개체 선택 도구: 개체 선택 도구와 같다. 인공지능으로 개체를 선택한다.

올가미 도구: 올가미나 다각형 도구를 이용해 선택영역을 추가하거나 뺀다.

손 도구: 확대되었을 때 가려진 부분으로 이동한다.

돋보기 도구: 사진을 확대나 축소해서 본다.

❷ **보기 모드:** 선택영역과 선택되지 않은 영역을 다양한 모드로 볼 수 있다. 각자 보기 편한 것을 선택하자.

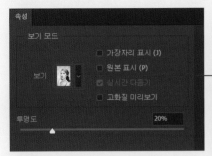

[보기 종류] 보기 모드를 선택한다.
어니언 스킨: 선택되지 않은 영역의 투명도를 선택한다.
개미들의 행진: 경계선을 점선으로 표현한다.
오버레이: 지정된 오버레이 색상을 씌운다.
검정 바탕: 선택되지 않은 부분을 검정으로 본다.
흰색 바탕: 선택되지 않은 부분을 흰색으로 본다.
흑백: 선택영역은 흰색, 나머지는 검정으로 본다.
레이어 바탕: 선택되지 않은 영역을 투명 레이어로 본다.

가장자리 표시: 다듬기 영역을 본다.
원본 표시: 원본을 본다.
실시간 다듬기: 다듬은 것을 실시간으로 본다.
고화질 미리보기: 고화질로 미리 볼 수 있지만, 브러시 등을 사용하면 느려질 수 있다.
투명도: 선택영역 외 부분을 얼마나 가릴지 정한다.

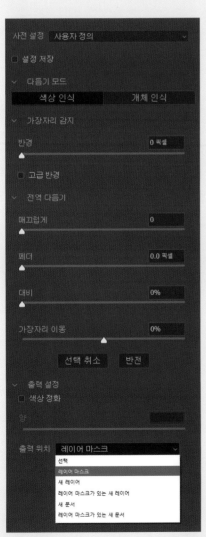

❸ **사전 설정:** 기본값이다. 자주 사용하는 설정을 저장하거나 불러온다.
'설정 저장'을 체크하면 설정이 저장된다.

❹ **다듬기 모드**
  - 색상 인식: 비슷한 색과 다른 색을 구별해 다듬는다.
  - 개체 인식: 인공지능을 이용해 가장자리 다듬기를 한다.

❺ **가장자리 감지**
  - 반경: 이미지 가장자리 반경을 정한다.
  - 고급 반경: 체크하면 이미지 가장자리 반경을 자동으로 선택한다.

❻ **전역 다듬기**
  매끄럽게: 찌글찌글한 가장자리를 매끄럽게 처리할 양을 정한다.
  페더: 가장자리 경계의 부드러운 정도를 정한다.
  대비: 선택영역 가장자리를 뚜렷하게 하거나 흐리게 한다.
  가장자리 이동: 가장자리를 선택영역 안쪽이나 바깥쪽으로 이동한다.

❼ **출력 설정**
  색상 정화: 가장자리의 색수차를 제거한다. (333쪽)
  양: 색수차를 제거할 때 얼마나 제거할지를 지정한다.
  출력 위치: 다듬은 가장자리를 기록할 레이어를 선택한다.
  기본적으로 불러온 선택 마스크에 기록된다.

선택영역 만들기 연습 - 배경 바꾸기　지금까지 배운 선택 도구들을 연습할 차례다. 가장 자주 사용하는 개체 선택 도구와 '선택 및 마스크' 창을 이용해 배경색을 바꿔보자. 머리카락이나 털처럼 섬세한 부분을 선택하는 방법이기도 한데, 이 정도만 알아도 어지간한 건 대부분 선택할 수 있다.

1　포토샵으로 내보내기

라이트룸에서 사진을 마우스 오른쪽 버튼으로 클릭한 후 '응용 프로그램에서 편집 – Adobe Photoshop 2024에서 편집'을 클릭한다. 포토샵이 실행되면서 사진이 나타난다.

2　개체 선택 도구 사용하기

툴바에서 개체 선택 도구를 클릭한다. 인물에 마우스 포인터를 가져가면 오버레이가 표시되는데, 이때 클릭한다. 인공지능이 알아서 분석한 후 인물을 선택해 준다.

3 마스크 만들기

레이어 패널에서 '배경' 레이어를 선택한 후 레이어 마스크 아이콘을 클릭한다. 현재 선택영역이 마스크로 나타난다. 레이어 마스크를 클릭한 후 포토샵 화면 위쪽의 옵션바에서 '선택 및 마스크' 버튼을 클릭한다.

 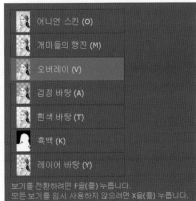

4 보기 모드 바꾸기

선택 및 마스크 창이 나타난다. 보기 모드 기본값은 '어니언 스킨'인데, 선택영역이 좀 더 잘 보이도록 '오버레이'를 선택하자.

5 입술 부분이 반투명하게 보이는 걸 보니 제대로 선택되지 않은 상태다. 툴바에서 브러시 도구를 선택한 후 [,] 키를 눌러 브러시 크기를 조절한다. 브러시를 적당한 크기로 만든 후 입술 부분을 칠해 선택한다.

6 손가락 부분도 반투명하게 보인다. 같은 방법으로 브러시로 칠해 선택한다.

  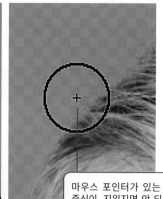

7 툴바에서 가장자리 다듬기 브러시 도구를 선택한 후 ［, ］ 키를 눌러 브러시 크기를 조절한다. 브러시를 적당한 크기로 만든 후 가장자리를 칠한다. 이때 원 중심이 피사체 내부로 들어가지 않게 주의하자. 여러 번 칠하거나 다시 해도 되니 편안하게 작업한다. 다 되었으면 '확인' 버튼을 클릭한다.

마우스 포인터가 있는 브러시 중심이, 지워지면 안 되는 부분으로 들어가면 안 된다.

8 레이어 패널에서 새 레이어를 만든다. 원하는 색으로 채워 주면 배경이 바뀐다. 확대해 보니 머리카락 부분이 깔끔하지 않다.

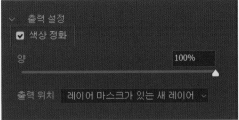

9 좀 더 다듬어야 한다. 다시 '레이어 0'의 마스크를 클릭한 후 옵션바에서 '선택 및 마스크'를 클릭한다. 창이 나타나면 오른쪽에 있는 '출력 설정'의 '색상 정화'를 체크한다. 머리카락처럼 가느다란 선택영역 외곽을 한 번에 깔끔하게 처리할 수 있는 옵션이다. 이런 식으로 작업하면 된다.

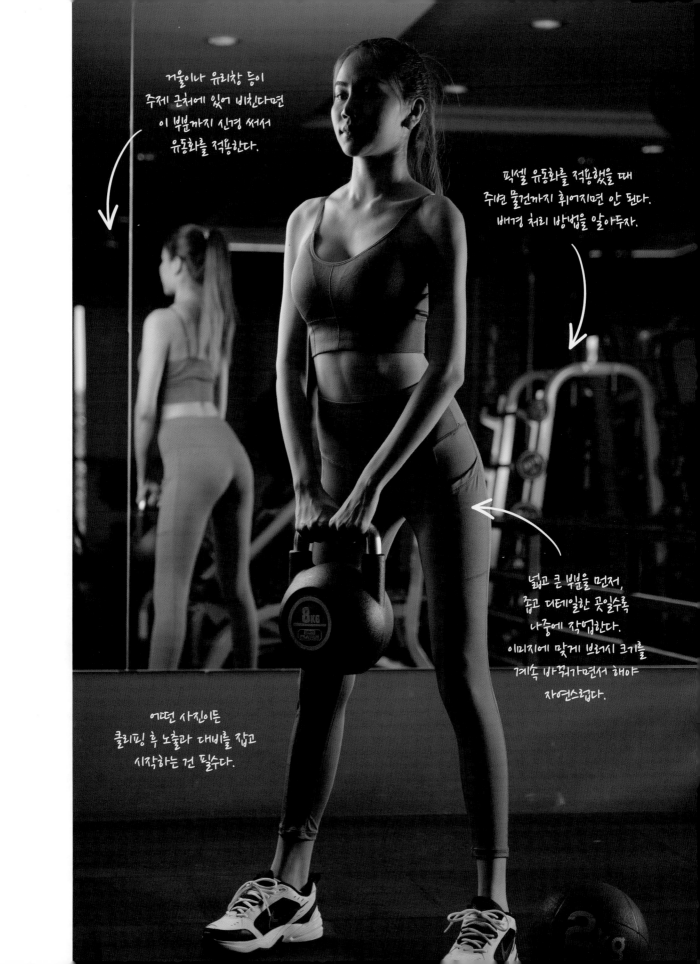

거울이나 유리창 등이
주제 근처에 있어 비친다면
이 부분까지 신경 써서
유동화를 적용한다.

픽셀 유동화를 적용했을 때
주변 물건까지 휘어지면 안 된다.
배경 처리 방법을 알아두자.

넓고 큰 부분을 먼저,
좁고 디테일한 곳일수록
나중에 작업한다.
이미지에 맞게 브러시 크기를
계속 바꿔가면서 해야
자연스럽다.

어떤 사진이든
클리핑 후 노출과 대비를 잡고
시작하는 건 필수다.

형태를 바꾸는 픽셀 유동화(포토샵)

헬스 10년보다 더 대단한 근육

예제사진 BOOK2/헬스장
완성사진 BOOK2/헬스장 완성

1단계: 라이트룸 보정

Before

After

눈, 코, 입, 턱, 얼굴선, 목, 팔뚝, 다리, 허리선 등 인물의 형태를 보정할 때는 포토샵의 픽셀 유동화 필터를 이용한다. 사진의 형태 보정은 소극적이어야 한다는 걸 기억하자. 원래 모습을 잃지 않아야 자연스럽고 아름답다. 이런 작업을 할 때는 머릿속에 어떤 모양으로 보정할 것인가를 미리 생각하고 진행하는 게 좋다. 예제를 따라 해보면서 기능도 알아야 하지만, 실제로 작업할 때 어떤 순서로 하는지를 꼼꼼히 보면 도움이 될 것이다. 이번에는 라이트룸에서 먼저 전체적인 보정을 한 후 포토샵으로 내보내 형태를 변형하는 것까지 해보자.

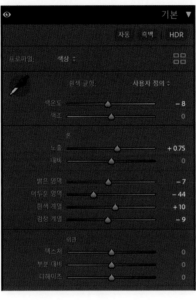

1 전체 톤 보정하기

'기본' 패널에서 톤과 색감을 보정한다. 좀 더 경쾌하고 주제가 돋보일 수 있도록 조정한다. (흰색 계열 +10, 검정 계열 -9, 밝은 -7, 어두운 -44, 노출 +0.75, 색온도 -8)

2 색상 토닝하기 - 색으로 원근감 표현하기

주제에는 따뜻한 색상을, 배경에는 차가운 색상을 적용한다. 차가운 색은 멀리, 따뜻한 색은 가까이 있는 듯한 느낌을 주는 색 이론을 이용한 것이다. '색 보정' 패널에서 '어두운 영역'에는 차가운 색, '중간톤'에는 따뜻한 색을 선택한다.

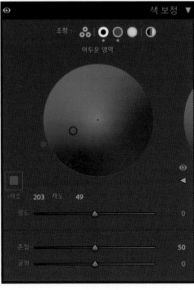
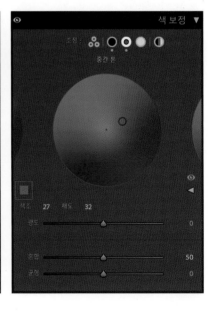

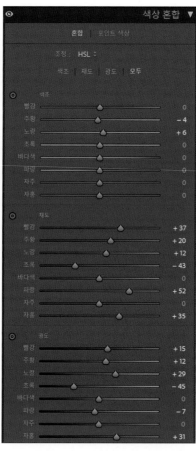

3 색상 조정하기

색상을 좀 더 섬세하게 표현하기 위해 '색상 혼합' 패널에서 각 색상을 조정한다. 색조, 채도, 광도 슬라이드를 이용해 원하는 분위기로 만든다. 책과 똑같을 필요 없으니 각자의 느낌에 따라 작업하자. 여기서는 사진에 깔린 초록색의 채도를 내리고, 다른 색의 채도와 광도를 올려 좀 더 선명하고 밝은 느낌이 들도록 했다.

그래도 책과 똑같이 하고 싶다면 완성 파일의 작업내역을 보면 된다.

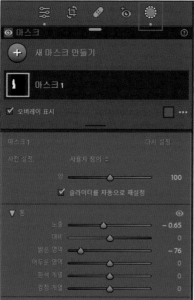

4 거울에 반사된 모습이 너무 밝다. 좀 더 어둡게 처리해 주제에 시선이 가도록 만든다. 브러시 마스킹 툴을 이용해 거울 속의 모습을 칠해 선택한 후 '노출'과 '밝은 영역'을 줄인다. (노출 -0.65, 밝은 영역 -76)

5 거울에 반사된 천장도 전체적으로 너무 밝다. 어둡게 처리해야 하는데, 이렇게 넓은 부분을 선택할 때는 선형 그레디언트 마스킹 툴이 좋다. 천장을 선택한 후 노출을 낮추고, 마스크 빼기를 이용해서 주제 부분의 노출까지 어두워지지 않도록 만든다.

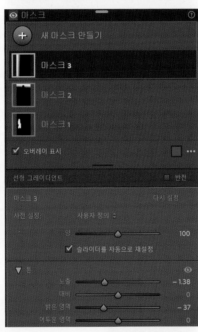

6 왼쪽 가장자리가 너무 밝아 시선을 분산시킨다. 이 부분을 전체적으로 어둡게 만들어 주제에 대한 집중도를 높이자. 선형 그레디언트 마스킹 툴을 이용해 선택한 후 '노출'과 '밝은영역'을 낮춘다.

7 포토샵으로 내보내기
전체적인 보정이 끝났다. 이제 포토샵으로 보내 근육질 스포츠맨으로 바꿔보자. 사진을 마우스 오른쪽 버튼으로 클릭한 후 '응용 프로그램에서 편집 - Adobe Photoshop 2024에서 편집'을 클릭한다.

2단계: 포토샵 픽셀 유동화 창 알아보기

'필터 메뉴 – 픽셀 유동화'를 클릭하면 픽셀 유동화 창이 나타난다. 포토샵 화면과 비슷하다.

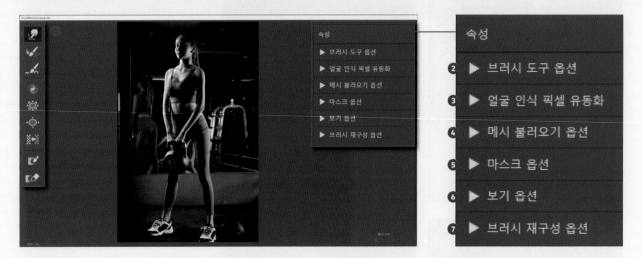

❶ 왼쪽 툴바

뒤틀기 도구: 선택한 크기의 브러시로 모양을 조정한다.

재구성 도구: 유동화로 변형된 모양을 원래대로 되돌린다.

매끄럽게 도구: 형태나 선이 찌그러졌을 때 매끄럽게 편다.

시계 방향 돌리기 도구: 시계 방향으로 돌린다. (Alt 반시계 방향)

오목/볼록 도구: 선택한 크기의 브러시로 오목하게 줄이거나 볼록하게 늘인다.

왼쪽 밀기 도구: 선택한 크기의 브러시로 이미지를 밀거나 당긴다. 드래그하는 방향으로 움직인다.

마스크 고정 도구: 마스크로 덮은 부분에는 효과가 적용되지 않는다.

마스크 고정 해제 도구: 마스크를 지운다.

얼굴 도구: 얼굴을 자동 인식해 안내선을 보여준다.

손 도구: 확대했을 때 화면에 보이지 않는 부분으로 이동한다. (스페이스바+드래그)

돋보기 도구: 확대하거나 축소해서 본다.
(Alt +클릭은 축소)

❷ 브러시 도구 옵션

크기: 브러시 크기를 정한다.

밀도: 브러시로 칠했을 때 효과가 얼마나 많이 적용될지를 정한다.

압력/속도: 디지타이저(태블릿)를 사용할 때 압력과 속도값을 정한다.

❸ 얼굴 인식 픽셀 유동화

얼굴 선택: 사진에 여러 인물이 있을 때 어떤 얼굴을 조정할지 선택한다. 얼굴 도구를 선택하면 안내선이 나타나 쉽게 작업할 수 있다.

눈/코/입/얼굴 모양: 각 부분에 마우스를 가져가면 임의로 조정할 수 있다. 각 패널을 열면 조정 슬라이드가 나타난다.

❹ **메시 불러오기 옵션**

   메시 불러오기: 저장된 작업을 불러온다.

   마지막 메시 로드: 마지막으로 작업한 것을 자동으로 불러온다.

   메시 저장: 현재 작업한 것을 저장한다.

❺ **마스크 옵션**

   없음: 마스크 영역을 모두 없앤다.

   전체 마스크: 전체를 마스크 영역으로 만든다.

   모두 반전: 현재 선택영역을 반전시킨다.

'마스크'는 효과가 적용되지 않도록 막아 놓은 영역을 말한다. 레이어에 이미 마스크나 선택영역이 있을 때, 새로 선택하는 영역을 기존 마스크 영역에 추가할지 뺄지 등을 선택할 수 있다.

이미 있는 붉은색 마스크 영역

마스크 고정 도구로 새로 선택할 영역

선택영역 제거   선택영역 추가   선택영역 빼기   선택영역 교차   선택영역 반전

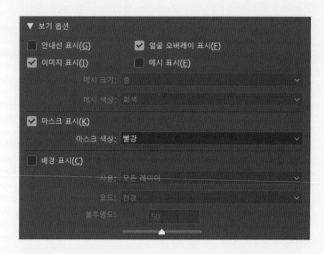

⑥ 보기 옵션

안내선 표시: 안내선을 보여준다.
이미지 표시: 미리보기 창에 이미지를 보여준다.
얼굴 오버레이 표시: 얼굴 도구를 사용할 때 인식한 얼굴의 위치를 안내선으로 보여준다.
메시 표시: 픽셀 유동화가 적용된 모습을 그물 모양의 메시 그래픽으로 보여준다.
메시 크기: 메시 크기를 대/중/소 중 선택한다.
메시 색상: 메시 색상을 선택한다. 기본값은 회색이다.

마스크 표시: 마스크를 표시한다.
마스크 색상: 마스크 색상을 선택한다.

배경 표시: 현재 레이어만이 아니라 다른 배경이나 일반 레이어도 같이 미리보기로 보여준다.
사용: 모든 레이어나 특정 레이어를 선택한다.
모드: 전경/배경/혼합에서 선택한다.
불투명도: 배경 표시된 레이어 미리보기 이미지의 불투명도를 조정한다.

⑦ 브러시 재구성 옵션

픽셀 유동화 작업을 단계별로 혹은 모두 취소할 수 있다. '재구성' 버튼을 클릭하면 몇 단계 뒤로 갈 것인지 선택할 수 있는 대화상자가 나타난다.

픽셀 유동화 중요 단축키

- 뒤로 돌아가기 `Ctrl` + `Z`
- 브러시 크기 `[`, `]`
- 화면 이동 `Space Bar`
- 화면 확대 `Ctrl` +클릭 또는 드래그
- 화면 축소 `Ctrl` + `Alt` 클릭 또는 드래그
- 원본 사진과 현재 작업 전환 `P`

3단계: 픽셀 유동화로 10년 근육 만들기

1 포토샵이 자동으로 실행되면서 이미지가 나타난다.

2 배경 레이어 만들기 `Ctrl`+`J`
이렇게 배경에 사물이 있는 경우 픽셀 유동화 작업을 하다 보면 주제 부분만이 아니라 배경의 형태도 휘어질 수 있다. 만일을 위해 원본을 한 장 더 준비하자. 원본이 들어 있는 '배경' 레이어를 '레이어 만들기' 아이콘 위로 드래그해 복사한다. '레이어 1'이 추가된다.

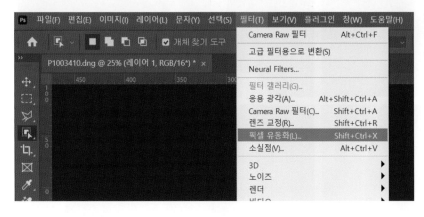

3 픽셀 유동화 필터 실행하기
'레이어 1'을 선택한 상태에서 '필터 메뉴 – 픽셀 유동화'를 클릭한다.

4 큰 브러시 - 대략적인 형태 잡기, 뒤틀기 도구

툴바에서 뒤틀기 도구를 선택한 후 형태를 수정한다. [[ ], [ ]]를 이용해 브러시 크기를 조정할 수 있고, 큰 브러시에서 점차 작은 브러시로 작업하는 게 요령이다. 대략적인 틀을 만든다는 느낌으로 형태를 크게 수정할 부분 먼저 조정하자. 인체의 근육 구조를 생각하면서 만들면 된다. 브러시 중심 부분에서 효과가 가장 크게 적용된다.

5 중간 브러시 - 좁은 부분 수정하기

그다음 브러시 크기를 조금씩 줄여서 목이나 승모근 등 좁은 부분을 수정한다. 거울 속에 비친 모습도 빼놓지 말고 수정하자.

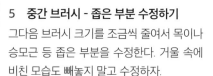

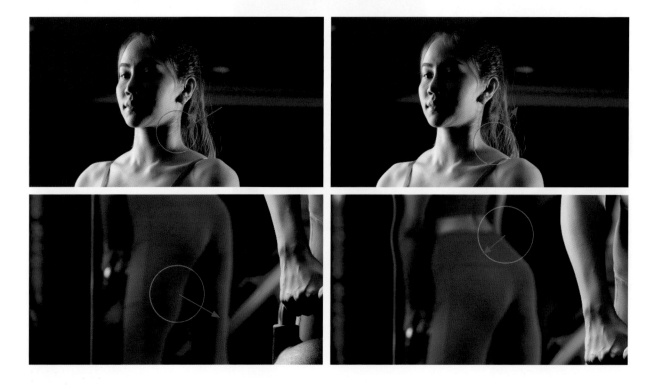

6　가장 작은 브러시 - 디테일 잡기

마지막으로 브러시 크기를 가장 작게 만든 후 형태가 어색한 부분, 너무 각지거나 둥글게 처리된 부분을 수정한다. 다 되었으면 '확인' 버튼을 클릭한다.

근육이 너무 둥글면 리얼리티가 떨어진다. 약간의 각을 주어 긴장감을 만들자.

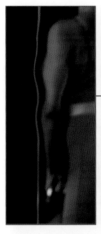

7　찌그러진 배경 살리기

주제 부분은 원하는 대로 되었지만, 주제 근처 배경까지 심하게 찌그러졌다. 거울은 아예 꿀렁꿀렁하게 구겨진 상태다. 배경에 적용된 픽셀 유동화 효과를 제거해 보자.

8　개체 선택 도구로 피사체 선택하기

'레이어 1' 레이어를 선택한 상태에서 '개체 선택 도구'를 클릭한다. 그리고 마우스를 피사체에 가져가면 AI가 피사체를 자동으로 구분해서 선택 준비를 마친다. 클릭하면 바로 선택된다.

9 추가 선택하기 Shift

손에 들고 있는 케틀벨이 선택되지 않았다. Shift 를 누른 상태에서 마우스 포인터를 케틀벨 쪽으로 가져가면 AI가 추가로 덤벨을 선택해 준다. Shift 를 누른 상태에서 클릭하면 선택영역으로 추가된다. 같은 방법으로 거울 속에 비친 뒷모습도 추가하자.

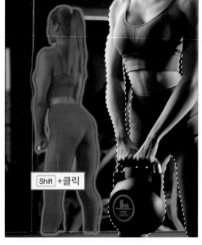

10

'레이어 1'이 선택된 상태에서, 레이어 마스크 아이콘을 클릭하면 현재 선택영역이 마스크 레이어로 바뀐다. 마스크의 검은색 부분이 가려지고 대신 아래쪽에 있는 '배경' 레이어의 원본 이미지가 보인다. 결과적으로 찌그러진 배경이 원래대로 보이게 되는 것이다.

11 부분적으로 어둡게 만들기

마지막으로 어두움을 더해 복근과 근육을 좀 더 강조해 주자. 새 레이어 만들기 아이콘을 클릭해 레이어를 하나 더 만든다. 레이어 옵션에서 '광도'를 선택한다.

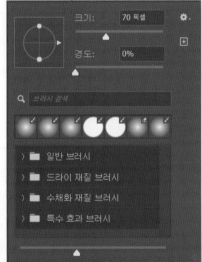

12 브러시 도구 선택하기

전경색을 검정으로 선택하고, 툴바에서 브러시 도구를 클릭한다. 화면 위쪽 옵션바에서 불투명도 10%, 브러시 크기 70픽셀, 경도 0% 정도로 적당히 선택한다.

13 '레이어 2'가 선택된 상태인지 한 번 더 확인한다. 근육에서 강조할 부분을 검은 브러시로 칠해 준다. 밝은 곳 사이사이에 있는 작은 어두움을 강조하면 훨씬 효과적이다. 브러시 크기를 조정해 가면서 작업하고, 다 되었으면 '파일 메뉴 - 저장'을 클릭한다. 라이트룸 화면으로 돌아오면 파일이 자동으로 들어와 있을 것이다.

뉴럴 필터(포토샵 AI)
이제 깨끗한 피부 보정은 AI로!

예제사진 BOOK2/피부 보정
완성사진 BOOK2/피부 보정 완성

피부 보정을 하는 방법은 포토샵의 역사만큼이나 종류가 많다. 한때 많은 사랑을 받았던 주파수 분리법도 있었지만, 바야흐로 AI 시대다. 인공지능이 알아서 보정해 주고, 품질 역시 상당히 좋다. 쉽고 빠른 길 놔두고 굳이 어려운 길을 갈 필요 없다. 물론 전문가가 주파수 분리법이나 기타 방법을 사용해 보정하면 AI를 이용한 것보다 좀 더 자연스럽긴 하다. 주파수 분리법을 꼭 배우고 싶다면 유튜브나 인터넷에 자료가 많으니 쉽게 찾을 수 있을 것이다. 참고로 왼쪽이 AI를 이용한 피부 보정이고, 오른쪽이 전통적인 주파수 분리를 이용한 피부 보정이다. 이제는 그 차이가 거의 의미 없는 정도라고 생각한다.

AI를 이용한 피부 보정

주파수 분리를 이용한 피부 보정

1 포토샵으로 내보내기

사진을 마우스 오른쪽 버튼으로 클릭한 후 '응용 프로그램에서 편집 – Adobe Photoshop 2024에서 편집'을 클릭한다.

2 포토샵이 실행되면서 자동으로 이미지가 나타난다.

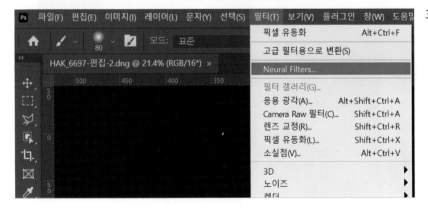

3 '필터 메뉴 – Neural filters'를 클릭한다.

4 뉴럴 필터 창이 나타난다. 피부를 보정하기 위해 '피부를 매끄럽게'를 클릭해 활성화한다. 바로 AI가 인물의 피부를 검색해 효과를 적용해서 보여준다.

필터 적용 전   필터 적용 후

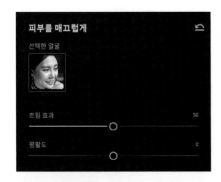

5 '피부를 매끄럽게'에는 2가지 옵션이 있다. AI가 최적으로 표현해 주기 때문에 기본값 그대로 사용해도 무방하다. 여기서는 기본값으로 놔두고 '확인' 버튼을 클릭한다.

흐림 효과: 0~100까지 조정할 수 있으며, 기본값은 50이다. 0으로 갈수록 보정은 약하게 적용되지만 자연스럽고, 100으로 갈수록 보정도 많이 되고 부자연스럽다.

평활도: -50~ +50까지 조정할 수 있으며, 기본값은 0이다. 피부의 작은 콘트라스트를 조정해 좀 더 매끈하게 보이게 한다. 사진에 따라 큰 차이가 없을 수 있다.

흐림 효과 0

흐림 효과 100

평활도 -50

평활도 +50

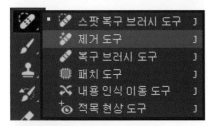

6 피부 트러블 제거하기

전체적인 피부 보정은 AI 필터로 빠르게 처리했다. 이제 다 지워지지 않은 피부 트러블을 제거할 차례다. 툴바에서 제거 도구를 선택한 후 [,] 를 눌러 피부 트러블보다 조금 더 크도록 브러시 크기를 만든다. 트러블을 클릭하면 제거된다.

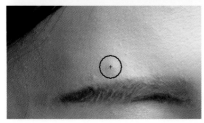

7 눈썹 안에 있는 트러블이라도 과감하게 클릭한다. 제거 도구는 AI 기술을 이용하기 때문에 컴퓨터가 알아서 판단해 눈썹을 자연스럽게 이어 주고 필요 없는 부분만 지워 준다. 브러시 크기를 작게 해서 칠하면 보기 싫게 삐져나온 머리카락도 금방 제거할 수 있다.

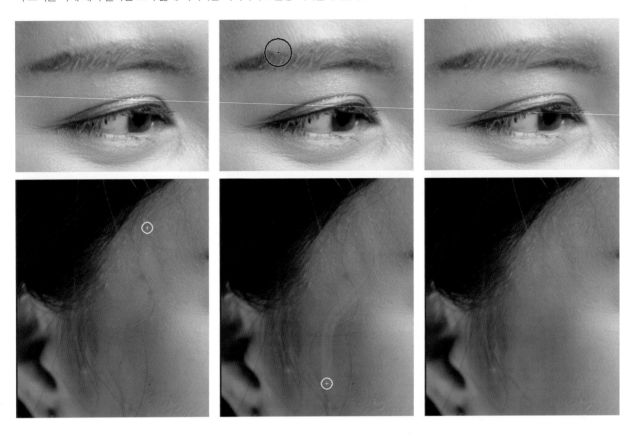

8 점, 잡티, 흉터, 화장 얼룩 등 눈에 띄는 부분은 모두 같은 방법으로 제거한다. 완성되면 '파일 메뉴 - 저장'을 클릭해서 라이트룸으로 가져온다.

버닝과 닷징
인물사진을 특별하게 만드는 수작업의 힘

예제사진 BOOK2/버닝과닷징
완성사진 BOOK2/버닝과닷징 완성

AI가 사진 보정에도 적극적으로 도입되고 발전을 거듭하는데도, 버닝과 닷징은 여전히 없어서는 안 될 필수 도구다. 버닝(Burning)은 사진에서 좀 더 어두워야 하는 부분을 더 어둡게 만들고, 닷징(dodging)은 더 밝아야 하는 부분을 더 밝게 만드는 것을 말한다. 사실 사진 보정은 이것만으로도 충분히 매력적으로 사람들에게 다가갈 수 있다. 그래서 여전히 가장 많이 사용하며, 거의 모든 사진 보정에 빠지지 않고 등장한다. 예제사진은 반드시 보정해야 할 문제가 있는 것은 아니다. 하지만 버닝과 닷징이 더해졌을 때 사진의 느낌이 얼마나 극대화되는지 확인하고 시작하자.

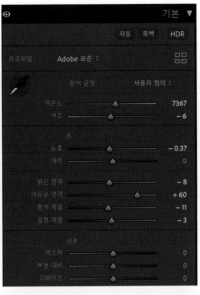

1 전체 톤 보정하기

먼저 풍부한 표현을 위해 높은 계조를 확보한다. '기본' 패널에서 클리핑 후 '밝은 영역, 어두운 영역'을 조절해 대비를 살린다. '색온도'를 살짝 조정하고, '노출'을 조금 더 어둡게 만든다. (흰색 계열 -11, 검정 계열 -3, 밝은 -8, 어두운 +60, 색온도 7367, 색조 -6, 노출 -0.37)

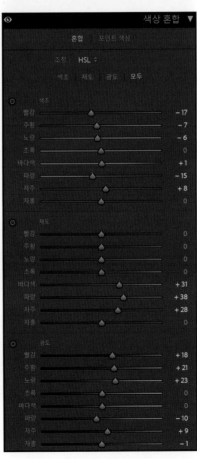

2 색상 강조하기

'색상 혼합' 패널에서 색조, 채도, 광도를 이용해 색상을 조정한다. 사진 속의 불빛이 더 생생하게 살아나도록 붉은빛을 강조하고, 파란 배경을 더 어둡게 만들어 대비를 주었다.

> 거듭 말하지만 조정값 자체가 책과 똑같을 필요없다. 색감에 정답이 따로 있는 것은 아니기 때문이다. 그래도 책과 똑같이 하고 싶다면 완성 파일의 작업내역을 보면 된다.

3 색상 토닝하기 - 평면적인 사진에 원근감 더하기

전체적인 컬러의 통일감과 색 대비를 극대화하기 위해 '색 보정' 패널에서 '어두운 영역'은
차가운 톤으로, '중간톤 영역'과 '밝은 영역'은 따뜻한 톤으로 만든다.

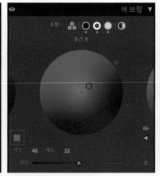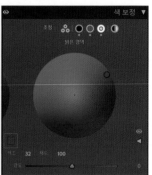

어두운 영역   중간 톤   밝은 영역

4 닷징(밝게), 버닝(어둡게) 작업하기

전체적인 톤은 수정했으니, 이제 부분적으로
더 어두워야 하는 부분과 밝은 부분을 찾아
줘야 한다. 마스킹 툴을 클릭한 후 '브러시'를
선택한다. '새로운 마스크'가 나타난다.

5 번(어둡게)

가장 중요한 주제 부분부터 시작한다. 중간
중간 마우스 휠을 조정해 적당한 크기의 브
러시를 만들어 가면서 좀 더 어두워져야 하
는 부분을 찾아 칠한다.

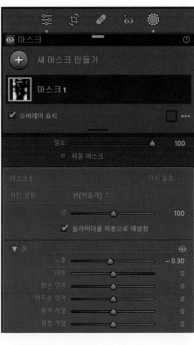

6 배경에서 어두워져야 할 부분도 칠한 후 '사전 설정'에서 '번(어둡게)'을 선택하면 어두워진다. 필요에 따라 '노출'도 살짝 내려준다. (노출 -0.30)

7 닷지(밝게)

브러시 마스크를 하나 더 만든다. 브러시 크기를 정하고, '사전 설정'에서 '닷지(밝게)'를 선택한다. '노출'도 살짝 올린 후 조금 더 밝아져야 하는 부분을 꼼꼼히 찾아 칠해 준다. 이런 식으로 칠한 다음에 효과를 줘도 되고, 미리 효과를 선택해서 작업해도 된다. 물론 수정할 수도 있다. (노출 0.25)

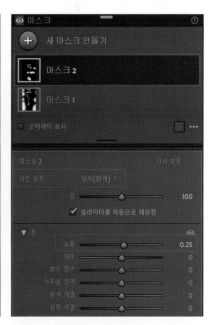

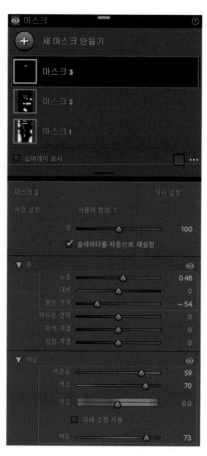

8 색상 강조하기

브러시 마스크를 하나 더 만든다. 불꽃이 시선을 가장 끄는 부분이니 돋보이게 만들자. 브러시로 불꽃 부분을 선택하고 '노출'과 '밝은 영역', '색온도, 색조, 채도'를 조정한다.

9 주제 강조하기

주제를 강조하기 위해 주변을 어둡게 만들자. 방사형 그레이디언트 마스크를 하나 만든다. 주제를 감싸도록 화면의 중심에서 길게 선택한다. 붉은 부분이 효과가 적용되는 부분이다. '마스크' 패널에서 '반전'을 체크해 선택영역을 반대로 바꿔준다.

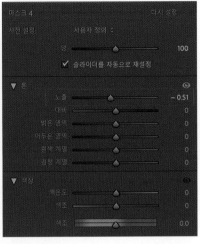

10 '노출'을 줄여 주변을 살짝 어둡게 만든다. (노출 -0.51)

11 주제 부분에 살짝 빛이 부족한 느낌이다. 브러시 마스크를 하나 더 만든다. 밝아져야 할 부분을 칠해서 선택한 후 노출값을 좀 더 올리면 완성이다. (노출 0.48)

배경은 더 어둡게, 인물은 더 밝게
분리해서 보정하자. 주제를 돋보이게
만드는 방법이다.

왼쪽 눈과 달리 오른쪽 눈에
반사광이 없으니 힘이 없다.
반사광을 만든다.

특히 수행자의
강렬한 눈빛을 강조해
타이트한 인물사진의
묘미를 살린다.

전체적으로 노출이 부족하고,
색온도가 맞지 않는다.

인물사진에서 수염이나 헤어스타일 등은
사진의 분위기를 전하는 중요한 도구다.
닷징과 버닝으로 강조한다.

라이트룸 보정 종합예제
이미지 너머를 전하는 다큐멘터리 인물사진

예제사진 BOOK2/흰수염사두
완성사진 BOOK2/흰수염사두 완성

다큐멘터리나 보도사진의 경우 진실성은 굉장히 중요하다. 따라서 임의적인 조작은 매우 신중해야 한다. 여기서 '조작'이란 촬영된 이미지에 상황상 의미 있는 사물을 지우거나 추가하는 걸 말한다. 하지만 다큐멘터리 사진에 서도 주제를 강조하기 위해 색상이나 톤 보정 등의 후반작업은 '반드시'라고 해도 될 정도로 필수다.

특히 인물사진은 그 지역의 문화나 행동양식을 간접적으로 체험할 수 있는 매우 중요한 도구라 매우 많이 촬영된 다. 이번에는 다큐멘터리 사진의 규칙, 즉 사진의 진실성을 크게 해치지 않는 범위 안에서 다큐멘터리 스타일의 인물사진을 보정해 보자.

1 '현상' 모듈로 이동하기

라이트룸 '현상' 모듈을 클릭한다. 먼저 원본 사진을 살피는 것에서 시작한다. 전체적으로 약간 노출이 부족하고 색온도가 맞지 않는 다. 특히 수행자의 강렬한 눈빛을 강조해, 타 이트한 인물사진의 묘미를 살려보자.

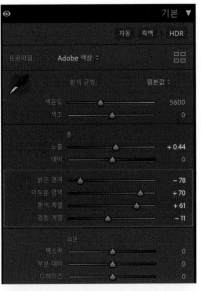

2 전체 톤 보정하기

전체적인 톤을 먼저 보정한다. 살짝 어둡게 느껴지니까 '기본' 패널에서 클리핑해서 계조를 확보한 후 '밝은 영역'과 '어두운 영역'을 조절해 대비를 살린다. '노출'을 살짝 올려 전체적으로 더 밝게 만든다. (흰색 계열 +61, 검정 계열 -11, 밝은 -78, 어두운 +70, 노출 +0.44)

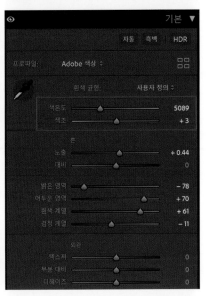

3 화이트 밸런스 조정하기

'색온도'와 '색조'를 조정해서 약간 오렌지색 계열로 돌아가 있는 화이트 밸런스를 잡아 준다. (색온도 5089, 색조 +3)

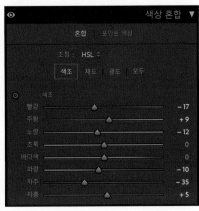

4 색상 조정하기

이제 '색상 혼합' 패널을 이용해 색감을 잡는다. '색조'로 컬러를 흥미롭게 만드는데, 이 사진은 레몬 옐로보다 붉은 느낌의 빛이 더 잘 어울리는 듯하다. 이리저리 색조 슬라이드를 드래그해 보면서 표현하고 싶은 느낌을 찾는다.

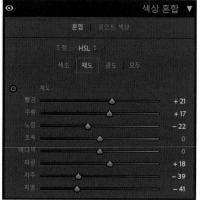

5 채도 조정하기

'채도'에서는 인물에게 비치는 2가지 색상의 빛, 그러니까 왼쪽에서 오는 따뜻한 느낌과 오른쪽에서 오는 차가운 반사광이 은은하게 보이도록 조정한다.

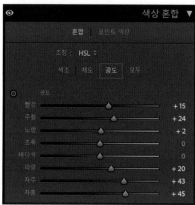

6 광도 조정하기

'광도'에서는 빛과 조명 등을 조정할 수 있다. 따뜻한 색 쪽이 너무 밝아져 클리핑 아웃 되지 않는 범위 안에서, 최대한 밝고 강렬한 느낌을 주도록 보정한다. 반대로 차가운 톤의 반사광 쪽에서도 너무 어두워져 디테일이 사라지지 않도록 주의해서 보정하자.

7 AI로 인물만 선택해 보정하기

마스킹 툴을 클릭한 후 '피사체'를 선택한다. AI가 자동으로 인물을 선택해 새 마스크로 만들어 준다. 인물이 시선을 잡도록 '노출'을 살짝 올려주고, 밝은 부분이 날아가지 않도록 '밝은 영역'은 낮춘다. '색온도'와 '채도'를 살짝 올려 색감을 강조하고, 디테일을 더하기 위해 '텍스처'와 '부분 대비' 값도 올린다.

(노출 0.25, 밝은 영역 -24)
(색온도 7, 채도 20)
(텍스처 36, 부분 대비 37)

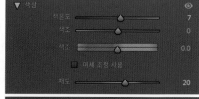

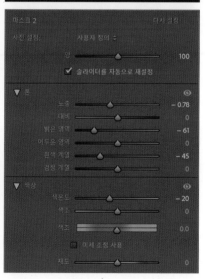

8 AI로 배경만 선택해 보정하기

'새 마스크 만들기'를 클릭한 후 '배경'을 선택한다. AI가 자동으로 배경을 선택해 새 마스크로 만들어 준다. '노출'과 기본 톤을 조정해 전체적으로 밝은 부분을 없앤다. 피사체와의 색 대비를 위해 '색온도'도 낮춘다.

(노출 -0.78, 흰색 계열 -45, 밝은 영역 -61, 색온도 -20)

9　마스크 수정하기

피사체의 오른쪽 아랫부분이 선택되어 어둡게 만든 배경 효과가 적용되었다. AI를 사용하면 이런 식으로 잘못 선택되기도 하는데 간단히 수정할 수 있다. 이 부분은 배경이 아니라 어두워지면 안 되니 마스크에서 빼주자. 마스크에서 '빼기' 버튼을 클릭한 후 '브러시'를 선택한다. 마우스휠을 이용해 적당한 크기의 브러시를 만든 다음 해당 부분을 칠하면 된다.

10　수염 강조하기 - 닷징

수염이 인물과 사진의 분위기를 전하니 좀 더 강조해 보자. '새 마스크 만들기' 클릭한 후 '브러시'를 선택한다. 브러시를 쓸 수 있는 마스크를 하나 더 만든 것이다. 수염 부분 중 밝아져야 할 곳을 칠해서 선택한 후 '노출'을 살짝 올려 돋보이게 만든다. 부분적으로 밝게 하는 닷징 작업이다. (노출 0.58)

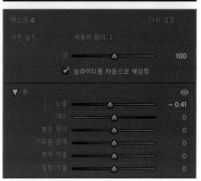

11　수염 강조하기 - 버닝

브러시 마스크를 하나 더 만든다. 이번에는 수염 부분 중 더 어두워야 할 곳을 찾아 좀 더 어둡게 만든다. 마우스 휠을 돌려 필요에 따라 브러시 크기를 조정하면 쉽다. 부분적으로 어둡게 하는 버닝 작업이다. (노출 -0.41)

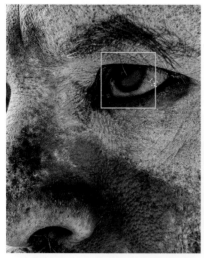

12 눈동자 강조하기

브러시 마스크를 하나 더 만든다. 사진에서 오른쪽 눈동자 아랫부분 반사광을 조금 더 돋보이게 만들어 날카로운 인상을 주자. Space Bar 를 누른 상태에서 마우스로 이 부분을 클릭해 100% 확대된 화면에서 작업하면 쉽다. (노출 0.38, 어두운 영역 24)

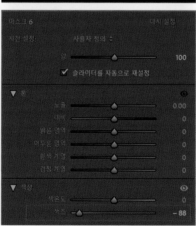

13 배경을 지루하지 않게 만들기

브러시 마스크를 하나 더 만든다. 색상을 바꾸고 싶은 부분을 칠해 선택한 후 '색조'를 어둡게 만든다. 이렇게 하면 밝은 인물과 대비되어 더 흥미로운 분위기로 연출할 수 있다.

14 반사광 복제하기

이제 거의 완성되었는데, 오른쪽 그늘에 있는 눈매에 반사광이 없어 뭔가 힘이 없어 보인다. 왼쪽 눈에는 반사광이 확실하게 있는 게 보일 것이다. 이것을 복제해 아래 사진처럼 오른쪽 눈으로 가져오자.

15 복구 툴에서 복제 도구를 선택하고, 왼쪽 눈의 반사광보다 조금 큰 브러시를 만든다. 그 다음 반사광을 넣을 위치를 클릭한다.

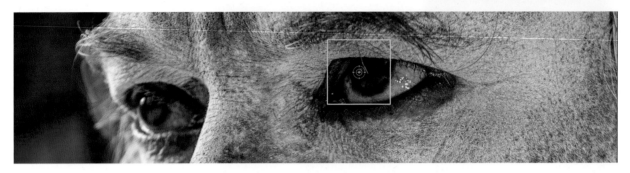

16 도장 아이콘이 있는 흐린 원이 복제된 부분이고, 원본 소스는 진한 원으로 표시된다.

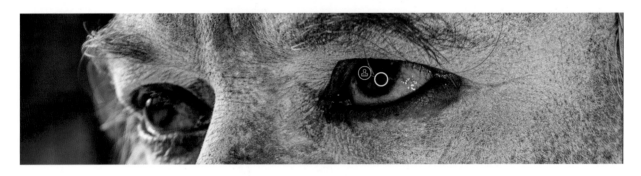

17 진한 원 주변으로 마우스 포인터를 가져가면 마우스 포인터가 손모양으로 바뀐다. 이때 클릭한 후 드래그해서 복제하고 싶은 소스 부분을 선택하면 된다. 여기서는 왼쪽 눈의 반사광 부분으로 드래그하면 반사광이 그럴듯하게 복제된다. 복제 부분 가장자리가 날카롭지 않도록 '페더'를 넣는 걸 잊지 말자. 여기까지 하면 완성이다.

Product

상품

주제인 제품만 주인공으로 돋보여야 하는 사진이다.
배경을 더 단순하게 정리한다.

제품사진에 가장 중요한
로고가 흐릿하다.

배경과 주제의
경계가 애매하다.
좀 더 선명하게 분리하자.

어떤 사진이든 클리핑으로
계조를 확보하는 것에서
시작한다.
클리핑과 대비 조절로
전체 톤을
깨끗하게 만든다.

상업적인 사진의
먼지나 흠집을 완벽하게
제거하는 방법을
알아두자.

상업사진 보정의 기본, 흠집과 먼지 제거

흠 없는 완벽한 상품을 만든다

판매가 목적인 사진은 객관적이어야 한다.

판매를 목적으로 해당 제품을 가장 잘 표현할 수 있도록 촬영하는 사진을 '제품사진' 혹은 '상품사진'이라고 부른다. 제품사진 대부분은 최대한 객관적으로 보이도록 보정하는 게 기본이다. 다른 사진들과는 달리 감성적인 색 보정이나 톤 조정보다는 제품을 있는 그대로 보여주는 느낌을 유지하는 게 중요하다.

잘 안보인다고 무시하면 안 된다 - 먼지와 흠집 제거

촬영할 때 아무리 잘 닦고 관리해도 어쩔 수 없이 작은 먼지나 흠집 같은 것이 사진에 남을 수밖에 없다. 이런 걸 무시하고 넘어가면 완성도에 많은 문제가 생길 수 있다. 저해상도인 인터넷 화면 등에서만 쓰인다면 보이지 않을 수도 있다. 하지만 고품질 인쇄나 대형 출력 등을 하면 보는 눈도 많고, 또 의외로 잘 보인다. 꼼꼼히 제거하자.

제품사진 보정에 자주 쓰이는 기능을 익히자

제품을 돋보이게 하는 보정 방법과 주의할 점이 몇 가지 있다. 특히 촬영 준비를 아무리 꼼꼼히 하고 닦고 또 닦아 촬영해도 사진으로 보면 먼지나 지문, 흠집 등 여러 문제가 보인다. 때로는 촬영자나 스탭들의 손끝이나 옷자락 등이 걸리기도 한다. 촬영 시 발생하는 여러 문제를 제거해서 완벽한 한 장을 만드는 방법을 배워두자.

예제사진 BOOK2/술병
완성사진 BOOK2/술병 완성

1 전체 톤 보정하기 - 클리핑, 대비, 선명도

라이트룸에서 기본 보정을 먼저 진행한다. '기본' 패널에서 클리핑으로 계조를 확보하고, 사진 분위기에 맞게 '밝은 영역'과 '어두운 영역'을 적절히 조정해 선명하게 만든다. '텍스처'와 '색조'를 이용해 살짝 진하게 하자.

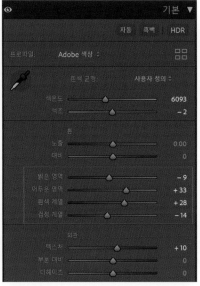

2 상표와 로고 강조하기

마스킹 툴을 클릭한 후 '브러시'를 선택해 새 마스크를 만든다. 이미지에 맞게 브러시 크기를 조절하면서 살짝 어두워 보이는 뚜껑과 앞에 있는 상표 부분을 선택한다.

 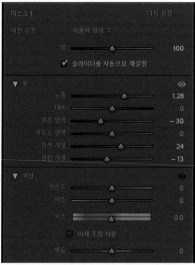

3 브랜드 로고가 좀 더 맑고 투명하게 보이도록 보정한다. '노출'을 올리고 '검정 계열'을 내려 전체적으로 밝게 만든다. 너무 튀지 않도록 '밝은 영역'을 내려 차분하게 어울리게 만들자. (노출 1.28, 밝은 영역 -30, 흰색 계열 24, 검정 계열 -13)

4 포토샵으로 내보내기

흠집 제거는 포토샵에서 해야 한다. 사진을 마우스 오른쪽 버튼으로 클릭한 후 '응용 프로그램에서 편집 – Adobe Photoshop 2024에서 편집'을 클릭한다. 포토샵이 자동으로 실행되면서 사진이 나타난다.

5 지워야 하는 먼지가 한두 개라면 라이트룸에서도 간단히 처리할 수 있지만, 이 사진처럼 엄청나게 많을 땐 포토샵이 훨씬 더 편하다. 확대해 보면 바닥 아크릴판에 있는 많은 먼지가 눈에 띈다.

6 레이어 복제하기 `Ctrl` + `J`
우선 원본이 들어있는 '배경' 레이어를 클릭
한 후 단축키를 눌러 복제한다.

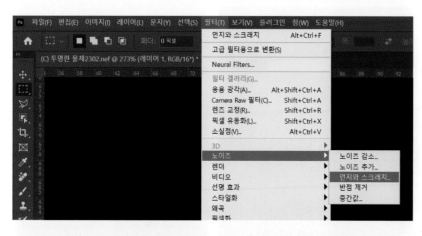

7 '필터 메뉴 - 노이즈 - 먼지와 스크래치'
를 클릭한다.

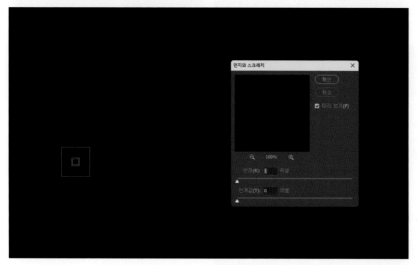

8 '먼지와 스크래치' 대화상자가 사진 위에
나타난다. 미리보기 화면에서 먼지가 잘 보이
도록 이미지에서 눈에 띄는 먼지를 클릭한다.

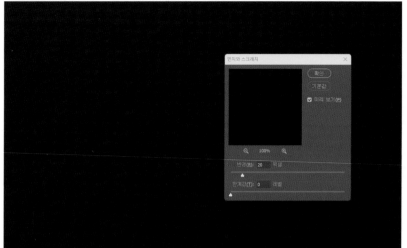

9 미리보기 창을 보면서 '반경' 슬라이드를 서서히 올려보자. 화면도 같이 보면서 먼지가 완전히 사라지고 깨끗하게 보이는 값을 찾으면 된다. 이 사진에서는 반경 20픽셀 정도가 적당하다.

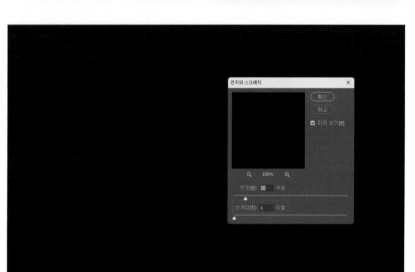

10 이번에는 '한계값'을 먼지가 보이지 않을 정도로 최대한 올려준다. 이번에는 1레벨 정도가 적당하다. 다 되었으면 '확인'을 클릭한다.

11 배경과 주제 분리하기
먼지는 사라졌지만, 주제 부분인 술병까지 뭉개졌다. 주제 부분에만 마스크를 씌워 원본을 살려보자. 먼지를 제거한 레이어는 배경으로만 쓰고, 술병은 선명한 원본 이미지를 쓰기 위한 방법이다.

12 레이어 마스크를 검정색으로 채우기

먼지를 제거한 '레이어 1'이 선택된 상태에서 레이어 마스크 아이콘을 클릭하면, 레이어 마스크가 나타난다. 레이어 마스크를 클릭해 선택한 후 검정으로 칠한다.

툴바 기본값은 전경색 검정, 배경색 흰색이다. X 를 눌러 컬러를 반대로 바꾼 후 Ctrl + Backspace 를 누르면 된다.

 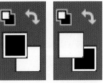

13 현재 먼지를 깨끗하게 제거한 '레이어 1'을 검은 마스크로 다 가린 상태다. 이렇게 하면 '레이어 1' 사진이 까맣게 덮여서 숨겨지고, 아래 있는 원본인 '배경' 레이어만 보인다. 당연히 먼지도 처음과 똑같이 다 보인다.

14 브러시 툴 사용하기

툴바에서 브러시 툴을 선택한 후 화면 위쪽의 옵션바에서 브러시 크기 250픽셀, 경도 100 정도로 설정한다. 전경색이 흰색인 것과 레이어 1 마스크 부분이 선택되었는지 한 번 더 확인한다.

15 브러시가 상당히 큰데, 걱정하지 말고 먼지가 보이는 부분을 쓱쓱 대충 문지르면 먼지가 깔끔하게 사라진다. 검은 레이어 마스크에 뭔가를 흰색으로 그리면, 그 부분만 마스크가 사라져 '레이어 1' 이미지가 다시 나타나는 것이다.

> 커다란 브러시로 쓱쓱 문질러 먼지를 닦자.

16 나머지 자잘한 흠집과 먼지는 '제거 도구'로 지우면 된다. 사진을 확대해서 꼼꼼히 작업하면 아주 깨끗한 결과물을 얻을 수 있다.

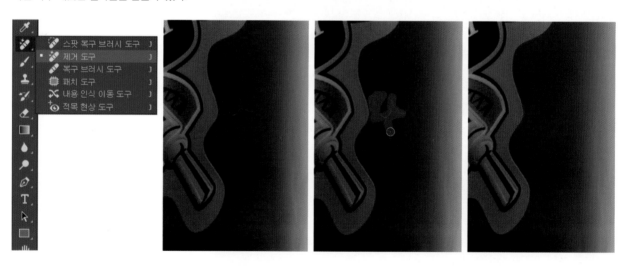

17 반사광 제거하기

더불어 흠집은 아니지만 전체적인 분위기에서 사진에 별로 도움이 되지 않는 반사광이 있다면 '제거 도구'로 지워주자. 물론 이 부분은 사진가의 판단에 따라서 지우지 않을 수도 있다.

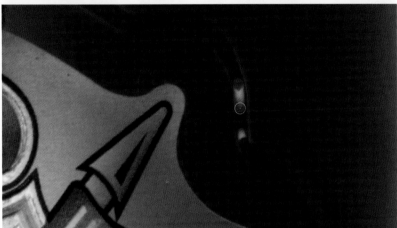

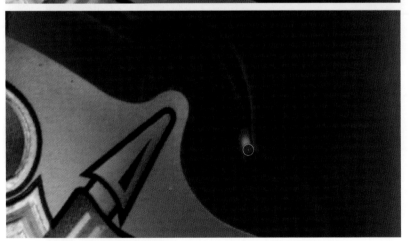

들어가면 안 될 부분이
찰랑되었다.

건반건반으로 노즐이 내려갔고,
누가와 바건길이 섞이 생상한다.

바건길에 거거반한
얼룩이 있다.

대충렇긴 그 젖줄아트릴
부분이의 형아라라트밀

서석봉까니!

감성을 추가한 상품사진 보정
액션이 돋보이는 한순간의 포착

예제사진 BOOK2/워터액션
완성사진 BOOK2/워터액션 완성

사실 요즘 나오는 제품의 50% 이상이 컴퓨터 그래픽으로 처리되는데, 전문가도 실제 촬영인지 CG인지 알아보기가 거의 불가능한 수준이다. 하지만 물이 튄다든지 하는 액션 장면은, 더 사실적이고 자연스러운 결과물을 위해 실제 촬영으로 진행할 때가 많다. 이 예제사진 같은 기법은 맥주나 탄산수 등 음료 시장에서 많이 사용한다. 이런 사진에서는 앞 예제와 달리 객관적인 표현보다 '감성'이 중요하다. 이미지로 소비되는 시장인 만큼 보정도 이부분에 초점을 맞추어 진행한다.

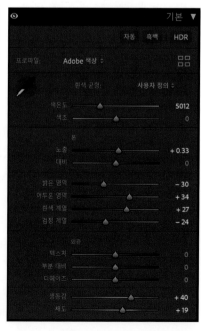

1 전체 톤 보정하기
액션 장면은 잘 담았지만, 전반적으로 노출이 부족하고 색이 칙칙하다. 또 오른쪽 아랫부분에 필요 없는 부분이 있다. 액션 장면이 돋보이도록 보정해 보자. 우선 기본 보정을 통해 선명하고 명쾌한 이미지로 만든다. '기본' 패널에서 클리핑으로 계조를 확보한 후 '밝은 영역'과 '어두운 영역'을 조정해 대비를 높여 선명하게 만든다. '색온도'와 '생동감', '채도' 등을 조정해 시원한 색감을 준다.
(흰색 계열 +27, 검정 계열 -24, 밝은 -30, 어두운 +34, 노출 +0.33, 색온도 5012, 생동감 +40, 채도 +19)

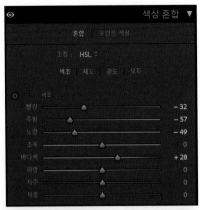

2 주제와 배경에 보색대비 만들기

주제와 배경의 색이 이렇게 명확히 구분될 때는 따로 분리하지 않고 색상을 이용해 보정할 수 있다. '색상 혼합' 패널에서 조금 애매한 음료와 배경의 색을 명확한 보색대비로 만든다. 주제 부분의 빨강과 노랑을 살짝 빼고, 바다색을 더해 노란 기운을 붉게 만든다. 배경에는 붉은 계열을 더하고, 파랑을 높여 더 파랗게 만든다.

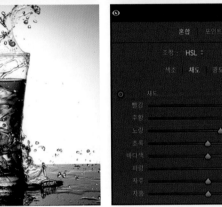

3 액션 부분 보정하기

이제 물이 튀기는 액션 부분을 돋보이게 해보자. 마스킹 툴을 클릭한 후 '브러시'를 선택한다. 새 마스크가 나타나면 적당한 크기의 브러시를 만든 후 초점이 잘 맞은 부분을 칠한다. [[ ], [ ]]를 누르거나 마우스휠을 사용해 브러시 크기를 조정할 수 있다.

4 '텍스처'와 '부분 대비' 값을 올려 선명하고 강한 콘트라스트를 준다. (텍스처 69, 부분 대비 31)

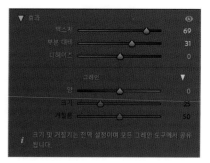

5 배경 깨끗하게 만들기

배경의 그러데이션이 매끄럽지 못하고 얼룩진 것처럼 보인다. 브러시 마스크를 하나 더 만든다. 브러시 크기를 크게 만든 후 얼룩진 부분을 칠해서 선택한다.

6 마스크 2 '사전 설정'의 '사용자 정의'를 클릭한 후 '피부색 부드럽게'를 선택한다. 배경 외곽 부분이 훨씬 더 매끄럽게 바뀐다. '피부색 부드럽게'를 꼭 피부에만 사용할 필요는 없다. 이런 식으로 매끄럽지 못한 얼룩이 있을 때 쓰면 꽤 효과적이다.

7 포토샵으로 내보내기

실수로 촬영자의 팔이 조금 사진에 나왔
다. 처리를 위해 사진을 포토샵으로 내보
낸다. 사진을 마우스 오른쪽 버튼으로 클
릭한 후 '응용 프로그램에서 편집 – Adobe
Photoshop 2024에서 편집'을 클릭한다.

> 촬영 중 실수로 손가락이나 팔 등이
> 들어가는 일은 흔하다. 자주 쓰이니
> 처리 방법을 알아두자.

8 포토샵이 자동으로 실행된 후 사진이 나
타난다. 툴바에서 다각형 올가미 도구를 클
릭한 후 지울 부분을 대충 선택한다. 아래쪽
에 '생성형 채우기' 버튼이 나타나면 클릭한
다. 입력 상자가 나타나는데, 아무것도 입력
하지 말고 바로 '생성'을 클릭한다.

9 컴퓨터가 알아서 현재 선택영역을 분석
한 후 어떻게 처리할지 3가지를 제안한다. 하
나씩 클릭해 확인한다. 여기서는 첫 번째도
나쁘지 않으니 바로 첫 번째를 클릭하자. 마
음에 들지 않는다면 다시 '생성' 버튼을 클릭
하면 된다. 깔끔하게 처리되었으면 완성이다.

10 포토샵에서 라이트룸으로 가져오기
Ctrl + S

이것으로 완성이다. 포토샵에서 '파일 메뉴 –
저장'을 클릭하면 자동으로 사진이 라이트룸
에 나타난다.

의류 상품사진 보정
투명 마네킹? 어떻게 만드는지 신기해!

예제사진 BOOK2/투명마네킹
완성사진 BOOK2/투명마네킹 완성

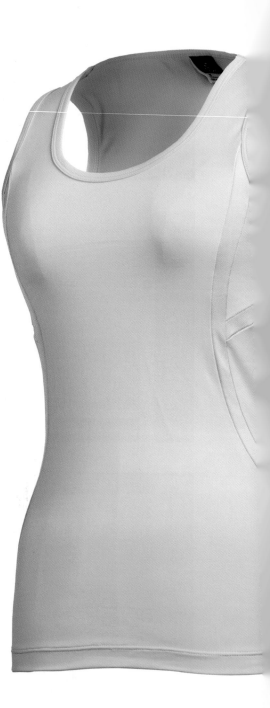

의류상품 사진에 흔히 사용하는 오래된 방법이지만, 그만큼 효과가
좋아서 여전히 많은 사랑을 받고 있다. 뭐든 그렇지만 모를 땐 막연해도
알고 보면 간단하다. 이 용도로 쓸 때는 촬영할 때부터 신경 써야 한다.
먼저 마네킹에 옷을 입혀 촬영한다. 그다음 같은 옷을 뒤집어 입혀 다시
한번 촬영하는 것이 포인트다. 이렇게 촬영한 두 장의 사진이 있으면 투명
인간이 입은 듯한 사진을 만들 수 있다.

1단계: 투명 마네킹을 만들기 위한 촬영 방법

1   마네킹에 옷을 입혀 촬영한다.

2   옷을 뒤집어 입혀 다시 한번 촬영한다.

2단계: 투명한 옷 만들기

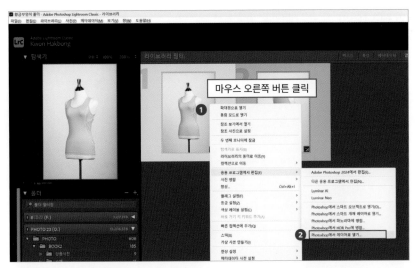

1 포토샵으로 내보내기

이 작업은 포토샵에서 해야 한다. 준비된 사진 2장을 모두 선택한 후 마우스 오른쪽 버튼으로 클릭하고 '응용 프로그램에서 편집 – Photoshop에서 레이어로 열기'를 클릭한다.

2 포토샵이 자동으로 실행되면서 2장의 사진이 각 레이어로 들어가 나타난다.

3 앞부분 투명하게 만들기

작업하기 편하게 뒤집힌 옷이 들어 있는 아래 레이어를 보이지 않게 숨긴다. 눈 아이콘을 클릭하면 된다.

4 툴바에서 빠른 선택 도구를 선택한 후 적당한 브러시 크기를 만든다. 여기서는 125 정도
가 적당하다. 옷 부분만 클릭해 전부 선택한다. 날카로운 끝부분이 잘 선택되지 않으면, 사진
을 확대하고 브러시 크기를 더 작게 줄여 선택하면 된다. [ ], [ ]를 누르거나 화면 위쪽 옵션
바를 이용해 브러시 크기를 그때그때 바꿀 수 있다.

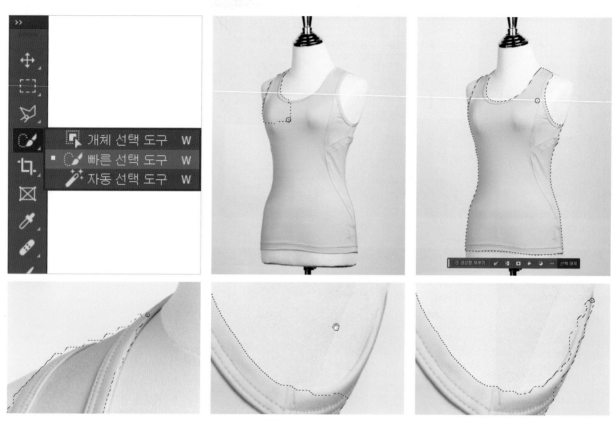

돋보기 도구로 확대한 후 화면에 보이지 않는 부분으로 이동할 때는 Space Bar 를 누른다.
키를 누르는 동안만 마우스 포인터가 손 모양으로 바뀌어 쉽게 이동할 수 있다.

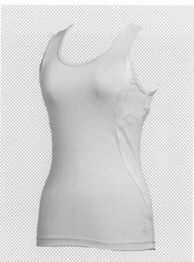

5 레이어 마스크 만들기

다 선택했으면 레이어 패널에서 마스크 아이
콘을 클릭해 선택영역을 마스크로 만든다. 옷
만 남고 나머지는 모두 투명하게 처리한 레이
어를 만들면 앞부분 준비는 끝이다.

6 안쪽 부분 투명하게 만들기

다음 작업을 위해 레이어 눈 아이콘을 클릭해서 이미지가 보이지 않게 감춘다. 뒤집힌 옷 레이어 눈 아이콘을 클릭해서 다시 보이게 만든다.

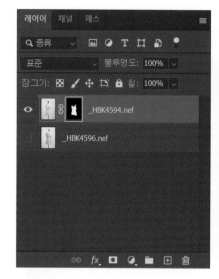 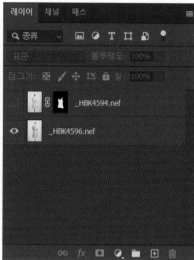 

 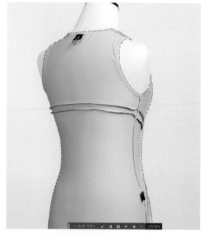

7 앞과 똑같은 과정을 반복해서 옷만 남은 레이어를 만든다.

 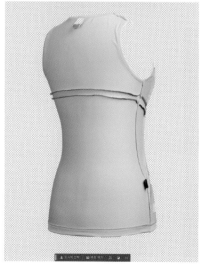

3단계: 사진 2장을 이어 붙이기 - 픽셀 유동화

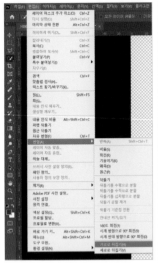

1 현재 뒤집힌 옷 레이어가 선택된 상태다. '편집 메뉴 - 변형 - 가로로 뒤집기'를 클릭한 다. 옷의 좌우가 바뀐다.

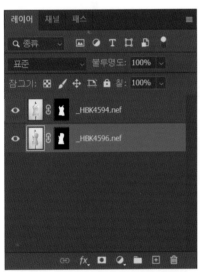

2 앞쪽 옷 레이어의 눈 아이콘을 클릭해서 2장의 사진이 함께 보이도록 한다.

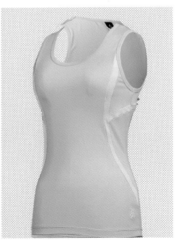

3 아래 뒤집힌 옷 레이어가 선택된 상태에 서 이동 도구를 클릭한다. 두 옷의 소매가 겹 쳐지도록 뒤집힌 옷을 드래그해서 적당히 위 치를 잡아준다.

4 아무리 잘 해봐도 처음부터 촬영한 원본이 다르니 딱 맞을 수 없다. 이럴 때 형태를 변형하는 '픽셀 유동화' 필터를 사용한다.

마우스 오른쪽 버튼 클릭

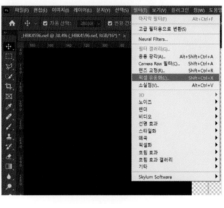

5 픽셀 유동화 필터 사용하기

뒤집힌 옷 레이어 마스크를 오른쪽 마우스로 클릭한 후 '레이어 마스크 적용'을 클릭한다. '필터 메뉴 - 픽셀 유동화'를 클릭한다.

6 '픽셀 유동화' 대화상자가 나타난다. 현재 선택된 레이어 이미지만 보이기 때문에 이 상태론 작업하기 어렵다. 앞쪽 이미지도 함께 봐야 하니 '배경 표시'에 체크한다.

7 그러면 50% 투명한 상태로 앞부분 옷이 겹쳐서 나타난다.

8 왼쪽 툴바에서 뒤틀기 도구를 선택한 후 옷 소매 위치를 잡아준다. 형태를 잡을 때는 큰
부분을 먼저 하고, 그다음에 좁고 디테일한 부분으로 진행해야 한다. 여기서는 브러시 크기를
1200으로 정한 후 큰 형태부터 맞추자. 필요 없는 허리 안쪽 부분도 보이지 않게 안쪽으로
넣어 준다.

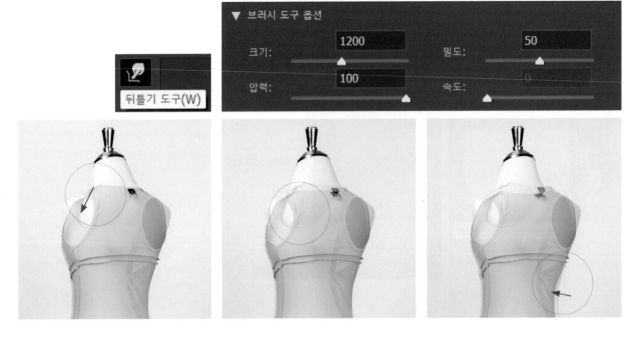

9 브러시 크기를 줄여서 좀 더 정밀하게 어깨와 소매 부분을 맞춘다. 다 되었으면 '확인' 버
튼을 눌러 픽셀 유동화를 적용한다.

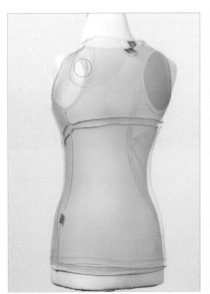
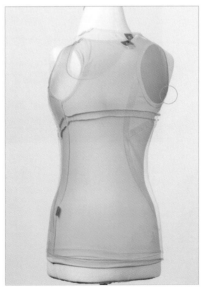
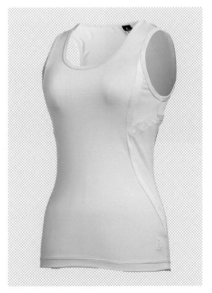

4단계: 자연스러운 명암 넣기

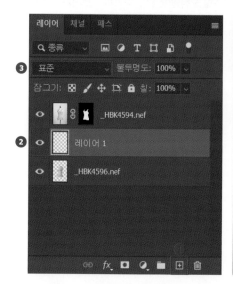

1 뒤집힌 옷은 안쪽에 있으니 살짝 어두워야 자연스럽다. 새 레이어 만들기 아이콘을 클릭해서 뒤집힌 옷 위에 새 레이어를 만든다. 레이어 옵션을 '어둡게 하기'로 바꾼다.

2 툴바에서 브러시 도구를 선택한 후 불투명도 10%, 크기 900, 경도 0%으로 만든다. 전경색은 검정을 선택하자.

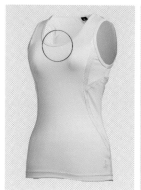
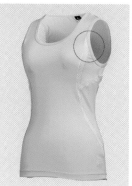

3 어둡게 보여야 하는 부분을 중심으로 브러시로 칠한다. 마음에 들지 않으면 Ctrl + Z 를 눌러 되돌리고 다시 하면 된다.

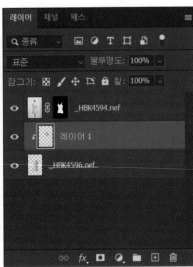

4 옷만 어둡게 하기 - 아래 레이어에 적용

이렇게 하면 옷 말고 배경까지 브러시로 칠한 부분은 모두 어두워진다. 옷에만 효과가 적용되도록 해보자. Alt 를 누른 상태에서 '레이어 1'과 아래 레이어 사이로 마우스 포인터를 가져간다. 마우스 포인터 모양이 바뀌면 클릭한다. '아래 레이어에 적용'이라는 것으로, 아래 레이어의 이미지가 있는 부분에만 위 레이어의 효과를 적용하는 기능이다.

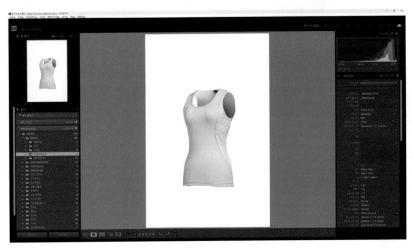

5 포토샵에서 라이트룸으로 가져오기

Ctrl + S

이제 다 되었다. 포토샵에서 '파일 메뉴 - 저장'을 클릭하면 자동으로 사진이 라이트룸에 나타난다. 필요에 따라 적당히 자르면 투명한 마네킹에 입힌 듯한 옷 표현이 완성된다.

Stack mode

전문가의 숨겨진 노하우, 스택모드

사진가의 손발을 편하게 해줄 스택모드

스택(Stack)? 스택모드? '스택'은 우리말로 '무더기'쯤으로 번역되지만, 규칙 없이 마구잡이로 쌓여 있는 게 아니라 여러 장의 사진이나 책 같은 것이 차곡차곡 쌓여 있는 걸 말한다. 스택모드는 포토샵 기능이다. 여러 장의 사진 속에서 같은 부분과 다른 부분을 분리하여 다양한 알고리즘을 적용할 수 있는데, 같은 부분만 추출하거나 다른 부분만 합치는 간단한 작업부터 노이즈처럼 랜덤한 부분을 걷어내 고품질 이미지를 만들 수도 있다. 아이디어에 따라 다양하게 활용할 수 있고, 실제로 많은 사진가가 자주 쓰는 기능이기도 하다.

스택모드의 조건 포토샵 스택모드는 고급 개체(스마트 오브젝트)에서만 적용할 수 있는 기능이라서 고급 개체로 만들어야 한다. 레이어 팔레트 옵션 버튼을 클릭한 후 '고급 개체로 변환'을 선택하면 된다. 또 각 사진의 같은 점과 다른 점을 기준으로 작동하는 만큼 각 레이어에 있는 이미지를 정렬하는 것이 좋다. 이 역시 레이어 메뉴의 '레이어 자동 맞춤'을 클릭만 해주면 된다.

범위
분산
엔트로피
왜도
중간값
첨도
최대
최소
평균
표준 편차
합계

스택모드의 옵션 스택모드에는 11개의 다른 알고리즘이 있다. 각 옵션은 여러 장의 사진에서 동일한 위치의 픽셀값을 어떻게 처리할 것인가에 대한 수학적 계산 알고리즘을 사용한다. 일부는 직관적으로 이해하기 어려운데, 크게 신경 쓰지 말고 결과 사진과 설명을 보며 '이런 식인가보다' 정도로 넘어가자. 단, 자주 사용하는 옵션은 ★로 표시했으니 집중!

아래 사진 10장을 스택모드로 가져갔을 때 각 옵션에 따른 결과는 다음과 같다.

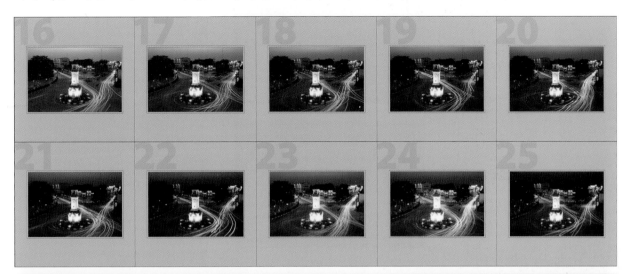

10장의 사진들 중 1장의 이미지

범위(Range)		불투명 픽셀의 최대값(Maximum)에서 최소값(Minimum)을 뺀 것이다.
분산(Variance)		불투명 픽셀 합계값(Summation)을 제곱한 후, 불투명 픽셀 수에서 1을 뺀 다음 나눈 값이다.
엔트로피(Entropy)		이진 엔트로피 또는 0차 엔트로피는 세트의 정보를 손실 없이 인코딩하는 데 필요한 비트 수의 하한값을 정의한다.
왜도(Skewness)		왜도란 통계적 평균을 중심으로 대칭 또는 비대칭을 측정한다.
중간값(Median) ★		이미지의 노이즈 감소 및 원하지 않는 내용 제거에 효과적이다. - 각 사진의 같은 점을 기준으로 모아준다. 공통되는 부분만 남기고, 다른 부분은 제거한다.
첨도(Kurtosis)		정규 분포와 비교한 첨도 또는 평탄도 측정값을 말한다. 표준 정규 분포의 첨도는 3.0이다. 이와 비교해 3보다 큰 첨도는 뾰족한 분포를 나타내고, 3보다 작은 첨도는 편평한 분포를 나타낸다.

최대(Maximum) ★		모든 불투명 픽셀의 최대 채널값을 표현한다. - 각 사진의 같은 점을 기준으로 다른 점까지 최대한 모아준다.
최소(Minimum) ★		모든 불투명 픽셀의 최소 채널값을 표현한다. - 각 사진의 같은 점을 기준으로 다른 점은 최대한 제거한다.
평균(Mean) ★		모든 불투명 픽셀의 평균 채널값을 표현한다. - 각 사진을 모두 합친 다음 사진 장수만큼의 노출로 나누어 평균으로 표현한다.
표준편차 (Standard Deviation)		분산한(Variance) 결과값의 제곱근을 곱한 결과다.
합계(Summation) ★		기준점 없이 모든 불투명 픽셀의 채널값을 합한다. - 노출이 극단적으로 부족한 사진 여러 장을 합쳐 정상 노출로 만든다.

은하수 사진을 장마철에 촬영한다는 건 정말이지 큰 행운이 필요했다. 어느 날 거짓말 같이 구름이 걷히면서 많은 하늘이 드러났을 때 어떻게 알고 왔는지 많은 여행자가 함백산 정상을 찾았다.

멀리 전북 군산에서 오토바이를 몰고 온 젊은 친구가 은하수를 보기 위해 간단한 텐트를 설치하길래 한 장면에 담아보았다.

함백산의 은하수, 강원도, 정선, 함백산

전체적인 색온도가 맞지 않아
하늘이 탁하게 표현되었다.
고감도로 촬영되어 사진의 노이즈가 너무 많다.

주제인 은하수의
콘트라스트가 약해
잘 보이지 않는다.
은하수와 별들의
부분 대비를 높여,
보다 선명한 이미지로
보이도록 한다.

은하수의 다양한 색상이
잘 표현되지 않았다.

부제인 텐트의 노출이 부족하다.

사진 속으로 안내하는
바닥 부분이 너무 밝아 시선을 방해한다.

하나도 안 낭만적인 은하수 사진 찍기

CG5.GT Computerized 적도의

누가 봐도 아름다운 은하수 사진 한 장을 내 손으로 찍는 것, 아마 카메라를 손에 든 모든 이들의 꿈일 것이다. 그냥 탁 트인 장소에 가서 셔터만 누르면 될 것 같지만 이게 참 말처럼 쉽지 않다. 일단 은하수를 찍을 수 있는 적기는 여름, 장마도 없고 안개도 없고 청명하고 맑은 날이어야 한다. 여름밤이 다 그런 거 아니냐고 생각할 수 있지만 먹고 사느라 바쁜 이들에겐 출사를 나간 그날이 딱 그런 환경이기가 쉽지 않다. 게다가 달이 하늘에 오랫동안 떠 있는 보름을 기준으로 앞뒤 7일간은 촬영하기가 매우 어렵다. 결국 한 달에 절반 정도만 촬영할 수 있다는 얘기다.

나사의 허블 우주망원경에 비하면 지상에서의 촬영은 부족할 수밖에 없다.
©Hubble and NASA

기본적으로 삼각대가 필요하고, 거의 밤을 새우게 된다. 그러나 어떤 노력을 기울여도 촬영 기술만으로는 은하수 노이즈를 완벽하게 제거할 수 없다. 밤하늘의 은하수를 선명하게 촬영하려면 10~30초 이상 노출을 줄 수 없기 때문이다. 지구 자전으로 하늘이 움직이기 때문에 노출 시간을 더 주면 은하수가 뿌옇게 촬영된다. 따라서 ISO를 낮춘 장시간 노출로 얻을 수 있는 고품질 이미지는 얻을 수 없다.

적도의처럼 지구의 자전 속도에 맞춰 자동으로 별을 따라가는 장비를 사용해도 마찬가지다. 별은 고정된 것처럼 선명하게 보이겠지만, 지상의 모든 풍경은 지구의 자전 속도에 따라 흘러가는 듯 뿌옇게 보인다. 그렇다고 별만 촬영한다면 그건 사진 즉 예술의 세계가 아니라 과학의 세계가 되기 때문에 전혀 다른 장르로 넘어간다. 어쩔 수 없이 노이즈를 감수하고 고감도 작업을 할 수밖에 없는데, 이때 생기는 노이즈를 포토샵 스택모드 기능으로 제거할 수 있다.

결국 사진예술로서의 천체사진이란
지상의 어떤 대상과 풍경으로서의 하늘이 만나서 이루어질 수밖에 없지 않을까?

이 기능을 사용하기 전까지는 앞서 알아본 노이즈 제거 기능을 이용하거나 '다크프레임'
이라고 부르는 어두운 사진을 한 장 촬영해서 센서의 핫픽셀을 제거하는 정도밖에 방법
이 없었다. 결과 역시 그다지 만족스럽지 않은 수준이었다. 하지만 스택모드 중간값을 이
용한 노이즈 보정은 지금까지 나온 그 어떤 방법보다 강력하고 완벽한 수준의 은하수를
손쉽게 만들 수 있도록 해준다. 단, 이런 식으로 노이즈를 제거하려면 같은 장면을 최대
한 많이 촬영해야 한다. 많으면 많을수록 결과물이 좋아진다.

노이즈 처리 전   노이즈 처리 후

스택 렌더링 중간값(포토샵)
노이즈 없는 은하수 사진 만들기

예제사진 BOOK2/함백산은하수 1~15
완성사진 BOOK2/함백산은하수 1~15 완성

▶ **[시즌3]** #13 Book 2, Chapter 29 스택모드, 그 무한한 가능성

파일 용량이 큰 사진을 여러 장 이용하기 때문에 컴퓨터에 상당한 부하가 걸린다. 인내심을 갖고 천천히 해보자. 은하수 노이즈를 스택모드로 없앨 수 있다는 걸 아는 사진가가 많지 않아서 제대로 방법을 알려주고 싶은 마음이 컸다. 꼭 은하수가 아니더라도 삼각대를 준비하지 못했는데 꼭 야경을 찍어야 할 때 등 스택모드는 야경과 관련된 모든 사진을 찍을 때 매우 유용하며 실제로 자주 사용된다. 이 책의 예제 몇 가지만 둘러봐도 얼마나 쓸모 있는지 감이 올 것이다.

경복궁에서 사람만 한 번에 싹 없애는 마술?

지난 책에 서 스택모드 연습을 위해 사용한 경복궁 예제다. 이번에도 파일을 함께 넣어 두었으니 재미 삼아서라도 자주 연습하자.

예제사진 BOOK2/경복궁 1~32   **완성사진** BOOK2/경복궁 완성

32장의 사진을 이용해 스택모드 중간값으로 사람만 제거한 결과

사람들로 북적거리는 32장의 사진들 중 4장의 이미지

1단계: 라이트룸 보정

선선택한 이미지: 이 이미지를 기준으로 다른 이미지 전부를 한 번에 보정한다.

1 설정 동기화(143쪽 참고)

라이트룸 현상 모듈에서 한 장의 사진을 먼저 보정한다. 라이브러리 모듈로 돌아와 보정할 다른 사진을 모두 선택한 후 '설정 동기화' 버튼을 클릭한다. 먼저 보정한 사진의 모든 보정값을 선택된 다른 이미지에 한 번에 적용할 수 있다.

2

'설정 동기화' 대화상자가 나타난다. 어떤 것을 적용할지 선택한 후 '동기화'를 클릭한다. 여기서는 모든 보정값을 적용해야 하므로 '모두 선택'을 클릭한다.

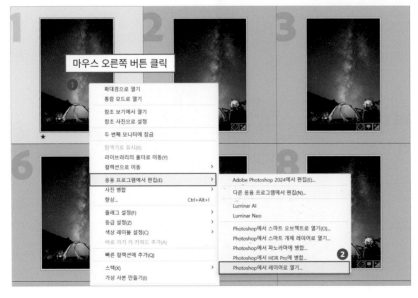

마우스 오른쪽 버튼 클릭

3 포토샵으로 내보내기

선택된 모든 이미지가 동기화되어 같은 보정값이 적용된다. 준비가 끝났으면 포토샵으로 내보낸다. 모두 선택된 상태인지 다시 한 번 확인한다. 사진 위에서 마우스 오른쪽 버튼을 클릭한 후 '응용 프로그램에서 편집 - Photoshop에서 레이어로 열기'를 클릭한다.

스택모드를 이용하려면 각 레이어에 있는 피사체의 위치를 정확하게 맞추고 시작해야 한다. 그래야 같은 위치에 있는 피사체를 기준으로 앞뒤 사진들을 비교해 작업할 수 있기 때문이다. 레이어 자동 맞춤 기능을 사용하면 간단히 정렬할 수 있다.

문제는 이 사진의 경우 별은 시간이 흐르면서 조금씩 위치가 바뀌는데, 앞에 있는 산과 텐트는 고정되어 있다는 것이다. 이대로 자동 정렬시키면 고정된 부분을 기준으로 인식하기 때문에, 별을 기준으로 정렬시키려면 먼저 산과 텐트를 가리는 마스킹 작업이 필요하다.

1 포토샵이 자동으로 실행되면서 모든 사진이 각 레이어로 들어가 하나의 파일로 나타난다.

2 레이어 그룹 만들기 `Ctrl` + `G`

하나하나 작업하기 힘드니 그룹으로 묶는다. 모든 레이어를 선택한 후 그룹 아이콘을 클릭하면 '그룹 1'이 만들어진다. 맨 위의 레이어를 클릭한 후 `Shift`를 누른 채 맨 아래 레이어를 선택하면 모두 선택된다.

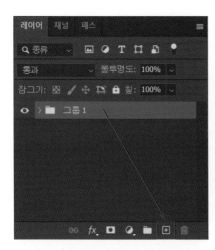

3 레이어 그룹 복제하기 `Ctrl` + `J`

'그룹 1'을 클릭한 후 새 레이어 만들기 아이콘 위로 드래그한다. 복제되어 '그룹 1 복사'가 나타난다.

4 레이어 이름 바꾸기

알기 쉽게 그룹 이름 부분을 더블클릭하여 각 그룹의 이름을 바꿔준다. (별이미지, 전경이미지)

5 전경을 가리기 위한 레이어 마스크 만들기

앞에 있는 ❯를 클릭해 '별이미지' 그룹을 연다. 아무 이미지나 하나를 클릭한 후 레이어 마스크 추가 버튼을 클릭한다. 레이어 마스크가 나타난다.

6 레이어 마스크 부분을 클릭한다. 전경색을 검정색으로 선택하고, 툴박스에서 브러시 툴을 선택한다. 포토샵 화면 위쪽에 있는 브러시 옵션 팔레트에서 브러시 스타일은 딱딱한 브러시, 불투명도 100%, 흐름 100%를 선택한다.

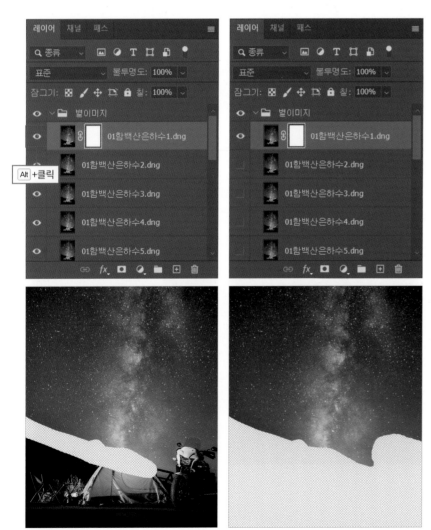

7 Alt 를 누른 채 레이어의 눈 아이콘을 클릭해 현재 작업 중인 레이어 이미지만 보이게 한다. 이제 브러시로 마스크로 가리고 싶은 전경 부분을 덧그린다. 대충 그려도 되니 쓱쓱 그리자.

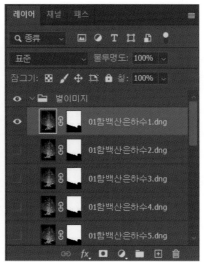

8 모든 레이어에 마스크 복사하기

Alt를 누른 상태에서 레이어 마스크를 클릭한 후 드래그 앤 드롭하여 다른 레이어에 복사한다. 귀찮지만 여기서는 일일이 이렇게 레이어 하나하나에 복사해 줘야 한다.

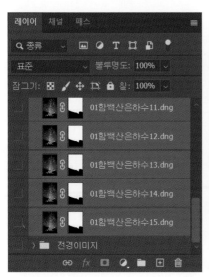
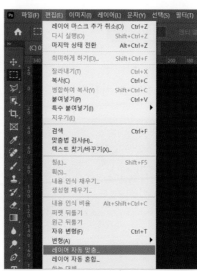

9 별을 중심으로 레이어 자동 정렬하기

전경 이미지를 다 가렸다. 이제 '별이미지' 그룹의 모든 레이어를 선택한 후 '편집 메뉴 - 레이어 자동 맞춤'을 클릭한다.

10 '레이어 자동 맞춤' 대화상자가 나타난다. '자동'을 선택한 후 '확인'을 클릭한다.

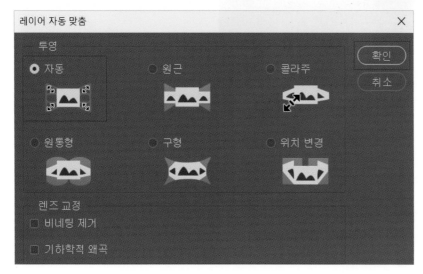

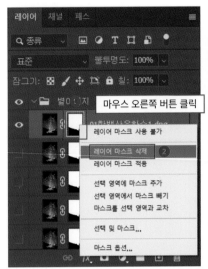

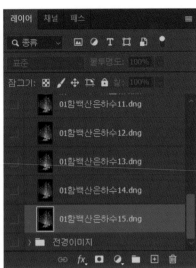

11 별을 중심으로 레이어 자동 정렬하기

자동 정렬이 끝나면 레이어 마스크는 필요 없으니 모두 삭제한다. 각 레이어의 레이어 마스크 부분을 마우스 오른쪽 버튼으로 클릭한 후 '레이어 마스크 삭제'를 선택하면 된다. 바로 레이어 마스크가 삭제되는데, 만약 대화상자가 나타난다면 '삭제'를 선택한다. '적용'을 선택하면 원본 영역이 사라지니 주의하자.

3단계: 스택모드로 은하수 노이즈 제거하기

드디어 노이즈를 제거할 차례다. 스택모드를 사용하려면 각 레이어 이미지가 고급 개체(스마트 오브젝트)여야 하니, 일단 고급 개체로 변환한 후 스택모드의 중간값을 적용한다.

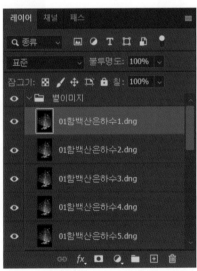

1 모든 레이어 보이게 하기

Alt를 누른 채 눈 아이콘을 다시 클릭해 모든 레이어가 다시 보이도록 만든다.

2 고급 개체로 만들기

'별이미지' 그룹 안의 모든 레이어를 선택한다. 레이어 팔레트 옵션 버튼을 클릭한 후 '고급
개체로 변환'을 선택한다. 모든 이미지가 하나의 고급 개체로 변환된다.

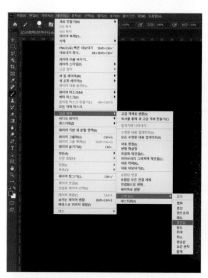
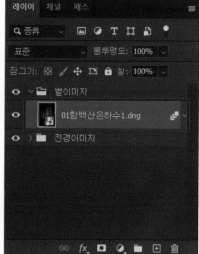

3 스택모드 적용하기 - 중간값

'레이어 메뉴 - 고급 개체 - 스택
모드 - 중간값'을 클릭한다. 렌
더링이 진행된 후 스택 렌더링
이 적용되었다는 아이콘이 나타난다.

사진 1장의 별 노이즈

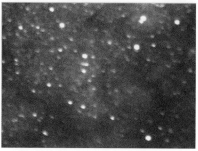

사진 15장에 스택모드 중간값을 적용한 결과

4 별을 중심으로 정렬되었기 때문에 당연
히 전경의 나무는 뭉개져서 흩날리듯 표현되
지만, 별의 노이즈는 대부분 제거되었다.

4단계: 스택모드로 전경 이미지 노이즈 제거하기

이번에는 전경 이미지를 살려낼 차례다. 역시 스택모드를 이용하면 자연스럽다. 앞과 같은 과정을 한 번 더 진행하는데, 전경 이미지는 사진마다 위치가 바뀌지 않고 고정되어 있기 때문에 따로 정렬할 필요 없다.

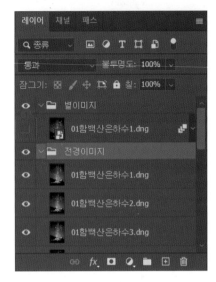

1 모든 레이어 선택하기

지금까지 작업한 '별이미지' 그룹의 눈 아이콘을 클릭해서 숨긴다. 앞에 있는 ❯를 클릭해 '전경이미지' 그룹을 연다.

2 고급 개체로 변환하기

'전경이미지' 그룹 안의 모든 레이어를 선택한다. 레이어 팔레트 옵션 버튼을 클릭한 후 '고급 개체로 변환'을 선택한다. 모든 이미지가 하나의 고급 개체로 변환된다.

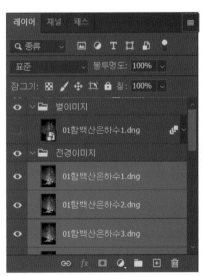

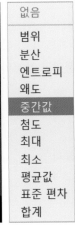

3 스택모드 적용하기 - 중간값

'레이어 메뉴 - 고급 개체 - 스택 모드 - 중간값'을 클릭한다. 렌더링이 진행된 후 스택 렌더링이 적용되었다는 아이콘이 나타난다.

사진 1장의 전경 노이즈

사진 15장에 스택모드 중간값을 적용한 결과

4 이번에는 반대다. 별은 조금씩 위치가 바뀌기 때문에 뭉개지지만, 고정된 전경의 나무와 텐트의 노이즈는 제거되고 선명해진다.

5단계: 두 이미지를 합쳐 선명한 이미지만 남기기

이제 앞에서 만든 별 이미지와 전경 이미지를 합치면 끝이다. 5부에서 해봤던 '초점이 다른 여러 장을 모아 완벽한 한 장으로 만들기'의 레이어 자동 혼합 기능을 이용한다. 이미지의 선명한 부분만을 모아서 하나로 합쳐 보자. (레이어 자동 혼합 373쪽 참고)

1 고급 개체에서 일반 개체로 변환하기

이미지를 합치려면 고급 개체에서 일반 개체로 전환해야 한다. 별 이미지의 고급 개체를 마우스 오른쪽 버튼으로 클릭한 후 '레이어 래스터화'를 선택한다. 레이어의 고급 개체 특성이 사라지고 일반 레이어로 전환된다.

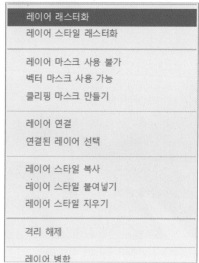

2 전경 이미지 고급 개체에도 같은 작업을 해준다.

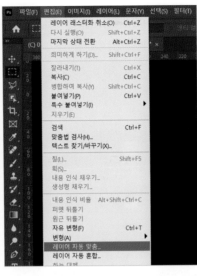

3 두 레이어를 선택한 후 '편집 메뉴 - 레이어 자동 맞춤'을 클릭한다.

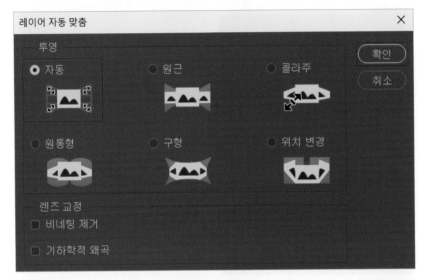

4 '레이어 자동 맞춤' 대화상자가 나타난다. '자동'을 선택한 후 '확인'을 클릭한다.

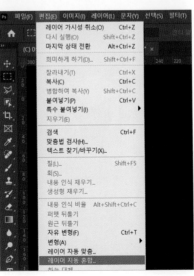

5 레이어 자동 혼합하기

레이어가 선택되어 있는지 확인한 후 다시 '편집 메뉴 - 레이어 자동 혼합'을 클릭한다.

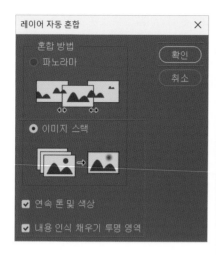

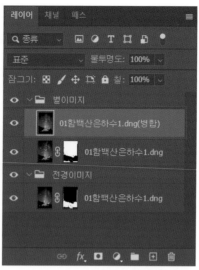

6 '레이어 자동 혼합' 대화상자가 나타난다. '이미지 스택'을 선택한 후 '연속 톤 및 색상'과 '내용 인식 채우기 투명 영역'에 모두 체크하고 '확인'을 클릭한다. 두 이미지가 병합된 레이어가 만들어진다.

7 선명한 부분만 남은 사진이 완성되었다. 자동 정렬되면서 외곽에 까만 빈 공간이 생겼는데, 잘라내면 된다.

8 **자르기**

툴박스에서 자르기 툴을 선택한 후 사방의 조정핸들을 적당히 드래그해 자를 부분을 선택한다. 이미지 안쪽을 더블클릭하면 잘라진다. 까만 빈 공간이 없어지도록 안쪽으로 여유 있게 자른다.

9 모든 레이어 합치기

자, 이제 레이어를 정리하자. 레이어 팔레트 옵션 버튼을 클릭한 후 '배경으로 이미지 병합'을 선택한다. 모든 레이어가 합쳐져 '배경' 레이어 하나만 남는다. 이렇게 하면 용량이 매우 줄어들기 때문에 라이트룸에서 가볍게 움직일 수 있다.

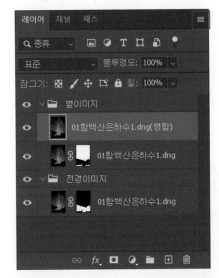 

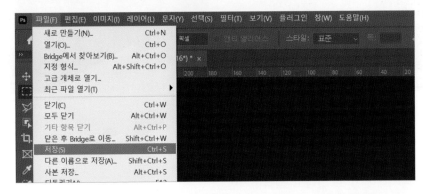

10 포토샵에서 라이트룸으로 가져가기

Ctrl + S

포토샵에서 '파일 메뉴 - 저장'을 클릭한다.

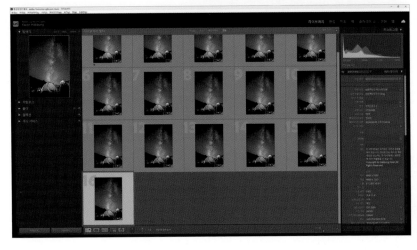

11 라이트룸에서 확인하기

포토샵에서 다른 이름으로 따로 저장하지 않아도 라이트룸에 가보면 포토샵에서 작업한 사진이 맨 끝에 자동으로 만들어진 것을 확인할 수 있다. 라이브러리 모듈의 '메타데이터' 패널에서 파일명을 보면 '-편집.tif'라는 글자가 추가되어 있다.

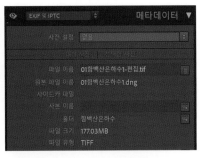

_IPA(INTERNATIONAL PHOTOGRAPHY AWARDS) 20주년 공모전 수상작품 <WORSHIP>

〈숭배〉에서는 세계에서 가장 영향력 있는 기업들의 로고를 한자리에 모아 과거의 신전처럼 보이도록 표현해 봤다. 강력한 자본과 기술력을 바탕으로 그들은 과거 신전에 모셔진 신들처럼 많은 지지자를 가지고 있다. 우리는 하루가 다르게 기술이 발전하는 새로운 시대에 살고 있다고 생각하지만, 결국 인간의 본성은 과거의 그것과 크게 다르지 않을지도 모른다.

| 작업 비하인드 |

사진 작품을 기획할 때는 다양한 방법을 이용한다. 이번에는 원하는 주제를 표현하기 위해 작품을 설치한 후 촬영하는 방법으로 진행했다. 일단 스케치부터 한 후 적당한 장소를 물색하고, 광고판을 만들어 주는 회사에 의뢰해 우여곡절을 거치며 설치를 마쳤다. 설치가 끝나면 원하는 날씨 상황이나 일광 조건을 기다렸다가 촬영하고 마무리한다.

스케치한 작업의 예상도

실제 촬영 준비를 마친 장면

광고판 제작 회사에서 광고판을 제작한다. 이때도 찾아가서 직접 확인해야 일이 매끄럽게 진행된다.

가장 쉬운 방식의 광고판을 준비했지만, 그래도 간단하게 끝나는 일은 별로 없다. 현장에서 여러 가지 상황을 보고 위치나 간격 등을 바로바로 말해줘야 재설치하는 번거로움을 피할 수 있다.

스택 렌더링 최대값(포토샵)
실제 작품에서 활용하기

예제사진 BOOK2/숭배1~10
완성사진 BOOK2/숭배1~10 완성

이렇게 촬영된 결과물을 가지고 전체적으로 모든 광고판에 한 번에 불이 들어올 수 있도록 만들 때 스택모드를 활용한다. 스택모드 '최대'는 다른 사진과 비교해 같거나 다른 모든 것을 최대로 모아준다. 이 사진에서는 상대적으로 밝은 조명 부분은 남기고, 어두운 부분은 무시한다고 생각하면 된다.

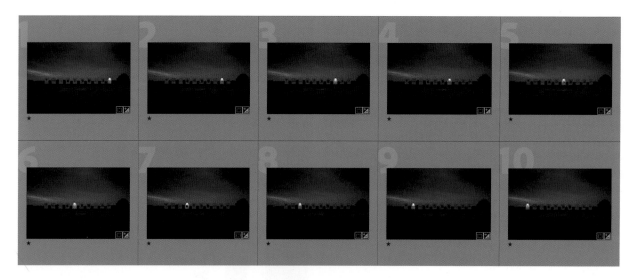

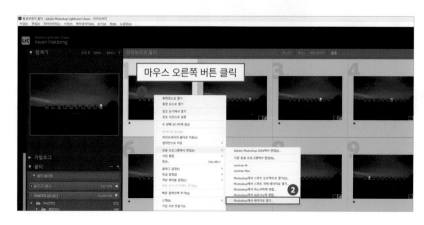

1   포토샵으로 내보내기

모든 사진을 선택한다. 이미지 위에서 마우스 오른쪽 버튼을 클릭한 후 '응용 프로그램에서 편집 - Photoshop에서 레이어로 열기'를 클릭한다.

2 포토샵이 실행되면서 모든 사진이 각 레이어로 들어가 하나의 파일로 나타난다.

3 고급 개체로 변환하기

삼각대를 이용해 촬영했기 때문에 흔들림 없이 각 사진의 피사체 위치가 같으니 정렬시킬 필요 없다. 바로 모든 레이어를 선택한 후 마우스 오른쪽 버튼을 클릭하고 '고급 개체로 변환'을 선택한다. 모든 이미지가 하나의 고급 개체로 변환된다.

마우스 오른쪽 버튼 클릭

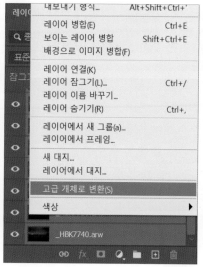

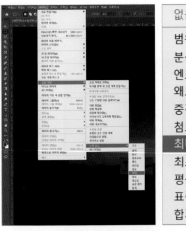
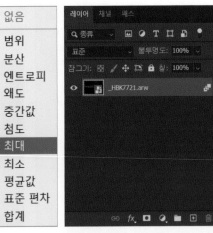

4 스택 모드 적용하기 - 최대

'레이어 메뉴 – 고급 개체 – 스택 모드 – 최대'를 선택한다. 렌더링이 진행된 후 스택 렌더링이 적용되었다는 아이콘이 나타난다.

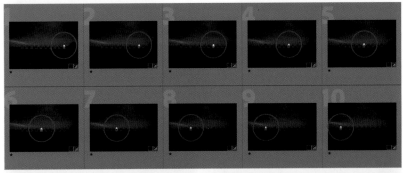

5 스택 모드에서 '최대'를 선택하면 다른 사진과 비교해서 더 밝은 부분만 뽑아 모아준다. 이 사진에서는 상대적으로 밝은 조명을 비춘 부분은 남기고, 어두운 부분은 무시한다고 생각하면 된다.

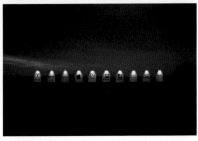

Before_ 각각 조명이 하나씩 있는 원본 사진 10장　　　　After_ 스택모드 최대로 하나로 모으기

6 확대해서 보면 조명 부분이 흐릿하게 남아 있다. 툴바에서 복구 도구를 길게 누르면 나타나는 '제거 도구'를 선택한다.

7   고급 개체에서 일반 레이어로 변환하기

바로 조명을 제거하려고 하면 금지 아이콘이 나타난다. 고급 개체 레이어에서는 실행되지 않는 기능이라는 뜻이다. 레이어를 마우스 오른쪽 버튼으로 클릭한 후 '레이어 래스터화'를 선택해 일반 레이어로 바꿔준다.

일반 레이어가 되면 마우스 포인터가 금지에서 브러시 모양으로 바뀐다.

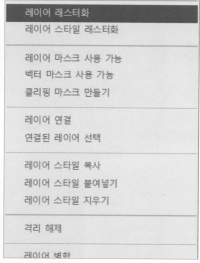

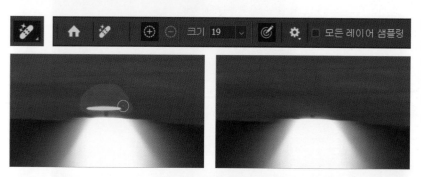

8   화면 위쪽의 옵션바에서 브러시 크기를 19 정도로 설정하고, 나머지는 기본 옵션 그대로 둔다. 지우고 싶은 부분을 칠한 후 마우스에서 손을 떼면 컴퓨터가 해당 부분을 삭제한다. 같은 방법으로 나머지 부분도 모두 제거하자.

9   포토샵에서 라이트룸으로 가져가기

`Ctrl` + `S`

필요 없는 부분을 제거하면 포토샵 작업이 마무리된다. '파일 메뉴 - 저장'을 클릭한다.

10 라이트룸에서 확인하기

포토샵에서 다른 이름으로 따로 저장하지 않아도 라이트룸에 가보면 포토샵에서 작업한 사진이 맨 끝에 자동으로 만들어진 것을 확인할 수 있다. 라이브러리 모듈의 '메타데이터' 패널에서 파일명을 보면 '-편집.tif'라는 글자가 추가되어 있다.

삼각대는 꼭 필요할 때 항상 없다. 미처 갖는 건 그럴 때마다 꼭 촬영하고 싶은 대상이 눈에 들어온다는 것이다.
ISO를 높여 노이즈를 감수할 것인가? 귀한 기회를 포기할 것인가? 이럴 때도 스냅모드가 답이 된다.

스택 렌더링 합계값, 중간값(포토샵)
꼭 필요한 순간 항상 없는 삼각대! 삼각대 없이 고화질로?

삼각대를 항상 챙겨 다니면 크게 문제 될 것이 없다. 그러나 현실적으로 무겁고 거추장스러운 삼각대를 항상 들고 다닌다는 게 쉽지 않다. 안타깝게도 삼각대가 없을 때면 꼭 삼각대로 촬영하고 싶은 대상이 눈에 들어온다. 이럴 때 보통은 ISO를 엄청나게 올려서 노이즈 자글자글한 사진을 촬영하거나 그냥 포기해야 한다. ISO를 높일 때 생기는 문제가 노이즈뿐이라면 보정으로 해결할 수 있지만, 다이내믹 레인지도 급격하게 줄어 밝은 부분은 다 날아가고, 어두운 부분은 디테일이 하나도 없어진다는 게 문제다.

이럴 때 스택모드를 활용하면 아쉬운 대로 쓸만한 사진을 건질 수 있다. 이 방법을 안다면 어떻게든 촬영하겠지만, 모른다면 시도조차 못 한다. 짜잔~ 하고 멋진 결과물을 딱 보여주고 간단하게 끝내도 되지만, 좀 구질구질하더라도 실제로 사용할 수 있도록 다양한 상황을 비교해 제대로 다뤄보자.

스택모드를 이런 식으로 사용하려면 여러 장의 사진을 촬영해야 한다. 카메라가 흔들리지 않도록 최소 1/125초 이상의 셔터스피드로, ISO는 400을 넘지 않게 세팅해서 연속 촬영하는 게 포인트다. 연사로 최소 10장에서 20장 정도 최대한 움직이지 않고 촬영한다. 이렇게 촬영하면 당연히 굉장히 노출이 부족한 사진이 될 것이다. 이 사진들을 하나로 뭉쳐서 부족한 데이터를 끌어내 적정 노출 사진으로 만든다.

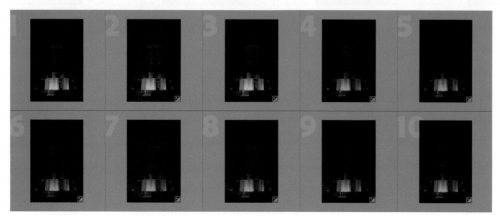

10장의 촬영 원본사진. 노출이 몹시 부족하겠지만, 이 상태로 최대한 여러 장을 촬영한다.

상황에 따라서 선택 - 노출을 잡고, 노이즈를 제거하는 이런저런 방법 스택모드를 사용해 적정 노출을 만들어도 여전히 노이즈 문제는 남는다. 여러 해결 방법이 있지만 각각 장단점이 있고, 똑같은 기능을 써도 사진마다 결과가 달라질 수도 있다. 이런저런 방법을 시도해 보고 최선의 결과물을 찾아야 한다. 모든 사진을 이렇게 보정하기는 힘들지만, 수단과 방법을 동원해 살려내야 할 상황이 되었을 때 실력이 드러난다. 충분히 연습해 두자.

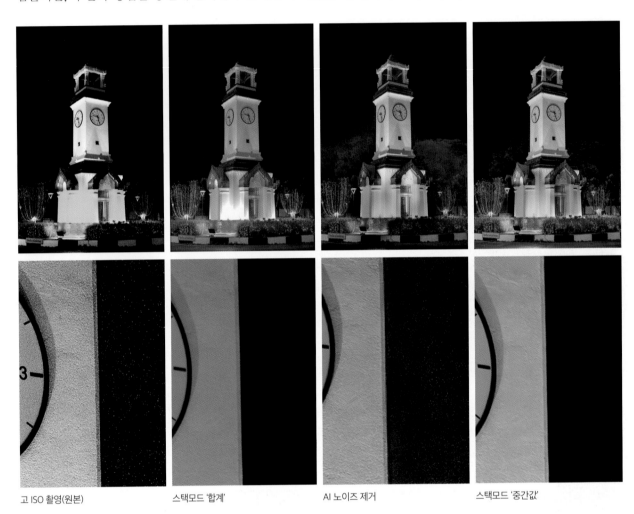

고 ISO 촬영(원본)　　　　스택모드 '합계'　　　　AI 노이즈 제거　　　　스택모드 '중간값'

[시도 1] 스택모드 '합계'를 이용해 빛 모으기   스택모드 '합계'는 각 사진의 밝은 부분을 모두 모아서 점점 밝게 해 주는 기능이다. 이렇게 어두운 사진의 노출을 자연스럽게 올려 적정 노출로 만들 때 자주 사용한다. 이제 해보면 알겠지만 '합계'로 노출은 잡을 수 있어도 채도가 상당히 떨어진다는 문제가 있다.

카메라를 손으로 들고 촬영한 사진들은 미세하게라도 각 사진의 프레임이 다를 수밖에 없다. 따라서 스택모드 적용 전에 피사체의 위치를 맞추기 위해 포토샵에서 레이어 맞춤으로 정렬시키는 작업이 필요하다. 여러 장을 정렬하면 당연히 외곽에 까만 빈 공간이 생긴다. 신경 쓰지 말고 나중에 살짝 잘라주면 된다.

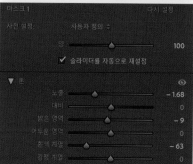

1 라이트룸에서 기본 보정하기

밝은 부분을 모아주는 스택모드 '합계'의 특성상 각 사진의 노출 차이가 크면 노출 오버가 될 수 있다. 미리 브러시 마스킹 툴로 밝은 부분을 선택해 어둡게 만든다. (노출 -1.68, 밝은 영역 -9, 흰색 계열 -63)

선선택한 이미지

2 설정 동기화 적용하기

라이브러리 모듈에서 보정한 사진을 선선택한 후 나머지 사진을 모두 선택하고 '설정 동기화'를 클릭한다.

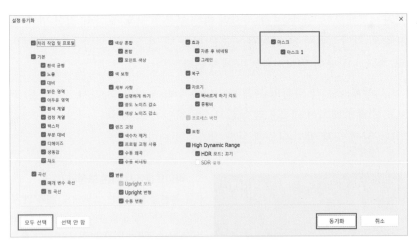

3 '설정 동기화' 대화상자가 나타나면 '모두 선택'을 클릭한 후 '동기화'를 클릭한다. '마스크' 부분까지 꼭 체크했는지 확인하자. 선택된 모든 이미지가 동기화되어 같은 보정값이 적용된다.

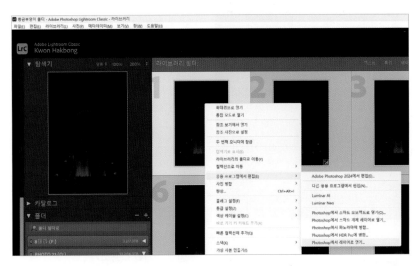

4 포토샵으로 내보내기

전체 사진이 선택된 상태에서 이미지 위에서 마우스 오른쪽 버튼을 클릭한 후 '응용 프로그램에서 편집 - Photoshop에서 레이어로 열기'를 클릭한다.

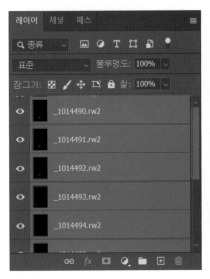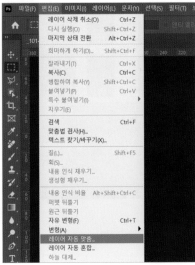

5 레이어 자동 맞춤

자동으로 포토샵이 실행되면서 모든 사진이 각 레이어에 들어가 하나의 파일로 나타난다. 피사체의 위치를 맞추기 위해 모든 레이어를 선택한 후 '편집 메뉴 - 레이어 자동 맞춤'을 클릭한다.

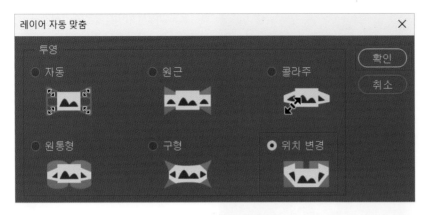

6 '레이어 자동 맞춤' 대화상자가 나타나면 '위치 변경'을 선택한 후 '확인'을 클릭한다. 이 사진은 왜곡이 적은 50mm 화각으로 촬영했기 때문에 '자동'보다 '위치 변경'이 낫다. 만약 촬영한 렌즈가 광각에 가까우면 '자동'을 선택하자.

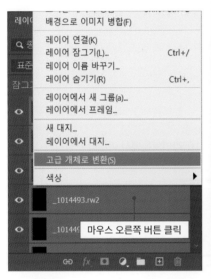

7 고급 개체로 변환하기

스택 모드는 고급 개체에만 적용할 수 있다. 모든 레이어를 선택한 후 마우스 오른쪽 버튼을 클릭하고 '고급 개체로 변환'을 선택한다. 모든 이미지가 하나의 고급 개체 레이어로 바뀐다.

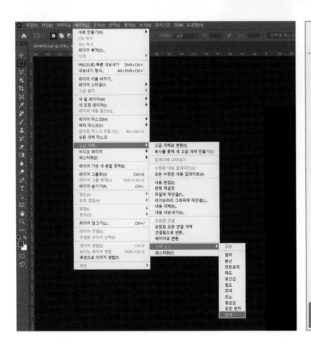

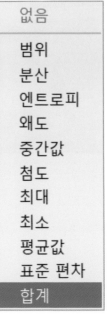

8 스택모드 적용하기 - 합계

'레이어 메뉴 - 고급 개체 - 스택 모드 - 합계'를 클릭한다. 스택 모드 '합계'는 어두운 상태인 여러 장의 사진에서 밝은 부분들을 모아준다.

원본 사진

스택 모드 '합계' 적용 후

9 포토샵에서 라이트룸으로 가져가기

'합계'는 적당히 노출을 잡아주지만, 채도가
상당히 떨어진다는 문제가 있다. 이 부분은
라이트룸에서 다시 보정해야 하니 돌아가자.
포토샵에서 '파일 메뉴 – 저장'을 클릭한다.

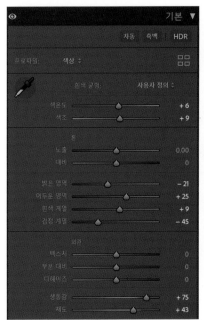

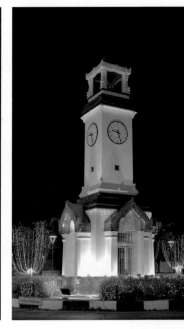

10 라이트룸에서 마무리 보정하기

라이트룸으로 돌아오면 자동으로 포토샵에
서 작업한 사진이 들어와 있다. '기본' 패널을
이용해 색온도, 색조, 생동감, 채도 등 부족한
색 부분을 보정하고, 다시 한번 클리핑해서
깔끔하게 다듬으면 완성된다.

[시도 2] 기본 보정으로 노출을 잡고, AI로 노이즈 제거하기   포토샵 스택모드가 아니라 라이트룸에서 적정 노출을 만드는 방법은 없을까? 물론 있다. 라이트룸 기본 보정으로 노출을 잡고, 노이즈는 AI를 이용해 보정하면 된다. 스택모드와 어떻게 다른지 실험해 보자.

1   라이트룸 기본 보정을 통해 원하는 적정 노출로 만든다.

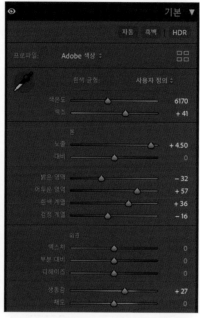

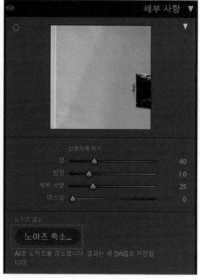

2   AI로 노이즈 제거하기

이렇게 보정하면 채도 문제는 없지만 노이즈가 심각해진다. '세부 사항' 패널에서 '노이즈 축소'를 클릭한다.

3 실패!

형태가 뚜렷한 부분은 AI가 제법 훌륭한 결과물을 만든다. 하지만 시계탑 주변처럼 형태가 모호하면 녹색의 이상한 디지털 얼룩 즉 아티팩트(Artifact)를 만든다. AI를 이용한 노이즈 제거가 편하긴 해도, 항상 좋은 결과를 얻을 수는 없다는 걸 받아들이고 다른 방법을 찾아야 한다.

라이트룸 기본 보정   AI 노이즈 제거

[시도 3] 스택모드 '중간값'을 이용해 빛 모으기   스택모드 '합계'는 적정 노출로 만들어 주는 대신 채도가 뚝 떨어지고, 라이트룸 기본 보정으로 노출을 잡으면 노이즈 문제가 심각하다. 이번엔 스택모드 '중간값'을 이용해 보자. 스택모드 '중간값'은 각 사진에 공통되는 부분만 남기고, 다른 부분은 제거한다. 이미지의 노이즈 감소 및 원하지 않는 내용 제거에 효과적이다. 스택모드를 적용하기 전까지의 과정은 앞에서 했던 방법과 같으니 간단히 진행한다.

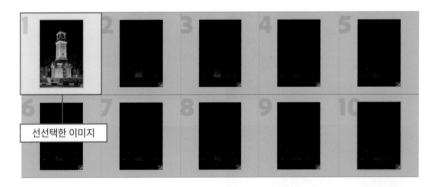

선선택한 이미지

1 라이트룸에서 설정 동기화

보정한 사진을 선선택한 후 나머지 사진을 모두 선택해 설정 동기화로 모든 사진을 보정한다.

2 포토샵으로 내보내기

전체 사진이 선택된 상태에서 이미지 위에서 마우스 오른쪽 버튼을 클릭한 후 '응용 프로그램에서 편집 – Photoshop에서 레이어로 열기'를 클릭한다.

3 레이어 자동 맞춤

포토샵이 실행되면서 모든 이미지가 각 레이어에 들어가 나타난다. 모든 레이어를 선택한
후 '편집 메뉴 – 레이어 자동 맞춤'을 클릭한다.

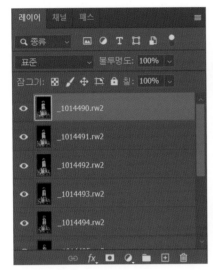 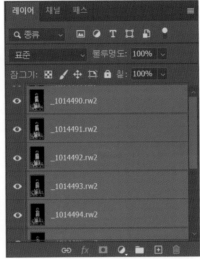 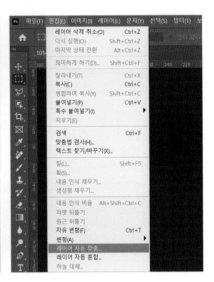

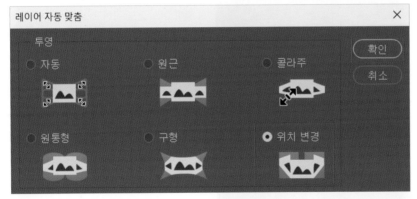

4 '레이어 자동 맞춤' 대화상자가 나타난다.
'위치 변경'을 선택한 후 '확인'을 클릭한다.

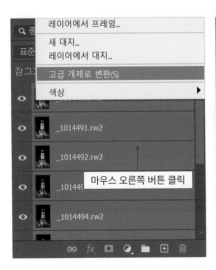 

5 고급 개체로 변환하기

스택모드는 고급 개체에서만 적용할 수 있
다. 모든 레이어를 선택한 후 레이어를 마우
스 오른쪽 버튼으로 클릭하고 '고급 개체로
변환'을 선택한다. 여러 레이어가 하나의 고
급 개체 레이어로 바뀐다.

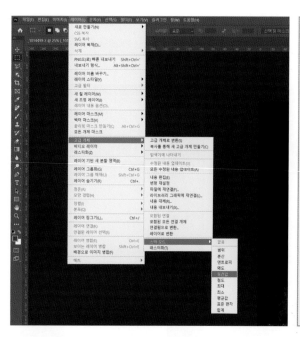

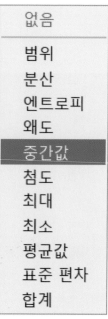

6 스택모드 적용하기 - 중간값

'레이어 메뉴 - 고급 개체 - 스택 모드 - 중간값'을 클릭한다.

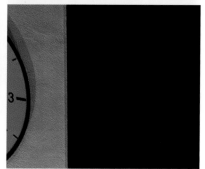

7 라이트룸으로 가져오기

노출이 어느 정도 잡히고, 노이즈가 확 줄어든 이미지를 얻을 수 있다. '파일 메뉴 - 저장'을 클릭해서 라이트룸으로 가져와 부족한 부분을 조금 더 보정하면 완성된다. 이런 식으로 각 상황에 따라 가장 적절한 노출과 노이즈 보정 방법을 찾아야 한다.

라이트룸 단축키(MAC/Windows)

사실 너무 많은 단축키를 처음부터 외우려고 하면 헷갈리기도 하고 작업에 방해가 되는 경우가 많다. 따라서 여기에서는 실제로 사용빈도가 높은 꼭 필요한 단축키만 소개한다. 라이트룸의 모든 단축키가 필요하다면 다음 URL을 참고하자. 하나 더! 키보드가 한글 입력 상태인 경우에는 단축키가 작동하지 않는다. 이때는 [한/영]를 눌러 영문으로 키보드를 변경해야 한다.

https://helpx.adobe.com/kr/lightroom/help/keyboard-shortcuts.html

	Windows	Mac OS
기본 단축키(현상 모듈에서도 가능)		
격자 보기	G	G
격자 보기 스타일 변경	J	J
확대경 보기	E	E
확대경 보기 정보 변경	I	I
도구모음 표시	T	T
사이드 패널 표시	Tab	Tab
전체화면으로 보기	F	F
라이트룸 도움말	F1	F1
라이브러리 모듈		
실행취소	Ctrl + Z	⌘ + Z
취소실행 다시 적용	Ctrl + Y	⌘ Shift + Z
빠른 컬렉션에 추가	B	B
사진 채택으로 플래그 지정	P	P
사진 플래그 지정 안 함	U	U
사진 제외로 플래그 지정	X	X
플래그 설정 전환	`	`
별표 등급 설정(0 – 5)	0, 1, 2, 3, 4, 5	0, 1, 2, 3, 4, 5
별 1개만큼 등급 올리기	[	[
별 1개만큼 등급 내리기	]	]
색상 레이블 할당(빨강, 노랑, 초록, 파랑)	6 – 9	6 – 9
선택 사진 삭제	Delete	Delete
라이브러리 필터 막대 표시/숨기기	\	\

라이트룸 단축키(MAC/Windows)

	Windows	Mac OS
현상 모듈		
현상 모듈로 전환	D	D
새 스냅숏 만들기	Ctrl + N	⌘ + A
보정 전만 보기	\	\
클리핑 표시	J	J
자르기 도구 선택	R	R
자르기 도구 선택 시 종횡비 제한	A	A
자르기 격자 오버레이 전환	O	O
세로 및 가로 방향 간 자르기 전환	X	X
내용인식 제거 도구 선택	Q	Q
브러시 마스킹 도구 선택 선택	K	K
로컬 조정 브러시 A, B 전환	/	/
브러시에서 지우개로 임시 전환	Alt + 드래그	Alt + 드래그
선형 그레이디언트 마스킹 선택	M	M
로컬 조정 핀 표시/숨기기	H	H
로컬 조정 마스크 오버레이 표시	O	O
보정 전과 보정 후를 좌우로 보기	Y	Y
확대경과 1:1 확대/축소 미리보기 간 전환	Space Bar 또는 Z	Space Bar 또는 Z